红河学院
HONGHE UNIVERSITY
学术文库丛书

红河学院学术著作出版基金资助出版

黄小平 著

注释、参考文献与新闻类学术语篇的互文性研究

中国社会科学出版社

图书在版编目(CIP)数据

注释、参考文献与新闻类学术语篇的互文性研究/黄小平著.—北京：中国社会科学出版社，2016.7
ISBN 978-7-5161-8410-3

Ⅰ.①注… Ⅱ.①黄… Ⅲ.①新闻语言—研究 Ⅳ.①G210

中国版本图书馆 CIP 数据核字(2016)第 138281 号

出 版 人	赵剑英
责任编辑	王　琪
责任校对	胡新芳
责任印制	王　超

出　版		中国社会科学出版社
社　址		北京鼓楼西大街甲 158 号
邮　编		100720
网　址		http://www.csspw.cn
发 行 部		010-84083685
门 市 部		010-84029450
经　销		新华书店及其他书店
印　刷		北京明恒达印务有限公司
装　订		廊坊市广阳区广增装订厂
版　次		2016 年 7 月第 1 版
印　次		2016 年 7 月第 1 次印刷

开　本		710×1000　1/16
印　张		26
插　页		2
字　数		426 千字
定　价		96.00 元

凡购买中国社会科学出版社图书，如有质量问题请与本社营销中心联系调换
电话：010-84083683
版权所有　侵权必究

《红河学院学术文库》编委会

主　任：甘雪春

副主任：安学斌

委　员：陈　灿　　彭　强　　田志勇　　张灿邦
　　　　张平海　　张永杰　　何　斌　　马洪波
　　　　杨六金　　刘　卫　　吴伏家　　刘艳红
　　　　路　伟　　龙庆华　　王　全　　杨文伟
　　　　雷明珍　　张　谛　　梁　健　　孙玉方
　　　　徐绍坤

《红河学院学术文库》总序

甘雪春

红河学院地处红河哈尼族彝族自治州州府蒙自市，南部与越南接壤。2003年升本以来，学校通过对高等教育发展规律的不断探索、对自身发展定位的深入思考，完成了从专科到本科、从师范到综合的"两个转变"，实现了由千人大学向万人大学、由外延扩大到内涵发展的"两大跨越"，走出了一条自我完善、不断创新的发展道路。在转变和跨越过程中，学校把服务于边疆少数民族地区的经济社会发展、服务于桥头堡建设、服务于培养合格人才作为自己崇高的核心使命，确立了"立足红河，服务云南，辐射东南亚、南亚的较高水平的区域性、国际化的地方综合大学"的办学定位，凸显了"地方性、民族性、国际化"的办学特色，目前正在为高水平的国门大学建设而努力探索、开拓进取。

近年来，学校结合区位优势和独特环境，整合资源和各方力量，深入开展学术研究并取得了丰硕成果，这些成果是红河学院人坚持学术真理、崇尚学术创新，孜孜以求的积累。为更好地鼓励具有原创性的基础理论和应用理论研究，促进学校深入开展科学研究，激励广大教师多出高水平成果和支持高水平学术著作出版，特设立"红河学院学术著作出版基金"，对反映时代前沿及热点问题、凸显学校办学特色、充实学校内涵建设等方面的专著进行专项资助，并以《红河学院学术文库》的形式出版。

学术文库凸显了学校特色化办学的初步成果。红河学院深入实施"地方性、民族性、国际化"特色发展战略，着力构建结构合理、特色鲜明、创新驱动、协调发展的学科建设体系，不断加大力度推进特色学科研究，形成了鲜明的学科特色，强化了特色成果意识。学术文库的出版在一定程度上凸显了我校的办学特色，反映了我校学者在研究领域关注地方发展、关注民族文化发展、关注边境和谐发展的胸怀和视域。

学术文库体现了学校力争为地方经济社会发展做贡献的能力和担当。服务社会是大学的使命和责任。学术文库的出版，集中展现了我校教师将科研成果服务于云南"两强一堡"建设、服务于推动边疆民族文化繁荣、提升民族文化自信、助推地方工农业生产、加强边境少数民族地区统筹城乡发展的追求和担当，进一步为促进民族团结、民族和谐贡献智慧和力量。

学术文库反映了我校教师在艰苦的条件下努力攀登科研高峰的毅力和信心。我校学者克服了在边疆办高等教育存在的诸多困难，发扬了蛰居书斋、沉潜学问的治学精神。这批成果是他们深入边疆民族贫困地区做访谈、深入田间地头做调查、埋头书斋查资料、埋头实验室做研究等辛勤耕耘的成果。在交通不畅、语言不通、信息缺乏、团队力量薄弱、实验室条件艰苦等不利条件下，学者们摒弃了"学术风气浮躁，科学精神失落，学术品格缺失"的陋习，本着为国家负责、为社会负责、为学术负责的担当和虔诚，展现了追求学术真理、恪守学术道德的学术品格。

本次得到学校全额或部分资助并入选文库的著作涵涉文学、经济学、政治学、教育学等学科门类的七部专著，是对我校学术研究水平的一次检阅。尽管未能深入到更多的学科领域，但我们会以旺盛的学术生命力在创造和进步中不断进行文化传承和科技创新，以锲而不舍的精神和舍我其谁的勇气攀登科学高峰。

"仰之弥高，钻之弥坚；瞻之在前，忽焉在后"，对学术崇高境界的景仰、坚韧不拔的意志和自身的天分与努力造就了一位位学术大师。红河学院人或许不敢轻言"大师级"人物的出现，但我们有理由坚信：学校热爱科学研究的广大师生一定能继承发扬过去我们在探索路上沉淀的办学精神，积蓄力量、敢于追梦，并为努力实现"国门大学"建设的梦想而奋勇前行。当然，《红河学院学术文库》建设肯定会存在一些问题和不足，恳请各位领导、各位专家和广大读者不吝批评指正，以期帮助我们共同推动更多学术精品的出版。

2013 年 10 月

目 录

第一章 绪论 ·· (1)
  第一节 研究缘起与对象 ·· (1)
    一 研究缘起 ·· (1)
    二 研究对象 ·· (4)
  第二节 研究历史与现状 ·· (4)
    一 注释、参考文献研究概述 ······································ (5)
    二 学术论文研究概述 ··· (12)
    三 学术论文互文性研究概述 ···································· (16)
    四 本书互文性研究 ··· (19)
  第三节 研究思路、意义和方法 ····································· (20)
    一 研究思路 ··· (20)
    二 研究意义 ··· (22)
    三 研究方法 ··· (27)
  第四节 语料的选取和分析 ·· (27)
    一 语料来源 ··· (27)
    二 语料选取的依据 ··· (27)
    三 语料分析 ··· (28)
  本章小结 ·· (28)

第二章 理论基础概述与相关术语介绍 ································ (30)
  第一节 理论基础概述 ·· (30)
    一 互文语篇理论概述 ·· (30)
    二 系统功能语言学理论概述 ···································· (39)
    三 言语行为理论概述 ·· (40)

四　叙事学理论概述 …………………………………… (42)
　第二节　相关术语介绍 ……………………………………… (43)
　　一　学术语篇形式 ……………………………………… (43)
　　二　学术论文的声音 …………………………………… (44)
　　三　互文形式 …………………………………………… (50)
　　四　互文路径 …………………………………………… (55)
　　五　语际互文 …………………………………………… (55)
　　六　几组概念辨析 ……………………………………… (55)
　本章小结 ……………………………………………………… (60)

第三章　注释、参考文献与正文的关系 …………………………… (61)
　第一节　学术论文概述 ……………………………………… (61)
　　一　学术论文概念 ……………………………………… (61)
　　二　学术论文结构 ……………………………………… (62)
　第二节　自我—他者关系 …………………………………… (63)
　　一　何谓"他者"？ ……………………………………… (63)
　　二　自我与他者的联系 ………………………………… (64)
　　三　学术论文的他者 …………………………………… (66)
　第三节　主—副文本关系 …………………………………… (68)
　　一　文本概述 …………………………………………… (68)
　　二　副文本概述 ………………………………………… (70)
　　三　正文本与副文本的联系 …………………………… (73)
　　四　学术论文副文本 …………………………………… (73)
　第四节　导出—导入关系 …………………………………… (75)
　　一　作者的导出 ………………………………………… (75)
　　二　读者的导入 ………………………………………… (78)
　　三　导出与导入的联系 ………………………………… (79)
　本章小结 ……………………………………………………… (80)

第四章　注释与正文的互文关系 …………………………………… (81)
　第一节　学术论文注释 ……………………………………… (82)
　　一　学术论文注释定义 ………………………………… (83)

二　学术论文注释特征 ………………………………………… (83)
第二节　注释与正文的互文形式 …………………………………… (84)
　　一　互文标记 …………………………………………………… (84)
　　二　互文形式 …………………………………………………… (87)
第三节　注释的信息结构 …………………………………………… (96)
　　一　信息结构形式 ……………………………………………… (96)
　　二　信息结构成分的功能 ……………………………………… (97)
　　三　注释的信息结构分析 ……………………………………… (98)
第四节　注释与正文在文本层面的互文关系 ……………………… (101)
　　一　文本形式层面 ……………………………………………… (101)
　　二　文本内容层面 ……………………………………………… (104)
　　三　注释与正文互文的语篇功用 ……………………………… (114)
　　四　注释的功能 ………………………………………………… (126)
第五节　注释与正文在主体层面的互文关系 ……………………… (128)
　　一　作者与互文本作者的互文关系 …………………………… (129)
　　二　作者与学术群体的互文关系 ……………………………… (133)
　　三　作者与读者的互文关系 …………………………………… (134)
第六节　注释与正文在语境层面的互文关系 ……………………… (136)
　　一　语境概述 …………………………………………………… (136)
　　二　注释与正文的语境互文类型 ……………………………… (138)
本章小结 ……………………………………………………………… (145)

第五章　参考文献与正文的互文关系 ………………………………… (146)
第一节　学术论文参考文献 ………………………………………… (147)
　　一　学术论文参考文献定义 …………………………………… (147)
　　二　学术论文参考文献特征 …………………………………… (148)
第二节　参考文献与正文的互文形式 ……………………………… (148)
　　一　互文标记 …………………………………………………… (148)
　　二　互文形式 …………………………………………………… (152)
第三节　参考文献与正文在文本层面的互文关系 ………………… (159)
　　一　文本形式层面 ……………………………………………… (159)
　　二　文本内容层面 ……………………………………………… (175)

三　学术论文与参考文献互文的语篇功用 …………………（182）
　第四节　参考文献与正文在主体层面的互文关系 ……………（190）
　　一　学术论文与参考文献的主体互文类型 ………………（191）
　　二　学术论文与参考文献的主体互文分析 ………………（203）
　第五节　参考文献与正文在语境层面的互文关系 ……………（209）
　　一　文本语境与互文本语境的一致关系 …………………（210）
　　二　文本语境与互文本语境的极性互补关系 ……………（214）
　　三　文本语境与互文本语境的反一致关系 ………………（217）
　本章小结 …………………………………………………………（220）

第六章　注释、参考文献之间的互文性研究 ……………………（222）
　第一节　注释与注释的互文 ……………………………………（223）
　　一　文本形式的互文 ………………………………………（223）
　　二　文本内容的互文 ………………………………………（228）
　　三　主体的互文 ……………………………………………（232）
　　四　语境的互文 ……………………………………………（235）
　第二节　参考文献与参考文献的互文 …………………………（236）
　　一　文本形式的互文 ………………………………………（237）
　　二　文本内容的互文 ………………………………………（243）
　　三　主体的互文 ……………………………………………（244）
　　四　语境的互文 ……………………………………………（246）
　第三节　注释与参考文献的互文 ………………………………（248）
　　一　文本形式的互文 ………………………………………（248）
　　二　文本内容的互文 ………………………………………（249）
　　三　主体的互文 ……………………………………………（251）
　　四　语境的互文 ……………………………………………（253）
　本章小结 …………………………………………………………（254）

第七章　注释、参考文献与学术语篇其他成分的互文性研究 ………（256）
　第一节　学术语篇其他成分概述 ………………………………（256）
　　一　标题 ……………………………………………………（256）
　　二　摘要 ……………………………………………………（258）

  三　关键词 …………………………………………………（259）
 第二节　注释与学术语篇其他成分的互文 ……………………（260）
  一　注释与标题的互文 ………………………………………（260）
  二　注释与摘要的互文 ………………………………………（262）
  三　注释与关键词的互文 ……………………………………（265）
 第三节　参考文献与学术语篇其他成分的互文 ………………（267）
  一　参考文献与标题的互文 …………………………………（267）
  二　参考文献与摘要的互文 …………………………………（268）
  三　参考文献与关键词的互文 ………………………………（271）
 本章小结 …………………………………………………………（273）

第八章　注释、参考文献的语篇建构功能 …………………（274）
 第一节　语篇的建构概述 ………………………………………（274）
  一　语篇意义的建构 …………………………………………（274）
  二　语篇立场的建构 …………………………………………（276）
  三　语篇的建构过程 …………………………………………（278）
 第二节　互文本的概念功能 ……………………………………（280）
  一　文内互文本概念功能 ……………………………………（281）
  二　文外互文本概念功能 ……………………………………（292）
 第三节　互文本的人际功能 ……………………………………（298）
  一　学术语篇的人际功能 ……………………………………（300）
  二　互文的人际功能 …………………………………………（303）
 第四节　互文本的语篇功能 ……………………………………（317）
  一　互文本概念意义的连贯 …………………………………（318）
  二　互文本人际意义的连贯 …………………………………（319）
 第五节　互文本形式的函数变量分析 …………………………（323）
  一　函数关系公式 ……………………………………………（323）
  二　互文关系是函数关系 ……………………………………（323）
  三　函数关系下的互文本形式 ………………………………（324）
  四　互文本生成文本（语篇）的函数关系 …………………（326）
 本章小结 …………………………………………………………（328）

第九章　注释、参考文献与学术语篇互涉的修辞功能 …………（329）
第一节　注释、参考文献与学术语篇互文的修辞结构 …………（329）
　　一　修辞结构概论 ………………………………………（330）
　　二　注释、参考文献与学术语篇互文的修辞结构功能 …（332）
第二节　注释、参考文献与学术语篇互文的修辞功能 …………（351）
　　一　完篇功能 ……………………………………………（352）
　　二　评价功能 ……………………………………………（355）
　　三　支持功能 ……………………………………………（356）
　　四　协商功能 ……………………………………………（359）
　　五　说服功能 ……………………………………………（360）
　　六　掩蔽功能 ……………………………………………（361）
　　七　同一功能 ……………………………………………（361）
第三节　注释与参考文献的比较 ……………………………………（367）
　　一　特征层面 ……………………………………………（368）
　　二　文本层面 ……………………………………………（368）
　　三　主体层面 ……………………………………………（369）
　　四　语境层面 ……………………………………………（369）
　　五　语篇建构层面 ………………………………………（369）
　　六　修辞结构层面 ………………………………………（370）
第四节　学术论文规范 ………………………………………………（370）
　　一　学术语篇形式规范 …………………………………（371）
　　二　学术语篇成分之间的关系 …………………………（373）
　　三　论文创新与抄袭 ……………………………………（374）
　　四　传统与发展 …………………………………………（376）
本章小结 ………………………………………………………………（376）

第十章　结语 ……………………………………………………………（378）

参考文献 …………………………………………………………………（385）

后　记 ……………………………………………………………………（404）

第一章

绪 论

  我们当然不能把互文性仅仅归结为起源和影响的问题；互文是由这样一些内容构成的普遍范畴：已无从查考出自何人所言的套式，下意识的引用和未加标注的参考资料。

——罗兰·巴特

  互文性的特点在于，它引导我们了解一种新的阅读方式，使得我们不再线性地阅读。我们可以将互文的每处相关参考进行替换：要么把此类地方只看成并无特别之处的片断，认为它仅仅是构成文本的一个部分而已，从而把阅读继续下去；要么去找相关的原文。

——洛朗·坚尼

  副文本只是辅助物、文本的附件。没有副文本的文本有时候像没有赶象人的大象，失去了力量；那么，没有文本的副文本则是没有大象的赶象人，是愚蠢的走秀。

——热拉尔·热奈特

  在中心和边缘之间，在边缘和中心之间，总有旅行线路，预设时间性并使叙述成为可能的线路。批评是描述文本和旅行线路的；在这一点上，它跟它评论、阐释和廓清的文学差别并不大，它本身是旅行线路的一部分。

——吉安—保罗·拜亚辛

第一节 研究缘起与对象

一 研究缘起

  人类生活离不开交际，交际离不开语言，交际的基本单位是语篇，语篇具有交流性、对话性和互动性。任何语篇都是互文语篇，任何言语行为都是修辞行为，互文语篇行为是言语行为，也是修辞行为。互文是语篇的生成和理解的基础。互文行为是一种现实的表现，由具体的主体来完成，即由作者生产语篇，又由读者通过对语篇的阅读并产生反应来实施一定的行为，甚至成为现实事件。互文行为涉及的要素：作者（说者）、读者（听者）、写什么（说什么）、如何写（如何说）、效果如何等。互文是在一定的语境中完成的，这个语境也同样影响互文交际有效性。语境由普遍的、符合规律的规则（构成性规则和策略性规则）构成。人们在规则中根据具体语境选用策略性规则（选择性规则）进行生产、生活和交际。

在学术语篇中，任何文本的话语都是对已有研究的讨论在先，后来者通过对其赞同、延伸、附加、批评、反对、否定、讨论、发展等方式取得文本的话语权。也就是说，任何语篇都是互文语篇，都是在其他语篇基础上的复制、模仿、改造、延伸、深化、发展。

互文是一种效果，是对其他文本的应答，主要体现在作者对其他文本的立场、态度和评价。这种效果集中体现了意识形态的作用，体现了对读者世界观的影响，体现了文本的意图的实现。注释副文本、参考文献副文本与新闻类学术语篇互文性的研究力图证明：通过副文性的系统性、层级性、联系性揭示副文本的互文层级体系、互文关系网络、语篇建构功能、修辞结构和修辞功能，并为读者提供一种从边缘到中心的阐述路线的可能。

学术交际中，学术论文是最基本的交际语篇。学术语篇是互文语篇，互文性是学术语篇的基本特性之一。学术论文建构的过程是作者在学术语境中充分利用互文手段，运用学术群体中能够清晰辨识、理解、认同、接受的语言，客观地、科学地叙述以实现自己的意图（包括修正、发展学术规约）的过程。

学术语篇是一个系统，其中注释、参考文献是学术论文的重要组成部分。注释、参考文献对正文的生成和理解产生重要的影响。注释、参考文献与学术语篇的互文性研究有助于揭示这些问题。

注释、参考文献与正文具有在场、共存、记忆的关系。[①] 在场是指被

[①] 韩素梅：《国家话语、国家认同及媒介空间——以〈人民日报〉玉树地震报道为例》，《国际新闻界》2011年第1期。

采纳进入文本中的陈述。在学术论文中，在场是指具体文本的陈述，包括标题、摘要、关键词、正文、注释、参考文献和各种符号等。共存是指来自不同话语结构之陈述并与话语结构联系在一起，包括线性和非线性的话语结构，如学术论文中的文本与互文本（进入文本的注释、参考文献）。这为文本内和文本间的分析提供了一种思路。① 在学术论文中，注释、参考文献是共存的文本。记忆是一些不再引起争议或不再被接受的陈述，②"是对那些由于以前曾被提出而存在下来的极其分散和命题的分类方法，或者是重新分配、已经相互联系在一起但被重新组合在一个新系统的总体中的陈述方法的特征化"③。在学术论文中，参考文献是记忆的文本。

互文是根据言说或写作目的和话语秩序被引入的，陈述的方向是把它纳入到学术群体认可的话语体系中，即把一个原始的文本从其生成的语境中剥离出来再引入到目标话语秩序或主流语调（文本）中，成为身份、形象、认同的旁证。这里，话语在场已经通过文本对其他文本的互文，而走向话语共存。④

互文是作者、读者、文本、世界之间的互动，由此，意义就产生并被理解，也就是说，互文是从一个意指系统过渡到另一个意指系统的中介。

学术论文是个整体，这个整体生成不同的成分，这些成分处在不同的层次，这些成分又是一个个小整体，小整体依赖整体，又具有自己的整体功能；整体决定小整体，整体通过小整体来表现自我，小整体促成整体的生成。各个小整体相互依存，又可以进一步分化。小整体相加之和并不等于整体，整体与小整体之间以及小整体之间相互作用、相互制约，小整体通过整合拥有新的功能，体现整体的意义、特征，即整体大于部分之和。

互文性理论具有互动性、动态性、多元性的特征。"多元"的"元"是"因素"、"层次"、"系统"和"维度"之意思。"多元"是指"多因素"、"多层次"、"多系统"和"多维度"，或"跨因素"、"跨层次"、

---

① 韩素梅：《国家话语、国家认同及媒介空间——以〈人民日报〉玉树地震报道为例》，《国际新闻界》2011 年第 1 期。

② 同上。

③ [法]福柯：《知识考古学》，谢强、马月译，生活·读书·新知三联书店 2003 年版，第 50 页。

④ 韩素梅：《国家话语、国家认同及媒介空间——以〈人民日报〉玉树地震报道为例》，《国际新闻界》2011 年第 1 期。

"跨系统"、"跨维度",是指"多角度"、"多视界"、"多方法"。"多元性"一是指事物整体与事物构成的因素之间的多元,即多因素、多层次;二是指事物与诸因素或诸因素之间的多元互动,互相作用、相互关联;三是指事物与事物、世界之间的多元互动,互相作用、相互关联。

互文关系是多元交互关系,互文性理论与其他理论相互联系、相互作用,它们共同解释语言现象或文本现象,以揭示语言现象的规律。

二 研究对象

根据法国学者热奈特的界定,① 文本的跨文性包括互文性、副文性、元文性、承文性、广义文本性。论题研究注释、参考文献与新闻类学术语篇的互文性。主要是注释副文本、参考文献副文本与正文的互文关系,注释、参考文献之间的互文关系,注释、参考文献与学术语篇其他成分的互文关系。

本书的互文性研究主要突出语篇系统下的副文性,研究注释副文本、参考文献副文本与学术语篇互涉产生的副文性特征、关系类型、关系层级,以及副文本的语篇建构功能和修辞功能。

本书借鉴了互文语篇理论、系统功能语言学理论、言语行为理论、叙事学理论等理论。

第二节 研究历史与现状

学术语篇是一个系统,其构成成分包括:标题(中文、英文)、摘要(中文、英文)、关键词(中文、英文)、正文、注释、参考文献等。这些成分在系统中处于不同层级,发生着不同的互文结构关系。② 但目前已有的研究主要采用普通语言学理论、系统功能语法和体裁分析理论对标题、摘要、关键词、正文、注释、参考文献进行研究,这些研究侧重于对学术语篇的概念功能的研究。我们首先概述已有的对注释、参考文献的研究,

---

① [法]热拉尔·热奈特:《热奈特论文集》,史忠义译,百花文艺出版社2001年版,第82页。

② 祝克懿:《互文:语篇研究的新论域》,《当代修辞学》2010年第5期。

对学术语篇的研究，对学术论文互文性的研究，并总结出已有研究的局限。

一 注释、参考文献研究概述

我们的研究发现，现有的关于注释、参考文献的论著、论文的研究主要是概念、分类和功能的研究。

（一）注释、参考文献概念

1. 注释定义

注释的定义主要从非学术类和学术类去定义，以国家正式颁布的文件或具有权威性的工具书、机构等为主，以及一些专家、学者的补充说明。

（1）非学术类。

《辞海》（1999年版）：注释，亦称注解。对书籍、文章中的词语、引文出处等所作的说明。

《编辑实用百科全书》：注释也称注解。书籍辅文的一种文体名。对正文中的文字、词汇、读音、典故、史实、引文出处或内容方面所作的说明文字。[①]

百度百科：注释是对书籍或文章的语汇、内容、背景、引文作介绍、评议的文字。中国古代分得较细，分别称之为注、释、传、笺、疏、章句等。包含的内容很广。诸凡字词音义、时间地点、人物事迹、典故出处、时代背景都是注释对象。

（2）学术类。

《中国学术期刊（光盘版）检索与评价数据规范》：注释是对论著正文中某一特定内容的进一步解释或补充说明。

《中国高等学校社会科学学报编排规范》（修订版：全国高等学校文科学报研究会1999年印发）：注释主要用于对文章篇名、作者及文内某一特定内容作必要的解释或说明。

《中国高等学校自然科学学报编排规范》（修订版）：解释题名、作者及某些内容，均可使用注释。

（3）其他补充说明。

其他补充说明是指对权威定义的进一步的补充说明或解释。

---

① 边春光：《编辑实用百科全书》，中国书籍出版社1994年版，第222页。

胡文启认为，注释是指一般学术论文的注释。注释一般有四种解释或定义：一是注释亦称注解，是对作品中的有关内容所作的一种文字说明。二是著作者认为文中有个别词或情况需要说明时，可加注释。三是注释，也叫注解，是对文章中有关词语、内容及引文出处等所作的说明。四是解释题名项、作者及论文中的某些内容，均可使用注释。概括为注释是作者或编者提供的帮助完成或理解论文的一种说明，是论文的重要组成部分。[①]

毛友超认为，注释一般理解为说明性的文字，包括引注和释注两部分。[②]

注释"是指构成论点的思想主流之外的补充材料"，即所谓"作为正文的补充说明和解释的实质性的注释"[③]。

2. 参考文献定义

参考文献的定义主要从非学术类和学术类去定义，以国家正式颁布的文件或具有权威性的工具书、机构等为主，以及一些专家、学者的补充说明。

（1）非学术类。

《辞海》（1999年版）：参考：参合他事他说而考察之；参酌。文献：原指典籍与贤者。后专指有历史价值的图书文物资料。亦指与某一学科有关的重要图书资料。今为记录有知识的一切载体的统称，即用文字、图像、符号、声频、视频等手段以记录人类知识的各种载体（如纸张、胶片、磁带、光盘等）。

百度百科：参考文献是在学术研究过程中，对某一著作或论文的整体的参考或借鉴。征引过的文献在注释中已注明，不再出现于文后参考文献中。

（2）学术类。

《中国学术期刊（光盘版）检索与评价数据规范》：参考文献是作者写作论著时所参考的文献书目。

《中国高等学校社会科学学报编排规范》（修订版）：参考文献的著录应执行GB7714—87《文后参考文献著录规则》及《中国学术期刊（光盘

---

① 胡文启：《谈谈注释的定义、分类及编排》，《编辑之友》1998年第4期。
② 毛友超：《浅说参考文献与注释》，《上海大学学报》（社会科学版）2001年第5期。
③ ［德］H. F. 坎贝尔、C. 布里费特、W. E. 拉西：《科学写作的艺术》，应幼梅、丁辽生译，科学出版社1991年版，第84、224页。

版）检索与评价数据规范》规定，采用顺序编码制，在引文处按论文中引用文献出现的先后以阿拉伯数字连续编码，序号置于方括号内。一种文献在同一文中被反复引用者，用同一序号标示，需表明引文具体出处的，可在序号后加圆括号注明页码或章、节、篇名，采用小于正文的字号编排。

《中国高等学校自然科学学报编排规范》（修订版）：为了反映论文的科学依据和作者尊重他人研究成果的严肃态度以及向读者提供有关信息的出处，应在论文的结论（无致谢段时）或致谢段之后列出参考文献表，参考文献表中列出的一般应限于作者直接阅读过的、最主要的、发表在正式出版物上的文献。

《文后参考文献著录规则》（GB/T7714—2005）：文后参考文献是作者为撰写或编辑论文和著作而引用的有关文献信息资源。

（3）其他补充说明。

其他补充说明是指对权威定义的进一步的补充说明或解释。

毛友超认为，参考文献是作者撰写论著（文）时所参考的文献资料，也可以说，作者的某种学术观点的形成，是在综合了别人的学说的基础上形成的。[1]

郑小枚认为，参考文献作为某种客观存在的文献，对于一个特定的文本自体来说，它始终是一个客体，一个参照物，一个与自己并行的他者文本。这个"他者"可以与"这一个"特定的文本相关，也可以无关，即它是否与某一文本发生关联仍是非确定的。[2]

陈晓丽认为，参考文献是作者在写作中参考过的文献，包括被引用和未被引用文献；参考文献范围广，不仅包括作者实质上引用过的文献，还包括作者在论著写作中参考过的文献或作者向读者推荐的可供参考的虽非实质引用但对文献成文有一定支持作用的文献。[3]

姜朋认为，参考文献未必成为正文中引述的对象，可能仅仅对作者写作该文有某些参考价值，或有潜在的影响或启发，为了便于读者对作者的思路有所了解，或满足进一步研究的需要，而列于文末，以便检索。[4]

---

[1] 毛友超：《浅说参考文献与注释》，《上海大学学报》（社会科学版）2001年第5期。
[2] 郑小枚：《"参考文献"之辨》，《安徽大学学报》（哲学社会科学版）2003年第2期。
[3] 陈晓丽：《"参考文献"与"注释"异同》，《大学图书情报学刊》2000年第2期。
[4] 姜朋：《注释体例大一统、学术规范及学术水准的提高》，《社会科学论坛》2002年第9期。

3. 注释、参考文献的异同

注释与参考文献的异同主要是从概念内涵和功能方面去解释。

从概念内涵、文体性质、功能方面进行论述，如冯春明认为，"二者都是正文的一种辅助性文体。注释和参考文献无论在功能上还是在著录格式上，都是有着明显的区别的"①。陈红娟认为，"二者地位相同、作用相似。二者内涵、外延不同"②。有的从概念、著录的不同进行论述，如贾书利认为，"参考文献是作者撰写学术论文时所引用的已公开发表的文献书目，集中列表于文末，不标明页码；而注释主要包括释义性注释和引文注释，一般排印在该页地脚或集中列于文末参考文献表之前，应标明页码"③。

从概念区分引文与参考文献，如林晓军、王昕认为，"所谓引用文献就是作者在论文中援引已知事实时将其来源或出处加以标注并在论文末尾罗列出来的那些文献。引文指的是学术论文所引用的参考文献，在文章后面应予列出"④。郑小枚认为，"引文，指的是引自其他书籍或文件的语句，也称引语。引文是已经被文本引入的他文，并已融入新的文本之中，成为新文本的一部分。而参考文献，作为某种客观存在的文献，对于一个特定的文本自体来说，它始终是一个客体，一个参照物，一个与自己并行的他者文本。这个'他者'可以与'这一个'特定的文本相关，也可以无关，即它是否与某一文本发生关联仍是非确定的。所谓'参考文献'，其实应细分为'引文'与'参考文献'两项"⑤。刘遗伦认为，引文是引用文献，"参考"是"引用"的基础，参考过的文献信息资源中的相关内容或观点如果被应用到论著之中，就成为"引用"，即参考文献与引文是递进关系。⑥

从作者的思想、观点、意愿去进行分析，如梁堂华认为，"参考文献与注释的内在区别应该在于谁包含了更多作者本人的思想、观点、意愿。明显地，注释中应该包含更多作者本人的思想。注释位置之所以在前，更

---

① 冯春明：《注释与参考文献的异同辨析》，《中国编辑》2005 年第 1 期。
② 陈红娟：《学术论文参考文献与注释异同之探究》，《西安石油大学学报》（社会科学版）2011 年第 2 期。
③ 贾书利：《参考文献在学术论文中的应用与规范》，《黑龙江社会科学》2009 年第 2 期。
④ 林晓军、王昕：《"参考文献"与"引文"的差异》，《情报科学》2000 年第 2 期。
⑤ 郑小枚：《"参考文献"之辨》，《安徽大学学报》（哲学社会科学版）2003 年第 2 期。
⑥ 刘遗伦：《从"参考文献"到"参引文献"：学术论文中的引文归属问题再探》，《中共贵州省委党校学报》2011 年第 5 期。

接近正文,暗含了其中包含更多作者意愿的意思"。也就是说,"参考文献是对作者写作该文发生了潜在的影响或启发,是该文得以形成的一些思想来源或依据,是他人或自己已经在客观上产生或形成的观点;注释则是作者对文章(包括题名、作者、引文、观点等)有关内容所作的说明和解释,是作者本人在写作该篇文章时的想法和意愿"①。

从不同方面来说明,如康兰媛从定义、作用、类型、标注格式来区分。②有的从必要性来区分,如冯春明认为注释一般在学术论著中不是必备的,有需要说明或补充、解释的问题则标出,没有需要说明或补充、解释的问题则不列出。参考文献一般在学术论著中是必备的。通过所列参考文献说明,其科学研究是在前人研究的相关研究成果上做基础或参考的,具有继承性特征。③

(二)注释、参考文献的分类

注释由于分类的标准不同,有不同的分类:胡文启从注释的位置、来源、内容或功能进行分类,分为:文内注、页末注、文后注、作者注和编(译、校)者注、篇目注、引文出处注和释义注④;曹大刚认为,注释有文中注、脚注,注释的主要类型有:题注、收稿日期注、基金项目注、图表注、出处注、补充解释注。⑤李汴红根据注释的来源、位置分为:本文注、引文注、编者注、文内注、页末注和文后注。⑥

按出版形式划分,朱大明认为,参考文献分为普通图书、报纸、期刊、学位论文、科技报告、技术标准、专利文献、电子资源等。⑦

参考文献引用的分类,文榕生分为:驳引、证引和启引⑧。刘雪立分

---

① 梁堂华:《科研论文中"参考文献"与"注释"之辨证》,《湖南人文科技学院学报》2006年第5期。
② 康兰媛:《注释与参考文献辨析及其规范化著录探讨——以社科类学报为鉴》,《编辑之友》2014年第1期。
③ 冯春明:《注释与参考文献的异同辨析》,《中国编辑》2005年第1期。
④ 胡文启:《谈谈注释的定义、分类及编排》,《编辑之友》1998年第4期。
⑤ 曹大刚:《学术期刊中的参考文献与注释辨析》,《西北大学学报》(哲学社会科学版)1999年第3期。
⑥ 李汴红:《学术期刊中的注释与参考文献》,《开封教育学院学报》2000年第4期。
⑦ 朱大明:《"参考文献"与"引文"概念辨析》,《编辑之友》2013年第1期。
⑧ 文榕生:《先生商榷学术规范需要辩证地对待参考文献:兼与蒋鸿标先生商榷》,《图书与情报》2005年第2期。

为继承性引用、指示性引用和批判性引用。马智峰分为：静态引用和动态引用。①

（三）注释、参考文献的功能

注释、参考文献的功能有不同的分类：

从整个语篇来说，注释、参考文献是整个论文的重要组成成分，如胡文启②、冯春明③的论文的观点。

从正文内容来说，胡文启认为，注释是作者或编者提供的帮助完成或理解论文的一种说明，是论文的重要组成成分。④陈晓丽认为，标明引文出处，对给予论著支持者表示谢意，对文献课题加以补充说明或列举课题参与者，对原文进行补充说明，对原文提出辨正、商榷、考证等意见，列出可供参考文献，标明来源文献版本（或统计样本、或语词）等出处。⑤毛友超认为，参考文献中的学说、观点、论据，对作者学术论著（文）的形成具有启迪、佐证的作用；而作者的学术论著（文）则是在这些参考文献基础上或升华、或延伸、或相左、或相背。⑥朱大明认为，参考文献的功能：作为选题背景的参考文献的创新性特征、作为论题的参考文献的创新性特征、作为反论题的参考文献的创新性特征、作为论据（论证）的参考文献的创新性特征。⑦朱大明认为，参考文献对正文具有引证的作用。⑧朱大明认为，引文在科技论文中论证论文内容的创新性、科学性、重要性或应用价值。⑨朱大明认为作为论据的参考文献实质上隐含着作者对引用文献的观点、见解、理论、方法或实验数据、结论或整体研究成果的一种认可或肯定，更是一种实质意义上的评价。⑩

从语篇的影响，杨昌勇认为，题目注释的功能：交代发表情况、交代课题、表达谢意、交代授权、编者注。作者注释的功能：注明著作权人、

---

① 马智峰：《参考文献的引用及影响引用的因素分析》，《编辑学报》2009年第1期。
② 胡文启：《谈谈注释的定义、分类及编排》，《编辑之友》1998年第4期。
③ 冯春明：《参考文献的功能分析》，《编辑之友》2003年第6期。
④ 胡文启：《谈谈注释的定义、分类及编排》，《编辑之友》1998年第4期。
⑤ 陈晓丽：《"参考文献"与"注释"异同》，《大学图书情报学刊》2000年第2期。
⑥ 毛友超：《浅说参考文献与注释》，《上海大学学报》（社会科学版）2001年第5期。
⑦ 朱大明：《参考文献的主要作用与学术论文的创新性评审》，《编辑学报》2004年第2期。
⑧ 朱大明：《参考文献引证在研究型论文中的分布特征》，《编辑学报》2008年第6期。
⑨ 朱大明：《应注重参考文献引用的学术论证功能》，《科技与出版》2008年第12期。
⑩ 朱大明：《参考文献引用的学术评价作用》，《编辑学报》2005年第5期。

提高作者知名度、提高作者单位知名度。文献引证注释的功能：尊重他人，为自己的研究定位、交代专题研究的学术史、为文献引证分析提供基础、为科学共同体和无形学院提供联系的网。① 冯春明认为，参考文献的功能：著作权的保护功能，作者和论著载体的评价功能，检索、验证与链接功能，对人才的选拔与评价功能。② 贾书利认为，参考文献的主要功能：（1）参考文献能够反映学术论文科学信息的广泛性和深度性，具有明显的继承性。正确使用参考文献，能够体现作者严谨、求实的科学态度，并起到连接新、旧科研成果的桥梁和纽带作用。（2）准确规范地使用参考文献能够体现出作者实事求是、严肃认真的治学态度，有益于维护知识产权，保护作者及他人著作权，体现了对他人劳动成果的尊重。（3）有利于编辑劳动条件的优化。（4）有助于文献计量学的研究。（5）方便读者阅读和使用。③ 陶范认为，参考文献具有的十项功能：提示研究起点、知识承续功能、鸣谢归誉功能、学术评价功能、预测分析功能、文献检索功能、学术论证功能、著作权保护、学术规范功能、节约篇幅版面。④

引用的动机最著名的是温斯托克（Weinstock）总结的15种，包括：（1）对前人的劳动成果表示尊重；（2）给予该文献的作者一种荣誉；（3）通过引用文献也可以核对该文献所用的方法和仪器；（4）可以为读者提供背景的阅读材料；（5）可以对自己的论文给予更正；（6）也可以对别人的著作予以更正；（7）还可以用来评价以前的著作；（8）引用文献也是为自己的主张寻求充分的论证；（9）还可以给读者提供研究者现有的著作；（10）对那些很少被标引或未被引证的文献提供一种向导和方向；（11）可以对数据和物理常数进行鉴定；（12）可以对原始资料中某个观点或概念是否被讨论过进行核对；（13）也可以对原始资料中的人物提出的某个概念或名词进行核对；（14）引文文献也是对他人的著作或概念进行间接的承认；（15）甚至可以对他人的优先权要求提出异议。⑤

注释是对正文的解释或说明的文本，是语篇的组成成分，除引文注释外，都是作者的解释或说明，并且在正文外；引文注释是对他文引用的解

---

① 杨昌勇：《学术论著注释和索引的规范与功能》，《中国社会科学》2002年第2期。
② 冯春明：《参考文献的功能分析》，《编辑之友》2003年第6期。
③ 贾书利：《参考文献在学术论文中的应用与规范》，《黑龙江社会科学》2009年第2期。
④ 陶范：《参考文献具有的十项功能》，《中国科技期刊研究》2007年第2期。
⑤ 转引自尹丽春《科学学引文网络的结构研究》，博士学位论文，大连理工大学，2006年。

释或说明,引文是正文的组成成分。注释包括:题目注、作者注、释义注和引文注。参考文献是正文对其他文本的参考或借鉴的文本,是语篇的组成成分,引用文献是正文的组成成分,是"他者",在正文外。

（四）注释、参考文献研究的不足

从以上可知,已有的对注释、参考文献的研究大都从概念功能方面的研究,主要研究注释、参考文献的概念意义和概念意义在语篇中的作用。这些研究对本论题有一定的借鉴作用。但对注释、参考文献的人际功能和语篇功能、相对的独立性、副文性、副文性的修辞结构和功能、副文性对交际产生的影响等的研究很少。

因此,我们从互文语篇、系统功能、言语行为、修辞功能等角度对注释、参考文献与学术论文的关系进行分析:

（1）从位置、语境、功能等方面全面地研究注释、参考文献。

（2）从文本、互文本等方面去研究注释、参考文献。

（3）从文本的踪迹方面去研究注释、参考文献与正文的关系、注释与参考文献之间的关系、注释与注释之间的关系、参考文献与参考文献之间的关系。

（4）从人际功能和语篇功能对注释、参考文献的研究。

（5）全面地对注释、参考文献与正文的关系的研究。

（6）从"他者"的角度、互文的角度、言语行为的角度去分析注释、参考文献与正文的关系。

（7）从读者角度对注释、参考文献与正文之间的交际效果的研究。

我们从注释、参考文献副文本角度切入的互文性研究解析了语篇结构系统的生成与理解、深化了语篇理论的研究、丰富了人们的社会文化认知。

二　学术论文研究概述

（一）学术论文概念

"学术论文是某一学术课题在实验性、理论性或观测性上具有新的科学研究成果或创新见解和知识的科学记录;或是某种已知原理应用于实际中取得新进展的科学总结,用以提供学术会议上宣读、交流或讨论或在学术刊物上发表,或作其它用途的书面文件。"（GB7713—87,中华人民共和国国家标准,科学技术报告、学位论文和学术论文的编写格式）

百度百科：学术论文是对某个科学领域中的学术问题进行研究后表述科学研究成果的理论文章。学术论文，就是用系统的、专门的知识来讨论或研究某种问题或研究成果的学理性文章。具有学术性、科学性、创造性、学理性。

（二）学术论文研究现状

姜亚军、赵刚认为，对学术论文的研究主要运用的理论：以斯威尔斯（Swales）为代表的体裁分析法[①]，以拜伯（Biber）为代表的学术语篇的多维分析法，以及以韩礼德（Halliday）的系统功能语法[②]为出发点的分析方法。体裁分析派的研究着眼点是语篇的宏观结构，这种结构或者是整个语篇（如研究论文、硕/博士论文、书评和项目申请书），或者是一种语篇的某个组成部分（如论文摘要、论文引言部分和博士论文结尾部分等）；多维分析法试图通过微观的语言特征来窥探语篇的宏观性质（如叙事性和信息性等）；系统功能语法在偏重微观分析的同时，也试图通过主位推进方式来探究语篇的宏观信息流动。[③]

吕长竑、周军（2011）认为，国内学术语篇研究主要从以下两个角度展开：一是系统功能语法，二是体裁分析理论。以系统功能语法为视角的研究，其切入点主要有评价理论、标记性主位理论、语法隐喻理论等。[④]借助系统功能语言学评价理论，分别对话语多声性、主体间立场和态度系统进行了研究，如李战子[⑤]、张跃伟[⑥]、唐丽萍[⑦]、徐玉臣[⑧]；根据系统功

---

① 体裁分析法有 Swales（斯威尔斯）称为 CARS（Creating a Research Space）的论文开头（引言）模式，即"三语步模式"：确立研究领域；指明研究领域的空白；填补研究领域的空白。（参见 Swales, J. M.,《Genre Analysis: English in Academic and Research Settings》, Cambridge: Cambridge University Press, 1990, p. 144）

② 系统功能语言学的语篇研究主要是主位推进模式、报道动词（"语篇型"、"思维型"和"研究型"）分析等。（参见姜亚军、赵刚《学术语篇的语言学研究：流派分野和方法整合》，《外语研究》2006年第6期）

③ 姜亚军、赵刚：《学术语篇的语言学研究：流派分野和方法整合》，《外语研究》2006年第6期。

④ 吕长竑、周军：《近十五年来国内学术语篇研究综述》，《西南交通大学学报》（社会科学版）2011年第3期。

⑤ 李战子：《学术话语中认知型情态的多重人际意义》，《外语教学与研究》2001年第5期。

⑥ 张跃伟：《从评价理论的介入观点看学术语篇中的互动特征》，《辽宁工程技术大学学报》（社会科学版）2005年第5期。

⑦ 唐丽萍：《学术书评语类结构的评价分析》，《外国语》2004年第3期。

⑧ 徐玉臣：《科技语篇中的态度系统研究》，《外语教学》2009年第4期。

能语法关于标记性主位的理论,对 CF 标记性主位在汉英学术语类中的使用情况进行了研究,如余渭深①;以系统功能语言学中情景语境和三大纯理功能的假设为出发点,对学术论文英文摘要进行了研究,如刘纯、彭金定②和刘玉梅③;从人际功能的视角对模糊限制语进行了探讨,如戴秋菊、郭婷④;以系统功能语言学的语篇体裁理论为指导,对学术英语语篇体裁进行了研究,如曾蕾⑤;借助系统功能语法中评论附加语系统,对英语学术语篇语料库中评论附加语进行了分析,如杨信彰⑥;基于系统功能语言学的语法隐喻理论,对学术语篇中投射语句进行了研究,如曾蕾⑦。其余研究则主要以斯威尔斯的体裁分析理论为分析视角来进行,分别对学术论文体裁特征、英汉学术论文开头段、学术论文摘要语篇进行了研究,如张伟坚⑧、杨玉晨⑨、鞠玉梅⑩、葛冬梅和杨瑞英⑪等。这些研究主要涉及 8 个方面:(1)对学术语篇互动和多声协商的研究,如李战子⑫和张跃伟⑬;(2)对学术论文摘要的研究,如刘纯和彭金定⑭、刘玉梅⑮、鞠玉梅⑯、葛冬梅和杨瑞英⑰;(3)对学术语篇模糊限制语的应用研究,如戴秋菊和郭

---

① 余渭深:《汉英学术语类的标记性主位分析》,《外语与外语教学》2002 年第 1 期。
② 刘纯、彭金定:《英语学术论文摘要的文体特征》,《中南工业大学学报》(社会科学版)2002 年第 4 期。
③ 刘玉梅:《学术论文英文摘要的文体特征研究》,《四川外语学院学报》2005 年第 4 期。
④ 戴秋菊、郭婷:《学术论文中模糊限制语的人际功能初探》,《南华大学学报》(社会科学版)2004 年第 1 期。
⑤ 曾蕾:《学术语篇体裁网络的构建与学术英语教学》,《外语与外语教学》2005 年第 5 期。
⑥ 杨信彰:《英语学术语篇中的评论附加语》,《外语与外语教学》2006 年第 10 期。
⑦ 曾蕾:《从语法隐喻视角看学术语篇中的"投射"》,《外语学刊》2007 年第 3 期。
⑧ 张伟坚:《英语学科学术论文的体裁特征》,《广州大学学报》(综合版)2001 年第 6 期。
⑨ 杨玉晨:《英汉学术论文开头段语篇模式和思维方式对比分析》,《外语教学》2003 年第 4 期。
⑩ 鞠玉梅:《体裁分析与英汉学术论文摘要语篇》,《外语教学》2004 年第 2 期。
⑪ 葛冬梅、杨瑞英:《学术论文摘要的体裁分析》,《现代外语》2005 年第 2 期。
⑫ 李战子:《学术话语中认知型情态的多重人际意义》,《外语教学与研究》2001 年第 5 期。
⑬ 张跃伟:《从评价理论的介入观点看学术语篇中的互动特征》,《辽宁工程技术大学学报》(社会科学版)2005 年第 5 期。
⑭ 刘纯、彭金定:《英语学术论文摘要的文体特征》,《中南工业大学学报》(社会科学版)2002 年第 4 期。
⑮ 刘玉梅:《学术论文英文摘要的文体特征研究》,《四川外语学院学报》2005 年第 4 期。
⑯ 鞠玉梅:《体裁分析与英汉学术论文摘要语篇》,《外语教学》2004 年第 2 期。
⑰ 葛冬梅、杨瑞英:《学术论文摘要的体裁分析》,《现代外语》2005 年第 2 期。

婷①、黄小苹②、丁展平③;(4)对学术语篇的体裁分析,如唐丽萍④、曾蕾⑤、张伟坚⑥;(5)对学术语篇转述现象的研究,如唐青叶⑦、曾蕾⑧;(6)对学术语篇开头段的对比研究,如杨玉晨⑨;(7)对学术语篇标记性主位的研究,如余渭深⑩;(8)对英语学术语篇评论附加语的研究,如杨信彰⑪。

吕长竑、周军认为,目前国内学术语篇研究中,以系统功能语法为主要研究视角的现状契合了国内语篇研究界对系统功能语言学的肯定。⑫ 黄国文认为:"系统功能语言学是一种比其他理论更适合于语篇分析的理论,我们完全可以只用这一理论来指导我们语篇分析的实践;在我们看来,系统功能语言学是一种可操作性、适用性和实用性都很强的普通语言学理论,它完全可以用于分析各种体裁的语篇;它完全可以与希夫林(Schiffrin)中所说的六种语篇分析方法(言语行为理论、互动社会语言学、交际文化学、语用学、会话分析、变异分析)媲美。"⑬

陈红梅认为⑭,斯威尔斯⑮利用索引分析了专业写作者引用使用的情

---

① 戴秋菊、郭婷:《学术论文中模糊限制语的人际功能初探》,《南华大学学报》(社会科学版)2004年第1期。

② 黄小苹:《学术论文中模糊限制语的语篇语用分析》,《四川外语学院学报》2002年第4期。

③ 丁展平:《英语学术论文中的通言研究》,《浙江大学学报》(人文社会科学版)2002年第6期。

④ 唐丽萍:《学术书评语类结构的评价分析》,《外国语》2004年第3期。

⑤ 曾蕾:《学术语篇体裁网络的构建与学术英语教学》,《外语与外语教学》2005年第5期。

⑥ 张伟坚:《英语学科学术论文的体裁特征》,《广州大学学报》(综合版)2001年第6期。

⑦ 唐青叶:《学术语篇中的转述现象》,《外语与外语教学》2004年第2期。

⑧ 曾蕾:《从语法隐喻视角看学术语篇中的"投射"》,《外语学刊》2007年第3期。

⑨ 杨玉晨:《英汉学术论文开头段语篇模式和思维方式对比分析》,《外语教学》2003年第4期。

⑩ 余渭深:《汉英学术语类的标记性主位分析》,《外语与外语教学》2002年第1期。

⑪ 杨信彰:《英语学术语篇中的评论附加语》,《外语与外语教学》2006年第10期。

⑫ 吕长竑、周军:《近十五年来国内学术语篇研究综述》,《西南交通大学学报》(社会科学版)2011年第3期。

⑬ 黄国文:《中国的语篇分析研究——写在中国英汉语篇分析研究会成立之际》,《外语教学》2007年第5期。

⑭ 陈红梅:《话语引述现象研究综述》,《南京理工大学学报》(社会科学版)2010年第6期。

⑮ Swales, J. M., *Genre Analysis: English in Academic and Research Settings*, Cambridge: Cambridge University Press, 1990, p. 106.

况，但采用的是句法分析，没有涉及引述的功能。海兰德（Hyland）的研究还发现人文学术语篇学科中完整引述较多，突出强调了被引述人；而自然科学中非完整引述较多，被引述人的作用被弱化，但研究对象、观点和结果却得到了增强，体现了自然学科的客观科学的实证特征。① 唐青叶侧重对比了所收集的自然学科和人文学科的学术语料中引述的使用现象，认为系统功能语法中的原话转述和间接引述在学术语篇中集中出现在引言部分，并要求标注包括被引述人姓名、出版年份甚至页码的引述源，在整个语篇生成过程中作者、被引述人、读者乃至研究对象之间均形成了功能性互动关系，使得语篇具有了互文性。② 学术语篇中对原文引述的处理依据传统的分类可以具化成完整引述和不完整引述，即前者将被引述者姓名、出版日期和页码等完整信息全部标注在句中。学术语篇中还有一类特殊的引述形式：自我引述，即作者引述自己的研究成果或用第一人称表达自己独到的看法。关于学术论文中使用"I"、"we"等人称代词是否妥当，看法不一。有人认为主观性太强，有将自己之观点强加于人的嫌疑；有人认为使用"we"替代"I"可以将读者包括在语篇构建过程中共为主体，表现了学术语篇应有的开放性和多声性。

从以上可知，学术论文的研究主要是运用体裁分析法、多维分析法、系统功能分析法、引语理论对学术语篇成分（特别是正文）内容的研究。虽然在引语的研究中涉及注释、参考文献的研究，但也只是对正文内容的构成成分的研究，并没有把注释、参考文献作为相对独立的整体的研究。也就是说，没有从整体的角度研究注释、参考文献以及注释、参考文献与正文的关系，没有从"他者"的角度对注释、参考文献与正文的关系进行分析。

三　学术论文互文性研究概述

对学术论文互文性研究的文章很少，这些文章从不同的方面对互文进行了一定的研究。

汤建民、徐炎章的《学术论文的互文性及思考》③ 认为，学术论文中必然地存在着互文性，从整体看，其原因主要有五个方面：①学术的进步

---

① Hyland, K., *Disciplinary Discourse: Social Interactions in Academic Writing*, Pearson Education Limited, 2000, p. 206.
② 唐青叶：《学术语篇中的转述现象》，《外语与外语教学》2004 年第 2 期。
③ 汤建民、徐炎章：《学术论文的互文性及思考》，《自然辩证法研究》2006 年第 9 期。

主要在于对先前知识修改的需要；②学术论文组织与表达中的客观需要；③为了促进科学传播的需要；④作者出于某些主观目的的需要；⑤互文性与独创性的关系。论文提出了一种新的分类：一是基于文本表层语句的互文性：原文的具体语句被照搬照抄，或是被节略、改写、转换后使用；二是基于文本深层结构的互文性：原文的写作思维结构或是理论构造模式被抽象、提炼、总结后移用、套用。学术论文互文性的三种形式："文有他文"，即文本内容中有大量篇幅是"引用或参考"了旧文本中的内容；"文下之文"，即指当前文本内容是旧文本内容的派生或延伸；"文如他文"，即当前文本的写作思维参照了另一旧文本的写作思维。学术论文互文的形式主要是两种：引用、派生（主要指同一主题的深化、发展）。学术论文互文性的作用：对阅读的启示、对论文写作和论文写作规范的启示、对论文评价的启示。

此文从学术论文整体论述了互文的必然性，并分析了互文的类型，互文在文本的表现形式，互文在学术论文中的启示。这些对本书有一定的启示，但不是从注释、参考文献与学术论文关系角度的互文研究。

蔺亚琼《学术规范的互文性研究——以"引文与注释规范"为分析对象》①，主要通过"话语共同体"、"引用与注释规范"与互文性之间的关系来论述学术论文的规范化和学术化的问题。

此文从"话语共同体"、"引用与注释规范"的互文性来论述学术论文的规范化和学术化的问题，这是互文性研究的一个重要方面，涉及作者、读者与话语共同体之间的互动，这对本书具有借鉴的作用。但并没有从文本的踪迹方面去具体地进行研究，也没有从注释、参考文献与学术论文关系角度的互文研究。

李长忠《中英学术论文语篇互文性特征对比研究》② 主要论述了中英学术论文中的直接引用互文和间接引用互文，并指出了互文对读者的作用。

此文从语篇的正文指出中英学术论文中的直接引用互文和间接引用互文以及其对读者的作用。对本书有一定的启示，但不是从注释、参考文献

---

① 蔺亚琼：《学术规范的互文性研究——以"引文与注释规范"为分析对象》，《高校教育管理》2010年第5期。

② 李长忠：《中英学术论文语篇互文性特征对比研究》，《江苏师范大学学报》（哲学社会科学版）2014年第1期。

与学术论文关系角度的互文研究。

储丹丹《文史类学术论文摘要语篇的互文分析》① 主要论述了摘要的互文性，标题、摘要与正文的互文关系，关键词、摘要与正文的互文关系。

此文的互文性研究主要有摘要的互文性研究，标题、摘要与正文的互文关系的研究，关键词、摘要与正文的互文关系研究，这些对本书的研究具有借鉴作用，但并没有具体到文本踪迹的研究，也没有涉及注释、参考文献与学术论文的互文研究。

总之，注释、参考文献是与学术语篇正文相对的语篇副文本，是学术论文语篇重要的有机构成。但从语篇研究的现状看，其功能作用既没有得到应有的重视，也没有得到深入系统的分析。已有的研究多从普通语言学、体裁分析和系统功能语法理论层面展开，且仅限于考察其概念功能。而从注释、参考文献与正文的语篇内部关联和外部语篇间性角度的语篇功能与人际功能研究则少有人涉及。本书视学术论文为一个结构整体，拟在系统、层级、关系的三维视野中讨论。

我们可以从表1—1中看到已有研究与本书研究的区别：

表中"+"表示有研究，"-"表示很少或没有。

表1—1　　　　　　　已有研究与本书研究区别表

		副文本性特征	概念功能	人际功能	语篇功能	言语行为理论	引语理论	修辞结构和功能	新闻学
已有研究	注释、参考文献	-	+	-	-	-	-	-	+
	学术论文中的注释、参考文献	-	+	-	-	-	+	-	-
	注释、参考文献与学术论文的关系	-	+	-	-	-	+	-	-
	学术论文的互文	-	+	-	-	-	+	-	-
	注释、参考文献与学术论文的互文	-	-	-	-	-	-	-	-

---

① 储丹丹：《文史类学术论文摘要语篇的互文分析》，硕士学位论文，复旦大学，2010年。

续表

		副文本性特征	概念功能	人际功能	语篇功能	言语行为理论	引语理论	修辞结构和功能	新闻学
本书研究	注释、参考文献	+	+	+	+	+	+	+	+
	学术论文中的注释、参考文献	+	+	+	+	+	+	+	+
	注释、参考文献与学术论文的关系	+	+	+	+	+	+	+	+
	学术论文的互文	+	+	+	+	+	+	+	+
	注释、参考文献与学术论文的互文	+	+	+	+	+	+	+	+

四 本书互文性研究

注释、参考文献与学术语篇的互文性研究主要有以下内容：

(一) 注释、参考文献与学术论文正文的互文关系

1. 文本层面的互文关系
2. 主体层面的互文关系
3. 语境层面的互文关系

(二) 注释、参考文献之间的互文关系

1. 注释与注释的互文
2. 参考文献与参考义献的互文
3. 注释与参考文献的互文

(三) 注释、参考文献与语篇其他成分的互文关系

1. 注释与标题的互文
2. 注释与摘要的互文
3. 注释与关键词的互文
4. 参考文献与标题的互文
5. 参考文献与摘要的互文
6. 参考文献与关键词的互文

（四）注释、参考文献与学术论文互文的语篇建构功能、修辞结构和修辞功能

1. 注释、参考文献与学术论文互文的语篇建构功能
2. 注释、参考文献与学术论文互文的修辞结构
3. 注释、参考文献与学术论文互文的修辞功能

第三节　研究思路、意义和方法

一　研究思路

本书以互文性的系统、层次、关系三个维度而展开。

第一章论述了研究历史与现状，研究的理论创新意义、社会实践意义，研究方法和研究思路，语料的选取和分析。论题研究注释、参考文献与新闻类学术语篇的互文性。文本的跨文性包括互文性、副文性、元文性、承文性、广义文本性。目前已有的研究主要采用普通语言学理论、系统功能语法和体裁分析理论对标题、摘要、关键词、正文、注释、参考文献进行研究，即运用普通语言学理论、系统功能语法和体裁分析理论对学术论文系统的各个成分进行研究。这些研究侧重于对论文语篇的概念功能的研究。我们用互文语篇理论、系统功能语言学理论、叙事学理论、修辞结构关系理论对注释、参考文献与学术论文的互文性进行研究。论题研究的理论创新意义和社会实践意义主要有：提出了学术论文正文模式、学术论文互文模式、学术论文创新模式、学术论文抄袭模式；论述了互文语篇理论的基本内容，互文本的概念、类型、功能、语言形式和语篇中的具体体现，论文抄袭的结构关系，注释、参考文献与正文的互文关系和修辞结构关系，学术论文的声音，传统与创新的关系，学术论文写作的规范化、科学化等。论题对学术论文的写作和解读，预防学术论文抄袭具有指导作用。

第二章分析了理论基础概述与相关术语。本书运用了互文语篇理论、系统功能语言学理论、言语行为理论、叙事学理论等。介绍了学术论文语篇形式、学术论文的声音、互文形式、互文路径等概念以及几组概念关系：互文与注释、参考文献，互文与引用，互文与转述，互文与抄袭，元话语与基本话语、次要话语。

第三章探讨了注释、参考文献与正文的关系类型，主要是自我—他者关系、主文本—副文本关系、导出—导入关系。

第四章论述了注释与正文的互文关系，主要是文本层面、主体层面和语境层面的互文关系。文本层面有共存关系：文本形式表现为小句、句组、语篇和模式，内容表现为标题注、作者注、释义注（本章引文注归入参考文献）。主体层面有作者与互文本作者的互文关系、作者与学术群体的互文关系、作者与读者的互文关系。语境层面有文本语境与互文本语境的一致关系、不一致关系和反一致关系。这是第一层次的副文本互文关系。

第五章阐述了参考文献（包括引文注释）与正文的互文关系，主要是文本层面、主体层面和语境层面的互文关系。文本层面有共存关系和派生关系：文本形式表现为词语、小句、句组、语篇、模式，内容表现为概念、名称、定义、理论和模式，观点、解释，研究课题、研究结果、结论，事实、案例、数据、图表，方法、思路。主体层面有学术论文与参考文献的主体互文类型和互文分析。语境层面有文本语境与互文本语境的一致关系、极性互补关系和反一致关系。这是第二层次的副文本互文关系。

第六章论述了注释、参考文献之间的互文性。主要是注释与注释的互文关系，参考文献与参考文献的互文关系，注释与参考文献的互文关系。注释与注释的互文关系是第一层次的副文本互文关系，注释与参考文献、参考文献与参考文献的互文关系是第二层次的副文本互文关系。

第七章探究了注释、参考文献与学术语篇其他成分的互文性。主要是注释与标题、摘要、关键词的互文关系，参考文献与标题、摘要、关键词的互文关系。注释、参考文献与摘要的互文关系是第三层次的副文本互文关系，注释、参考文献与关键词的互文关系是第四层次的副文本互文关系，注释、参考文献与标题的互文关系是第五层次的副文本互文关系。

第八章分析了注释、参考文献的语篇建构功能。主要是互文本（进入语篇的注释、参考文献）的概念功能、人际功能和语篇功能。

第九章论述了注释、参考文献与学术论文语篇互涉的修辞功能。主要是注释、参考文献与学术语篇互文的修辞结构和修辞功能。修辞结构有并列关系、对立关系、对照关系、详述关系、证据关系、证明关系、背景关系、重述关系等。修辞功能有完篇功能、评价功能、支持功能、协商功能、说服功能、掩蔽功能、同一功能。

第十章结语。由注释、参考文献与学术语篇形成的互文是语篇的结构单位，是使文本成为整体的重要因素之一，也是语篇生成和理解的一种范式。互文使注释、参考文献与正文呈现无限的张力，这种张力为学术论文的研究带来了新的契机，也为注释、参考文献的研究提供诸多可能和广阔的言说空间。注释、参考文献与正文本构成一种文本的场域，从这个意义上，从注释、参考文献副文本角度切入的互文性研究解析了语篇结构系统的生成与理解、深化了语篇理论的研究、丰富了人们的社会文化认知。

二 研究意义

（一）研究的理论创新意义

论题研究了注释、参考文献与新闻类学术语篇的互文关系。文本通过副文性的系统、层级、关系三个维度展开研究。学术语篇是个系统，这个系统以正文为中心与其他成分形成不同层级的互文关系体系，又以互文为结构单位构建当前语篇，互文结构体具有概念功能、人际功能、语篇功能、修辞结构关系和修辞功能，即注释、参考文献互文本充当文本结构成分，同时说明文本、解释文本、评价文本和跨文本。经过研究，我们在以下方面有所发现：

1. 学术语篇方面

学术语篇是学术交际的基本单位，副文本是语篇构成的基础，副文本的研究从"他者"的角度揭示了文本的构成，副文本既在文本中，又在文本外。通过副文本的互文关系的层级体系、互文关系网络和语篇建构功能的研究，我们发现了副文本在学术语篇中的一些新的特点：

（1）互文形式：互文标记+互文本。互文标记是文本与互文本联系的文本踪迹。互文标记为：A. 语言类：词语、短语、小句、语篇；B. 非语言类：模式、引号等，分别称之为：互文词语、互文短语、互文小句、互文篇章、互文符号。互文本的形式为：A. 语言形式：词语、短语、小句、句组、语篇；B. 非语言形式：模式。互文形式类型有自互文和他互文，直接互文和间接互文，融入式互文和非融入式互文，同质互文和异质互文。

（2）文本生成模式：文本+互文本。文本是在互文本基础上生成、发展的。互文本包括进入文本的注释和参考文献。参考文献互文本构成文本的基础，是必备成分；注释互文本构成文本的外围成分，即文化语境。文本与互文本形成一定的逻辑语义关系和修辞结构关系。文本与互文本在形式、意义、主体、语境上形成互文关系。互文本在概念意义、人际意义和语篇意义上形成文本元意义的基础。互文本是构成文本不同层面的有机成分。

（3）文本创新与抄袭的模式。文本创新模式：文本+互文本，文本与互文本形成一定的逻辑语义关系和修辞结构关系，文本是作者的自我文本；抄袭模式：互文本+互文本，互文本与互文本形成一定的逻辑语义关系和修辞结构关系，但没有作者的自我文本。

（4）文本生成函数公式：$y=f(x)$，其中 f 代表作者的认知意向，x 为互文本，是被 f 决定的进入文本的集合，是自变量，x 的变化表现为一个取值的过程，取值过程表征了作者对互文本的自主选择。y 是当下文本，是因变量，是随作者认知变化而变化的文本集合。文本产生过程就是 x 进入 f 的认知域形成一个认知网络，即 x 在 f 的作用下的取值，再根据意向和语境完成对该互文本的认知并进行评价。这一完整认知过程的结果便形成了对互文本的认识成果——作为对互文本的认知体系，即因变量 y。y 随 x 和 f 的变化取值，y 意味着所有认知过程及其成果的总和。

（5）学术语篇声音：学术语篇声音是指语篇中不同主体的声音。学术语篇的声音以作者的声音为中心，作者根据意图的需要在语篇中分配不同的声音，这些不同的声音形成对话，说服读者，从而实现交际的目的。学术语篇的声音有：作者类声音和非作者类声音。作者类声音有：本作者与他作者声音、我们/你们—他们的声音（包括隐含作者声音、学术群体声音、语篇声音）、显性和隐性读者声音，非作者类声音有机构与媒介声音。

2. 互文语篇理论方面

副文本在文本层面、主体层面、语境层面与学术语篇正文、语篇的其他成分形成互文关系，形成了互文层级体系和互文关系网络，这些文本踪迹的考查，使我们总结了互文语篇理论的一些特征：

（1）学术语篇是一个整体，标题、摘要、关键词、注释、参考文献与正文形成复杂的联系，它们分别从不同的层级对论文的建构和创新进行阐述，共同构成论文的有机整体。这种逻辑性、关联性越强，创新的可信度就越高。

（2）注释与正文的互文关系：1）文本层面：共存关系。在文本形式上，互文表现为小句、句组、语篇、模式；在内容上，互文表现为：指涉正文外，如标题、基金、作者简介、致谢等，指向正文内容，如词语、概念、术语、事件、理论、观点、方法、数据、案例、辩证（批评、商榷、考证、修正、评价）、举例、来源、背景、符码、介绍、说明等等。2）主体层面：作者与互文本作者、作者与学术群体、作者与读者形成一致关系和不一致关系。3）语境层面：文本语境与互文本语境形成一致关系、不一致关系和反一致关系。

（3）参考文献与正文的互文关系：1）文本层面：共存关系和派生关系。在文本形式上，互文表现为词语、小句、句组、语篇、模式；在内容上，互文表现为：概念（或名称、或定义）、理论（或模型）、观点（或解释）、研究课题（或研究内容）、研究结果（或研究结论）、事实（或案例、或数据、或图表）、方法（或思路）。2）主体层面：作者与互文本作者、作者与学术群体、作者与读者形成一致关系、交叉关系和极性互补关系。3）语境层面：文本语境与互文本语境形成一致关系、极性互补关系和反一致关系。

（4）注释、参考文献之间的互文关系：共存关系。1）注释与注释的互文：在文本形式上，互文表现为小句和句组；在内容上，互文表现为具体与概括、观点与例证；主体和语境上，互文表现为一致关系和不一致关系。2）参考文献与参考文献之间的互文：在文本形式上，互文表现为词语、小句、句组、语篇、模式；内容、主体和语境上，互文表现为一致关系和不一致关系。3）注释与参考文献之间的互文：在文本形式上，互文表现为小句和句组；内容、主体和语境上，互文表现为一致关系和不一致关系。

（5）注释、参考文献与语篇其他成分的互文关系：共存关系。1）注释与语篇其他成分的互文：A. 注释与标题的互文：文本形式上，表现为词语；内容上，表现为主题互文。B. 注释与摘要的互文：文本形式上，表现为词语、小句、句组；内容上，表现为观点、理论、方法。C. 注释与关键词的互文：文本形式上，表现为词语；内容上，表现为主题互文。2）参考文献与语篇其他成分的互文：A. 参考文献与标题的互文：文本形式上，表现为词语；内容上，表现为主题互文。B. 参考文献与摘要的互文：文本形式上，表现为词语、小句、句组；内容上，表现为观点、理论、方法。C. 参考文献与关键词的互文：文本形式上，表现为词语；内容上，表现为主题互文。

（6）语篇系统下的副文本的互文关系层级：第一层：注释≒正文，包括注释≒注释；第二层：参考文献≒正文，包括注释≒参考文献、参考文献≒参考文献；第三层：注释≒摘要、参考文献≒摘要；第四层：注释≒关键词、参考文献≒关键词；第五层：注释≒标题、参考文献≒标题。从第一层到第五层抽象度逐渐递增。（符号"≒"表示"互文关系"）

（7）互文本（进入语篇的注释、参考文献）的语篇建构功能：概念功能、人际功能和语篇功能。1）概念功能：A. 正文内：参考文献的逻辑意义关系有并列、连贯、解证、递进、总分、因果、转折、假设和让步关系；参考文献的逻辑—语义关系有并列、主从和扩展关系。B. 正文外，注释的逻辑意义关系有并列、连贯和解证关系。2）人际功能：互文来源、互文动词、互文小句、互文形式的人际功能。3）语篇功能：A. 互文本概念意义的连贯：同指、同类和同延关系；B. 互文本人际意义的连贯：语气、情态和态度词衔接。

（8）互文语篇理论是以关系、层级、互动、系统理论为支柱的动态的、多元的科学理论。互文具有多元性特征，"多元"的"元"是"因素"、"层次"、"系统"和"维度"之意思。"多元"是指"多因素"、"多层次"、"多系统"和"多维度"，或"跨因素"、"跨层次"、"跨系统"、"跨维度"，是指"多角度"、"多视界"、"多方法"。"多元性"一是指事物整体系统与事物构成的因素之间的多元，即多因素、多层次；二是指事物与诸因素，或诸因素之间的多元互动，互相作用、相互关联；三是事物与事物、世界之间的多元互动，互相作用、相互关联。多因素、多角度、多视野、多出发点之间的互动、互涉是整体、系统的互动、互涉，即整体指导下的多因素、多角度、多视野、多出发点的互动、互涉。整体性是多维互动、多维关联、多维互涉、层层包摄、环环相交的"交互循环"中的具体的整体的形式和意义共生共成。

3. 学术语篇交际效果方面

语篇是交际的基本单位，交际目的的实现取决于交际双方的互动。语篇是作者、读者互动的结果，学术的传承与发展也是作者与读者互动的结晶。通过副文本的语篇建构功能、修辞结构和修辞功能的研究，我们在学术语篇交际效果方面有些新的探索：

（1）学术圆环：学术圆环是指作者、读者在学术群体建立的规范的作用下生成和理解学术语篇的，作者、读者、学术群体相互归属、相互转化；圆环中他、我相互映照、相互传承、相互发展，学术发展循环往复，生生不息、没有止境。学术圆环的精髓在于"作者"(我)中引入"互文本作者"(他者)的涵容精神。作者与他者的本质是共属"学术群体",即作者与他者的呈现必须由学术群体接受而呈现。读者对作者的认同也必须通过由学术群体接受而实现。(见图8—1)

(2)注释、参考文献与学术语篇互文的修辞结构有并列、对立、对照、详述、证据、证明、背景、环境、连接、方式、评价、因果、解释、重述、总结、让步和假设关系。这些结构同时也是功能,它由两个方面构成,一是作者意图,一是读者的接受效果,两者合起来就完成了一次交际或信息传递的过程。作者的意图包含在核心文本与辅助文本的安排及关联上,表现为有或无辅助文本、关联点是什么。读者的接受效果说明关联是否成功,是否达到作者希望的效果。

(3)注释、参考文献与学术论文语篇互文的修辞功能有完篇功能、评价功能、支持功能、协商功能、说服功能、掩蔽功能、同一功能。

(4)副文本提供文本解读的文化背景,副文本是文本与文化的联系方式集合。注释、参考文献是连接文化的纽带,是使文本成为整体的重要因素之一,它为读者解读文本提供了广阔的文化背景。

(二)研究的社会实践意义

学术理论来自实践,理论本身又反作用于实践,对实践具有指导作用。本书的研究能为社会实践带来一些启示:

(1)论题研究对学术论文写作、创新、阐述和论文抄袭的预防具有一定的社会实践意义。

(2)注释、参考文献与正文形成无限的张力,这些张力使文本的意义得到彰显,读者得到理解和吸引,并诱发对文本的继续创造。

(3)注释、参考文献作为副文本对文本有整合和建构的功效,又有解构乃至颠覆的功用。它为开放的文本系统提供了新的路径,也使文本的阐述有了从细节和非中心(边缘)切入的可能,在一定程度上丰富了文本的研究和阐述方法。副文本是对文本不同角度的阐释,是对文本内容的丰富和深化,也是阐释学的"阐释之循环"的一个环节。副文本是对阐释学的丰富和发展。

(4)互文关系具有重要的实践价值,从本体上,互文关系是文本与文本之间的关系,形成相互依存、彼此对释、意义共生的条件或环境;从话语理解上,互文关系是主体的对话关系,是交际双方的协商、讨论,从而达到交际的理解、接受；从认识论上，互文关系是人们以关系的方式把握知识、经验的认知方式的存在形式和传播媒介；从方法论上，互文关系作为人们认知经验世界的一种方式方法，是对知识、经验的认识和传播的具体反思后形成的一种思维方法，是一种视角、一种图式、一种模式、一种框架。

三　研究方法

（一）归纳法、定性法

根据互文性的概念和语言学的分类对具体的例子进行归纳，总结出注释、参考文献与学术论文的互文分类标准，分为：文本、主体、语境层面三类，各层面又有不同的小类。这些都采用定性的方法，然后在语料中寻找语例，然后对这些互文类型和成分的语篇作用进行分析归纳。

（二）图表法

运用图表法更形象地表达注释、参考文献与学术论文的互文关系以及注释、参考文献对学术论文的生成。图表法体现直观性、简洁性，化抽象为具体，易于理解。

（三）宏观和微观分析

对学术语篇、互文抽象出宏观模式，又对这些宏观模式进行具体的、微观的语言痕迹的分析。对互文本进行形式、意义、功能较为详细的分析。

第四节　语料的选取和分析

一　语料来源

本书以新闻类学术语篇为语料。语料选自北大核心的新闻类：《新闻大学》、《国际新闻界》、《新闻与传播研究》、《现代传播》、《当代传播》。语料来源于中国知网——中国期刊全文数据库。

二　语料选取的依据

1. 全面性

《新闻大学》、《国际新闻界》、《新闻与传播研究》、《现代传播》、

《当代传播》等提供了论题所需要的例子。如《新闻大学》的例子涉及：新闻史、最新新闻研究理论、中外新闻理论。

2. 特色性

《新闻大学》：注释、参考文献，类型全面。《国际新闻界》：参考文献合并为注释，且引文注释翻译成英文。类型全面。《新闻与传播研究》：注释、参考文献，类型全面。注释中有引文。《现代传播》：参考文献合并为注释，类型全面。《当代传播》：注释合并为参考文献，参考文献较全面。也就是说，《当代传播》：参考文献提供了互文各种类型的例子。《国际新闻界》：提供了观点、理论不一致的例子。《新闻大学》、《现代传播》、《新闻传播与研究》：注释的丰富例子。

3. 前沿性

新闻是最新事件的反映，当前最新观念和理论体现于其中。

三 语料分析

一般的标注体例：

1. 注释、参考文献分别标注

特点：区别了注释与参考文献的不同，区分了引文注释与参考文献的不同，引文注释是显性引文，参考文献是隐性引文。如《新闻大学》。

2. 参考文献并入注释

特点：区别了不同的注释。引文注释是显性引文，是参考文献，没有作为隐性引文的参考文献。如《现代传播》、《国际新闻界》、《新闻与传播研究》。

3. 注释并入参考文献

特点：区别了不同的注释。引文注释是显性引文，是参考文献，没有作为隐性引文的参考文献。如《当代传播》。

本章小结

本章主要介绍了本书的研究对象是注释副文本、参考文献副文本与新闻类学术语篇的互文性研究。概述了已有的研究主要是从普通语言学理论、系统功能语言学和体裁分析理论层面对注释、参考文献和学术语篇的展开，且仅限于考察其概念功能。本书视学术论文为一个结构整体，拟在系统、层级、关系的三维视野中讨论注释、参考文献与学术语篇的关系。构建了本书的思路、方法，语料的选取，并且提出了本书的研究价值。

第二章

理论基础概述与相关术语介绍

本章主要借鉴了互文语篇理论、系统功能语言学理论、言语行为理论、叙事学理论等。

第一节 理论基础概述

一 互文语篇理论概述

（一）语篇定义

什么是语篇？不同的学者有不同的定义。① 下面主要选取国内的专家的定义。

胡壮麟认为，"语篇指任何不完全受句子语法约束的在一定语境下表示完整语义的自然语言。它可以是词，如发生火情时有人呼叫'火！火！'，也可以是一部小说，可以是一句口号，也可以是一次长达两三小时的演讲。语篇研究包括语篇的产生、分析和理解三个方面。"②

黄国文认为，"语篇通常指一系列连续的话段或句子构成的语言整体。形式上可以是口头的，如独白、辩论，也可以是书面的，如便条、论文；

---

① 在国外，斯塔布斯（Stubbs）认为语篇是大于句子或小句的语言单位；范·迪克（Van Dijk）认为语篇是大于句子序列的单位；韩礼德和哈桑（Halliday & Hasan）认为语篇是一个意义单位；费尔克拉夫（Fairclough）认为语篇不仅仅是语言运用，而是把这种口头和书面运用的语言看作是社会实践；坎德林（Candlin）认为语篇是根基于社会的语言运用过程，同时又是谈论、描写和作用于世界的手段，是建构世界中一系列实践又被这些实践建构的手段；菲尔莫尔（Fillmore）把语篇看作是人类语言能力的产品，既涵盖字词，又包括诸如小说、法律文本等；德·波格朗（De Beaugrande）认为语篇是实化体系，即通过对虚拟系统的抉择而形成的一个功能单位。（转引自王振华《作为系统的语篇》，《外语学刊》2008 年第 3 期）

② 胡壮麟：《语篇的衔接与连贯》，上海外语教育出版社 1994 年版，第 1—4 页。

篇幅上可以是一句话，如提示语、问候语，也可以洋洋万言以上，如演讲、小说。语篇必须合乎语法，并且语义连贯。语篇应有一个论题结构或逻辑结构。语篇具有句法上的组织性和交际上的独立性"①。

张德禄认为，语篇不是一个超级句子，而是一个意义单位，是人们实际进行的语言交流的实例，是在一定的语境中讲的话或写的文章，从最简短的表述如人们临危时喊出的"救命！救命！"，到多数情况下要由若干句话、数十句话以至更多的话组成。他明确提出了语篇是一个"意义单位"的概念，即不是纯语法意义上的句子或段落，这是系统功能语言学派的一个基本思想。②

我们认为，语篇是基本的交际单位，具有完整的意义，具有层次性和相对性。简言之，语篇是指具有相对完整意义的、相对独立的语言交际单位。语篇对客观世界、社会和人的思想、感情具有描述、反映、改变和构建作用。

语篇具有衔接性、连贯性、信息性、意图性、可接受性、情景性和互文性。

（二）互文语篇理论

任何语篇都是互文语篇。每一个语篇都是某个互文集合体中的一个小整体，是互文关系总和。与一个语篇有关联的其他语篇是"互文"，它是隐藏在文本中的积演结构。以互文为"织体"构建互文结点，生成当前语篇。也就是说，当前的语篇是在前语篇的遗迹或记忆基础上生成的，在对其他语篇吸收和转化过程中，建构着当前语篇，使之与其他语篇之间形成互文关系。法国符号学家罗兰·巴特指出："任何本文都是互本文；在一个本文之中，不同程度地并以各种多少能辨认的形式存在着其他本文，例如：先前文化的本文和周围文化的本文。任何本文都是过去引文的一个新织体。"③ 不同时空关系的语篇相互发生互文联系，形成互文网络。"每一个语篇都联系着若干其他语篇，并且对这些语篇起着复读、强调、浓缩、转移和深化的作用。"④ 互文传承着先前的语篇，同时又开启着新的语篇，

---

① 黄国文：《语篇分析概要》，湖南教育出版社1988年版，第7页。
② 转引自王云桥《关于语篇研究的几个问题》，《山东外语教学》1998年第1期。
③ 王一川：《语言乌托邦——20世纪西方语言论美学探究》，云南人民出版社1994年版，第250页。
④ ［法］蒂费纳·萨莫瓦约：《互文性研究》，邵炜译，天津人民出版社2003年版，第5页。

即开启着当前和未来语篇。

互文既是对源语篇的解构，又是对当前语篇的建构。互文是语篇的建构成分之一，在语篇中具有概念功能、人际功能和语篇功能。概念功能是语篇对客观世界或经验世界的建构，人际功能是对人际关系的建构，语篇功能是对语篇的建构。互文结构体进入异体后都会发生变异、发展、升华。

副文性在语篇系统中的功能可以为当前语篇的建构提供图式，可以使其他语篇成为当前语篇语境因素之一，承续历史语境或文化，并对建构当前语篇与其他语篇关系的全局价值进行评价；在交际中可以对读者提供一种氛围，改变读者的阅读习惯，并为读者设计一种从边缘到中心的阐述路线。

注释副文本、参考文献副文本扩展了或延展了正文的疆域，实现了正文意义的增殖，从而让读者"未见其人，先闻其声"，预先获得对学术文本的心理认同、学术期待和阅读兴趣，促进了学术知识的传播和推广。在注释、参考文献的引导下，正文本的"当下"意义得到显现和打开。注释、参考文献是进入正文的重要"门槛"。

1. 互文性

互文性是指两个或多个文本之间发生的互文关系，也就是说，互文性是指文本的形成与它以前的文本的遗迹或记忆相联系。互文性表现为不同层面的关系，从形式层面，是指语篇的联系、指涉，即每个语篇都是对其他语篇的吸收和转换；从意义层面，是指读者的理解和接受；从历时层面，是指与历时语篇形成文本链，即不同语篇之间的语篇聚合关系；从共时层面，是与共时语篇形成文本网，即一个语篇中各个部分之间的语篇组合关系；从符号层面，是指语篇之间的互动，就是说，一个语篇作为符号实体对另一语篇实体的依附过程。

（1）互文性形成的条件。

①具有两个或两个以上的相对独立的语言单位。即文本与互文本是相对独立的语言单位。

②这两个或两个以上的相对独立的语言单位在意义上互相呼应、互相联系、彼此参照、彼此渗透。"它或反驳此前的表述，或肯定它，或补充它，或依靠它，或以它为已知的前提，或以某种方式考虑它。"[①] 也就是说，这两个或两个以上的相对独立的语言单位之间形成一定的语义关系，

---

① 钱中文主编：《巴赫金全集》第 4 卷，白春仁译，河北教育出版社 1998 年版，第 177 页。

如逻辑语义关系、修辞结构关系等，这种语义关系是一种对话。

③这两个或两个以上的相对独立的语言单位相互联系而表达一个完整的内容，即文本与互文本整合在一起形成更大的语言单位，表达一个整体的意义。

（2）互文性的相关重要术语。

①文本互涉。

"文本互涉"，又称"互文性"、"文本间性"、"文本映射"或"文本互指性"，是指不同的文本之间互相指涉、互相关联、互相映射的关系。[①]文本互涉表明任何文本都是不自足的，其意义是在与其他文本交互指涉、交互参照的过程中产生[②]，也就是说，要解释某一文本必须通过其他文本来参照、比较，才能揭示其意义。文本互涉为文本解读提供了新的思路，拓展了文本解读的广度、深度和厚度。

②文本。

当前研究或阅读的文本叫"文本"、"主文本"、"正文本"、"中心文本"、"当前文本"、"当下文本"。

③互文本。

存在于某一文本中的其他文本，或被某一文本所引用、暗示、召唤、戏仿、改造、转换、重写的文本叫"互文本"。

互文本是指文本互文过程中，用来帮助生成或理解一个文本所需要的相关符号。从性质上，它可以是语言、文字类符号，可以是非语言、非文字类符号，如艺术作品、生活中的人、物或事件、信号等；从数量上，它可以是一个片断，也可以是一个整体。

④互文空间。

互文关系有纵向和横向的坐标关系。纵向轴系联着一系列的历时文本，形成文本链，横向轴系联着一系列的共时文本，形成文本网，网与链之间相互交织，形成了一个空间网络，即互文空间。这个空间承载着互文本和目标文本，充满着义本与文本之间或文本与互文本之间无限的张力。[③]

[①] 祝克懿：《互文：语篇研究的新论域》，《当代修辞学》2010 年第 5 期。

[②] 同上。

[③] 祝克懿：《互文性理论的多声构成：〈武士〉、张东荪、巴赫金与本维尼斯特、弗洛伊德》，《当代修辞学》2013 年第 5 期。

(3) 狭义互文性。

互文性一般指狭义互文性,以热奈特等为代表。热奈特提出了跨文本性的五种主要类型:互文性、副文性、元文性、承文性、广义文本性。①

(4) 互文性类型。

主要选取与本书密切相关的类型。②

①水平互文性和垂直互文性。

克里斯蒂娃认为互文性可以分为水平互文性和垂直互文性。水平互文性是指一段话语与其他话语之间所具有的对话性和互文关系;垂直互文性是指一个语篇对其他语篇语料的引用以及对其他语篇的应答关系。③

②狭义互文性和广义互文性。

狭义互文性也被称为结构互文性,它指向的是结构主义,或曰修辞学的路径,倾向于将互文性限定在精密的语言形式批评范围内,把互文性看作一个文学文本与其他文学文本之间可论证的互涉关系,该理论的代表人物有吉尼特 (Genette) 等人。吉尼特把互文性称为跨文性,划分了五种类型的跨文本关系。其一,互文性,两篇或几篇文本共存所产生的关系,其手法是引用、抄袭、暗示。其二,副文性,指主要文本与其派生文本之间的关系。正文当成主要文本,派生文本一般包括前言、献辞、鸣谢、目录、注解、图例、后记等。其三,广义文本性,指的是将一个文本视为某一(或某些)文体的一部分所形成的关系,文本同属一类的情况。其四,元文性,指的是一个文本对另一个文本外显的或暗含的评论关系。其五,承文性,即一个文本与作为其基础但又被变形、修饰、发挥或扩展的文本

---

① [法] 热拉尔·热奈特:《热奈特论文集》,史忠义译,天津百花文艺出版社2001年版,第82页。

② 其他分类还有:A. 宏观互文性和微观互文性(参见王铭玉《符号的互文性与解析符号学——克里斯蒂娃符号学研究》,《求是学刊》2011年第3期);B. 显著互文性和构成互文性(Fairclough, N., *Critical Language Awareness*, London: Longman, 1992, pp. 85, 119);C. 被动互文性和主动互文性(Basi L. Hatim, Mason Ian, *Discourse and the Translator*, 上海外语教育出版社, 2001, pp. 32-33);D. 强势互文性和弱势互文性(Jenny Laurent, "The Strategy of Forms", *French Literary Theory Today: A Reader*, Cambridge: Cambridge University Press, 1982, pp. 34-63);E. 物质互文、结构互文和物质—结构互文(Heinrich F., Plett. *Intertextuality*, Berlin and New York: Walter de Gmyter, 1991, p. 7);F. 积极互文性和消极互文性(李玉平:《互文性新论》,《南开学报》(哲学社会科学版)2006年第3期)。

③ Julia Kristeva, *Semeiotike*, *Recherches Pour une Semanalyse*, Paris, Seuil, 1969, p. 145.

或文体之间的关系，见于滑稽模仿等场合。①

广义互文性也称解构主义互文性，通常包括非文学的艺术作品、人类的各种知识领域、表意实践，甚至社会、历史、文化等都被看作文本。这种观点研究任何文本与赋予该文本意义的各种语言、知识代码和文化表意实践间相互指涉的关系。确切地讲，它研究一部作品在一种文化的话语空间之中的参与，一个文本与各种语言或一种文化的表意实践之间的关系。②

③具体互文性与体裁互文性。

辛斌：把互文性分为具体互文和体裁互文。具体互文性是指一个语篇包含可以找到具体来源（即写作主体）的他人的话语，这类互文性能够涵盖上述的强势互文性和显著互文性以及不加标明引用他人话语而产生的互文关系。体裁互文性是指在一个语篇中不同文体、语域或体裁的混合交融。③

④心理联想互文、文本印迹互文和语言形式互文。

邓隽：提出互文性可分为心理联想互文、文本印迹互文和语言形式互文三种。心理联想互文是指"无论读者还是作者在对文本进行处理时，进入心理联想空间的文本其信息都有可能加入到当下文本中来，从而影响到对当下文本的理解和加工，这些文本与所处理的文本之间就有了互文关系"；文本印迹互文是指文本之间的互文关系可以通过文本与文本之间"语义上的可论证性"和"语言形式上的可辨认性"来识解；语言形式互文是指"互文本的什么成分、以什么方式进入了主文本"，以及互文本进入主文本后以怎样的互文标记来关联和显示主文本与互文本之间的互文关系。④

⑤自互文和它互文。

马国彦把互文性分为它互文和自互文，它互文是指"元话语对其它文本空间中他人话语的引入和处理关系"，自互文是指"元话语对同一文本

---

① 王铭玉：《符号的互文性与解析符号学——克里斯蒂娃符号学研究》，《求是学刊》2011年第3期。

② 同上。

③ 辛斌、陈腾澜：《语篇的对话性分析初探》，《外国语》1999年第5期。

④ 邓隽：《解读性新闻中的互文关系——兼论互文概念的语言学化》，《当代修辞学》2011年第5期。

空间中发话者自己话语的引入和处理关系"。①

⑥学术论文不同的互文空间类型。

祝克懿提出了学术论文语篇成分的六个层次空间互文结构：第一层：论文正文≒注释（符号"≒"为互文标记）；第二层：（论文正文≒注释）≒参考文献；第三层：摘要（中文≒外文）≒［（论文正文≒注释）≒参考文献］；第四层：摘要（中文≒外文）≒关键词（中文≒外文）；第五层：关键词（中文≒外文）≒标题（中文≒外文）；第六层：论文全文作为当下文本 x（A、B、C……）≒源文本 y（a、b、c……）。②

英国语言学家哈提姆认为：互文关系可以在四个层次中实施：一是音位、形态、句法、语义；二是词缀、词、短语、小句、语篇、话语、体裁；三是语境的三维度，即语域活动、语用行为和符号互动；四是文化和意识形态。③

我们从文本、主体和语境层面对互文关系进行分类，并探索互文在语篇中的作用。

2. 互文语篇

互文语篇理论是以关系、层级、系统、多元为核心的宏观动态理论。④

"'互文'之'互'指存在于当下的文本与之前、共时的源文本成分间有以互动关系制约下的组合关系、共现关系、重写关系、改造关系（或派生关系）。这些关系显示为当下文本与源文本间互依互存、不同层次参互的空间结构关系；'互文'之'文'理论上是一个集合名词、抽象概念，实质上指由当下文本成分与源文本成分构建的共组文本，是互为存在前提的互文本。从文本内部看，互文本体现为当下文本成分与源文本成分间的互涉关系；从文本外部看，互文本体现为处于不同空间层次上、不同来源的源文本按不同的方式参加到当下文本中来所形成的空间结构关系。"⑤

---

① 马国彦：《元话语标记与文本自互文——互文视角中的篇章结构》，《当代修辞学》2010年第5期。
② 祝克懿：《互文：语篇研究的新论域》，《当代修辞学》2010年第5期。
③ 王树槐、王群：《哈提姆的互文性翻译理论：贡献与缺陷》，《解放军外国语学院学报》2006年第1期。
④ 祝克懿：《互文：语篇研究的新论域》，《当代修辞学》2010年第5期。
⑤ 同上。

互文是语篇的结构单位，互文构建语篇，同时也解构语篇。

互文是互文本，又是互文本身的言语行为，即互文行为，它是一种重述，该重述从源文本中剥离出来，进入到新文本中，并通过互文行为作用使其在新的语境中产生影响和增殖。

互文的本质是文本之间的关系（联系）、文本之间的转换。

互文语篇的主要特征是互文性，即文本与文本之间的关系，这种关系体现为层级性、系统性和多元性，语篇的生成和解读都离不开互文性。语篇之间形成互文网络，以特定的互文性结构为语篇结构方式，建构成一个独立、自足、自律的语言世界，但同时这个语言世界又是不自足的，又指向其他语篇和语篇外的世界。

互文关系是多元的，表现为：一方面，当前文本与前、共时的源文本成分间有组合、共现、重写、改造关系。这些关系显示为当前文本与源文本间互依互存、不同层次参互的空间结构关系。另一方面，当前文本与未来文本指涉、辐射、影响关系，即当前文本是基础，未来文本是基础文本的发展、延伸、延异、改造。文本与文本之间的相互联结、相互感应、相互渗透、相互转移，彼此参照、彼此牵涉，形成一个潜力无限的开放网络，从而构成文本过去、现在、将来联网的庞大体系。[1]

互文关系是文本之间的立体的关系。从纵向探索，可以形成一系列的文本链；从横向探索，可以形成一系列的文本网。链与网相互交织，形成的文本互涉的开放空间，体现出文本之间的无限张力。也就是说，在纵向上，文本互文通过与历时文本之间的相互印证、相互诠释、相互影响、相互指涉，基于某个原型，梳理出文本发展的源与流的关系，建立起具有意义脉络的文本链；横向上，文本互文通过与共时文本之间的解释、补充、延伸、发展，依靠同时代相同或不同作者的文本之间的关系，建立起具有当前时代意义的文本网。文本链和文本网的相互交织、相互联系，产生了多元的文本互涉关系，建立了文本互涉的立体空间网络——互文空间。[2]互文空间永远是开放的，可以在这个空间中任意一个平面或任意一个链条上的某个点展开。在互文空间中，读者通过与不同文本的对话，对文本进行解读、阐释、创造、发展。

---

[1] 祝克懿：《互文：语篇研究的新论域》，《当代修辞学》2010年第5期。
[2] 同上。

互文关系说明文本的生成和解读必须进行文本之间的系联，互涉到其他文本，由其他文本的意义来领会和生成这个文本的深层意义。

互文关系是系统关系，任何文本都是对先前文本的解构，同时又是对自身的建构。互文是语篇的结构方式，是语篇的基础和出发点，是语篇的补充、更正、延伸、讨论、协商等。互文在语篇中具有概念功能、人际功能和语篇功能，三者表现为概念意义、人际意义和语篇意义。

互文是文本之间的互动，互文本脱离原文本进入到新的文本会产生变异，形成新的意义，即互文本的意义发生增殖。

互文是作者、读者、语篇、世界之间互动的、对话的结果。

互文关系是层级关系，具体表现为：第一层：论文正文≈注释（符号"≈"为互文标记）；第二层：（论文正文≈注释）≈参考文献；第三层：摘要（中文≈外文）≈［（论文正文≈注释）≈参考文献］；第四层：摘要（中文≈外文）≈关键词（中文≈外文）；第五层：关键词（中文≈外文）≈标题（中文≈外文）；第六层：论文全文作为当下文本 x（A、B、C……）≈源文本 y（a、b、c……）。①

3. 互文语篇的互文类型

（1）共存关系互文。

共存关系互文是指甲文和乙文同时出现在乙文中。② 也就是说，某一文本出现在另一文本中。如引用、重复、抄袭、暗示等。

（2）派生关系互文。

派生关系互文是指乙文从甲文派生出来，但甲文并不切实出现在乙文中。③ 也就是说，乙文对其他文本的模仿、改造与转换，即"B（文本）或多或少明显地呼唤着 A 文本，而不必谈论它或引用它"④。如改造、戏拟、转换等。

总之，互文语篇理论是以关系、层级、互动、系统理论为支柱的动态的、多元的科学理论。

---

① 祝克懿：《互文：语篇研究的新论域》，《当代修辞学》2010 年第 5 期。
② ［法］蒂费纳·萨莫瓦约：《互文性研究》，邵炜译，天津人民出版社 2003 年版，第 20 页。
③ 同上。
④ ［法］热拉尔·热奈特：《热奈特论文集》，史忠义译，天津百花文艺出版社 2001 年版，第 74—75 页。

二 系统功能语言学理论概述

系统功能语言学是一种通过描写语言用途或功能来说明语言系统的理论。①

功能语言学认为语言有三大元语言功能：概念功能、人际功能和语篇功能。概念功能是用语言来谈论我们对世界（包括自然界和内心世界）的经历、看法和世界上所发生的事情。人际功能是指用来与别人交往，建立或保持与别人的关系，影响别人的行为，表达讲话人的态度，改变别人的态度、看法等。语篇功能是指用来组织语句和话段，把单个的情形、意念连接起来。概念功能有及物性、作格、语态等分析；人际功能有语气、情态和评价分析；语篇功能有主位结构、信息结构、衔接等分析。②

语言的概念功能包括经验功能和逻辑功能。③ 经验功能指语言对人们在现实世界（包括内心世界）中的各种经历的表达，或者说，是反映客观世界和主观世界中所发生的事、所牵涉到的人和物以及与之有关的时间、地点等环境因素。逻辑功能是指语言对两个或两个以上的意义单位之间的逻辑关系的表达。

经验功能主要是通过及物性和语态来体现。及物性是一个语义系统，其作用是把人们在现实世界中的所见所闻、所作所为分成若干过程，即将经验通过语法进行范畴化，并指明与各过程有关的参与者和环境成分。及物性包括物质过程、心理过程、关系过程、行为过程、言语过程和存在过程。

人际功能是指表达讲话者的身份、地位、态度、动机和他对事物的推断、判断和评价等功能，是讲话者作为干预者的"意义潜势"，是语言的参与功能。通过这一功能，讲话者使自己参与到某一情景语境中，来表达他的态度和推断，并试图影响别人的态度和行为。人际功能还表示与情景有关的角色关系，包括交际角色关系，即讲话者或听话者在交往过程中扮演的角色之间的关系。④

---

① 胡壮麟等：《系统功能语言学概论》，北京大学出版社2009年版，第340页。
② 黄国文：《功能语篇分析面面观》，《国外外语教学》2002年第4期。
③ 胡壮麟等：《系统功能语言学概论》，北京大学出版社2009年版，第74页。
④ 同上书，第115页。

语篇功能是指在语义层中,把语言成分组织成为语篇的功能。语篇功能主要通过主位结构、信息结构和衔接来体现。①

互文本是语篇结构单位,具有概念功能、人际功能和语篇功能。互文本的元语言功能能展示语言建构的图式和语篇成分之间的关系。

三 言语行为理论概述

言语行为理论是把言语看作行为,强调说话时的语境与说话者的意向等语用学因素的理论。② 在该理论中,语言的功能首先是被用于完成言语行为,言语行为既体现了语言和经验世界的关系和意义,又体现了认识的一系列活动。③

奥斯汀(Austin)认为,"言语即行为",说话人在一个完整的言语行为中同时实施了三种行为:言内行为、言外行为和言效行为。④ 言内行为是指说话人说出某一话语的行为;言外行为是通过言内行为所实施的一种行为;言效行为是指话语对听话人的思想、感情产生影响,并采取某种行动,从而取得某种效果。⑤

言语行为是人类行为中使用语言进行交际的行为或是用语言实施语用意图的行为,也就是说"在一定的语境中,言语主体出于某种意图构建并发出一段话语,另外的言语主体接受并自以为是理解了这一话语,从而做出与发话者意图有关联的反应,这样的一个事件"。任何语言运用都是一种言语行为,任何言语行为都是人类意图性行为的组成部分。言语行为范式的操作路径:第一,确定这是一种什么行为,或者说是这种行为的规定性要素是什么?第二,这一行为决定了其在言语行为上的构成性要素是什

---

① 胡壮麟等:《系统功能语言学概论》,北京大学出版社 2009 年版,第 161—162 页。
② 涂纪亮:《英美语言哲学概论》,人民出版社 1988 年版,第 25 页。
③ 转引自任蕊《论意向性及言语行为理论发展的"瓶颈"》,《辽宁大学学报》(哲学社会科学版)2006 年第 6 期。
④ "以言表意"、"以言行事"、"以言取效"(陈嘉映:《语言哲学》,北京大学出版社 2003 年版,第 240 页)。"以言指示"、"以言行事"、"以言取效"(王健平:《语言哲学》,中共中央党校出版社 2003 年版,第 238 页)。"言内行为"、"言外行为"和"言后行为"(何兆熊等:《新编语用学概要》,上海外语教育出版社 2000 年版,第 92 页)。"以言指事"、"以言行事"和"以言成事"(何自然、冉永平:《语用学概论》,湖南教育出版社 2011 年版,第 154 页)。
⑤ 转引自詹全旺《新闻言语行为分析》,《安徽大学学报》(哲学社会科学版)2009 年第 1 期。

么? 第三, 在充分理解其构成性规则的基础上, 了解其种种策略性规则。第四, 与这构成性规则与策略性规则相应的语言材料上的可能性。①

任何言语行为都必然至少包括这样几个参量: 说者、听者、说什么、怎么说, 这也是一组互相制约的参量。②

互文言语行为包括言内行为、言外行为和言效行为, 它们分别蕴含了正文与互文客体、作者、读者三者之间的关系: (1) 正文与互文客体之间的关系; (2) 正文与作者之间的关系; (3) 正文与读者之间的关系。相应地, 互文在正文中实现了三种语用功能: 呈现功能 (呈现互文本)、表达功能 (表达作者的态度和立场) 和劝诱功能 (劝诱读者接受作者的观点和立场, 并采取相应的行动)。

互文的言内行为、言外行为和言效行为从三个不同的方面构成了互文言语行为, 其对应的呈现功能、表达功能和劝诱功能相互联系, 融为一体。这就形成了互文语篇的本质特征。③

言语行为是人类基本行为, 是传递信息、交流情感和表达意图的行为。作为言语行为的主体 (说者和听者), 一旦参与到话语中, 就卷入一条商讨汇成的意义流中, 但"只有当他在某些心理行为中赋予这组声音以一个他想告知于听者的意义时, 被发出的这组声音才成为被说出的语句, 成为告知的话语。但是, 只有当听者理解说者的意向时, 这种告知才成为可能"④ 也就是说, 交往是交际双方共同完成的。

从言语行为角度看, 学术论文实际上是作者对语言的具体的使用方式, 这本身是作者的一种行为, 一种在作者与读者和社会之间进行交流的言语行为。言语即行为, 学术话语不仅影响作者对学术观点、理论的建构, 而且会影响读者, 影响人们的生活世界和实践活动。也就是说, 学术话语具有施为性功能, 不仅对作者建构学术观点、理论发生作用, 也对人们的生活世界和实践活动产生作用。

---

① 胡范铸:《从"修辞技巧"到"言语行为"——试论中国修辞学研究的语用学转向》,《修辞学习》2003 年第 1 期。
② 胡范铸、薛笙:《作为修辞问题的国家形象传播》,《华东师范大学学报》(哲学社会科学版) 2010 年第 6 期。
③ 詹全旺:《新闻言语行为分析》,《安徽大学学报》(哲学社会科学版) 2009 年第 1 期。
④ 转引自赵春利、杨才英《关于言语行为的现象学思考》,《外语学刊》2011 年第 6 期。

四 叙事学理论概述

普兰斯认为:"叙事学是对叙事文形式和功能的研究。"查特曼认为,叙事学是"叙事文的结构研究"。巴尔说:"叙事学是叙事文本的理论。"新版《罗伯特法语词典》:叙事学是"关于叙事作品、叙述、叙述结构以及叙述性的理论"。总之,叙事学是对叙事文内在形式的科学研究。① 也就是说,叙事学是揭示叙事文本的形式规律的科学。这里只概述与本章相关的观点。

叙事是一种言语行为,叙事的要素有叙述者、听者、叙述什么、如何叙述、叙述效果如何。叙述主体有作者(真实作者)、隐含作者、叙述者、受述者、隐含读者、读者(真实读者)。② 其中作者与读者叙事外部要素;隐含作者、叙述者、受叙述者、隐含读者是叙事内部参与者。作者是文本的实际创作者,读者是文本的实际阅读者。隐含作者是文本建构起来的作者形象,是作者在特定状态中的形象。隐含读者是作者的读者,是文本建构的潜在读者。叙述者是文本中的故事的讲述者。受叙者是叙述者与之对话的人。在文本中叙述者、受述者可有,也可无。

叙事话语模式是叙事文本中人物语言的表达方式,是叙述与人物的关系。叙述话语模式一般分为直接引语和间接引语。

引语是对他人的话语、典籍或文章的引用,或者说,是对他人文本的引用。引语可分为直接引语和间接引语。直接引语是直接引用原话,用引号;间接引语是间接地引用他人的话语,没有引号。

引语句式:引语来源+引语动词+引语。引证来源归为五类,分别为:自我、定指他人、不定指他人、社团和不可言说的他人。③

引述动词分为话语(语篇)动词、心理动词和研究动词。话语动词用来描述行文中必需的言语行为表达过程;心理动词主要用来描述心理过程;研究动词表示具体研究工作过程中的行为。④

引语作为互文的一种重要形式在互文方式、语篇建构中具有重要的意

---

① 转引自胡亚敏《叙事学》,华中师范大学出版社 2008 年版,第 1 页。
② 申丹:《英美小说叙事理论研究》,北京大学出版社 2005 年版,第 397 页。
③ 转引自马博森、管玮《汉语会话中的零转述现象》,《外国语》2012 年第 2 期。
④ 转引自娄宝翠《学习者英语硕士论文中的转述动词》,《解放军外国语学院学报》2011 年第 5 期。

义。互文是连接当前与历史的桥梁。

第二节 相关术语介绍

一 学术语篇形式

（一）语篇模式

语篇模式是语篇组织的宏观框架结构，是"构成语篇（语篇片断）关系的组合"[①]，是宏观的、语义的关系。

语篇受交际功能的影响形成不同的类别，一般可根据语篇内部和语篇外部标准进行分类。篇外标准是根据交际情景的分类，如指南手册、儿歌、商业信函等。篇内标准是按语篇的形式和内容的分类，如叙事类、描写类、说明类、说理类、评价类等。

语篇模式是根据语篇的形式和内容进行分类的又一种方法，可以分为：问题—解决模式、一般—特殊模式、主张—反应模式、提问—回答模式、机会—获取模式。[②]

学术论文语篇属于问题—解决模式。

（二）学术语篇模式

语篇模式也称为宏观结构模式，是语篇形式的、结构的、规约化的图式。

学术论文语篇宏观结构模式：问题—解决模式：情景+问题+反应+评价/结果。[③]

学术论文一般结构模式（正文模式）：前言+主体+结论。

学术语篇标准模式：标题+摘要+关键词+正文+注释+参考文献。

我们以标准学术论文模式为模式，并认为：

正文模式为：文本+互文本（进入正文的注释、参考文献）。这里的文本是指作者创作的文本，互文本是指其他文本，是进入正文的注释、参考文献。

[①] 转引自胡曙中《语篇语言学导论》，上海教育出版社2012年版，第164页。
[②] 同上。
[③] 同上书，第165页。

互文模式：互文标记+互文本。

二 学术论文的声音

一切话语都是对话性的，学术语篇同样是对话性的，是作者、其他作者、学术群体、读者、语篇之间的对话。学术语篇是多声性的。

学术语篇的声音以作者的声音为中心，作者根据意图的需要在语篇中分配不同的声音，这些不同的声音形成对话，说服读者，从而实现交际的目的。学术语篇的声音有：作者类和非作者类声音。作者类声音有作者、其他作者、学术群体、读者、语篇的声音等。非作者类声音是指机构与媒介的声音。这些声音可以通过语言形式来体现，如言语动词、心理动词、情态副词、小句形式等。

（一）作者类声音

1. 本作者与他作者声音

（1）本作者声音。

学术语篇中有多种声音并存，但这些声音都是在作者的声音的支配下实现的。作者声音在与其他声音的协商、沟通、交流对话中将自己的研究思路、观点和理论展开，劝说读者接受。本作者声音是指语篇中作者自己的声音，一般除掉其他作者的声音都是作者的声音。在语篇中作者的声音占主导地位。如：

> （1）另一方面，客观新闻学虽然主张事实与观点分开，认为记者只能报道事实，不能添加自己的观点和评论，但这些报道理论和原则正遭遇挑战，不仅仅是在有着夹叙夹议新闻叙事传统的我国，"在西方通讯社播发的消息、通讯和综述等报道中，主观的分析常常会出现，有时甚至是不可或缺的"。（丁刚：《谁的声音——全球传媒的话语权之争》，《新闻记者》2007年第12期）鉴于上述两方面，传统媒体如果仅仅把新闻报道看作与舆论引导无关的事实的堆砌，那就大错特错了。（孔洪刚：《传统媒体在负面舆论引导中的误区》，《当代传播》2014年第2期）①

---

① 当有两个括号时，前括号为源文本，后括号为当前文本，下同；当有一个括号时，是当前文本。

例中除了引号是其他作者的话语外,都是作者的话语,也就是作者的声音。其实,作者引用了他人的观点,同时也传递了自己赞同、肯定他人观点的声音。

作者的声音主要有:①我是行内人,深谙学术语篇社团的规范。②此项研究建立在前人研究的基础上,但已有研究尚存某种不足。③此项研究具有创新性,本研究可以填补某种空白、不足。藉此,作者着手创建一个新的研究空间,构建自己作为作者的身份:自主、创新、遵守学术道德。①④我赞同、或反对、或批评、或修正、或补充、或发展某一或某些观点、理论、方法等。

这样作者就形成不同的角色。作者角色是指作者在学术论文中所承担的话语角色。作者在学术论文中的角色分为:作者、说话者、传递者、代言者和传声筒②。

在文献综述中,作者扮演不同的角色,如综述者/研究者/阐释者、评价者、写作者。

汤和约翰(Tang & John)③ 研究了第一人称代词构建的六种作者身份,按照作者身份凸显程度由弱到强分别为代言人(代表者)、语篇向导(引导者)、文本建筑师(建构者)、研究解说人(过程叙述者)、观点持有者(表达者)和创新者(发起者)。④

(2) 他作者声音。

人类经验世界的建构和重塑是在与他人的协商、对话中逐步实现的群体行为,因此学术语篇的构建必须吸收和借鉴他人的研究,也就是说,学术语篇是吸收和借鉴他人的研究以重新建构经验世界的场所。这些他人的研究就是其他作者的声音。如:

---

① 李小坤:《学术语篇中的转述:不同声音的对话》,《华南师范大学学报》(社会科学版) 2011 年第 6 期。

② 俞东明:《话语角色类型及其在言语交际中的转换》,《外国语》1996 年第 1 期。

③ 转引自涂志凤、秦晓晴《英语学术写作中作者显现度研究综述》,《外语教育》2011 年第 00 期。

④ 代言人是代表着某一特定学术群体的所有成员;语篇向导指的是作者以主人翁的身份引导读者阅读他或她的文章;文本建筑师主要以起着组织、概述文本之类的作用;研究解说人指的是以作为叙述研究过程的身份出现;观点持有者指的是作者对某个观点,态度的肯定或否定;创新者指作者在文中表明他或她有很强的创作力。(参见涂志凤、秦晓晴《英语学术写作中作者显现度研究综述》,《外语教育》2011 年第 00 期)

(2) 列宁也指出:"无产阶级文化决不是从天上掉下来的,也不是所谓的无产阶级革命家的人杜撰出来的,如果认为是那样,那完全是胡说。"(列宁选集(第4卷)[M],北京:人民出版社,1972,348页。)红色文化作为先进的无产阶级政治文化,是依附于中国近现代史这一特殊的历史时期孕育而生的。红色文化的产生和发展是中国近现代历史发展的必然选择,是马克思主义中国化的必然结果。(张月萍:《论红色文化的科学传播》,《新闻大学》2014年第5期)

例中"列宁也指出……"是他者话语。作者引用了他人的观点,这是他人的声音。

其他作者通过作者有声或无声地发出自己的声音,表达立场,即作者借助我(其他作者)的力量而发声,但是我的声音已融入作者的声音。

2. 我们/你们—他们的声音

(1) 隐含作者声音。

隐含作者是文本建构起来的作者形象,是作者在特定状态中的形象,也就是作者在文本中的"第二自我",是作者的化身,"我们把他当作真实作家创作出来的,他是他所选择的东西的总和",而根据"每一部作品的需要不同,作家在每一部作品中的化身也不同"。① "隐含作者是真实作者精简了的变体,是真实作者的一小套实际或传说的能力、特点、态度、信念、价值和其他特征,这些特征在特定文本的建构中起积极作用。"② 这个作者形象的声音就是隐含作者的声音,这种声音是作者价值观与文本规范、文化规约的体现。如:

(3) 据2013年7月17日中国互联网络信息中心(CNNIC)发布的第32次《中国互联网络发展状况统计报告》,截至2013年6月底,我国网民规模达到5.91亿,互联网普及率为44.1%。在新增加的网民中,使用手机上网的比例高达70.0%,高于使用其他设备上网的网民比例。(中国互联网络信息中心(CNNIC):第32次《中国互联网

---

① [美] W. C. 布斯:《小说修辞学》,周宪等译,北京大学出版社1987年版,第78页。
② [美] 詹姆斯·费伦:《作为修辞的叙事:技巧、读者、伦理、意识形态》,陈永国译,北京大学出版社2002年版,第45页。

络发展状况统计报告》，2013年7月。）（李兰：《"网络集群行为"：从概念建构到价值研判——知识社会学的分析视角》，《当代传播》2014年第2期）

此例引用《中国互联网络发展状况统计报告》，突出了文本的科学性，隐藏了作者的主观性，隐含着一个追求语篇的公正性、科学性的作者声音。

隐含作者的声音是作者声音、学术群体声音、其他作者声音、读者声音、隐含读者声音的联系的枢纽声音。

（2）学术群体声音。

学术语篇是社会过程中交际双方的互动，这种互动是在学术群体的规约和范式下的互动，学术论文的创作、传播和接受是在学术群体规范的制约下实现的。（作者）个人观点只有得到学术群体的接受和认可才能成为该学科知识的一部分，学术论文的写作过程因此是作者与同行专家试图建立同盟而共同完成对知识定义的过程。[①] 学术规范表现出学术群体的声音，这种声音一般由公认的学术专家、伟人、名人等的声音来表现。如：

（4）传播学大师麦克卢汉经典性地说道："媒介即是讯息，因为对人的组合与行动的尺度和形态，媒介正是发挥着塑造和控制的作用。"（[加] 马歇尔·麦克卢汉：《理解媒介：论人的延伸》，商务印书馆2000年版，第34页。）如果说对于"品牌乃是符号"的认识已经没有疑义，那么，从品牌动态地负载着产品、企业、文化、历史、时代等诸多讯息，并深刻地影响、塑造、控制着人们的行为角度审视，品牌无疑就是媒介。（舒咏平、杨敏丽：《自主品牌：华夏文明的致效媒介》，《现代传播》2014年第1期）

例中"传播学大师麦克卢汉经典性地说道……"是他者的话语，是著名专家观点。此观点代表着学术群体的观点，也就代表学术群体的声音。

（3）语篇声音。

学术语篇的交际目的是传播科学研究成果，使之得到读者广泛的认同

[①] 转引自秦枫、陈坚林《人际意义的创建与维系——研究生英语科技论文的互动问题研究》，《外语教学》2013年第4期。

和接受。因此作者在与读者、语篇之间的互动交流中必须考虑到读者的期望、读者对信息处理的需要、读者的背景知识积累、读者对话语模式的接受等因素。这种考虑是作者元语用意识的一种体现。作者通过元话语来实现对语篇的组建构，并利于读者的认同和接受。这些元话语就是语篇的声音。这些元话语的功能是提示语篇信息之间的关系和标记语篇的组织结构。如：

（5）首先，如对租界当局如此"执法"的主观意图有充分认知，那么对其"新闻自由"正面效应的评估必将大打折扣。如前所述，各租界实行的新闻管制措施是西方新闻自由理念与实践的一个延伸。（艾红红：《租界时空的"新闻自由"及其效应》，《当代传播》2014年第1期）

例中的"首先"是语篇元话语，表达语篇的声音，有利于读者的理解。

语篇的声音是从读者角度考虑，便于读者阅读和理解论文内容。语篇元话语有过渡语、框架语、内指语、证源语和解释语。①

3. 显性和隐性读者声音

（1）读者声音。

学术语篇是一种互动行为，是作者对世界的认知和知识的传递，是与读者建构、确认、协商的互动。作者通过与读者的对话来控制语篇，实现有效的交际双方的互动。作者通过模糊语、情态语、其他作者的话语等来传递出读者的声音。如：

（6）较为遗憾的是布尔迪厄并未对这一职业群体做进一步的分析，即便是在他对艺术和文学生产的研究中（Bourdieu, P., The field of cultural production. 1993, New York: Columbia University Press; Bourdieu, P., The rules of art. 1996, Cambridge: Polity），也没有对此概念做进一步辨析。（钱进：《驻华新闻机构中新闻助理的日常实践及其意

---

① 转引自秦枫、陈坚林《人际意义的创建与维系——研究生英语科技论文的互动问题研究》，《外语教学》2013年第4期。

义——一项基于文化中间人概念的考察》,《新闻大学》2014年第1期)

例中用"较为遗憾的是"表明与读者协商,并邀请读者参与到讨论中来,在语篇中加入读者的声音。

读者的声音体现为一种期待:此研究是否可靠、可信?是否有原创性、创新性?是否值得一读?等等。

(2) 隐含读者声音。

隐含读者是作者的读者,即作者的理想读者,是文本建构的潜在读者,即作为文本结构的读者。隐含读者是依据与隐含作者的价值观与文本规范、文化规约的意义所建构的。这个理想的读者或潜在读者的声音就是隐含读者的声音。如:

(7) 另一方面,客观新闻学虽然主张事实与观点分开,认为记者只能报道事实,不能添加自己的观点和评论,但这些报道理论和原则正遭遇挑战,不仅仅是在有着夹叙夹议新闻叙事传统的我国,"在西方通讯社播发的消息、通讯和综述等报道中,主观的分析常常会出现,有时甚至是不可或缺的"。(丁刚:《谁的声音——全球传媒的话语权之争》,《新闻记者》2007年第12期) 鉴于上述两方面,传统媒体如果仅仅把新闻报道看作与舆论引导无关的事实的堆砌,那就大错特错了。(孔洪刚:《传统媒体在负面舆论引导中的误区》,《当代传播》2014年第2期)

此例中的引号、参考文献标记等都是从读者的角度设计的。

(二) 非作者类声音

非作者类声音是指机构与媒介的声音。

(1) 机构的声音。

机构的声音是指学术论文中的声音是来自于某一机构,如政府部门、组织团体、企业公司、学术研究机构等。

(8) 注释6:密苏里新闻学院认为:"大公报刊行悠久,代表中国报纸,继续做着特殊之贡献。""在中国遭遇国内外严重局势之长时期中，大公报对于国内新闻与国际之报道，始终充实而精粹，其勇敢而锋利之社评影响于国内舆论者至巨。""大公报自创办以来之奋斗史，已在中国新闻史上放一异彩，迄无可以领顽者。"参见高集《忆我的姑父张季鸾二三事》，《榆林日报》2011年11月23日。（陈立新：《威斯康星模式与中国初期新闻教育——兼论新闻价值理论之渊源》，《国际新闻界》2013年第6期）

此例中"密苏里新闻学院"是机构。
机构的声音具有权威性。
（2）媒介的声音。
文本的声音是指学术论文中归属于文件、条例、法规、资料、研究、报告等的声音。如：

（9）2004年11月8日，中共中央办公厅、国务院办公厅转发的《关于积极预防和妥善处置群体性事件的工作意见》中明确使用和界定了"群体性事件概念"，并将其界定为"由人民内部矛盾引发、群众认为自身权益受到侵害，通过非法聚集、围堵等方式，向有关机关或单位表达意愿、提出要求等事件及其酝酿、形成过程中的串联、聚集等活动"。（王国勤：《社会网络与集体行动：林镇案例》，中国社会科学出版社2013年版，第3页。）（李兰：《"网络集群行为"：从概念建构到价值研判——知识社会学的分析视角》，《当代传播》2014年第2期）

例中《关于积极预防和妥善处置群体性事件的工作意见》是文件。
文本的声音具有严肃性、公正性、科学性。

三　互文形式

互文形式是指其他文本是以一定的符号方式进入到文本中的符号形式。
注释、参考文献与学术论文语篇互文形式：互文标记+互文本。
（一）互文标记
互文标记是引出或标示互文现象的语言形式或符号标记，是一种标记手段、界标。互文标记是作者或说话人组织和生成语篇、建构语篇结构体互动模式所采用的表达手段和语言策略,是指引和提示读者或听话人理解语篇、了解语篇结构模式的形式手段和策略,即互文标记是文本与互文本联系的文本踪迹。

互文标记有语言单位、符号标记,语言单位有动词、名词、副词、名词短语、介词短语、小句、语篇,符号标记有模式、引号、注释标记、参考文献标记。这些标记分别称之为:互文词语、互文短语、互文小句、互文篇章、互文模式、互文符号。

1. 元话语标记

(1) 元话语。

元话语是"关于话语的话语",或"关于基本话语的话语",是指对人际意义、命题态度和语篇意义进行陈述的话语。① "元话语是话语研究术语,指组织和展现一个语篇时那些有助于读者理解或评估其内容的特征。元话语除包括模棱语(如'也许')这种人际成分、态度标记(如'老实说')和对话特征外,还包括各种篇章组织特征(例如标题、间隔、'首先'和'其次')这种连接成分。"②

"元话语"是指说话人或语言使用者引导受众理解语篇的一种方法。元话语表明生产者和文本之间、生产者和使用者之间的关系。元话语功能主要体现人际功能和语篇功能。③

元话语标记是标示、导引、指示元话语的语言形式,是一种标记手段、界标。元话语标记包括词语(如连词、副词、感叹词)、短语、小句、语篇等语言形式。④

(2) 元话语标记和互文标记。

元话语标记与互文标记的区别是明显的,但也有相同点。

相同点:两者是一种标记手段、界标。两者都用副词、短语、小句、语篇等语言形式表现出来。有的元话语标记是互文标记,即互文标记是元话语标记。

---

① 李秀明:《汉语元话语标记研究》,博士学位论文,复旦大学,2006年。
② [英]戴维·克里斯特尔:《现代语言学词典》,沈家煊译,商务印书馆2000年版,第221页。
③ 李秀明:《汉语元话语标记研究》,博士学位论文,复旦大学,2006年。
④ 同上。

不同点：第一，元话语用语言形式标示，互文标记既用语言形式，又用引号、注释和参考文献标记。第二，元话语主要表现人际功能和语篇功能。互文标记中的词汇标记、小句标记表现概念功能、人际功能和语篇功能，引号、注释和参考文献标记只体现为标记作用。

总之，元话语不参与命题的建构，不做句子的相关成分；而互文标记中的词汇标记、小句标记参与命题建构，是句子的相关成分。如：

（10）1）我跟你说，马樱花是个好女子。（张贤亮《绿化树》）

2）还有学者认为，（李岩：《新闻专业主义在中国大陆的实践与变异》，《当代传播》2011年第1期，第4—7页。）新闻专业主义在中国大陆出现三种变异：（1）摆脱行政干预的策略；（2）不以承载"社会责任"为己任且没有"主义"；（3）商业化使新闻专业变异。（陈先红、刘晓程：《专业主义的同构：生态学视野下新闻与公关的职业关系分析》，《新闻大学》2013年第2期）

例1）元话语标记：我跟你说，不做后面句子的成分。例2）互文标记：还有学者认为，作为主句。

有的元话语标记是互文标记，如：

（11）正如舒德森所言，新闻业的作用在于暴露问题而非建设，其"看门狗"功能只是一种消极功能。（陈建云：《自由新闻业的民主"看门狗"功能：理想图景及现实审视》，《新闻大学》2013年第2期）

元话语标记：正如舒德森所言，又是互文标记。

2. 互文标记类型（例子在后面的章节中各自列出）

（1）小句。

小句是指互文复合体中的小句，称之为互文小句。互文复合体：互文小句+互文本。互文本可以是小句、句组、语篇。

互文小句是指引导、标示、介绍互文本的小句，同时对互文本进行说明、补充、阐释。

互文小句：互文来源+互文动词。

（2）名词。

互文标记是名词，称之为互文词语。

（3）副词。

互文标记是副词，称之为互文词语。

（4）短语。

互文标记是短语，称之为互文短语。主要有名词和介词短语。

（5）语篇。

互文标记是语篇，称之为互文篇章。

（6）模式。

互文标记是模式，称之为互文模式。

（7）符号。

互文标记是符号，称之为互文符号。主要有引号、注释标记、参考文献标记。

（二）互文本

互文本是互文性在语篇中的实现形式。当前文本所征引、召唤、暗示、仿效、改造、重写的其他文本，称为"互文本"。互文本是植入文本机体内的"他人言语"，会使文本机体产生异常反应或建立新的生命机制。[①] 互文本也可以是自我的话语。互文本的目的是在新文本中产生变异，即语义增殖。

互文本可以是已存在的符号，包括语言的、文字的、图像的、社会的、历史的、文化的文本等。

1. 互文本形式

互文本形式：①语言符号形式：词语、短语、小句、句组、语篇；②非语言形式：模式。

2. 互文本的类型

根据来源分类，互文本是指进入正文的、有一定来源的其他文本，或以正文形成一定关系的文本。如源文本、副文本等。

根据空间位置分类，分为篇内互文本和篇外互文本。篇内互文本是指出现在语篇内的互文本；篇外互文本又称篇际互文本，是指来自其他语篇的互文本。

[①] 秦海鹰：《互文性理论的缘起和流变》，《外国文学评论》2004年第3期。

篇内互文本根据出现在正文的位置，分为前互文本、后互文本和内互文本。前互文本是指出现在正文前的互文本，如标题、摘要、关键词等；后互文本是指出现在正文后的互文本，如注释、参考文献、后记等；内互文本是指出现在正文中的互文本，如上下文、前后文等。

3. 互文本的功能

互文本有机地融入到新的语篇中会发生变异、生成新的功能，产生意义增殖、产生新的语义能力。互文本可以增强表现力、创造双层或多层理解。

互文本与文本相互参照，两者之间的互异性使得互文本产生新质，并凸显文本的价值取向和意识形态性。

（三）互文形式类型

互文形式是与正文形成的互文语言形式，一般表示为：互文标记+互文本。互文形式类型根据不同的角度有不同的分类。

1. 根据互文来源

根据互文来源，互文分为自互文和他互文。自互文是互文本来自作者的叙述、解释说明，或者作者的其他文本。他互文是来自其他作者的叙述、解释说明，或者其他作者的文本。

2. 根据原文的角度

根据原文角度，互文分为直接互文和间接互文。直接互文是直接引述其他人的原话，标记是有引号。间接互文是间接引述其他人的话，没有引号。

3. 根据原文作者的角度

融入式和非融入式，又称为完整互文和不完整互文，或整体互文和部分互文。融入式指的是互文本作者的名字纳入句子中，作为句子的一个语法成分，出版日期和页码用括号标在名字后或置于句末，谓语用互文动词。在非融入式中，互文本作者的名字不出现在句子结构中，置于括号里或用数字上标的形式在脚注或尾注中出现，可以同时指称多部著作，此时没有清晰的互文动词。①

---

① 转引自曾蕾、胡瑾《学术话语中的多模式"投射"》，《湖南人文科技学院学报》2007年第5期。

4. 根据叙事的角度

同质互文与异质互文，同质互文是文本与互文本都是作者的叙述或解释说明，互文本来自作者自己的文本或他人的文本。异质互文是指文本与互文本是不同作者的叙述或解释说明，文本是作者的叙述或解释说明，互文本是其他作者的叙述或解释说明。

四 互文路径

注释、参考文献与正文互文关系的路径是指注释、参考文献是如何进入到正文形成互文本，互文本又是如何指涉注释、参考文献，注释、参考文献又指向其他文本或文本集合。互文路径有单向和双向之分。

（一）单向路径

互文本的单向路径是指互文本只指向正文，与正文形成一定的意义上的关系。注释与正文互文关系路径主要是单向性的。参考文献的单向性是指正文参考了的文献在参考文献中列出，但在正文中没有对应的部分。

（二）双向路径

互文本的双向路径是指互文本既指向正文，又指涉源文本。参考文献与正文互文关系路径主要是双向性的。注释与正文的双向路径较少。

（三）互文路径标记

注释、参考文献与正文互文关系路径的标记是互文标记，有名词、名词短语、介词短语、互文小句、引号、注释标记、参考文献标记等。

五 语际互文

语际互文是指语篇中一种语言部分或全部转换为其他语言而形成的互文。在不同层次语境的作用下，源语篇转换成目的语篇，目的语篇对源语篇再语境化，二者具有语际互文关系。

六 几组概念辨析

（一）互文与注释、参考文献

互文本是指进入到当前文本的其他文本。在学术论文中，互文本是指进入到文本中的注释、参考文献。这样互文本只是注释、参考文献中的一部分内容。如图2—1：

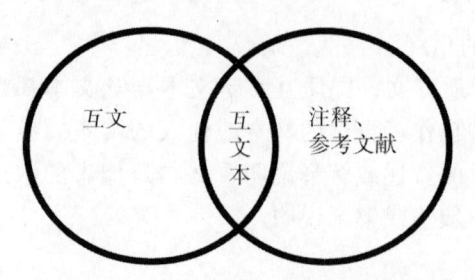

图 2—1　互文与注释、参考文献的关系

（二）互文与引用

百度百科：写文章时，有意引用现成语（成语、诗句、格言、典故等）以表达自己的思想感情，说明自己对新问题、新道理的见解，这种修辞法叫引用。引用又称"用典"、"引语"、"事类"、"用事"、"援引"等，就是在诗文中借用古今名人的名言和古今作品中的熟语、故事、典故，或在书面上和口头上长期流传的成语、谚语、俗语、格言等来表达自己的思想感情的一种修辞格。

《现代汉语词典》对"引用"的解释：（1）引荐任用。（2）用他人的事例或言辞作为根据。

从引用的概念可以看出，引用是互文中的一种。在现代学术体制下，引用是指对书刊、文章、网页以及其他形式出版物的援引参考，依据相关学术规范，引用应该备有详尽的引文出处信息，如作者、书刊名、出版社、出版日期、卷册、页码等，如果引文出自网络，则应备有网页地址（URL, uniform resource locator, 统一资源定位符）及浏览日期。引文部分可以采用加引号、括号、脚注、尾注、改变字体、参考书目等多种形式在文中体现出来。① 引用是指作者在撰写论文或论著过程中运用他人的论文或论著中的相关内容或观点来引证自己的观点或增强自己的论文或论著的说服力的一种方法。如图 2—2。

（三）互文与转述

转述是叙说他人的话语的言语行为。

有的转述不是互文，如：

---

① 邓军：《热奈特互文性理论研究》，硕士学位论文，厦门大学，2007 年。

(12) 他说他一定不会放过他。

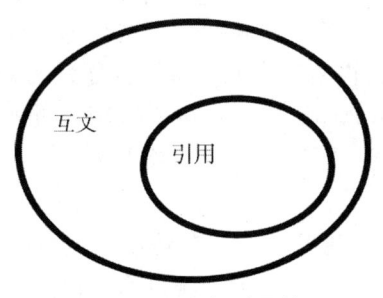

图 2—2 互文与引用关系

有的转述是互文，如：

(13) 美国著名历史学家查尔斯·比尔德（Charles Beard）在《国家利益理念》一书中评价道："美国国家利益的核心不是国家安全，而是经济利益。……政党所代表的是不同的经济利益集团，其制定的外交政策反映的则是区域经济集团的经济愿望与要求。"（何英：《美国媒体与中国形象》，南方日报出版社，2005 年，第 93 页）事实上，美国广告政策与广告法律制度等莫不如此。（王凤翔：《西方广告自由法制原则的被解构——以美国为例》，《新闻与传播研究》2012 年第 1 期）

作者转述了美国著名历史学家查尔斯·比尔德的话语。

从以上可知，对话语的略述、概括，对口语的笔录等是转述，互文是为论述提供证据，并且有一定的出处。

互文与转述的关系，如图 2—3：

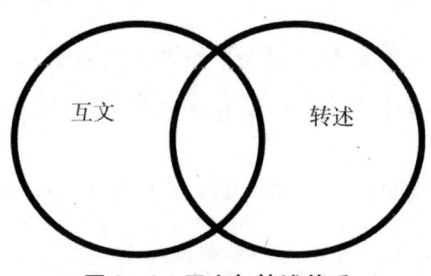

图 2—3 互文与转述关系

（四）互文与抄袭

热奈特认为，"最逐字逐句和最直白的形式，就是传统手法上的引用；直白性和经典性稍逊一等的形式是抄袭，这是未加申明的借用，但还是逐字逐句的"①。苏格兰人格雷较全面地将抄袭分为三类：整段抄袭，被抄袭的语段在排版中被鲜明地印刷出来；镶嵌抄袭，被抄袭的词句零散地隐藏在作品内部；发散抄袭，原作里的情节或手法被抄袭，但并不使用原作的内容。②

"说写者转述他人的观点，但没有转述标记表明他是在转述，也就是没有被述情境描述语，以至于听读者误以为是说写者自己的话，这就是抄袭行为。或者说，抄袭者是用自己的口说他人的话，用自己的笔抄他人的话，但隐藏话语来源，使听读者以为这就是他本人的话。"③ 如图2—4：

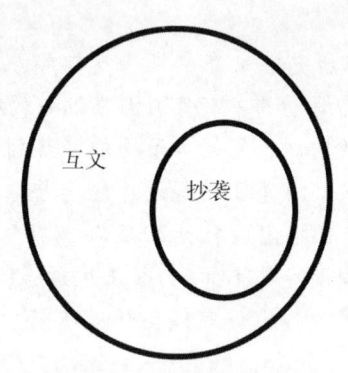

图2—4 互文与抄袭关系

我们认为抄袭是一种没有互文标记的互文。由于没有互文标记，所以抄袭是没有说写者的语境、没有说写者的立场、没有说写者的观点和理论的言语行为。也就是说，抄袭是一种没有自我语境、立场、观点和理论的互文。

语篇形式：文本+互文本，文本是作者的自我文本。

抄袭形式：互文本+互文本，没有自我文本存在。

---

① ［法］蒂费纳·萨莫瓦约：《互文性研究》，邵炜译，天津人民出版社2003年版，第20、79—80页。
② 同上书，第79—80页。
③ 黄友：《转述话语研究》，博士学位论文，复旦大学，2009年。

语篇形式：文本+互文本，文本与互文本形成一定的语义形式，如逻辑语义和修辞结构形式。这是自我与他者的关系。

抄袭形式也能形成一定的语义联系，但是没有自我文本的存在。这是他者与他者的关系或互文本与互文本的关系。如图 2—5：

图 2—5　文本与抄袭文本的区别

（五）元话语与基本话语、次要话语

交际语篇话语包括元话语和基本话语。基本话语是指称话题的命题（主题）信息功能的话语；元话语是"关于话语的话语"，或"关于基本话语的话语"，是指对语篇意义、人际意义和命题态度进行陈述的话语。元话语是基本话语的上一层级话语。①

元话语和基本话语的区别体现在：（1）内容不同。元话语不表达话语的命题内容，只是起到组织话语结构，表明作者态度的作用，元话语是对言语交际过程的调节和监控。基本话语传递命题信息，是言语交际的主体。（2）目的不同。元话语的目的是调控和组织话语，使听话者更好地接受信息。基本话语的目的是传递信息。基本话语和元话语的终极目标都是为了顺利完成交际任务。（3）作用方式不同。元话语只能通过对话语的组织和调控间接地使读者获取信息。基本话语可以使受话者直接获取信息。②

元话语具有对话性。元话语是语篇对话性，表现为：使用语篇元话语为引导受话者更好地理解语篇，这是言说者期待被理解后参与对话的表现；元话语表达对命题内容和受话者的评价、呼吁受话者参与，这是直接的对话表现。③

学术话语分为：元话语、基本话语和次要话语。次要话语是指称话题的非命题（主题）信息功能的话语，如：标题注释、作者注释、注释中的

---

① 李秀明：《汉语元话语标记研究》，博士学位论文，复旦大学，2006 年。
② 李佐文：《元话语：元认知的言语体现》，《外语研究》2003 年第 1 期。
③ 张玉宏：《巴赫金语言哲学视角下的元话语标记研究》，《兰州学刊》2009 年第 4 期。

说明等。只是提供主题的外围信息，与基本话语处在同一层次。

元话语和基本话语组成学术论文的正文，次要话语是正文外围的信息，帮助读者更好地理解正文。

本章小结

本章简要地叙述了论题所借鉴的理论：互文语篇理论、系统功能语言学理论、言语行为理论、叙事学理论等，其中互文语篇理论是中心理论，互文语篇理论是以关系、层级、互动、系统理论为支柱的动态的、多元的科学理论。

相关术语主要介绍了学术论文语篇模式、正文模式、互文模式，学术论文的声音，互文形式，互文路径，语际互文，几组概念的辨析。

第三章

注释、参考文献与正文的关系

　　注释、参考文献和正文是学术语篇的组成成分，分别承担不同的功能。注释、参考文献与正文从不同的角度，形成不同的关系。注释、参考文献和正文相互联结、相互印证、相互阅读、相互贯通。注释、参考文献营造一种学术历史和当前现场；注释、参考文献与正文组成了当前学术文本生产、传播的场域的重要因素。注释、参考文献与正文的关系表现为自我—他者关系、主—副文本关系、导出—引入关系。

第一节　学术论文概述

一　学术论文概念

　　"学术论文是某一学术课题在实验性、理论性或观测性上具有新的科学研究成果或创新见解和知识的科学记录；或是某种已知原理应用于实际中取得新进展的科学总结，用以提供学术会议上宣读、交流或讨论或在学术刊物上发表，或作其它用途的书面文件。"[1]

　　百度百科：学术论文是对某个科学领域中的学术问题进行研究后表述科学研究成果的理论文章。学术论文，就是用系统的、专门的知识来讨论或研究某种问题或研究成果的学理性文章。具有学术性[2]、科学性、创造

---

[1]《中华人民共和国国家标准　科学技术报告、学位论文和学术论文编写格式》（GB7713—87），中国标准出版社1987年版。

[2] 学术论文的广义学术性是指，对表述科研成果（包括应用性研究成果）的论文所具有的创新性、理论性、科学性和规范性等属性特征的总称。其鉴审须兼顾以下属性：创新性、科学性、理论性、规范性。论文的狭义学术性特指：表述科研成果的论文在理论创新、逻辑论证、概念思辨或学理探讨方面的属性特征及其价值。（参见朱大明《学术论文的"学术性"辨析与鉴审》，《科技导报》2013年第Z1期）

性、学理性。

二 学术论文结构

（一）学术论文结构

学术语篇是一个系统，其结构成分有：标题、摘要、关键词、正文、注释、参考文献。

（二）注释与参考文献的特征

1. 文本性

注释与参考文献是文本，具有文本的特征，即文本性，也就是说，注释与参考文献具有信息传递功能、信息生成功能、信息记忆功能和交际功能等。

2. 副文本性

注释与参考文献也是副文本，具有附属性，依附正文而存在。注释与参考文献具有副文本性，它们为文本提供一种生态氛围和环境，为读者阅读正文提供一种导引，参与正文意义的生成和确立。①

副文本不在正文之中，形式上与正文分离，是独立的。副文本各自在这个系统中具有自己的功能、用法，是为了读者更好地理解文本服务的。副文本既是围绕正文本，为正文本服务，又各有自己的独立性。没有正文本就没有副文本。

3. 相对独立性

注释与参考文献是副文本，具有附属性，依附正文而存在。同时又具有相对独立性，对正文的生成和理解具有反作用。注释与参考文献是正文的基础，是对正文的不同方面的补充、更正、延伸、发展、讨论、协商等。不同的注释与参考文献反映了文本整体的复杂性、学术理论的丰富性和学术的复杂性。

副文本是从作品边界向正文过渡的一道道"门槛"、"门轴"或者"阈限"，是作者在正文之前、之后有意埋伏的一套阅读路线和阐释规则，为读者提供预先审视和理会的机会。热奈特认为，不经过门槛，径直走进室内是不可能的；不经过副文本，直接进入文本正文研究是莽撞的。②

---

① 朱桃香：《副文本对阐释复杂文本的叙事诗学价值》，《江西社会科学》2009 年第 4 期。
② 同上。

第二节　自我—他者关系

学术论文可以区分两种观念：作者观念和他者观念。作者观念可称为自我观念，这两种观念就形成了自我与他者的关系。

一　何谓"他者"?

"他者"是巴赫金对话理论中的一个关键词汇，"他者"与"自我"相对，是自我存在的必要条件，没有他者，自我就无从产生，对话就无法进行。"所谓他者，是指一切与我相异且外在于我的主体或主体性存在，包括具体的你和他，也包括蕴含意义的物质的或思想的存在与环境，甚至包括我试图摆脱的那部分自我或自我意识。世界创生于自我与他者的相遇。"①"他者"，广义上是指包括他人、自然万物和超越的存在者，即自我以外的一切人与事物（存在的和虚构的）；狭义上，"他者"是指作为自我之外并与自我异质的存在者，即异己者。

"他者"是外在性、异质性的，也就是说，"他者"以"他性"（与主体的不同规定性）或"相异性"成为与"我"之外并异于"我"的存在者。霍尔对差异进行了描述：第一，差异是意义的根本，没有它，意义就不存在。第二，意义只有在与他者的对话中才能生成。第三，文化取决于给予事物以意义，这是通过在一个分类系统中给事物指派不同的位置而实现的。第四，"他者"是根本性的，无论对自我的构造，还是对性身份的认同都离不开他者。②

自我与他者的关系是平等、和而不同的"我与你"或"主体与主体"的关系；是马丁·布伯的"我与你"对话模式。这种模式是主体与主体的模式，它与下列品质相关联：相互性、开诚布公、诚实、自发、不伪装、不操纵、不带偏见、共享以及对他人负责意义上的爱。在"我与你"的关系中，人是一个参与者、言说者和倾听者，是一个具有爱和神性的合一体。

---

①　王建刚：《狂欢诗学——巴赫金文学思想研究》，学林出版社2001年版，第44页。
②　［英］斯图尔特·霍尔：《表征——文化表象与意指实践》，徐亮、陆光华译，商务印书馆2003年版，第2页。

二 自我与他者的联系

自我来自叙事,不同的叙事对应并建构出不同的自我。"自我不是在我们身上'发现'的,而是在我们与他人的关系中'创造'出来的。"① 他者不是位于自我之外,而是自我内在的一部分。

(一) 自我与他者是共生、共存的

自我与他者是共同构成一个整体、构成社会和世界,没有他者就没有自己。

巴赫金认为,首先,自我需要与他者发生联系,此联系为"向心力";其次,自我需要与他者有所区别,此区别称作"离心力"。自我就是在这双重的需要中,经过"向心力"与"离心力"的张力过程得以建构起来的。自我作为主体是一个生命存在的事件或进程,在存在中占据着不可重复的、不可替代的位置,是一个确实的存在。然而,这种存在又是不完整的、片面的,因为每个自我在观察自己时都会存在一个盲区,但这个盲区却可以被他者所看见。这种情况就决定了自我不可能是封闭的、自给自足的。② 巴赫金指出,"人对自己的了解是十分表面的,人对自己的深层了解只有人穿越他人的反射与反照,通过别人而为我所知"③,"人实际存在于我和他人两种形式之中。我自己是人,而人只存在于我和他人的形式中",即"我存在于他人的形式中,或他人存在于我的形式中","我离不开他人,离开他人我不能成其为我,我应先在自己身上找到他人,再在他人身上发现自己"。他人意识的存在,使"我"能够透过他人看到自己,"一切内在的东西都不能自足,它要转向外部,它要对话。存在意味着交际,意味着为他人而存在再通过他人为自己而存在"。④

(二) 自我与他者是对话的

对话是人类最基本的行为,存在于人类的一切行为中。对话是自我与他者的交流。

人类的关系、主体间的关系是不同的声音的开放和对话。对话中的自

---

① 转引自姜飞月、王艳萍《从实体自我到关系自我——后现代心理学视野下的自我观》,《南京师大学报》(社会科学版) 2004 年第 5 期。
② 张其学:《对话本身就是意义》,《广州大学学报》(社会科学版) 2009 年第 12 期。
③ 钱中文主编:《巴赫金全集》第 1 卷,白春仁译,河北教育出版社 1998 年版,第 27 页。
④ 钱中文主编:《巴赫金全集》第 5 卷,白春仁译,河北教育出版社 1998 年版,第 378—379 页。

我与他者的双主体性是以彼此平等为前提的相互对话、互为主体、相互补充、同时共存的关系。

由此，他者、他人意识是对话的基石，没有他人意识，对话就不可能存在，一切就只剩一种声音。自我与他者的关系、"我与你"的关系原本就是一种亲密关系，这种关系强调直接的体认，但这并不表示二者完全融合，其间还存在着一个距离。布伯说："精神不在'我'之中发现，它伫立于——'我'与'你'之间。"① 而在巴赫金看来，自我也只有在自我意识与他人意识的接壤处，在二者的对话中才能存在。自我离不开他者，同时自我又与他者处于对位，二者意识不完全相融，他者之于自我是有独立自觉意识的主体，他者意识与自我意识在门槛上发生碰撞，相互争辩、相互补充、相互交换。在这种对话中，主体的存在得以建构和体现。在对话中，自我与他者的区分是相对的。正确理解对话，关键就在于妥善地处理好自我与他者之间的关系。只有这样，我们才能真正地向着彼此之间的聆听而开放，才能"彼此听见对方"（海德格尔语），才能"倾听我们或他们身上的那种他者性"。② 从这个意义上讲，对话并非为了"达成共识"，并不是为了"一致性"，相反，对话是为了"差异"和"谅解"。对话是人们就各种差异进行商调，以求得形成他们可在共同中把握的新东西。③ "真正的对话得以实现的最根本的前提，是承认多元文化与多元话语共存的必要性与必然性；最根本的原则是平等对话，努力建立各种话语之间的平等关系，取消任何一种独断的话语霸权主宰一切的优先权。当然，平等对话并不是取消差异性而追求一律，相反它甚至意味着承认文化选择、文化传播中的误读与过度阐释，以及对话中可能存在的其它变形。"④ 简言之，对话就是"和而不同"。

（三）自我与他者是平等的、和而不同的

自我与他者的对立、从属关系表明，作者是独白者："说"而不"听"；读者是倾听者："听"而不"说"。读者的主观性从属于作者主观

---

① ［德］马丁·布伯：《我与你》，陈维纲译，生活·读书·新知三联书店 2002 年版，第 57 页。
② ［美］怀特：《政治理论与后现代主义》，孙曙光译，辽宁教育出版社 2004 年版，第 68、130 页。
③ 张其学：《对话本身就是意义》，《广州大学学报》（社会科学版）2009 年第 12 期。
④ 季进：《钱锺书与现代西学》，生活·读书·新知三联书店 2002 年版，第 194 页。

性，读者和作者之间的地位是不平等的。

自我与他者的平等、和而不同关系表明，读者不能忽视作者的要求，要认真听取作者所说的东西；同时，读者不是无条件地做作者所想的东西，不是去充当作者或文本的"奴隶"，而是要借助于自己的"说"，达成一种对文本的新的意义。这里自我（作者）、他者、读者、文本等主体是平等、和而不同的。作者、文本、读者之间相互交流、相互理解、相互沟通。作者预测读者的"统觉背景"，组织话语成文本，读者通过文本积极理解，对作者的呼应做出回答。因此，真正的对话是通过互相的讨论、交谈和协商，使差异在双方之间达到一种均衡的共存、同化，并对双方加以制约和协调。①

只有为了他者，通过他者，在他者的帮助下展示自我时，我才意识到自我，成为自我。构成自我意识最重要的行为取决于跟他者的关系。人之存在，就在于最深刻的沟通……存在既依凭他者，也是为了他者。人没有完全独立的领地。人自始至终处于这样一个位置：他要观察别人的眼睛或依凭别人的眼睛才能看到自己。没有他者就没有自我。②

在学术研究中，自我即以作者为主体的学术意识、学术活动或成果；他者是指以其他人为主体的学术意识、学术活动或成果，即非自我的学术意识或他者意识。自我与他者是不同的主体，相互依存、相互促进，形成学术研究展开的多元价值。他者是对学术自我的对话、补充、参照、支持或反对。自我和他者共同构成学术研究的整体，即学术生态。自我与他者是独立、平等的学术研究主体，共同存在于学术活动或成果中。

三　学术论文的他者

学术论文的他者可以分为两类：一是其他作者的作品或文本；二是作者自己的其他作品，或与正文分离、独立的文本。

（一）其他作者的作品或文本

学术论文的他者是指其他作者的作品或其他作者的观点、理论、方法、数据、研究结果等。如：

---

① 蔡熙：《关于文化间性的理论思考》，《大连大学学报》2009 年第 1 期。
② 同上。

（14）汤普森认为，"日常生活中，人人都可以创造性地利用象征性权力，帮助个人和群体应付、适应、创造和改变经济政治力量和强迫性影响所构成的环境。"（[美]詹姆斯·罗尔著：《媒介、传播、文化——全球性的途径》，董洪川译，商务印书馆，2005 年版，第 186 页。）但事实上，在制度化的力量作用下，媒介组织及其产品因此成为象征性权力的持有者，并为社会政治经济精英的利益服务。（邵培仁、范红霞：《传播民主真的能够实现吗？——媒介象征性权力的转移与话语民主的幻象》，《现代传播》2011 年第 3 期）

文本中引入其他作者的声音：汤普森认为……这是他者，即互文本，是直接互文。又如：

（15）根据市场集中度数值的大小，可以判断市场结构的类型。不同的学者对市场结构的理解有一定的差异，其判断标准也不尽一致。美国学者贝恩根据市场集中度的不同，将市场结构分为寡占 I 型、寡占 II 型、寡占 III 型、寡占 IV 型、寡占 V 型、竞争型等 6 种类型 [美国学者贝恩根据产业内前 4 位和前 8 位企业的相关数值占整个行业的市场份额来测评行业集中度，将市场结构分为 6 种类型，分别是寡占 I 型（$85\% \leqslant CR4$）、寡占 II 型（$75\% < CR4 \leqslant 85\%$）、寡占 III 型（$50\% \leqslant CR4 < 75\%$ 或 $75\% \leqslant CR8 < 85\%$）、寡占 IV 型（$35\% \leqslant CR4 < 50\%$ 或 $45\% \leqslant CR8 < 75\%$）、寡占 V 型（$30\% \leqslant CR4 < 35\%$ 或 $40\% \leqslant CR8 < 45\%$）、竞争型（$CR4 < 30\%$ 或 $CR8 < 40\%$）。参见苏东水《产业经济学》（第三版），高等教育出版社 2010 年版，第 97 页]。该分类方法为我们认识和评价传媒产业市场结构提供了参考。（陶喜红：《中国传媒产业广告市场集中度研究》，《新闻大学》2014 年第 1 期）

例中解释的 6 种类型是他文。文本中引入其他作者的分类，这是他者，即互文本，是间接互文。

（二）作者的其他作品或与正文分离、独立的文本

他者是作者的其他作品或与正文分离、独立的文本。如：

(16) 关怀同性恋者,还是只能借艾滋的议题来切入,可以预见同性恋平权运动的合法化(legitimization)是一个交织着被歧视、被污名化(stigalization)、被艾滋化、抗击艾滋化的过程。(曹晋(2007b),"中国另类媒介的生产:以《朋友通信》为例",香港:《传播与社会学刊》,总第4期,第75—102页。)(曹晋、曹茂:《边陲城市的女同健康热线研究》,《新闻大学》2008年第3期)

互文本:同性恋平权运动的合法化(legitimization)是一个交织着被歧视、被污名化(stigalization)、被艾滋化、抗击艾滋化的过程。它是作者的其他文本。又如:

(17) 正文:在目前传播研究的诸多领域,用这一研究框架去解释一些问题会给我们以很多的启发,尤其是在效果研究和受众研究的层面。

注释19:其实对于传播者的研究,也存在同样的问题。在新闻生产的过程中,文化向度和社会向度在传播者身上可能有完全不同的支配力,由其社会角色和专业角色所培养出的文化观念,以及关涉他们自身切身利益的社会约束,通常在一些敏感的问题上尤其可能出现激烈的博弈。张志安近些年来对我国调查性记者群体的研究已经很好地说明了这一点,而在这个领域可以进一步研究的文化现象可以说是汗牛充栋。(胡翼青:《论文化向度与社会向度的传播研究》,《新闻与传播研究》2012年第3期)

例中的注释19是作者的与正文分离、独立的文本,是正文的附属文本,通过关键词进行链接。正文与注释是自我与他者的关系。

第三节 主—副文本关系

一 文本概述

(一)何谓文本?

文本是当下文学、语言学、文化学、传播学、阐释学、精神现象学、认知科学、信息学、情报学、网络业等学科或领域的核心概念。何谓文本?

百度百科:文本(text),从词源上来说,它表示编织的东西。文本是任何由书写所固定下来的任何话语。对语言学家来说,文本指的是作品的可见可感的表层结构,是一系列语句串联而成的连贯序列。一个文本可以是一个句子、一个段落或者一个篇章等。也就是说,文本是语言的实际运用形态。而在具体场合中,文本是根据一定的语言衔接和语义连贯规则而组成的整体语句或语句系统,有待于读者阅读。

维基百科:一系列连贯的能传输某种信息的符号,是指所表达的信息内容,而非它所代表的物理形式或媒介。

在西方,文本(text)的拉丁语词根为"textus",原意是纺织品和编织物。文本的概念有古典概念和当代概念之分。古典概念把文本看作是自洽的、静止的、统一的客体,文本作为书写的信息,连接着能指和所指两大要素——文本的能指是文本的物质层面,包括字母、单词、句子等等;文本的所指是文本单一的、封闭的、确定的意义。当代概念的文本不仅指书面和口头的语言作品,它还包括其他一切可以产生意义的符号实体:音乐、舞蹈、图画、照片、建筑、广告、服饰等等,甚至人的手势、人的身体也都被当作文本。"文本成为了一切可以用来进行解读和阐释的事物。"[①]

(二)文本的功能

洛特曼认为,文本具备三个功能:信息传递功能、信息生成功能和信息记忆功能。信息传递功能是指传达者将信息传递给接受者。在实际交际中,交流双方的编码与解码绝不可能完全相等,而只可能在某种相对的水平上近似或等同。信息生成功能是指文本能建立某种新信息,形成新的意义。文本是由多种语言同时在表述。在文本中各种不同的子结构之间有对话和游戏的性质,它们之间的复杂关系形成了内在的多语性,进而构成了意义的生成机制。文本并无一个固定的、终结的意义,其意义能够进行复杂的加工和变形,并产生变化和增殖,且具有某种不可预见性。洛特曼将文本的这一功能称为创造性功能。文本的第三种功能是信息记忆功能。文本既是意义的发生器,也拥有文化记忆机制。文本有保存自己过去语境的

---

① 转引自李玉平《互文性定义探析》,《文学与文化》2012年第4期。

能力，历经多个世纪的文化记忆不会褪色，不会失去包含于其中的信息。①

洛特曼认为②，文本具有以下多种交际功能，它能够实现：

（1）在发出者与传达者之间的交流中，文本实现信息的传递功能。

（2）在文化接受者与文化传统之间的交流，文本完成集体记忆的功能。此功能，一方面，不断充实信息的能力；另一方面，现实化记忆中的某些信息，又暂时地或是完全地忘记另一些信息。

（3）在读者与自身之间的交流中，文本重塑读者个性并重新定位读者。

（4）在读者与文本之间的交流中，文本具有主体功能，是与读者平等的对话者的主体。

（5）在文本与文化语境之间的交流中，文本重新语境化，即按照文化语境重新编码自己。

总之，文本需求者和文本之间的关系发生了质的变化，不再是"需求者将文本解码"，而是"需求者和文本进行交流"。这种交流是复杂的、多层次和多向的。③

文本是符号存在的形式，是作者向读者言说；文本使作者与读者发生变化，同时确立作者与读者的关系。总之，文本是意义的发生器，是传递、贮存和生产意义的智能中枢。

二 副文本概述

（一）何谓主文本

主文本是当前研究或阅读的文本，也称"正文"、"正文本"、"当前文本"、"文本"等。

（二）何谓副文本

热奈特对副文本的定义：

一部文学作品完全或者基本上由文本组成，（最低限度地）界定为或多或少由有意义的、有一定长度的语词陈述序列。但是，这种文本几乎不以毫无粉饰的状态呈示，不被一定量的语词的或者其他形式的作品的强化

---

① 转引自康澄《文本——洛特曼文化符号学的核心概念》，《当代外国文学》2005年第4期。
② 同上。
③ 同上。

和伴和，比如作者名、题目、前言和插图等。尽管我们通常不知道这些作品是否要看成属于文本，但是无论如何它们包围并延长文本，精确说来是为了呈示文本，用这个动词的常用意义而且最强烈的意义：使呈示，来保证文本以书的形式（至少当下）在世界上在场、"接受"和消费。……因此，对我们而言，副文本是使文本成为书、以书的形式交予读者，更普泛一些，交予公众。①

进一步界定"副文本"：

称它是"文本周围的旁注或补充资料"，由各式各样的"门槛"组成：作者的和编辑的门槛，比如题目、插入材料、献辞、题记、前言和注释；与传媒相关的门槛，比如作者访谈、正式概要；私人门槛，比如信函、有意或无意的流露；与生产和接受相关的门槛，比如组合、片断等。文学门槛内外规则不同，进了门槛，外面的规则就被颠覆，里面的新规则就要起作用。副文本在文本中不仅标出文本和非文本过渡区，而且标出其交易区，性质上基本是语域和策略上的空间。②

"副文本"指的是"在正文本和读者之间起着协调作用的、用于展示作品的一切言语和非言语的材料"③。副文本分为两大次类型：（1）边缘或书内副文本；（2）后或外副文本。前者包括诸如作者姓名、书名（标题）、次标题、出版信息（如出版社、版次、出版时间等）、前言、后记、致谢甚至扉页上的献词等；后者则包括外在于整书成品的、由作者与出版者为读者提供的关于该书的相关信息。如作者针对该书进行的访谈，或由作者本人提供的日记等等④。简言之，副文本是指与正文本并行的或正文本周边的、附加的、处于次要地位的文本，同时又是不可或缺的，甚至是关键的。

副文本为文本提供一种生态氛围和环境，为读者阅读正文本提供一种导引。副文本参与正文本意义的生成和确立，⑤也就是说，它参与了、阐释了、补充了、丰富了、发展了正文本的意义。副文本是对文本本身的补

---

① 转引自朱桃香《副文本对阐释复杂文本的叙事诗学价值》，《江西社会科学》2009年第4期。
② 同上。
③ 同上。
④ 同上。
⑤ 同上。

充和扩展。

（三）副文本的特征

副文本的基本特征体现在时间、空间、本体、主体、语域和功能几个层面上。① 具体如下：

1. 副文本的位置

副文本的位置指的是它跟正文本相关的位置。在文本周围、在同一卷本空间内，如标题、摘要、关键词，有时则插进文本间隙，如章节标题或某些注释。

2. 副文本的语境

副文本的语境由交际情境特征界定，如作者和读者的身份、权威性和责任度、信息的语内力量，等等。

3. 副文本的功能

副文本的功能是最基本特征，其美学意图不是要让文本周围显得美观，而是要保证文本命运和作者的宗旨一致。也就是说，副文本的设计是为了获得理想读者，让他们根据提示信息最大限度地接近文本意图和意义。副文本便于读者把握文本中（作者的）意义指向。②

副文本相对于正文本来说，更先被读者所接触。副文本使读者对文本的接受产生很大的影响。

副文本是从文本边界向正文过渡的一道道"门槛"、"门轴"或者"阈限"，是作者在正文之前有意埋伏的一套阅读路线和阐释规则，为读者提供预先审视和理会的机会。

副文本的作用表现为：清楚呈现复杂文本总体结构；增加文本结构的丰富性和复杂性；拓展文本阐述的视域；形成跨文本关系，引入或制造多声音性，增加阐释难度；开拓从边缘到中心的阐述路线。

副文本是结构符码，建构框架来控制文本、发展意义，连接其他文本，标示阐释路径。副文本是点、线、面构成的网络，意义栖居在这些网络中。

---

① 转引自朱桃香《副文本对阐释复杂文本的叙事诗学价值》，《江西社会科学》2009 年第 4 期。

② 同上。

副文本是将作者、互文本者、出版商、编辑和读者联系起来的重要纽带。副文本是一个交流的区域，是一个过渡的区域。在这一区域上，读者可以自由地与作者、编辑者、出版者进行有效的沟通。

三 正文本与副文本的联系

副文本实际上包围、延长了文本，并充当文本的结构成分、解释文本、说明文本、评价文本和跨文本，"它们为文本提供了一种（变化的）氛围，有时甚至提供了一种官方或半官方的评论"[①]。

副文本是附加的、处于次要地位的文本，但任何一部作品都是由正文本和副文本组成。副文本和正文本相互依赖、相互补充、相互影响、相互促进、相互生成、相互排斥，共同组成语篇。即正副文本是一种符号系统的整体，共同建构语篇的意义内涵。

副文本使正文本实现意义增殖，即延伸作品文本的意义，是对作品文本的再度创造。副文本使正文本更加有效地叙述自己。

正文本与副文本组成一个系统，呈现出动态的构成，形成了文本的复杂性、丰富性，呈现出文本从生产到消费的动态的过程。文本这个系统从横向来说，是作者与读者交流的结果；从纵向看，是正文本与副文本的有机合成。不同的副文本与正文本结合的价值层级不同，结合的亲疏也不同，呈现的功能不同。副文本既是围绕正文本，为正文本服务，又各有自己的独立性。它们既在文本之中，又在文本之外。

副文本使正文本的意义呈现、延展，从而使读者更好地理解和接受。副文本是一个个"门槛"，它们成为作者与读者"交易"的媒介。

四 学术论文副文本

学术论文副文本有：标题、摘要、关键词、注释、参考文献。

标题是学术论文的标目，是最重要的信息点、主题。

摘要是学术论文的组成部分，是整个学术论文的浓缩和精华。

学术论文"关键词是为了文献标引工作从报告、论义中选取出来的用

---

① 转引自朱桃香《副文本对阐释复杂文本的叙事诗学价值》，《江西社会科学》2009 年第 4 期。

以表示全文主题内容信息款目的单词或术语"①。

注释是一种特殊的文本形式，具有辅助性，又具有独立性，依附于正文而存在，对正文起补充、修正、解释、说明、导向等作用。

参考文献是一种特殊的文本形式，具有辅助性，又具有独立性，依附于正文而存在，对正文起参考、借鉴、补充、佐证、启发、发展、深化等作用。如：

（18）标题：传播新科技与都市知识劳工的新贫问题研究

[摘要] 传播新科技的迅猛发展和新自由主义经济在全球的扩张重新定义了信息社会的传播劳动力价值和劳工的阶级地位。福利国家时代盛行的福特主义向市场经济国家时代深具弹性的后福特主义转变，弹性雇佣制度取代了终身雇佣制度，社会保障网络已随市场经济的深化彻底瓦解，知识劳工的安全感和稳定性逐步消失，转型中国也不能幸免此一全球性资本逻辑的渗透。本文采用民族志实地调查与问卷统计的研究路径，结合传播政治经济学和社会性别理论，以上海某综合性网站为例，聚焦典型地因市场经济和传播新科技而应运而生的网络编辑群体，作为网络知识劳工的一种类型，在转型中国遭遇了宏观社会保障体系的瓦解（尤其是房地产的彻底商品化）、弹性雇佣、强制性消费主义等制度权力的剥夺与宰制，从其生活境遇和工作环境的劣势透视出那些笼罩在传播新科技和文化创意经济"光环"下的都市网络知识劳工逐步陷入无产化、贫困化的困境。

[关键词] 市场经济转型；传播新科技；创意经济；知识劳工；新贫问题

注释 [3]：因本文聚焦网络编辑这一新型的都市网络知识劳工类型，下文涉及实证部分的论述将以网络编辑直接称之，而涉及抽象论述的部分将用都市网络知识劳工进行指称

参考文献 [1]：弗兰克·韦伯斯特著，曹晋、梁静等译（2011）《信息社会理论》，北京：北京大学出版社。（曹晋、许秀云：《传播新科技与都市知识劳工的新贫问题研究》，《新闻大学》2014年第2期）

---

① 《中华人民共和国国家标准　科学技术报告、学位论文和学术论文编写格式》（GB7713—87），中国标准出版社1987年版。

第四节　导出—导入关系

学术论文作者根据一定的写作意图并参考一定的已有的研究用语言表达出来，其中就涉及注释、参考文献。由于学术论文的创作目的是为了交际，要实现交际的完成，就必须有读者的阅读。读者通过对语篇的阅读和理解又把注释、参考文献引入到阅读和理解中。这就是导出—导入关系，即由作者在语言的表达中导出注释、参考文献，又由读者在语篇的阅读中导入注释、参考文献。在这个过程中作者、读者、注释和参考文献都会产生变化或变异。

一　作者的导出

（一）作者意图

作者首先对一定"事物"（事件）的认知，即对一定的客观事物或现象的认知，或某观点、理论的认知，并在一定的语料的基础上，生成某一目的、意图（意向性）。如：

（19）陶喜红、胡正荣：《中国电视产业对外依存度的测度与分析》（载《新闻大学》2013年第1期）

作者首先对"依存度"理论和测度方法、中国电视产业情况等进行认知，得出了自己的意图：采用对外依存度的相关测度方法分析我国电视产业经济的对外交流情况，以便为我国电视经济的外向度把脉。再根据学术论文模式进行具体的文本创作。[①] 这个过程要经历三个阶段：（1）开始阶段，包括意向性、注意、心—物随附性、选择等，以心智主体的特定意向性的建立与行使为统制，通过注意的过滤、衰减、反应等过程，在心—物随附性的主导下进行选择，目的是对事件的感觉做出符合用例事件的意向性的认定；（2）传承阶段，在上述对感觉选择认定的基础上，将定向了的最初感觉意识"反思"为扩展的意识体验，这样的过程是通过包括联想、

---

① 徐盛桓：《心智如何形成句子表达式?》，《天津外国语大学学报》2012年第2期。

想象和格式塔转换（主要是相邻、相似转换和/或显隐、凸现转换），将事件所体现的外延和内涵"输传"出去，涌现为用例事件①的过程；（3）整合阶段，用语言符号表征用例事件，固化为语言表达式。② 学术论文语篇的创作过程的意图或目的，就是这三个阶段的具体体现过程，这个过程是形成认知框架③的过程。

意向性是交际双方关注的焦点，作者根据自己的意向利用语义及语境因素把语言意义转化为意向性的言语意义；读者根据语言意义和语境的认知推导出作者的意向，并做出相关反应。

（二）学术论文结构模式

（1）学术论文宏观结构模式：问题—解决模式：情景+问题+反应+评价/结果。④

（2）学术论文一般结构模式（正文模式）：前言+主体+结论。

（3）学术论标准模式：标题+摘要+关键词+正文+注释+参考文献。

我们以标准学术论文模式为模式，并认为：

正文模式为：文本+互文本（进入正文的注释、参考文献）。

徐盛桓认为：模式的形成一般经历三个阶段：（1）面临一个新的事件，为表达这事件做出反应；（2）把它转化为用例事件，形成社会性表征，并赋予语言符号形式；（3）通过交际将这一符号形式转化为语言共同体的共识，在社会群体获取最大的认同，形成一个语言表达式。涌现属性有新颖的新质，这是语言表达式有不可预测性的最根本的原因；不可预测性表现为一个强弱的连续统，是因为不同的涌现会表现出不同的涌现

---

① "用例事件"是指"说话人在特定的环境为特定的目的而组装起来的象征性表达式，这一象征关系是详细的、依赖语境的概念化与某种类型的语音结构的配对"。也就是说，"用例事件"是主体以对某一事件的感知的记忆作为基础，反思成为该事件一个全新的意象，因而可以成为在当下语境下对该事件进行映现的合适的"用例"。（参见徐盛桓《从"事件"到"用例事件"——从意识的涌现看句子表达式雏形的形成》，《河南大学学报》（社会科学版）2012年第4期）"用例事件"具有新质。其中进入文本的注释、参考文献，也称为"用例事件"。

② 徐盛桓：《从"事件"到"用例事件"——从意识的涌现看句子表达式雏形的形成》，《河南大学学报》（社会科学版）2012年第4期。

③ 认知框架，也称"图式"、"脚本"、"场景"、"观念框架"、"认知模式"、"民俗理论"等。框架是指人们的生活经验在记忆中形成的关于某些情景或场景的固定的、结构化的知识。（参见胡曙中《语篇语言学导论》，上海教育出版社2012年版，第59页）

④ 转引自胡曙中《语篇语言学导论》，上海教育出版社2012年版，第165页。

强度。①

　　学术论文结构模式,是学术论文的"常规关系",是人们经过感受、认知、归纳、抽象出来的关于"事物"(事件)的本质属性。学术论文是个整体,是个复杂的整体。"只有大整体与小整体、大世界与小世界的区别","不存在静止不变的、孤立的事物,不存在既成的、先定的部分"。②学术论文是一个整体,其各"组成成分"分别也是一个小整体:当"组成成分"进入到这个模式时,它其实是以一个未分化的整体在起作用的。注释、参考文献作为一个整体,它们蕴含了若干环节,并在进入模式时"在线"地展开。这些环节涉及:注释、参考文献的来源、它们的内容、这些内容进入模式的语境等。这些环节是小整体("组成成分")在文本中的作用,是融合到整体中所起的反应,是小整体进入文本整体的效应,是小整体与小整体之间以及小整体与大整体之间的相互作用,从而促成了文本的复杂网络的生成。注释、参考文献本身是观点、理论、方法等,这些内容会对文本的内容产生影响,或支持、或佐证、或反对、或批评等,这是小整体的作用。总之,"生成过程是从整体到整体,而不是从部分到整体","较高层次的现象亦只与较低层次的整体结构和功能有关"。③

　　正文模式中的"互文本"结构义是小整体之间相互作用,通过信息选择、匹配、组织、创生从而生成相对完整的整体的过程中获得的;在这个意义上说,模式义也应"归因于"模式里的各组成成分的意义。这些能够从生成整体论得到历史与逻辑相统一的解释。首先是小整体生成整体。互文本的形成及其模式义必定要归因于各小整体,是这些小整体规定了整体会具有什么样的整体意义。并不是任何文本都可以作为互文本,只有符合文本要求的具有显性的或隐性的、预设的或临时的互文本内容同其他相关内容一起,才能生成具有互文义的模式,"互文本结构自身"才能"提供"模式意义。其次,模式整体一旦生成,能进入模式的小整体又会合乎逻辑地体现整体,把整体的存在体现在自身的信息选择、匹配之中,作为整体的有机组成成分,以整体为依归体现其自身的意义。最后,模式的整体不再是作为各组成成分的小整体的简单相加,而是整合为一个整体,其

---

① 徐盛桓:《心智如何形成句子表达式?》,《天津外国语大学学报》2012 年第 2 期。

② 李曙华:《当代科学的规范转换——从还原论到生成整体论》,《哲学研究》2006 年第 11 期。

③ 同上。

结构抽象为一个模式系统，各小整体围绕文本主题或其蕴含的相关内容，在系统内相互作用，进行信息选择、匹配、创生，从而生成整体的新信息即其模式意义，使模式获得整体大于小整体之和的效果。具体来说就是：模式意义大于模式中各组成成分意义之和。① 如注释、参考文献进入到文本后能产生文本的客观性、科学性，这是注释、参考文献在文本的组织过程中产生的。

总之，作者对客观事物或现象进行认知，产生意图，在大脑中会勾画出一个语篇宏观语义结构，再把这个宏观结构中观化、微观化，即向这个语义框架填补详细的论据，具体的描述，扩充增补信息。根据宏观结构，进行细节的选择、语篇局部的衔接、整体语义的连贯、语篇延伸和发展等等，使语篇的信息扩展、丰富。其中作者必须对已有的研究进行评价，并建立自己的研究空间，这个过程就是作者的导出注释、参考文献的过程，也就是说，作者根据意图建立宏观语义结构，运用已有的注释、参考文献建立自己的研究空间，运用论据进行编码。我们可以用图3—1来说明：

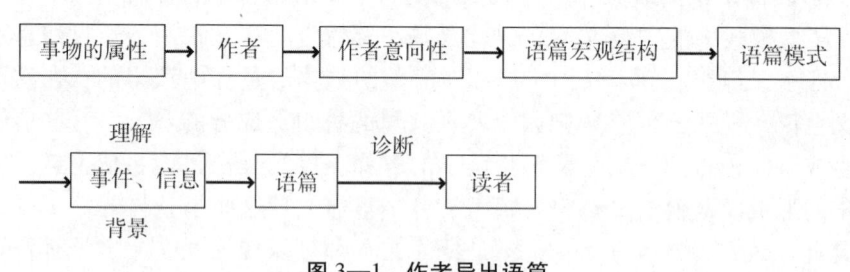

事物的属性 → 作者 → 作者意向性 → 语篇宏观结构 → 语篇模式

→ 事件、信息 → 语篇 → 读者
理解　　　　　　　诊断
背景

图3—1　作者导出语篇

二　读者的导入

读者的导入是一个解码的过程。

读者进入语篇后，由事件、信息确定相关主体的语篇宏观模式，激活心理图式的结构部分，读者期待或计划语篇内容的解构与生成，对作者意向性进行解释或理解，最后对作者进行评价。如图3—2：

---

① 徐盛桓：《相邻关系视角下的双及物句再研究》，《外语教学与研究》（外国语文双月刊）2007年第4期。

读者 → 语篇 → 建构事件、信息消解 → 语篇模式 → 语篇宏观结构

→ 作者意向性 —评价→ 作者

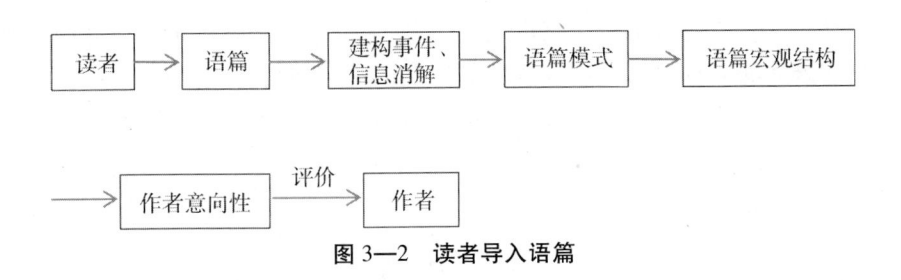

图 3—2　读者导入语篇

读者在阅读语篇时，根据语篇的相关标记对注释、参考文献进行导入，同时改变线性的阅读方式，进入到对注释、参考文献的阅读，以便更好地理解语篇。读者阅读过程中所形成的语篇模式、语篇宏观结构是受学术群体规范的约束的，或者说，语篇模式、语篇宏观结构是符合学术规范的。

三　导出与导入的联系

从读者导入语篇的图表中可以看出，消除歧义的过程是针对读者的，关注读者是如何观察、理解，如何描述、解释和消解话语的歧义，如何构建新的话语。这样，读者的反应或理解又反过来影响作者，并对下一个话语做出回应。因此，作者与读者的关系是非固定的，他们之间的关系是不断轮换的，整个语篇是以作者与读者动态变化的方式循环往复而不断推进。作者与读者是个体，个体的意向性承担"意义具体化"的责任，也就是说，宏观结构只有在个体参与下，使意义在意向性实践中获得具体的形象，使意义具体化、语境化、经验化[①]，这样语言交际才有可能完成，话语理解才能得以实现。作者与读者的关系或导入与导出的关系如图 3—3：

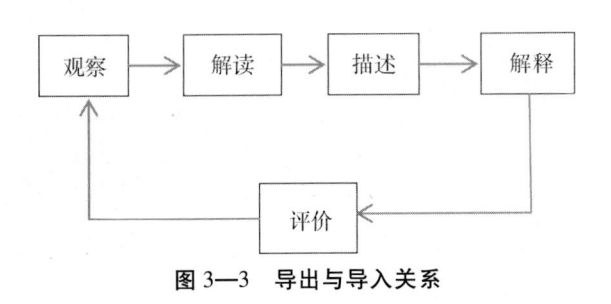

观察 → 解读 → 描述 → 解释 → 评价 →（返回观察）

图 3—3　导出与导入关系

[①] 徐盛桓：《话语理解的意向性解释》，《中国外语》2006 年第 4 期。

注释、参考文献由原语篇进入到当前语篇会产生一种新质，这种新质由当前语篇的信息和其他语篇的信息等共同参与建构。

导出和导入的关系是相辅相成的，两者相互影响、相互依赖、相互生长和相互发展。

本章小结

本章主要从抽象角度对注释、参考文献与正文的关系进行分析，具体体现为自我—他者关系、主—副文本关系和导出—导入关系。这些关系是理解互文关系的基础。从中也说明学术语篇是作者、读者、其他作者、学术群体、文本、世界之间互动、对话的结果。

第四章

注释与正文的互文关系

学术语篇是个系统，这个系统以正文为中心与其他成分形成不同层级的互文关系体系，又以互文为结构单位构建当前语篇，互文结构体系具有概念功能、人际功能、语篇功能、修辞结构关系和修辞功能。这个互文体系：第一层以正文为基础与注释形成互文关系，第二层以第一层文本集合与参考文献形成互文关系，第三层以第二层为文本集合与摘要形成互文关系，第四层以第三层为文本集合与关键词形成互文关系，第五层以第四层为文本集合与标题形成互文关系。我们在下面的章节中阐释这个系统并在第十章总结出学术论文语篇副文本的互文关系系统。

注释与正文的互文关系是语篇系统下副文本第一层次的互文关系。

学术语篇的主要目的是传播和推广科学研究成果和知识，使之得到学术群体成员的广泛认同和接受。因此，在语篇中，作者必须考虑到读者的期望及读者对信息处理的需要、读者的背景知识积累等因素，而注释和参考文献与正文的关系体现了作者、读者和语篇之间的互动交流。语篇意义是语篇、主体（作者、读者、互文本作者、学术群体）、语境互动的结晶。

学术语篇是作者根据一定的学术语境创立的学术观点、理论的交际单位，是作者与读者、学术群体互动、协商的结果。学术语篇是一个体系，其中注释是其重要的成分。

语篇是指有语义的语场话题（主位）有规律地组织在一起而形成的交际单位，是复杂语言结构单位，其内部存在某种约定俗成的规律性的语类结构潜势。语篇潜在结构功能的制度化，使不同的文本成为相对稳定的文本类型。① 如注释，注释中的主位和述位的结构为已知信息+新信息。信息

---

① 祝克懿：《互文：语篇研究的新论域》，《当代修辞学》2010年第5期。

传递主要是为解决实际问题和产生新知识服务的，新信息可以增强信息的确定性、真实性，新信息推理与例证使读者的认同与信任度产生影响。

注释是对语篇相关内容的解释说明，从信息角度来说，是提供新的信息，增强信息的确定性、真实性，增强读者的认同和信任。

互文性研究开创了语篇研究的一种新的角度和方法。注释与正文相互联结、相互印证、相互阅读、相互贯通。注释营造一种学术历史和当前现场；注释与正文组成了当前学术文本生产、传播的场域。注释与正文形成了复杂的、多元的关系。互文关系能清晰地揭示这些复杂的、多元的关系。

注释是作者对语篇内容的解释，是作者主观意向的扩展，是从读者角度的考虑。通过语篇内容的解释、定义和说明使读者更有效地获取前述命题意义，从而更好地理解语篇。也就是说，注释起到了进一步说明正文中没有的观点和问题，增强文章的权威性和说服力；起到了注明所引用资料出处的作用，方便读者理解文本，分辨出作者的观点，了解作者引用的文献资料等。这就是注释的副文性特征。

互文性的本质是作者将其他文本引入自己的文本，使文本之间建立形式和内容上的关系，在对互文本的借鉴、吸收中进行创新、发展，从而实现创作的意图或交际目的。

注释是副文本，既在文本中，又在文本外。注释副文本在语篇系统下从文本、主体、语境层面来建构语篇，形成副文性。这种副文性丰富了语篇的文化信息，扩展了读者的视野，同时增强了读者对语篇的吸引力。

由于引文注释可以归入参考文献，本章的注释研究不包括引文注释。

需要说明的是，以下举例若只有一个括号，表明括号内是论文正文的作者和题目；若有两个括号，第一个括号内为互文本作者和题目，第二个括号为论文正文的作者和题目。

第一节　学术论文注释

学术论文是一个系统，包括标题、摘要、关键词、正文、注释、参考文献。其中标题、摘要、关键词、注释、参考文献是副文本。

一　学术论文注释定义

《辞海》：注释①，亦称注解。对书籍、文章中的词语、引文出处等所作的说明。

《编辑实用百科全书》：注释也称注解。书籍辅文的一种文体名。对正文中的文字、词汇、读音、典故、史实、引文出处或内容方面所作的说明文字。

《中国学术期刊（光盘版）检索与评价数据规范》：注释是对论著正文中某一特定内容的进一步解释或补充说明。

《中国高等学校社会科学学报编排规范》（修订版：全国高等学校文科学报研究会 1999 年印发）：注释主要用于对文章篇名、作者及文内某一特定内容作必要的解释或说明。

《中国高等学校自然科学学报编排规范》（修订版）：解释题名、作者及某些内容，均可使用注释。

学术论文注释可分为：一是对论文内容、语汇的含义所作的解释说明与评论；二是交代引文的出处；三是对学术论文中正文以外不同部分的解释说明。具体分为三类②：第一类按位置：文内注、页尾注、文尾注；第二类按内容：题目（标题）注、作者注、引文注、释义注；第三类按来源：作者注（文内注）、编者注、引文注。

二　学术论文注释特征

注释的特征可以从位置、语境、功能等方面来确定。

1. 注释的位置

位置是指注释相对于正文而言的位置。学术论文注释可以放在页边、页脚、文尾、文后，引文注有时放在文中。学术论文注释一般放在正文后，与正文分开，形成一定距离的空间。

---

① 注释作为一种文化现象，源远流长。我国古代注释有多种形式，可分为注、传、疏、诂、解、笺、章句、集注等，它与学术论著中的"注释"是有区别的。（参见杨昌勇《学术论著注释和索引的规范与功能》，《中国社会科学》2002 年第 2 期）

② 这个分类参考了胡文启的论文（参见胡文启《谈谈注释的定义、分类及编排》，《编辑之友》1998 年第 4 期）。

2. 注释的语境作用

语境作用由情境特征界定，如作者的名望、权威和负责的程度、研究团队的实力、信息的语内力量、论文涉及的课题等级，等等。

3. 注释的功能性

注释的设计是为了获得理想读者（包括编辑），让他们根据提示最大限度地接近文本意义、学术意图。

注释是一种特殊的文本形式，具有辅助性，又具有独立性，依附于正文而存在，对正文起补充、修正、解释、说明、导向等作用。

第二节　注释与正文的互文形式

注释与正文的互文形式：互文标记+互文本。互文本是注释，互文标记有名词、动词、副词、名词短语、介词短语、互文小句、语篇，引号、注释标记。

一　互文标记

互文标记是引出或标示互文现象的语言形式或标记，是一种标记手段、界标。互文标记是文本与互文本联系的文本踪迹。互文标记有名词、动词、副词、名词短语、介词短语、互文小句、语篇，引号、注释标记。

（一）小句

小句是指互文复合体中的小句，称之为互文小句。互文复合体：互文小句+互文本。互文本可以是小句、句组、语篇。

互文小句是指引导、标示、介绍互文本的小句，同时对互文本进行说明、补充、阐释。互文小句：互文来源+互文动词。如：

（20）注释 16：林毅夫把制度变迁分为诱致性制度变迁和强制性制度变迁，他认为，"诱致性制度变迁指的是一群（个）人在响应由制度不均衡引致的获利机会时所进行的自发性变迁；强制性制度变迁指的是由政府法令引起的变迁。"参见林毅夫《关于制度变迁的经济学理论：诱致性制度变迁与强制性制度变迁》，载于（美）R. 利斯、A. 阿尔钦、D. 诺斯《财产权利与制度变迁——产权学派与新制度学派译文集》，上海三联书店、上海人民出版社 1994 年版，第 374 页。（陶喜红：《中国传媒产业广告市场集中度研究》，《新闻大学》2014年第 1 期）

互文本：注释 16。互文小句：他认为，"他"是互文来源，"认为"是互文动词。互文标记是互文小句。
（二）名词
互文标记是名词，称之为互文词语。如：

（21）注释 3：数据来源：姜泓冰：调查显示美国人对中国印象上升不认同政治制度，《人民日报》2011 年 1 月 31 日。另可从以下网址获取：http: //news. sohu. com/20110130/n279168539. shtml。（吴飞、刘晶：《"像"与"镜"：中国形象认知差异研究》，《新闻大学》2014年第 2 期）

互文本：注释 3。互文本对正文"'美国人眼中的中国'大型实证调研数据"来源的说明。互文标记：数据，是名词。
（三）短语
互文标记是短语，称之为互文短语。主要有名词和介词短语。如：

（22）注释 16：格雷马斯的语义方阵则是对亚里士多德在逻辑学中命题与反命题的进一步扩展。他认为文学文本的模式源于符号（A）与 Λ 之间的对立，随着情节的发展，文本中出现与 A 矛盾但不对立的非 A，及与反 A 矛盾但不对立的非反 A。当这些因素在不同的层面发生联系，并朝一定方向发展，故事就走向结尾。参见［法］A. J. 格雷马斯《论意义——符号学论文集》（上），吴泓渺、冯学俊译，百花文艺出版社 2005 年版，第 187 页。（陈笑春：《符号·模式·修辞：中国电视虚构再现中的法律生产》，《现代传播》2013 年第 7 期）

互文本：注释 16。互文本是对正文"格雷马斯的语义方阵"的解释。互文标记：格雷马斯的语义方阵，是名词短语。又如：

(23) 注释 1：根据教育部新闻传播学教指委发布的数据，全国新闻传播学专业点 1994 年以前有 66 个，1999 年增加到 124 个，2002 年突破 300 个，2008 年达到 878 个。截至 2013 年，共有 1080 个（其中新闻学 307 个、广播电视学 225 个、广告学 365 个、传播学 55 个、编辑出版 80 个、网络与新媒体 43 个、数字出版 5 个），在校本科生 23 万。见吴廷俊（2009）、搜狐传媒（2013）。（廖圣清：《中国大陆新闻传播学研究十五年：1998—2012》，《新闻大学》2013 年第 6 期）

互文本：注释 1。互文本是对正文"翻了三番有余"的具体说明。
互文标记：根据教育部新闻传播学教指委发布的数据，是介词短语。
（四）语篇
互文标记是语篇，称之为互文篇章。如：

(24) 注释 9：这本小册子由哥伦比亚大学出版，翻印了《北美评论》中的《哥伦比亚大学新闻学院》一文。关于这本小册子的版本及考据，由于篇幅限制，不再赘述。请见本文作者的另一篇文章《普利策〈舆论的力量〉一文考证研究》。（郭之恩：《资本家的伪善：为普利策兴办新闻教育辩》，《现代传播》2013 年第 6 期）

互文本：注释 9。互文本是对正文"《哥伦比亚大学新闻学院》"的说明。
互文标记：《哥伦比亚大学新闻学院》，是互文篇章。
（五）符号
互文标记是一定的符号，称之为互文符号，如引号、注释的标记。如：

(25) 但是，美国电影人类学家萨拉·迪基在《人类学及其对大众传媒的贡献》一文中指出："电视（电影）可以成为一种强大的民族文化力量，它绝不仅仅反映或提出国家利益"。[②]（萨拉·迪基著《人类学及其对大众传媒研究的贡献》，载《国际社会科学论丛：人类学的趋势》，中国社会科学杂志社编，社会科学文献出版社 2000

年版，第 240 页。）这些电影同时也为各少数民族文化提供了表现和表达的空间，使各民族文化得以保留和展现。（杨静、王超：《云南少数民族故事片与民族身份/认同》，《现代传播》2014 年第 3 期）

文本中有引号表示引入他人的文本，并在后面用注释标记②表明。又如：

（26）正文：但是，自从阿水上小学那一天起，他的身份便被纳入到更大的民族国家的身份/认同之中。汉族文化及其涵容的主流意识形态对阿水内在固有的③民族身份/认同进行的篡改，将其建构成为主流文化和主流意识形态的主体。

注释③：[美] 乔纳森·弗里德曼在《文化认同与全球性过程》一书中认为，民族文化认同"不是实践的结果，而是内在固有的，不是习得的，而是天赋的"。商务印书馆 2003 年版，郭建如译，第 48 页。（杨静、王超：《云南少数民族故事片与民族身份/认同》，《现代传播》2014 年第 3 期）

在正文中有注释标记③，在注释中有引号作为引入其他作者的原话。

二 互文形式

互文形式是与正文形成的互文语言形式，一般表示为：互文标记+互文本。互文形式类型根据不同的角度有不同的分类。

（一）根据互文来源

互文来源是指互文来自谁的文本或哪里，"谁"在这里是指文本的作者，"哪里"指文本。互文的来源分为五类，分别为：自我、定指他人、不定指他人、学术群体和不可言说的他人。①

根据互文来源分为：自互文和他互文。自互文是互文本来自作者的叙述、解释说明，或者作者的其他文本。他互文是来自其他作者的叙述、解释说明，或者其他作者的文本。如：

---

① 转引自马博森、管玮《汉语会话中的零转述现象》，《外国语》2012 年第 2 期。

（27）注释8：该文发表在1904年五月号的《北美评论》（The North American Review）上。（郭之恩：《资本家的伪善：为普利策兴办新闻教育辩》，《现代传播》2013年第6期）

互文本：注释8。互文本是对正文"普利策专门'口述'了一篇近一万六千字的长文《哥伦比亚大学新闻学院》"的说明。

互文形式：互文本+互文标记。互文标记：名词、注释标记。这种形式的互文是自互文，是作者自己的叙述。如：

（28）注释1："从今年9月开始，乌坎事件一直是西方媒体关注的焦点。截至12月25日，在谷歌新闻能搜索到数千条关于乌坎事件的英文新闻……很多报道都直接发自乌坎。"《看天下》2012.01.第01期，总第196期，第32页。（陈岳芬、黄启昕：《遮蔽抑或凸显：话语分析视域下的"乌坎事件"——中西媒体新闻报道比较研究》，《新闻大学》2013年第2期）

互文本：注释1。互文本是对正文"'乌坎事件'引起国外媒体的极大关注，多家西方媒体跟踪报道"的进一步说明。

互文形式：互文本（小句形式）+互文标记（包括他互文标记）。互文标记是指注释标记和他互文标记。他互文标记：引号+互文来源，互文来源是指《看天下》。这种互文形式是他互文，是其他作者的叙述。

互文来源一般是互文小句的主语，是互文行为发出者的指称。指称明确性直接影响到说话人传信意义的表达。互文来源指称的明确度大致分为：低、中和高三类。

明确度高是指有具体的互文来源，在文本形式上表现为具体的人名、称呼、机构专名等。

明确度中是指有相对概括的互文来源，在语言形式上一般用不定指的形式。如"教育部一位官员说"、"持反对者认为"等。

最后，明确度低是指采用相对模糊的、不明确交代的互文来源，在语言形式上用"有人"、"有消息"、"据报道"等。

选择不同的互文来源体现了作者不同的交际策略和意图。如：

(29) 注释9:"临场发挥"一词可参见潘忠党所写的《新闻改革与新闻体制的改造——我国新闻改革实践的传播社会学之探讨》,文中潘忠党对"临场发挥"所作的解释是:"具体地说,就是新闻媒介单位分析自己面临的各种在改革中凸显出来的矛盾,根据各地、各单位,和某一行动所处的具体情况,决定与宏观管理机构'商议'的策略。这中间包括了对现行新闻体制和市场经济的原则置于特定的场景,给予具体解释。"(于帆:《政治、市场与专业主义之间——〈环球时报〉社评研究》,《新闻大学》2013年第2期)

互文本:注释9。互文本是对正文"笔者认为,考察《环球时报》在这三种力量之下的'临场发挥'无疑是理解其媒介表现的一条路径"中的"临场发挥"的解释。

互文形式:互文本(小句形式)+互文标记(包括他互文标记)。互文标记是指注释标记和他互文标记。他互文标记:引号、互文小句,互文小句:文中潘忠党对"临场发挥"所作的解释是。这种互文形式是他互文,是其他作者的叙述。这是高明确度的互文来源。作者把这个概念作为主要的理解策略,注释具有突出、强调的作用。具体的互文来源具有客观性、科学性。

(30) 注释9:持反对者认为,新闻工作是工作、事业、工艺或其他什么——但不是一种职业。其理由是新闻"没有入行要求,没有分立的知识体系,没有抑制任性成员的内部团体,没有道德准则,也没有营业执照制度"(Dennis & Merrill,2004:156)。持赞同者认为,新闻工作是一种职业(就跟医学和法律一样)。其理由是"新闻工作通过保持信息自由流通提供公共服务……具备一种职业所具备的客观性、专门知识和组织特征"(Dennis & Merrill,2004:160)。(陈先红、刘晓程:《专业主义的同构:生态学视野下新闻与公关的职业关系分析》,《新闻大学》2013年第2期)

互文本:注释9。互文本是对正文"学界对新闻是不是真正意义上的专业(profession)一直存有争议"的具体举例。

互文形式：互文本（小句形式）+互文标记（包括他互文标记）。互文标记是指注释标记、互文小句（他互文标记）。他互文标记：互文本来源+互文动词，即"持反对者认为"。这种互文形式是他互文，是其他作者的叙述。这是中等明确度的互文来源。概括性的互文来源能更好地体现不同观点双方的特点，利于读者理解。

（31）注释8：根据文献分析，国际主流媒体对马来西亚的专门报道一直非常有限，报道的选题多以国内发生的负面事件为主。（刘琛：《国家形象宣传片中的文化形象分析——以马来西亚为例》，《现代传播》2013年第7期）

互文本：注释8。互文本是对正文"部分西方主流媒体对这些事件进行了报道"的具体例子。互文形式：互文本（小句形式）+互文标记（包括他互文标记）。互文标记是指注释标记、互文短语。他互文标记：介词短语，即"根据文献分析"。这种互文形式是他互文，是其他作者的叙述。这是低明确度的互文来源。不指明来源，避免产生对抗，利于关系的和顺。

互文来源体现文本的信源度、可信度、权威性、真实性、科学性、主观性、客观性等，回应、指涉其他作者、同行、学术群体等。信息来源是衡量学术语篇确定性的重要因素。

（二）根据原文的角度

根据原文角度，互文分为：直接互文和间接互文。直接互文是直接引述其他人的原话，标记是有引号。间接互文是间接引述其他人的话，没有引号。如：

（32）注释4：张桂琳指出："中国民主的发展已经走上了一条自上而下与自下而上共同推进的道路，必须进一步促进两者的良性互动。"张桂琳：《关于中国民主发展模式的思考》，《新华文摘》2009年第5期。（李向阳：《论政治文明与媒体权利》，《现代传播》2013年第3期）

互文本：注释4。互文本是对正文"使社会主义政治文明的发展开始走上了一条自上而下与自下而上共同推进及其多种形式综合的道路"的来源的解释,是直接互文,有引号。

互文形式:互文标记+互文本。互文标记是互文小句、注释标记、引号。

(33)注释3:根据人民网2006年公布的数据,在中国,电视剧是80%的观众经常收看的节目类型,平均每位观众每天收看电视剧的时间是1个小时,约为收视时间的1/3;电视剧每年为电视媒体带来70%以上的广告收入。其中,在电视剧生产从不足万集到过万集的2002—2003年,法律题材电视剧的市场份额达到16.6%。人民网——北方传媒研究,http://ad.hxonl.com 2006年6月15日。(陈笑春:《符号·模式·修辞:中国电视虚构再现中的法律生产》,《现代传播》2013年第7期)

互文本:注释3。互文本是对正文"后者就收视份额来看,更是占据了大量的晚间时段"的具体说明。互文本是作者的叙述,是间接互文,没有引号。

互文形式:互文标记+互文本。互文标记:互文短语(介词短语)、注释标记。

直接互文多是作者赋予原话语特殊的地位,要么是权威经典,要么是批判对象,要么是熟知理论;间接互文是一种语义模糊的话语再现手段,要么是原词原句再现,要么是话语意义再现,要么是一定篇幅原话语的小结等。

(三)根据原文作者的角度

融入式和非融入式,又称为完整互文和不完整互文,或整体互文和部分互文。融入式指的是互文本作者的名字纳入句子中,作为句子的一个语法成分,出版日期和页码用括号标在名字后或置于句末,谓语用互文动词。在非融入式中,互文本作者的名字不出现在句子结构中,置于括号里或用数字上标的形式在脚注或尾注中出现,可以同时指称多部著作,此时没有清晰的互文动词。[①] 具体如下:

[①] 转引自曾蕾、胡瑾《学术话语中的多模式"投射"》,《湖南人文科技学院学报》2007年第5期。

1. 融入式
(1) 互文本作者充当句中主语，如：

　　(34) 注释 27：美国学者布鲁纳界定了"普通故事"与"法律故事"的区别。前者是发生在人们生活中的一般意义的故事，而它一旦进入法律程序，被调查、被审理、被判决，就成为一个案件，只要这个案件被叙述，就是一个法律故事。参见［美］罗姆·布鲁纳《故事的形成：法律、文学、生活》，孙玫璐译，教育科学出版社 2006 年版，第 4 页。(陈笑春：《符号·模式·修辞：中国电视虚构再现中的法律生产》，《现代传播》2013 年第 7 期)

互文本：注释 27。互文本是对正文"法律故事"的解释；"美国学者布鲁纳"是互文本作者，做主语；"界定"是互文动词。
互文形式：互文本+互文标记。互文标记是指注释标记、互文小句。这种互文形式是互文本作者充当句中主语，是完整互文。
(2) 互文本作者充当句子中名词短语的一部分，有互文动词，如：

　　(35) 注释 1：国际推销专家海英兹·姆戈得曼 (Heinz M. Goldmann) 总结的推销模式。模式中各字母含义为：A (Attention)：引起注意；I (Interest)：诱发兴趣；D (Desire)：刺激欲望；A (Action)：促成购买。(中国人民大学传播与认知科学实验室：《电视广告视觉注意模型建构：基于眼动实验的研究》，《国际新闻界》2013 年第 6 期)

互文本：注释 1。互文本是对正文"AIDA"的解释。互文本"国际推销专家海英兹·姆戈得曼总结的推销模式"是名词短语，其中"国际推销专家海英兹·姆戈得曼"做名词短语的主语，有互文动词。
互文形式：互文本+互文标记。互文标记是指注释标记、互文短语(介词短语)。这种互文形式是互文本作者充当句子中名词短语的一部分，有互文动词，是完整互文。
(3) 互文本作者充当句子中名词短语的一部分，无互文动词，如：

　　(36) 注释 1：上海真爱梦想公益基金会理事长潘江雪 2011 年 11

月 25 日在第三届非公募论坛上的发言。来源：http://adream07. blog. sohu. com/ 195489142. html。(谢静：《民间组织的公益传播与空间生产——"梦想中心"的建构与表征》，《新闻大学》2013 年第 2 期)

互文本：注释 1。互文本是对正文的来源的说明，互文本是名词短语，无互文动词。

互文形式：互文本+互文标记。互文标记是指注释标记、互文短语（名词短语）。这种互文形式是互文本作者充当句子中名词短语的一部分，无互文动词，是完整互文。

（4）互文本作者充当句子中介词短语的一部分，如：

（37）注释 8：在电影史家罗慧生看来，"杂耍"一词译得不妥，其实是指"感染力强烈的蒙太奇"（参见罗慧生《世界电影美学思潮史纲》第 119 页，山西人民出版社 1985 年版）。乔治·萨杜尔的《世界电影史》，其译者也认为"按'杂耍'（Attracfions）在原文含有吸引力的意义"（参见该书 214 页注释）。所以，近来更多的学者称之为"吸引力蒙太奇"。（颜纯钧：《蒙太奇美学新论》，《现代传播》2013 年第 7 期)

互文本：注释 8。"在电影史家罗慧生看来"是介词短语，"史家罗慧生"是介词短语的一部分。

互文形式：互文本+互文标记。互文标记是指注释标记、互文短语（介词短语）。这种互文形式是互文本作者充当句子中介词短语的一部分，是完整互文。

2. 非融入式

（1）互文无互文本作者的姓名，无互文动词，但有完整的互文标记。如：

（38）注释 14：根据看待叙事的方式，现代叙事理论可以分成三组，视叙事为事件序列；为叙事者生产的话语；或为读者所组织起来并赋予意义的文字制品。参见［美］戴卫·赫尔曼《新叙事学》，马海良译,北京大学出版社 2002 年版,第 19 页。(陈笑春:《符号·模式·修辞:中国电视虚构再现中的法律生产》,《现代传播》2013 年第 7 期)

互文本:注释 14。互文本是对正文"叙事是'为读者所组织起来并赋予意义的制品'"的补充。互文来源是"根据看待叙事的方式"。

互文形式:互文本+互文标记。互文标记是指注释标记、互文短语(介词短语)。这种互文形式无互文本作者的姓名,无互文动词,但有完整的互文标记,是不完整互文。

(2) 互文无互文本作者的姓名,有互文动词。如:

(39) 注释 2:此文件于 1969 年 6 月联合国教科文组织蒙特利尔会议上提出,被视为国际传播研究的分水岭,参见 James Halloran (1997:28-43)。(崔远航:《"国际传播"与"全球传播"概念使用变迁:回应"国际传播过时论"》,《国际新闻界》2013 年第 6 期)

互文本:注释 2。互文本是"此文件于 1969 年 6 月联合国教科文组织蒙特利尔会议上提出",对正文的来源的说明,互文动词是"提出"。

互文形式:互文本+互文标记。互文标记:互文词语(名词)、注释标记。这种互文形式无互文本作者的姓名,有互文动词,是不完整互文。

(3) 互文无互文本作者的姓名,无互文动词。如:

(40) 注释 1:本文所使用的"产品植入"概念,直译英文表述"product placement",与学界较为普遍的说法"植入式广告"所指的研究对象是一致的。取直译的原因在于"植入式广告"这一术语下的研究只关注了狭义的有偿植入活动,难以覆盖本文所考察的早期植入活动中无明确付费主体的情形。"产品植入"的表述及本文后面的概念界定能更准确地涵盖本研究所指,故并未采取其他学者通常所用的"植入式广告"一词。喻国明、丁汉青等对"植入式广告"与"产品植入"的概念亦有说明,参见喻国明等《植入式广告:研究框架、规制建构与效果测评》,《国际新闻界》2001 年第 4 期,第 6—23 页。(刘荣:《产品植入:概念溯源与早期传播模式》,《国际新闻界》

2013年第2期）

互文本：注释1。互文本是对正文概念"产品植入"的说明，互文本"本文所使用的'产品植入'概念，直译英文表述'product placement'，与学界较为普遍的说法'植入式广告'所指的研究对象是一致的"。无互文动词。

互文形式：互文本+互文标记。互文标记：互文词语（名词）、注释标记。这种互文形式无互文本作者的姓名，无互文动词。是不完整互文。

（四）根据叙事的角度

同质互文与异质互文，同质互文是文本与互文本都是同一作者的叙述或解释说明，互文本来自作者自己的文本或他人的文本。异质互文是指文本与互文本是不同作者的叙述或解释说明，文本是作者的叙述或解释说明，互文本是其他作者的叙述或解释说明。如：

（41）注释10："身份"和"认同"在英语中都用"identity"表示。本文在引用时均根据原文的译法，不做改动。在行文中，当指某个个体或群体据以确认自己在特定社会中地位的某些明确的、具有显著特征的依据或尺度时，如性别、阶级、种族等，一般使用"身份"来表示。当某个个体或群体试图追寻、确证自己在文化上的"身份"时，一般用"认同"表示。（参见阎嘉《文化身份和文化认同研究的诸问题》，见周宪《中国文学与文化的认同》，北京大学出版社2008年版，第4页）当然，这两个词常常无法区分开来，在本文中大部分使用"认同"，有时也用"身份"。（金玉萍：《电视收视实践中的认同表征——基于托台村的民族志研究》，《新闻大学》2014年第2期）

互文本：注释10。互文本是作者的叙述，其中有作者转述其他作者的话语，如：参见……这是同质互文。

互文形式：互文本+互文标记。互文标记：互文词语（名词）、注释标记。又如：

（42）注释1："你是北大人，看到老人摔倒了你就去扶。他要是讹你，北大法律系给你提供法律援助，要是败诉了，北大替你赔偿！"

该话语 2011 年 9 月 21 日出现在微博，时隔一个月后突然火爆网络，并衍生出了多个高校的版本，被网友称为"校长撑腰体"。（刘艳春：《"词媒体"在广播电视中的呈现与制约》，《现代传播》2014 年第 2 期）

互文本：注释 1。互文本有作者的叙述，又有其他作者的话语，如直接互文（引号内的话语）。这是异质互文。

互文形式：互文本+互文标记。互文标记是指互文词语、注释标记、引号。

第三节　注释的信息结构

"信息是用来消除不确定的东西。"[1] 语言是交际的工具，交际的本质是信息交换。在语言交际中，说话人通过语言形式传递信息，听话人通过语言形式接收信息。语言传递的信息可以分为意义和内容。[2] 对于一个词来说，意义可以在词典中标出来，意义只是限定了词语的范围。内容是词语确指的对象，一般要在语境中实现。内容比意义确定性强，传递的信息更多。[3]

一　信息结构形式

信息结构：主位+述位。注释的主位一般为已知信息，述位为新信息（未知信息）。韩礼德从功能的角度出发[4]，认为主位是"信息的出发点"和"小句所关心的成分"，述位是除了主位之外剩下的那些成分。或者说，主位是"是信息的出发点，是要论证的内容"，"句子信息所关注的对象"；述位是对主位的陈述，通常是未知信息或新信息。韩礼德的观点是，主位/述位是以发话人为中心，而已知/未知信息则以受话人为中心。[5]

---

[1] 申农：《通信的数学理论》，载庞元正、李建华《系统控制信息经典文献选编》，求实出版社 1989 年版，第 508—600 页。
[2] 张斌：《现代汉语语法十讲》，复旦大学出版社 2005 年版，第 265—270 页。
[3] 聂仁发：《现代汉语语篇研究》，博士学位论文，湖南师范大学，2002 年。
[4] Halliday, M. A. K., *An Introduction to Functional Grammar* (2th ed.), London: Edward Arnold, 1994, pp. 32-37.
[5] 徐盛桓：《再论主位和述位》，《外语教学与研究》1985 年第 4 期。

主位是叙述的出发点、对象或基础；述位是对主位的叙述、解释、描写和说明，是叙述的核心。

二　信息结构成分的功能

句子信息的组织结构：主位+述位结构。主位/述位理论是指在句子和语段中作者意欲突出不同的信息或赋予重要性时的一种信息安排。主位是一个形式范畴，是句子或小句最靠前的成分，句子就是围绕这个成分组织起来的，是作者所要突出的成分。主位是信息的出发点，是句子信息内容所论及的主题，其标志是位于句首。主位可以是词、词组或从句，也可以是主语、状语、宾语或其他成分，但始终不变的是，它是已知信息，是信息的出发点。述位是信息的推展，是未知信息。已知信息是指已引入篇章或假定篇章接受者知道的信息；未知信息或新信息是指第一次引入篇章或假定篇章接受者未知的信息。正是由于主位和述位根据其内在逻辑联系不断调整话语背景，不断将新知信息向前扩展和推进，话语的推动和展开才得以实现，语篇的衔接和连贯才得以完成。①

述位是最具信息价值的核心部分，是语篇信息建构的重要资源，其蕴含丰富的信息类型；它实现了语篇主旨，具体化和明晰化了语篇中各主位的意义维度和范围；它的内容随语篇的发展而相应变化，从而建立和发展不同的语篇模式。也就是说，在语篇的建构过程中，述位是不同类型（概念的、人际的和语篇的）信息的主要来源，是新信息的主要来源；述位通过对语篇各主位所括定的意义维度和范围的具体化和明晰化而使语篇主旨逐步实现；述位通过与语篇不同发展阶段的不同"义块"的互动来参与语篇模式的建构和发展。②

主位是已知信息，一般有确定所指的内容，具有最大的信息量。在语句中，主位提供了足够的信息，如专有名词。当信息量不足以确定内容的其他语言形式充当主位时，不足的信息由语境补充。这样，不同的语言形式就具有不同程度的对语境的依赖性，称之为语境依赖度。③ 语境依赖同信息量的关系：

---

　　① 邱如春：《实义切分理论中主位述位理论及主位纯理功能》，《江苏大学学报》（社会科学版）2008 年第 3 期。
　　② 苗兴伟、秦洪武：《英汉语篇语用学研究》，上海外语教育出版社 2010 年版，第 174 页。
　　③ 聂仁发：《现代汉语语篇研究》，博士学位论文，湖南师范大学，2002 年。

主位的信息量＝主位形式的信息量×主位形式的语境依赖度

语境依赖建立了主位形式同语境的联系，这种联系称为回指。主位的语境依赖在小句或句级中表现为回指能力的大小。回指能力与语境依赖度正相关，与信息量负相关。零形式具有最强的回指能力。因为零形式信息量最小，语境依赖度最高。① 如：

（43）注释3：转引自［加］马歇尔·麦克卢汉著：《机器新娘——工业人的民俗》，何道宽译，中国人民大学出版社，2004年版，第110页。（李勇：《媒介文化美学表征形式的当代嬗变》，《现代传播》2013年第4期）

主位：零形式，述位：［加］马歇尔·麦克卢汉著作。主位的确定必须依赖上文或前文。

主位与述位是以发话者为中心定义的，已知信息与新信息是以受话者为中心定义的。述位是通过与主位信息相互作用来传递话语内容，所谓新信息是发话者认为通过自己的发话引进受话者意识中的信息。②

主位（话题）的功能在于确定容纳述位表述的框架。主位是话语的起点，传达已知信息，所承载的交际动力小，而述位传达未知信息，所承载的交际动力大。

总之，主位是语篇信息的出发点，传达已知信息，述位是语篇信息的核心，提供新信息，对推动信息的传递贡献大，述位是语篇信息整体建构的主要资源，是语篇主旨实现的重要资源。

三 注释的信息结构分析

（一）注释的语言单位

1. 小句

注释是对学术论文中相关内容的解释说明的文本。注释的基本单位是小句。

小句形式：主位+述位。如：

---

① 聂仁发：《现代汉语语篇研究》，博士学位论文，湖南师范大学，2002年。
② 徐盛桓：《再论主位和述位》，《外语教学与研究》1985年第4期。

（44）注释2：本文将"社会抗争"界定为：有许多社会个体参加的，具有很大自发性、持续性、对抗性的挑战及制度外利益诉求行动。（涂光晋、陈曦：《"非典"十年来中国政府危机特点的变化与反思》，《国际新闻界》2013年第5期）

主位：本文，述位："社会抗争"界定为：有许多社会个体参加的，具有很大自发性、持续性、对抗性的挑战及制度外利益诉求行动。

2. 复合小句

复合小句形式：互文来源+互文动词+互文本。如：

（45）注释3：Jamieson和Campbell二位学者认为，新闻工作者的自我审查包括遵循公平原则，追求独家新闻，获得政府支持，迎合受众口味等几类。（童兵、潘荣海：《"他者"的媒介镜像——试论新闻报道与"他者"制造》，《新闻大学》2012年第2期）

主位：互文来源+互文动词，如："Jamieson和Campbell二位学者认为"，述位：互文本，如："新闻工作者的自我审查包括遵循公平原则，追求独家新闻，获得政府支持，迎合受众口味等几类。"

（二）注释述位的功能

述位是信息的核心，是语篇主旨实现的重要源泉。述位具体分为概念功能、人际功能和语篇功能。

1. 概念（经验）功能

注释的信息结构述位的功能是提供新的信息，增强主位的确定性，从而增强读者的认可和信任。如：

（46）注释9：群体极化是指团体成员一开始即有某些偏向，在商议后，人们朝偏向的方向继续移动，最后形成极端的观点。网民中的"群体极化"倾向更为突出，"在网络和新的传播技术的领域里，志同道合的团体会彼此进行沟通讨论，到最后他们的想法和原先一样，只是形式上变得更极端了"。（参见凯斯·桑斯坦《网络共和国》，黄维明译，上海人民出版社2003年版，第47页）（刘小燕、崔远航：《作

为政府与公众间距离协调机制的网络政治沟通研究》,《新闻大学》2013年第2期)

正文"群体极化"没有具体的内容,读者可能不了解。注释中的述位就具体阐述了其内涵。这样读者就能更好地理解。

2. 人际功能

对读者而言,述位中的新信息不同程度地表达人际功能。如:

(47)注释2:如本文第三部分提到的黄慧如陆根荣案件,《时报》对之的报道比《申报》和《新闻报》都要早,而《时报》对黄慧如、马振华、施剑翘等案件报道的篇幅远远超过《申》《新》两报。(邵绿:《从"参考"到"表达":黄伯惠时期〈时报〉的黄色新闻与上海的都市化》,《国际新闻界》2013年第4期)

互文本中的"都"、"远远"表达作者的肯定态度。

3. 语篇功能

述位的语篇功能是指述位与正文的衔接、连贯关系。如:

(48)注释2:哈贝马斯进一步指出:家庭在现实中依然是资本的支柱,依然受到现实功能的影响,依然通过诸如遗产制度等构成了对家庭成员内部关系的限制,因而,下文所指出的那种"纯粹人性"某种意义上才是虚构的。事实上,"物主"在这里主要是男性家长的概念,它可以在家庭内部转变成"权威"。(孙藜:《从媒介与"私人性"的关系看公共领域之可能——当代中国语境下对哈贝马斯历史分析的再认识》,《国际新闻界》2013年第2期)

互文本是对正文概念"物主"的进一步解释,是连贯关系,也是衔接的"重复"。

注释既在文本外,又在文本中。读者通过对注释的阅读可以更好地理解文本。注释是通往文本的一个个门槛。

第四节　注释与正文在文本层面的互文关系

文本具有形式和内容两个层面，因此，文本的互文关系分为形式和内容层面。注释与正文的文本层面的互文关系表现为共存关系。共存关系互文是指某一文本中能清晰地分辨出其他的文本。具体如下：

一　文本形式层面

注释与正文的互文关系在形式层面上，表现为：互文标记+互文本。互文本是副文本。互文本在表达形式上，表现为：小句、句组、语篇、模式。也就是说，互文本的结构单位（或结构体）是小句、句组、语篇、模式。

（一）小句

互文本在语言形式上表现为小句。如：

（49）注释1：指1983年第十一次全国广播电视工作会议在历来的"广播工作会议"的名称上第一次出现了"电视"，并在会议上制定了影响极为深远的"四级办广播电视、四级混合覆盖"的政策，形成了中央、省、市、县四级办广播电视的局面，调动了地方办广播电视的积极性。（沈文锋：《作为文化建构者的城市电视台》，《现代传播》2013年第4期）

互文本：注释1。互文本是对正文"四级办电视"概念的解释。互文本是一个小句。

互文形式：互文本（小句）+互文标记。互文标记是注释标记、互文词语（名词）。又如：

（50）注释2：黑格尔将历史研究分为三个层次：首先是原初的历史，即对一手史料的撰录；其次是反省的历史，即后来的历史学家对历史加以消化、赋予意义的过程；最后是哲学的历史，即通过对历史的阐释来建立理解全人类发展问题的一般理论。黑格尔：《历史哲学》,王造时译,世纪出版集团、上海书店出版社2001年版,第3—11页。(吴飞、黄超:《软实力传播的类型学分析》,《新闻大学》2013年第1期)

互文本:注释2。互文本对正文"追根溯源,这种具有马克思主义哲学特点的传播观念,也得益于黑格尔在《历史哲学》中的论述"中"《历史哲学》"的内容解释。互文本是一个小句。

互文形式:互文本(小句)+互文标记。互文标记是注释标记、互文词语(名词)。

(二) 句组

互文本在语言形式上表现为句组。如:

(51) 注释1:200多个国家和地区的20600名境外媒体记者、编辑来到中国对北京奥运会采访报道。这个庞大团体的人数,近两倍于参加北京奥运会的境外运动员。(何辉:《作为历史记录的北京奥运会新闻报道》,《现代传播》2013年第5期)

互文本:注释1。互文本对正文"这次集中传播活动的巨大规模,表现在国内外传播团队人数巨大"进行补充说明。互文本在语言形式上表现为句组。

互文形式:互文本(句组)+互文标记。互文标记是指注释标记、互文词语(名词)。又如:

(52) 注释9:这本小册子由哥伦比亚大学出版,翻印了《北美评论》中的《哥伦比亚大学新闻学院》一文。关于这本小册子的版本及考据,由于篇幅限制,不再赘述。请见本文作者的另一篇文章《普利策〈舆论的力量〉一文考证研究》。(郭之恩:《资本家的伪善:为普利策兴办新闻教育辩》,《现代传播》2013年第6期)

互文本:注释9。互文本对正文"《哥伦比亚大学新闻学院》"的说明。互文本在语言形式上表现为句组。

互文形式:互文本(句组)+互文标记。互文标记是指注释标记、互文篇章。又如：

(53) 注释 12：中国正在成为世界上最大移民输出国。各种数据表明，自 20 世纪 70 年代末，90 年代初期的两波移民潮以来，中国改革开放之后的第三波移民高潮在进入 21 世纪的十年中已愈发汹涌。不同于第一波混杂偷渡客的底层劳工和第二波国门初启之时的"洋插队"，21 世纪移民潮的主力由新富阶层和知识精英组成。高端群体、庞大数量和趋势化发展成为了中国软实力传播中不容忽视和必须面对的问题。转引自：姜飞：《传播与文化》［M］，北京，中国传媒大学出版社，2011 年，第 6 页。(吴飞、黄超：《软实力传播的类型学分析》，《新闻大学》2013 年第 1 期)

互文本：注释 12。互文本是对正文"软实力传播过程一般伴随着实物、符号和人员跨越地理区域、虚拟区域的流动"中的"人员"的具体说明。

互文形式：互文本（句组）+互文标记。互文标记是指注释标记、互文词语（名词）。

（三）语篇

互文本在语言形式上表现为语篇。如：

(54) 注释 10：《IAI 中国广告作品年鉴》能够较完整地收录各产品类别每年度的广告作品，绝大多数的广告作品是于上一年 8 月份到该年 7 月份期间在中国媒体或广告活动中公开发表的原创作品，能够较全面地反映中国广告创作的整体面貌。(吴来安：《动漫产业与广告融合的趋势及效果分析》，《新闻与传播研究》2011 年第 1 期)

互文本：注释 10。互文本是对正文中的《IAI 中国广告作品年鉴》的解释。互文本是一个语篇。

互文形式：互文本（语篇）+互文标记。互文标记是指注释标记、互文篇章。

（四）模式

互文是以某种模式进入到当前文本。如：

(55)在现代汉语词典中对于"传播"的一词的解释为"广泛散布"。"沟通"的解释则为"使两方能通连"。[1]（陆磊：《传播如何可能？——以〈生活大爆炸〉为例》，《新闻大学》2014年第4期）

互文本：注释1，是以数字上标的模式。
互文形式：互文本（模式）+互文标记。互文标记是指注释标记、互文词语。

二 文本内容层面

注释是第一顺序言语行为，作者、编辑常利用直接述行语，来告知、游说、建议、引导和控制读者；学术论文的文本世界是第二顺序言语行为。注释是作者显露意图之处，是对接受者的讲话之处。① 注释通过对标题、作者、论文相关内容的解释说明来进行阐述，形成主体、意义的立体网络，构建文本形式和意义的网络空间。这样，在意义上，注释与正文形成互文。注释与正文的互文形式：互文标记+互文本。

内容是意义的具体体现。注释根据内容分为：一是指向正文，涉及正文本身，如释义注释、引文注释等；二是指涉正文外，诸如标题、基金、作者简介、论文产生的时代、文化背景等，也就是说，与正文外部环境相联系因素。具体如下：

（一）论文标题（题目）的注释

标题注释是对论文的题名而言的，或对标该题的研究和写作活动等所作的交代说明。如：

(56)［基金项目］本文系喻国明教授主持的国家社科基金重点项目"网络舆情监测与引导机制研究"（项目编号：11AXW007）的科研成果之一。（喻国明：《"关系革命"背景下的媒体角色与功能》，《新闻大学》2012年第2期）

互文本：基金项目，是单个项目基金。又如：

---

① 朱桃香：《副文本对阐释复杂文本的叙事诗学价值》，《江西社会科学》2009年第4期。

(57)［基金项目］本文系教育部"新世纪人才项目资助"（编号：NCET-11-0337）；上海市教委科研创新重点课题（编号：11ZS25）；上海交通大学文科科研创新计划项目（编号：10TS05）；"985"工程三期项目子课题（编号：TS0220320005）的阶段性成果。（薛可、邓元兵、余明阳：《一个事件，两种声音：宁波 PX 事件的中英媒介报道研究——以人民网和 BBC 中文网为例》，《新闻大学》2013 年第 1 期）

互文本：基金项目，它是两个或多个项目基金。

基金项目是衡量论文质量的标记，也就是说，论文的质量和价值可以从基金项目得到证实，因为基金项目是通过相关专家论证的，是当前学术理论和生活实践具有一定价值的，因此说明了论文的质量和价值。这样通过标题注释向读者介绍了本研究的重要性。同时不同的项目基金提供不同的信息。

基金项目是专家认可的，具有一定创新性。也就是说，基金项目是创新性的标志，基金项目的任务是获取创新性知识、理论，为国家建设储备科学资源。

互文形式：互文标记+互文本。互文标记为注释标记。又如：

(58)［致谢］本文曾蒙新闻学院童兵教授、黄旦教授、杨击副教授指点迷津，特致谢忱。（贾敏：《走出象牙塔：精英理念与新闻教育的互动和实践——以哈佛尼曼新闻教育项目为中心的考察（1937—1948）》，《新闻大学》2012 年第 3 期）

互文本：致谢，它是对论文写作中相关学者的指点表达了感谢，它说明了论文的创作得到了这些学者的点评和肯定，而这些人员是相应学术领域的专家。这样就说明了论文的质量，也向读者做了一个好的推介。同时，不同的学者、内容提供不同的信息。

互文形式：互文标记+互文本。互文标记为注释标记。

标题注释涉及介绍论文的写作背景及缘起、基金项目、致谢等，这些是论文外围的一些情况，这些信息对论文的理解有一定的促进作用。

(二) 作者注释

作者注释是作者的简要介绍,包括性别、出生年份、学历、职称、职务、工作单位、重要的学术兼职、研究方向等。① 如:

(59) [作者简介] 黎小锋,纪录片导演,博士,同济大学传播与艺术学院副教授。独立制作的纪录片主要有《我最后的秘密》、《无定河》、《夜行人》,等等。(黎小锋:《"直接电影"的伦理研究》,《新闻大学》2012 年第 2 期)

互文本:作者简介。互文本对作者进行了介绍,从中可以了解作者的学历、学位、专业以及研究中取得的成果。
互文形式:互文标记+互文本。互文标记为注释标记。又如:

(60) [作者简介] 韩鸿(1969—),博士,四川古蔺人,电子科技大学政治与公共管理学院副教授,德克萨斯大学埃尔帕索分校传播系访问学者。阿尔文·辛文德(Arvind Singhal,1960—),美国德克萨斯大学埃尔帕索分校传播系讲席教授,著名发展传播学者,娱乐教育、正态偏差传播研究开创者之一。(韩鸿、阿尔文·辛文德:《超越创新扩散?——论发展传播学中的正态偏差研究》,《国际新闻界》2012 年第 2 期)

互文本:作者简介。互文本介绍了论文的作者,从中可以了解作者的情况,其中重要的是作者目前取得的专业理论深度和特长、跨单位合作(包括国际合作、国内跨地区合作等)、合作人数。
互文形式:互文标记+互文本。互文标记为注释标记。又如:

---

① 职称、职务等,称为社会指示语,社会指示语是指语言结构中反映言语活动参与者的社会身份、社会关系以及言语活动参与者一方对另一方(包括被谈及的人)进行社会定位的言语形式。社会指示语的几个次范畴:(1)敬语或谦语;(2)人称标记;(3)称谓语,包括亲属称谓语、社会称谓语,社会称谓语包括姓名称谓语、职衔称谓语、职业称谓语。通过社会指示语,不仅可以观察到它所反映的社会权势关系,也可以了解人们的价值观念和思想发展。(参见李克、李淑康《修辞权威视域下的社会指示语研究》,《外国语》2010 年第 5 期)

(61)［作者简介］薛可（1966—），上海交通大学媒体与设计学院传播系主任，教授，博导。邓元兵（1987—），上海交通大学媒体与设计学院博士研究生。余明阳（1964—），上海交通大学安泰经济与管理学院党委书记，教授，博导。（薛可、邓元兵、余明阳：《一个事件，两种声音：宁波 PX 事件的中英媒介报道研究——以人民网和 BBC 中文网为例》，《新闻大学》2013 年第 1 期）

互文本：作者简介。互文本介绍了三个作者和他们之间的关系。从作者简介中发现作者本身的专业素养和专业水平，对论文涉及的学术理论的研究深度，从而推测论文本身的学术水平和质量。合作人数能反映项目研究的力量和强度。

互文形式：互文标记+互文本。互文标记为注释标记。

作者注释表现出作者的研究素养、研究能力和研究水平，反映了一定的创新性能力。

标题注释、作者简介的一个重要作用是为读者发现和解读文本生产的外部环境提供信息、线索。

（三）释义注释

释义注释是对正文的相关内容所作的注释，涉及的范围广。这些注释使读者了解或认识相关理论、观点、方法、原理，并与之进行辩证思考。

1. 正文相关事件

论文涉及相关的事件、数据、案例等，由于篇幅的限制不能出现在正文中，而用注释。如：

(62) 注释 1：笔者注：中央人民政府新闻总署于 1949 年 12 月 17 日至 26 日召集全国报纸经理会议，华北、东北、华东、华中、西北各公、私营报纸代表三十余人参加。会议任务是解决全国公、私营报纸的纸张与赔耗问题。与《大刚报史》中"全国第一次新闻工作会议"有出入，该会议时间为 1950 年 3 月 29 日。（李理：《"〈大刚报〉是唯一的一家合作社性质的民间报纸"——范长江对〈大刚报〉评价的原因及历史检视》，《国际新闻界》2012 年第 4 期）

互文本：注释 1。互文本是对论文中的"在 1949 年 12 月中央人民政府新闻总署党组召集的全国报纸经理会议"，进行了补充说明和纠正。

互文形式：互文标记+互文本。互文标记：互文短语（名词短语）、注释标记。

注释对论文中相关的事件、数据、案例等的补充说明，能让读者更好地了解这些事件、数据、案例等。

2. 正文相关的词语、术语

论文中相关的词语、术语等的来源或对于普通读者来说可能不容易理解，正文又不能出现而加于注释。如：

（63）注释 1：运用隐喻是媒介环境学派的一大特色。隐喻的使用在麦克卢汉的媒介理论中滥觞，并由后继的媒介环境学者继承并发扬。媒介环境学派的创立自两个隐喻得到灵感：一个是关于生物学中皮氏培养皿的隐喻，皮氏培养皿被视为一种文化生长于其中的物质媒介。波斯曼认为，将物质替换成技术，便成了媒介环境学的定义——媒介是一种技术，文化存长于其中，它规定一种文化的政治、社会组织、思维习惯的形式。另一个是关于生态学的隐喻。生态学认为自然界中万物皆有联系，存活在一个系统中，各生物和谐共生、保持平衡，整个系统才能良性运转。（商娜红、刘婷：《北美媒介环境学派：范式、理论及反思》，《新闻大学》2013 年第 1 期）

互文本：注释 1。互文本是对正文中的"媒介环境学的创立源于两个生物学的隐喻"进行说明。

互文形式：互文本+互文标记。互文标记：互文词语（名词）、注释标记。

新的词语、术语、观点、理论的解释说明，有利于读者的理解并能实现对科学知识的普及作用。

3. 正文相关内容的补充

注释对正文中表述不完善又限于篇幅而做进一步说明的内容加以补充说明。如：

（64）注释 1：《鸿隆世纪》此前已在国内外收获众多殊荣，包括：2009 年，美国 SIGGRAPH 大赛，入选为影展作品；2009 年，国际建筑三维动画大赛，四个奖项提名；2010 年，德国斯图加特国际动漫节，入选为影展作品；2010 年，欧洲数字内容创意艺术节比赛，提名"最佳交流金奖"。（吴来安：《动漫产业与广告融合的趋势及效果分析》，《新闻与传播研究》2011 年第 1 期）

互文本：注释 1。互文本进一步补充了《鸿隆世纪》获奖项目。

正文只提到"2010 年 5 月《鸿隆世纪》在捷克特克利策举行的第九届捷克国际动画电影节中荣获最佳广告奖"。其他的荣誉在注释中说明，这样正文与注释相互补充，形成完整。

互文形式：互文本+互文标记。互文标记：互文短语（名词短语）、注释标记。

正文由于篇幅的限制而省略，互文本进行补充省略，利于读者全面了解。

4. 正文相关内容的辨正

注释对论文中一些内容提出了辨正、批评、商榷、考证、修正、评价等看法。如：

(65) 注释 22：茅海建先生猜测梁启超所称"曹姓伯爵"似指曹有，但笔者认为更大可能是指曹子基，因为史料显示何穗田与曹子基早有合作关系，二人同为其祥纱厂代理人，又曾联名登报盛赞孙中山医术，但未见何穗田和曹有合作的史料。而且《澳门宪报》1896 年 12 月 26 日刊有消息表明曹有已于近期去世，此前正是康有为、梁启超与何穗田商议办报的时间，曹有临去世前还和他们共商办报的可能性不太大。见茅海建：《巴西招募华工与康有为移民巴西计划之初步考证》，《史林》2007 年第 5 期，14 页；汤开建、吴志良编：《澳门宪报中文资料辑录：1850—1911》，257、270 页；《春满镜湖》，ECHOMA-CAENESE, 1893, 9, 26. p. 4。（胡雪莲：《何廷光与〈知新报〉的诞生——兼及 19 世纪末年澳门华商的交往》，《新闻与传播研究》2011 年第 2 期）

互文本：注释 22。互文本中的考证、商榷、异议、新的见解等有利于作者与对话方交流、沟通、讨论、协商并使对话方感到得到了尊重和爱护。

互文形式：互文本+互文标记。互文标记：互文词语（名词）、注释标记。

5. 正文相关内容的举例

（1）注释列出了正文中一些论点的具体例子。注释使观点、看法得到了证实，或使读者更容易理解。如：

（66）注释5：目前，有据可查的最早以法律形式授予记者拒证权的是1896年美国马里兰州通过的《保护秘密消息来源法》。参见唐·R. 彭伯《大众传媒法》第13版，张金玺、赵刚译，中国人民大学出版社2005年版，373页。（罗斌、宋素红：《记者拒证权适用范围研究——以两大法系代表性国家为对象的比较法考察》，《新闻与传播研究》2011年第3期）

互文本：注释5。互文本是正文中"现代社会确立记者拒证权"的例证，使观点、看法得到了证实。正文只列观点、理论而没有相关论据，互文本补充了具体的论据，正文与互文本相互补充、相互依赖。

互文形式：互文本+互文标记。互文标记：互文短语（名词短语）、注释标记。

（2）注释是正文概括性内容的具体例子。如：

（67）注释3：主要有曾建雄的《上海新报》评述［J］.《新闻大学》，1993年第3期；王樊逸的《上海新报》在华传播的三个阶段及其特点［J］.《国际新闻界》，2008年第2期；赵楠的十九世纪中叶上海城市生活——以《上海新报》为例［J］.《史林》，2004年第1期；等等。（蒋建国：《〈上海新报〉广告与西方消费文化传播》，《新闻大学》2013年第1期）

互文本：注释3。互文本是对正文"近年来，《上海新报》颇受学界的重视，许多研究近代上海史的学者都在专著中引用了该报的大量史料，而该报的专题研究论文也有近十篇"的举例。

互文形式：互文本+互文标记。互文标记：互文词语（名词）、注释标记。

6. 正文相关内容的来源

注释对正文中的一些内容说明了来源。使正文观点、理论、数据等有依据、来源，有据可查。如：

（68）注释 7：资料来自与当地电信工作人员的访谈。（李艳红、刘晓旋：《诠释幸福：留守儿童的电视观看——以广东揭阳桂东乡留守儿童为例》，《新闻与传播研究》2011 年第 1 期）

互文本：注释 7。互文本说明了正文得出"桂东乡村民使用的大众媒介以电视为主及其媒介环境的基本情况"的来源。说明资料的客观性、可信性。

互文形式：互文本+互文标记。互文标记：互文短语（名词短语）、注释标记。

7. 背景介绍

注释是背景介绍，形成对比，使读者更好地了解对象的变化、发展。如：

（69）注释 1：该栏目前身是原东方电视台旨在记录历史、普及历史、保存历史文本影像资料的《星期五档案》栏目。（秦瑜明、秦瑜东：《历史题材纪录片栏目热潮探析》，《新闻大学》2013 年第 1 期）

互文本：注释 1。互文本与正文"上海电视台纪实频道'立足今天、重议旧事，向纵深挖掘和发现有意义话题，为今人和后代提供成长借鉴'的《档案》栏目"形成对比。增强读者的印象。

互文形式：互文本+互文标记。互文标记：互文词语（名词）、注释标记。

8. 对符码（缩略词）的解释

注释是对符码（缩略词）的解释说明，方便读者理解。如：

（70）注释1：国际推销专家海英兹·姆戈得曼（Heinz M. Goldmann）总结的推销模式。模式中各字母含义为：A（Attention）：引起注意；I（Interest）：诱发兴趣；D（Desire）：刺激欲望；A（Action）：促成购买。（中国人民大学传播与认知科学实验室：《电视广告视觉注意模型建构：基于眼动实验的研究》，《国际新闻界》2013年第6期）

互文本：注释1。互文本对正文"AIDA"的解释。
互文形式：互文本+互文标记。互文标记：互文词语（符码）、注释标记。

9. 相关内容联系的说明

注释是对相关内容的说明，方便读者进一步阅读、查找的需要。

（71）注释7：关于城市电视台与城市形象片的关系可参阅沈文锋的文章《亲和力·向心力·影响力——浅谈城市电视台形象宣传片》，《当代电视》，2004年第12期。（沈文锋：《作为文化建构者的城市电视台》，《现代传播》2013年第4期）

互文本：注释7。互文本是对正文"如果没有Logo，有时难以区分它是城市形象片还是城市电视台形象片"的相关内容联系的补充说明。方便读者进一步阅读、查找的需要。
互文形式：互文本+互文标记。互文标记：互文短语（介词短语）、注释标记。

10. 不同观点的注释

注释是对不同观点、理论的列举，便于读者全面了解有关观点、理论或做出自己的评价。如：

（72）注释8：在电影史家罗慧生看来，"杂耍"一词译得不妥，其实是指"感染力强烈的蒙太奇"（参见罗慧生《世界电影美学思潮史纲》第119页，山西人民出版社1985年版）。乔治·萨杜尔的《世界电影史》，其译者也认为"按'杂耍'（Attracfions）在原文含有吸引力的意义"（参见该书214页注释）。所以，近来更多的学者称之为

"吸引力蒙太奇"。(颜纯钧:《蒙太奇美学新论》,《现代传播》2013年第 7 期)

互文本:注释 8。互文本补充了不同的译法。这些译法形成对照。
互文形式:互文本+互文标记。互文标记:互文词语(名词)、注释标记。
注释列举不同的观点、理论,是一个交流的、沟通的平台,是不同观点对话的场所。
11. 特别的说明
注释对一些内容,如材料来源、数据等,做了特别的说明,这些特别说明,只是补充。如:

(73)注释 27:限于篇幅,这里无法交待这些整理自十多份报告的数据。连同 C4 诞生的背景及涉及的"趣闻",作者已另文写作中。(冯建三:《公共广播电视的钱、人与问责:多重模式,兼论中国传媒改革(上)》,《新闻大学》2011 年第 3 期)

互文本:注释 27。互文本对正文涉及的数据的说明,并交代进一步的研究。
互文形式:互文本+互文标记。互文标记:互文短语(名词短语)、注释标记。
12. 人物介绍
注释是对正文相关人物的介绍,补充人物信息。如:

(74)注释 20:吕志伊(1881—1940),云南思茅人。1904 年赴日本留学,次年参加中国同盟会,被选为评议部评议。1906 年被推为同盟会云南主盟人。1908 年与杨振鸿等发起云南独立会。1910 年赴上海任《民立报》主笔。1911 年 4 月参加广州起义,担任撰拟法令等工作,同时加入南社。7 月与宋教仁、陈其美等组织中部同盟会,被推举为候补干事。1912 年 1 月南京临时政府成立,任司法部次长,3 月辞职。(倪延年:《论孙中山先生的新闻民主和法制思想》,《现代传播》2011 年第 9 期)

互文本：注释 20。互文本对正文的人物进行了介绍，方便读者理解。

互文形式：互文本+互文标记。互文标记：互文词语（名词）、注释标记。

人物介绍能说明人物对一定事物的作用，便于读者理解。

13. 笔者注

注释是作者自己的观点，并用特别的注释用语来表达，提醒读者注意。如：

> （75）注释2：笔者注：诸如重大节日（国庆、情人节等等的群体活动）、重大议题（两会、奥运等）、新闻或娱乐焦点、人物焦点（如明星签售会等）事件等。（刘冰玉、凌昊莹：《从社会学视角探讨网络媒介环境中群体性事件的舆情变异》，《现代传播》2012年第9期）

互文本：注释 2。互文本使用"笔者注"来表达自己的观点。

互文形式：互文本+互文标记。互文标记：互文短语（名词短语）、注释标记。

注释是对语篇的说明解释，这些注释就是一道道"门槛"，通过这些"门槛"就可以对正文有一个了解。正文需要这些注释来补充、修正、丰富、完整自我，使自己更容易让读者理解。正文与注释相互补充、相互依赖、相互影响、相互作用，共同组成学术语篇系统。

三　注释与正文互文的语篇功用

注释从概念、原理、事例等不同方面对正文的补充说明和解释，丰富了正文，注释本身也就有了一个整体的内容，对正文的形式和意义有了一个更加丰富的补充。这些内容扩大了正文内容的深度和广度。注释与正文互文形式：互文标记+互文本。这里我们讨论互文本对正文意义的影响。也就是说，互文本与正文的互动性和说服性体现了作者、读者、学术群体之间的关系、角色和责任。

（一）对话性

从词源上追溯，"对话"（dialogue）来自希腊语词"dialogos"，其中"logos"意指"言语"，是凡俗与诸神间的媒体，前缀"dia-"的意思是"通过"或"经由"（through）。这就是说，对话是在一些人中间发生的，它意味着"意义的溪流在我们之中，通过我们和在我们之间流动"①。

巴赫金认为，对话有狭义和广义之分②；狭义的对话是指人们面对面的、直接的、发出声音的言语交际，也叫对语。它要求进行言语交际的两个个体（在时空上）同时在场。③它是最普遍的口头言语交际形式，当然也是最重要的言语交际形式，巴赫金把"对话中对语之间的关系"视为"对话关系最外显醒目而又简单的一类"④。"书面的言语行为仿佛进入了大范围的意识形态对话：回答着什么，反驳着什么，肯定着什么，预料着可能的回答和驳斥，寻求着支持等等。"⑤

广义的对话是指不同层次、不同类型的、不同民族的言语相互作用行为；其形式包括人与人之间的语言交际，各种言论、观点、思想、意识形态之间的交流，有声的、无声的交流；其媒介可以是语言、文字；其范围可以是当前的不同思想的交流，历史上的不同思想展开对话，也可以是两者之间的对话。⑥

注释补充、丰富正文的相关内容，以便读者更好地理解语篇。因此，注释主要是与读者的互动。注释侧重如何引入多种声音的协商，如何与读者一起讨论、协商对论点的构建。

在学术语篇中互动话语资源有作者建立立场（如模糊限制语、强调语、态度语、自我提及语）和读者介入（如读者称呼语、指令语、问句、共享语和旁白）话语资源。⑦

作者建立立场是指作者表达观点、态度并建立其身份；读者介入是指作者邀请读者参与知识建构并说服其接受。我们主要分析模糊限制语、强

---

① 转引自张其学《对话本身就是意义》，《广州大学学报》（社会科学版）2009 年第 12 期。
② 同上。
③ 钱中文主编：《巴赫金全集》第 4 卷，白春仁译，河北教育出版社 1998 年版，第 447 页。
④ 同上书，第 333 页。
⑤ 钱中文主编：《巴赫金全集》第 2 卷，白春仁译，河北教育出版社 1998 年版，第 447—448 页。
⑥ 钱中文主编：《巴赫金全集》第 4 卷，白春仁译，河北教育出版社 1998 年版，第447 页。
⑦ 转引自秦枫、陈坚林《人际意义的创建与维系——研究生英语科技论文的互动问题研究》，《外语教学》2013 年第 4 期。

调语、态度语、自我提及语、指令语、共享语、引语。

1. 模糊限制语

模糊限制语是指作者使用的特定的词汇、句子结构等,以使信息作为一个观点而不是一个被确认的事实传递给读者,表明作者想与某一命题保持一定的距离。① "基本、主要是、可能、推测、一些、少许"等是模糊限制语。如:

(76) 注释1:关于黄伯惠接办《时报》的具体年份,有不同说法,方汉奇在《中国新闻事业通史》中认为是1921年,这与戈公振《中国报学史》中的说法一致,也是学术界比较通行的说法,但郑逸梅则在《黄伯惠接办〈时报〉》一文中写为"民国十四年",即1925年,邵翼之在《我所知道的上海时报》(载《报学》第8期,1955年)中回忆是"十三四年间",即1924到1925年间,包天笑在《报坛怪杰黄伯惠》(载《大成》第131期)中认为是1926年。笔者翻阅了每年1月1日的《时报》,发现1918、1919、1920、1921年新年刊都有"狄保贤拜手"字样,而从1922年起到《时报》停办,新年刊再无此字样,只有"本馆同人拜手"字样。加上《时报》记者顾执中在回忆录中提到他于1923年进入《时报》,那时的主持者就是黄伯惠。故暂认定1921年为《时报》转手的年份。(邵绿:《从"参考"到"表达":黄伯惠时期〈时报〉的黄色新闻与上海的都市化》,《国际新闻界》2013年第4期)

互文本:注释1。互文本使用了"有不同说法"、"暂时"是一种模糊限制语,有待于进一步考证,邀请读者来进行讨论、考查。

互文形式:互文本+互文标记。互文标记:互文短语(名词短语)、注释标记。

模糊限制语能起到邀请读者参与讨论、探讨、推论,强调与读者的互动,缩短了与读者的距离,提高了读者认同的机会。

---

① 吴格奇:《英汉研究论文结论部分作者立场标记语对比研究》,《西安外国语大学学报》2010年第4期。

2. 确定表达语

确定表达语又称强调语，是指作者用以表达对陈述持肯定态度的语言。① 如：

(77) 注释 5：笔者认为应是"政治评论家"，从原文。（俞凡：《"九一八"事变后新记〈大公报〉"明耻教战"论考辨——以台北"国史馆"藏"蒋介石档案"为中心的考察》，《国际新闻界》2013 年第 4 期）

互文本：注释 5。互文本使用了"应"（应该）对动词"是"进行强调。作者通过确定表达语增强语气等来影响读者的行为。

互文形式：互文本+互文标记。互文标记：互文词语（名词）、注释标记。又如：

(78) 注释 20：在极个别国家里，外国记者也将他们称为"监视者"（minder），如在朝鲜和古巴。名义上，他们是由国家指派，协助记者采访。但实际上，他们另外一项重要的任务就是监视记者的行踪并报告给相关部门。（钱进：《驻华新闻机构中新闻助理的日常实践及其意义——一项基于文化中间人概念的考察》，《新闻大学》2014 年第 1 期）

互文本：注释 20。互文本使用了"但实际上"对后面事项进行强调。作者通过确定表达语突出重点来影响读者的行为，使读者重视强调的部分。

互文形式：互文本+互文标记。互文标记：互文词语（名词）、注释标记。

确定表达语是作者通过凸显主题、强化语义、突出重点、增强语气等使读者的言语行为产生影响。

3. 态度标记语

态度标记语指作者用以表达自己的情感态度，如希望、喜爱、惊讶等

---

① 吴格奇：《英汉研究论文结论部分作者立场标记语对比研究》，《西安外国语大学学报》2010 年第 4 期。

的言辞。① 如：

(79) 注释 20：这一点是理解杜威思想的关键所在。杜威学术思想传记作者塔利斯指出"在杜威看来，科学是日常探究的延续"，"那种人们穿着白大褂在实验室进行复杂操作意义上的'科学'是一种更为基本的活动的延续，这种活动起源于艺术家和工匠的行为"。[美]塔利斯《杜威》，彭国华译，中华书局 2002 年版，第 72 页。（孙藜：《作为"有机知识"的新闻：杜威和"夭折"的〈思想新闻〉》，《现代传播》2014 年第 2 期）

互文本：注释 20。互文本使用了"这是……的关键所在"，表达作者的态度。作者通过情感加强词语在真实性、逻辑性、客观性上所发挥的作用，从而希望达到与读者情感上的一致来使读者认可论点。

互文形式：互文本+互文标记。互文标记：互文词语（名词）、注释标记。

作者希望运用态度标记语与读者交流情感，与读者取得一致，从而使读者更易于接受自己的观点。

4. 自我指称

自我指称指作者用以指称自己的第一人称代词、笔者、本文等，表示作者对论点的权威性和责任。② 如：

(80) 注释 2：本文将"社会抗争"界定为：有许多社会个体参加的，具有很大自发性、持续性、对抗性的挑战及制度外利益诉求行动。（涂光晋、陈曦：《"非典"十年来中国政府危机特点的变化与反思》，《国际新闻界》2013 年第 5 期）

互文本：注释 2。互文本的作者使用"本文"将自己的观点提出，表明作者对观点的个人所有权，公开申明对研究观点的负责，并期待读者的

---

① 吴格奇：《英汉研究论文结论部分作者立场标记语对比研究》，《西安外国语大学学报》2010 年第 4 期。

② 同上。

讨论。

互文形式：互文本+互文标记。互文标记：互文词语（名词）、注释标记。又如：

（81）注释5：笔者认为应是"政治评论家"，从原文。（俞凡：《"九一八"事变后新记〈大公报〉"明耻教战"论考辨——以台北"国史馆"藏"蒋介石档案"为中心的考察》，《国际新闻界》2013年第4期）

互文本：注释5。互文本的作者使用"笔者"将自己的观点提出，表明作者对研究观点的负责，并期待读者的质疑。

互文形式：互文本+互文标记。互文标记：互文词语（名词）、注释标记。又如：

（82）注释2：本研究测量所得数据均为定比数据，故本研究相关系数均采用皮尔逊积差相关计算方式。（马志浩、葛进平：《从流言到议题的网络舆论机制：社会化媒体语境下的网络议程融合探析》，《国际新闻界》2013年第7期）

互文本：注释2。互文本的作者使用"本研究"将自己的研究成果提出，表明作者对研究成果的负责和对研究的贡献，并期待读者的讨论。

互文形式：互文本+互文标记。互文标记：互文短语（名词短语）、注释标记。

使用自我指称表明作者想直接与读者展开对话，把观点显明地呈现给读者，等待着读者来讨论、协商或质疑。

5. 指令语

指令语是作者试图使读者实施某种行为的言语行为。如：

（83）注释7：参见：中央档案馆编（1991）. 中央书记处关于报纸通讯社工作的指示.《中共中央文件选集·第十三册（一九四一——九四二）》. 北京：中共中央党校出版社，453。从时间上看，这里所说的西北局做法，当是指《中共中央西北局关于解放日报工作问题的决定》（1942年9月9日通过）中所规定的各种做法。西北局每月讨论一次《解放日报》关于边区问题的宣传方针；《解放日报》编辑部和西北局相互派人列席会议；各级党委必须汇报对《解放日报》所做工作；各分区党委和县委宣传部长担任《解放日报》通讯员；各机关学校负责同志要经常为《解放日报》写文章；各级党组织、党员，如受到《解放日报》批评，应在最短期间作出答复，否则将受党纪制裁。转引自复旦大学新闻系编（1959）.《中国报刊研究文集》.上海：上海人民出版社，160。（朱至刚、李瑞华：《作为观念的"同人报"：以"同人办报"为参照》，《国际新闻界》2013年第3期）

互文本：注释7。互文本邀请读者进一步参阅原文，使用了动词"参见"，这是篇章行为。篇章行为指在语篇中引导读者参考文本的其他部分或其他文本的指令。①

互文形式：互文本+互文标记。互文标记：互文词语（名词）、注释标记。又如：

（84）注释1：文中所引用的法条主要参考了李玮《转型时期的俄罗斯大众传媒》一书中附录2《俄罗斯联邦大众传媒法》，此外还参考了余敏《前苏联俄罗斯出版管理研究》一书中附录二《俄罗斯联邦新闻媒体法》以及网站 www.consultant.ru。（叶文芳、李彦、丁一：《中俄新闻记者职务权利比较研究》，《国际新闻界》2013年第7期）

互文本：注释1。互文本邀请读者进行参阅，使用了动词"参考"，这是篇章行为。引导读者去参阅不同文本。

互文形式：互文本+互文标记。互文标记：互文短语（名词短语）、注释标记。又如：

（85）注释2：由于网络论坛的匿名性，发帖者或跟帖者并不一定

---

① 转引自吴格奇、潘春雷《英汉学术论文中指令行为的"推销"功能对比研究》，《外国语文》（双月刊）2013年第6期。

均是生理性别的女性。由于个人能力限制，在此仅分析在用户简介中公开声称为女性的发帖人帖文。同时，发帖者中可能有职业网络写手，或帖文中有刻意编造的成分。在此本文选取获得广泛关注的帖文进行研究，即认定即使帖文的内容是虚构的，能够引起高关注度的原因恰在于其触及到女性真实的感受并引起共鸣，因此仍是值得研究的重要文本。（同心：《"成为更好的自己"：时尚论坛与女性身体消费——以天涯论坛时尚版为例》，《新闻大学》2014年第1期）

互文本：注释2。互文本使用了动词短语"仍是值得研究"，这是物理行为。物理行为是指指导读者参与作者的研究步骤或者在现实世界中采取某种行动的指令。① 作者通过物理行为引导读者了解作者对于将来研究的设想。

互文形式：互文本+互文标记。互文标记：互文词语（名词）、注释标记。

在学术论文中，作者运用指令语显示对论点的掌控和理解，显示自己的专业能力，从而说服读者接受。

6. 共享语

共享语一般指共享知识。共享知识是指作者通过一定的话语形式将读者自然而然置于共同的学科知识范围之内，暗示读者必然明确信息所指。② 如：

（86）注释5：一直以来，论辩研究的传统就是把研究焦点放在语言（包括口语和文字）论辩上。因此，大多数关于论辩的定义都把它看作是一种言语行为，通过语言实现。但随着传统语言——口语、文字向新媒介时代的"电子语言"的转变，话语世界已然多模态化，忽略非语言符号这一维度的"论辩"理论在当下社会的运用中不免显得"捉襟见肘"。因此，论辩学界掀起了对于"论辩"是否只能是"语言形式"的重要讨论。"视觉论辩"的提出成为"论辩"研究的一个

---

① 转引自吴格奇、潘春雷《英汉学术论文中指令行为的"推销"功能对比研究》，《外国语文》（双月刊）2013年第6期。

② 徐昉：《实证类英语学术研究话语中的文献引用特征》，《外国语》2012年第6期。

重要突破。而论辩学家凡·爱默伦（van Eemeren）于 2011 年也对语言之外其他模态的论辩功能给予了认可。（保罗·范登侯汉、杨颖：《多模态论辩话语重构：以美国广播公司一则新闻为例》，《国际新闻界》2013 年第 4 期）

互文本：注释 5。互文本使用了"一直以来"，表明这是共享知识，作者是在共享知识的基础上提出的观点，容易使读者接受和认可。

互文形式：互文本＋互文标记。互文标记：互文词语（名词）、注释标记。

共享知识使作者创建共享的客观语境，与读者积极互动并达成一致，从而共建知识。

7. 引语

引语是作者引入其他作者的话语，从而形成一种多声的对话关系的言语行为。如：

（87）注释 16：林毅夫把制度变迁分为诱致性制度变迁和强制性制度变迁，他认为，"诱致性制度变迁指的是一群（个）人在响应由制度不均衡引致的获利机会时所进行的自发性变迁；强制性制度变迁指的是由政府法令引起的变迁"。参见林毅夫《关于制度变迁的经济学理论：诱致性制度变迁与强制性制度变迁》，载于［美］R. 科斯，A. 阿尔钦，D. 诺斯：《财产权利与制度变迁——产权学派与新制度学派译文集》，上海三联书店、上海人民出版社 1994 年版，第 374页。（陶喜红：《中国传媒产业广告市场集中度研究》，《新闻大学》2014 年第 1 期）

互文本：注释 16。作者引入其他作者（林毅夫）的话语，形成作者、其他作者、读者之间的多声对话。在多声对话中作者通过不同主体的互动、协商，说服读者，同时建构自己的立场、观点。

互文形式：互文本＋互文标记。互文标记：互文小句、注释标记、引号。

引语是作者引入不同的话语形成对话，易于读者接受，也是作者推卸或摆脱责任。

（二）评价性

作者表达自己的观点、思想或立场有两种方法：直接或间接，直接和间接表达是作者表达态度的来源，是"介入"的两个构成成分，前者为"自言"，后者为"他言"①。自言是作者自己言说自己的话或作者将自己的观点作为事实来陈述，排除对话性，不考虑异议或其他可能性，直接"介入"事态，直接承担责任，是通过单个人的声音实施评价，是主观介入。他言是借他人言说自己的话，具有对话性，考虑异议或其他可能性，推卸或摆脱责任，是通过多声音来实施评价，是客观介入。

介入方式表明作者的责任、态度、主客观性。

介入的语言形式有情态词、动词、小句、句类等，这些形式用来协调作者与不同的声音、文本中的各种命题和态度之间的关系，表达作者对各种不同的观点、态度的评价，以赢得自己需要的人际空间。

1. 自言介入

注释的介入主要以作者的直接介入为主，即主观介入。自言只提供一种观点、立场，是单纯性断言。它不提供信息来源和其他可能的立场、观点，认为某一命题毋庸置疑、理所当然。

根据有无前提铺垫，自言分为文本内命题、文本间命题和叙事。②

（1）文本内命题。

文本内命题是理据性断言，是指在文本内部可以找到支持某一断言的证据。③ 如：

（88）注释1：本研究所定义的"政府公关"是指以政府为主体的公共关系，不含以企业为主体对政府进行的公共关系。（涂光晋、陈曦：《全学科视野下中国政府公关研究的宏观脉络与整体图景》，《国际新闻界》2014年第2期）

---

① 怀特把介入分为"自言"和"借言"。我们用"自言"和"他言"。我们认为，"他言"更能表现对话性，因为"自言"即"我言"，包含"我与你"的对话，你是指读者。引入他言就包含我、读者、他之间的对话，即多声对话。（参见王振华、路洋《"介入系统"嬗变》，《外语学刊》2010年第3期）

② 转引自刘丹《英汉论辩体裁介入系统跨文化对比研究》，《外语学刊》2013年第3期。

③ 同上。

互文本：本研究所定义的"政府公关"是指……互文本是一种理据性断言。

理据性断言提供读者质疑"理据"，介入值最高。

（2）文本间命题。

文本间命题是无前提断言，是指文本内部没有支持该断言的内容，作者提出的观点或者是读者知道的事实，或者是公认真理。① 如：

（89）注释4：笔者并非认为厘清了两种"范式"的概念便可一劳永逸地解决当前困扰传播学者的"范式之惑"，但显然，厘清术语概念谱系的努力有助于推进问题的解决。（陆新蕾：《略论传播学研究中关于"范式"的两种概念》，《新闻大学》2014年第3期）

互文本：……厘清术语概念谱系的努力有助于推进问题的解决。互文本是读者知道的事实。

文本间命题介入值处在文本内命题与叙事之间。

（3）叙事。

叙事是指例证，作者用"举例"方式证明自己的观点，而不用命题表达观点。② 如：

（90）注释2：根据《概论》的注释，笔者发现，在这52篇文章中，可能还存在某些称不上"研究"的文章，如刊载于《新闻学季刊》的《英伦报业》一文，全文仅70余字，为"补白"性质的介绍短文；同时，52篇"外国新闻事业研究文章"在358篇"相关研究文章"中所占比例应为14.53%，而不是16.99%。（王继先：《民国新闻史研究方法与态度例论——兼与姜英等商榷》，《国际新闻界》2014年第1期）

互文本：……如刊载于《新闻学季刊》的《英伦报业》一文……互文本是例证。

---

① 转引自刘丹《英汉论辩体裁介入系统跨文化对比研究》，《外语学刊》2013年第3期。
② 同上。

叙事（例证）用事实说理，拒绝读者质疑和商榷，摒弃对话意向，是介入值最小的人际意义的构建方式，是最有效的说服手段。

自言是作者通过自己的话语来陈述事件（观点、理论等），具有较强的主观性。

2. 他言介入

他言是多声性断言，提供信息来源和其他可能的观点、立场，表明它的真实性和正确性有待判定。注释中的借言介入较少。

他言介入有直接互文和间接互文。

（1）直接互文。

直接互文传递的客观性较强，作者介入最少，是作者直接用他人的话为自己服务，从而说服读者。如：

（91）注释1：舒茨的原文亦包括"后人世界"（world of successors），其定义是"一个在我的生命终结之后将由其他我居住的世界"（见舒茨，2012：186）。不过舒茨对其论述甚少，后人世界完全超越了我们所能够经验的范围，故本文不作分析。（卞冬磊：《"社会世界"的更新：新闻与现代性的发生》，《国际新闻界》2014年第2期）

互文本：……其定义是"一个在我的生命终结之后将由其他我居住的世界"，互文本是直接互文。

互文形式：互文标记+互文本，互文标记：互文短语（名词短语）、引号和注释标记。名词短语：舒茨的原文亦包括"后人世界"。互文本："后人世界"的定义。

（2）间接互文。

间接互文是作者间接言说他人的话，是隐性客观，即作者暗中进行介入。如：

（92）注释1：据学者张志安最新统计，截至2014年5月底，中国报纸和杂志媒体的调查记者不足80人，与2010—2011年调查时所得到的334位样本相比，调查记者的流失率高达76%。（曾丽红：《中国调查记者行动实践的社会学分析——一种媒介场域的视角》，《现代传播》2011年第7期）

互文本：据学者张志安最新统计……没有引号，是间接互文。

互文形式：互文标记+互文本，互文标记：互文短语（介词短语）和注释标记，"据学者张志安最新统计"，是介词短语。

借言是通过他人的话语来陈述事件（观点、理论等），似乎对事件不做评价，具有客观性。

总之，介入是语篇的修辞潜势，它具有两方面的功能：一是调整、协商语篇的可论证性；二是作者建立立场、观点、理论，同时说服读者接受、认可。也就是说，介入子系统关注读者，通过语言资源"将读者写进语篇"①，实现作者与读者共同协商意义，通过构建对话空间与读者结为联盟。介入是用来衡量作者的声音和语篇中各种声音（命题或主张）的关系；作者承认、否定或忽略其言语所涉及和挑战的众多不同声音（主张、观点），并在这些不同的主张、观点中为自己的立场赢得一个人际空间。

四 注释的功能

（一）导向读者

注释是副文本，是第一顺序的言语行为，注释是论文的一个有机组成部分，它从一切可能的角度，运用背景或资料来帮助读者完整地理解论文，使读者产生"期待视域"，同时激发"前理解"协助"期待视域"完成对正文的预见，使读者能够与作者的意图一致。这样注释就具有导向的作用。

题目注释、作者注释、释义注释等为文本提供了丰富的生态环境和氛围，为读者打开了进入正文的"门槛"，正如热奈特所说："有时甚至提供了一种官方或半官方的评论，最单纯的、对外围知识最不感兴趣的读者难以像他想象的或宣称的那样总是轻而易举地占有上述材料。"②

（二）补充、丰富学术论文

从写作的角度看，注释被作者当作完成论文的一种有效手段。注释是学术论文生产和接受双向行为中不可多得的结构成分。对作者而言，使用注释生产学术论文是丰富、深化、完善论文的手段；对于读者，注释是有

---

① Martin, J. R. & P. R. R. White, *The Language of Evaluation: Appraisal in English*, London: Palgrave, 2005, p. 95.

② 转引自朱桃香《副文本对阐释复杂文本的叙事诗学价值》，《江西社会科学》2009 年第 4 期。

别于正文的另一种声音,是旁白、暗示正文的视角。

注释可以作为学术论文的部分评价文本,拓宽文本的理论视域。注释与论文形成跨文本关系,为正文制造多重声音,增加理论的广度、深度。

注释可以增加学术论文的专业性、广度、深度,这是我们平时不注意甚至忽略的。

(三) 交流、沟通的中介

读者首先从注释这些第一顺序的言语阅读,再进入正文,又从正文到注释,完成对整个论文的理解。这是"阐述之循环"。文本内(正文本)与文本外之间存在着注释等副文本这样一个阐释(理解)应循环到的中间地带,这是学术论文"内部研究"与"外部研究"的连接带和交汇处。而注释等副文本在阐释(理解)中的重要性就在它发生改变时显现出来。

商榷、辨正、考证、修正等注释是进行学术交流、批评、沟通的中介、平台。正文中不便讲的话语、观点就放在注释中;学术批评时,尤其采取注释这种方法,即作者正文中表述自己的观点,对方的观点在注释中加于详细说明,或者作者的观点放在注释中,对方的观点出现在正文中,这样既进行了学术争论,又表示出对受批评者的一种尊重和爱护。

(四) 规范学术论文写作,提高学术论文质量

学术论文注释不但是文学内部研究的副文本,还可以是学术论文外部研究的副文本,为深化学术论文研究提供了可能。

注释涉及作者、编者、读者、刊物、单位等权益主体,涉及学术的理论性、科学性、创新性;注释有解释说明内容的作用,还有标志、验证、知识保护、文献检索、计量评价等作用,这些都要求作者必须重视学术论文的规范性、科学性。全面、准确、系统、规范、科学地安排论文的注释,从而提高论文的质量、学术理论水平。

注释是一种特殊的文本形式,既依附于其他文本,又具有独立性,对正文起着补充、修正、诠释、商榷、批评、解说、注明等作用。它是从作品边界向正文过渡的一道道"门槛",或中介,或平台,是作者有意设置的一套阅读路线和阐释规则,为读者提供预先审视和理解的机会,使学术论文的解读有了从非中心(边缘)进行切入创新的可能,使学术论文的写作重新认识、重视边缘,在一定程度上丰富了学术论文的研究方法,也为学术论文的创新打开了一扇门。但注释是处于次要地位,具有解构甚至颠覆的作用,我们必须辩证地看待正文与注释的关系。总之,注释对学术论

文有整合和建构的功效，又有破坏和颠覆的作用；既在正文之中，又在正文之外。

第五节　注释与正文在主体层面的互文关系

学术论文是作者高度参与的社会性学术言语行为。① 作者不但向读者客观呈现研究结果、观点和理论，而且呈现自己的立场，构建自己的身份。作者身份分为：研究者、话语构建者、观点持有者和评价者。研究者身份是指论文作者的专业身份，话语构建者身份是指作者的写作者形象，观点持有者身份是指作者推介研究结果和表达观点时的表现形象，评价者身份是指作者在论文中表达个人情感态度的形象。② 在交际中，作者为了实现自己的交际意图、目的，或出于礼貌，或其他动机有意识地选择不同的话语角色。这样就形成了主体互文性。

互文性是一语篇用另一语篇来表现自己的言语行为，即作者借他者来传递自己说话的目的或意图。这样作者与他者就形成主体互文性，也就是说，作者、互文本作者、读者、学术群体之间就形成互文关系。

本书把学术主体分为：作者、读者、学术群体。学术群体是学术的集体组织，学术在群体中形成共识，得到群体成员的认可和遵守。

注释与正文的主体互文的实质是作者以不同的角色与读者对话、沟通、交流、协商，从而劝说读者理解、认可、认同和接受。不同的作者角色形成不同的语篇特征，如主观性、客观性等。

人类和社会以规则为媒介相互建构。人类通过规则建构社会，社会通过规则建构人类行为。主体通过对规则的选择，建构不同的、多样的社会结构，同时社会把主体建构为施动者。某一主体通过规则能够代表自己、其他主体或社会行事，来实现自己的目标。这样，主体之间就形成了互文。

---

①　Hyland, K., *Disciplinary Discourse: Social Interactions in Academic Writing*, London: Longman, 2000, p. 1.
②　吴格奇：《学术论文作者自称与身份构建——一项基于语料库的英汉对比研究》，《解放军外国语学院学报》2013年第3期。

一 作者与互文本作者的互文关系

（一）作者与互文本作者的一致关系

注释与正文的主体互文性是指主体之间的互文关系，一致关系是指作者代替其他作者去叙述、解释和说明或其他作者代替作者去叙述、解释和说明，即作者代替其他主体说话，也可以是其他作者站在作者的角度说话。如：

（93）注释11：如童兵以"社会主义新闻事业"指称国内的新闻媒体，认为是"宣传者、鼓动者和组织者"（《宣传者鼓动者组织者——社会主义新闻事业的党性原则》，《新闻与写作》1987年第5期）；胡智锋指出电视传媒从"宣传者·教育者：电视传媒实施宣传教化功能的社会角色"在第一次转型为"职业化·专业化：电视传媒社会角色的重要转型"后，在上个世纪80—90年代开始全面探索独立的传媒特征和艺术特征的大发展阶段，完成"参与者·互动者：电视传媒人角色的又一次重要转型"（《中国传媒人的角色转型——观察电视传媒与社会关系的另一种视角》，《国际新闻界》2007年第11期）以及李滨认为传媒角色是"引导者、'看戏者'和'瞭望'者"（《从"最牛钉子户"事件看传媒角色的多元展现》，《新闻记者》2007年第5期）。（沈文锋：《作为文化建构者的城市电视台》，《现代传播》2013年第4期）

互文本：注释11。互文本是对正文"大陆主流媒体在经历了多种角色"的说明。说话者（互文本作者）代替作者在说话。作者与互文本作者的观点一致。

主体互文形式：作者+互文本作者（一致关系）+互文标记。互文本标记是指注释标记和互文小句。又如：

（94）注释5：一直以来，论辩研究的传统就是把研究焦点放在语言（包括口语和文字）论辩上。因此，大多数关于论辩的定义都把它看作是一种言语行为，通过语言实现。但随着传统语言——口语、文字向新媒介时代的"电子语言"的转变，话语世界已然多模态化，忽略非语言符号这一维度的"论辩"理论在当下社会的运用中不免显得"捉襟见肘"。因此,论辩学界掀起了对于"论辩"是否只能是"语言形式"的重要讨论。"视觉论辩"的提出成为"论辩"研究的一个重要突破。而论辩学家凡·爱默伦(van Eemeren)于2011年也对语言之外其他模态的论辩功能给予了认可。关于"视觉论辩"之争的更多信息,可以参考 Alcolea-Banegas, 2009; Birdsell & Groarke, 1996; Blair, 1996; Chryslee, Foss & Ranney, 1996; Groarke, 2002; Groarke, 2007; Johnson, 2003; Tarnay 2003。(保罗·范登侯汉、杨颖:《多模态论辩话语重构:以美国广播公司一则新闻为例》,《国际新闻界》2013年第4期)

互文本:注释5。互文本对正文"通过复杂编辑(剪辑)而形成,包含(动态)画面、字幕、画外音、图标、音乐、同期声等不同模态的多模态话语可以系统连贯地传递修辞者的观点及论证(van den Hoven, 2011, 2012)"的补充解释。作者与互文本作者形成一致关系。

主体互文形式:作者+互文本作者(一致关系)+互文标记。互文本标记是指注释标记和互文词语。又如:

(95)注释11:马凌认为,历史上对托克维尔的"多数的暴政"有着诸多误读。事实上,托克维尔并不反对"人民的多数在管理国家方面有权决定",而是反对"有权决定一切"。他并非针对民主的多数决定原则,而是针对"无限权威"的概念。托克维尔的"多数的暴政"的概念主要指立法机构、司法机构和行政机构以多数的名义滥用权力。在他看来这乃是"美国共和政体的最大危险"。这种暴政也体现在"私域":多数在思想的周围筑起一圈高墙,越过雷池者会遭到他人的责骂,结果持不同意见者为了避免孤立,只好屈服并且沉默。参见马凌《"多数的暴政"与"舆论的宗教"——托克维尔的公共舆论观念》,《复旦学报》(社会科学版)2007年第2期,第132—140页。(郭之恩:《普利策〈舆论的力量〉一文考证研究》,《国际新闻界》2013年第3期)

互文本:注释11。互文本与正文"然而,普利策所处的美国社会转型期却让他不得不对托克维尔笔下'多数的暴政'(the tyranny of majority)提高警惕"的观点不一致。作者借用其他作者来表达自己的观点。

主体互文形式：互文标记+作者+互文本作者（一致关系）。互文标记是注释标记和互文小句。

一致关系表明作者与互文本作者是以同一身份或角色说话，即以作者或以互文本作者身份或角色说话。

（二）作者与互文本作者的不一致关系

作者在叙述时让其他作者提出观点、理论等，接着作者不赞成、反对或怀疑其他作者的观点、理论等。如：

(96) 注释1：持这种观点的学者很多，如吴惠连（2002）就认为："在重新贴近读者的尝试中，从新闻角度看，最为重要的是公民新闻运动，有时也称为公众新闻运动。"蔡雯（2004）认为："公共新闻，在美国又被称为'公民新闻'(Civic Journalism)，其特点是新闻报道与媒介活动相结合，新闻传播者在报道新闻事实的同时，还以组织者的身份介入到公众事务中，发起公民讨论，组织各种活动，寻求解决问题的对策，使公共问题最终得到解决。"（姜华：《公民新闻及其民主监督作用初探》，《国际新闻界》2013年第4期）

互文本：注释1。互文本是对正文"很多学者认为，公共新闻运动(Public Journalism Movement)，也可以称为公民新闻运动(Civic Journalism Movement)"的举例。但正文提出了自己的观点"其实从公共新闻运动发展的过程看，公共新闻与公民新闻存在不小差异"。作者与注释中他者的观点不一致。

主体互文形式：互文标记+作者+互文本作者（不一致关系）。互文标记是注释标记和互文小句。又如：

(97) 注释2：1953年3月4日，《宜山农民报》在一篇社论中批评宜山地委不及时调查处理一犯有严重错误的县委书记，存在官僚主义的倾向。这在当地出现不同意见，有的认为可以批评，有的认为不可以批评。广西省委宣传部认为同级党委不能批评，但同级党委的部门和主要领导可以批评，但也吃不准。3月12日，他们就《宜山农民报》的问题以《党报批评同级党委的问题》为题，发电文请示中共中央中南局宣传部和中央宣传部。一个星期后，中央宣传部对此做出批示，题为《复党报批评同级党委的问题》，全文如下："关于宜山农民报在报纸上批评宜山地委一事，我们认为广西省委宣传部的意见是正确的。党报是党委会的机关报，党报编辑部无权以报纸与党委会对立。党报编辑部如有不同意见，它可在自己权限内向党委会提出，必要时并可向上级党委、上级党报直至中央提出，但不经请示不能擅自在报纸上批评党委会，或利用报纸来进行自己与党委会的争论，这是一种脱离党委领导的做法，也是一种严重的无组织无纪律的现象。党委会如犯了错误，应由党委会用自己的名义在报纸上进行自我批评。报纸编辑部的责任是：一方面不应在报纸上重复这种错误，另一方面可在自己权限内向党委会直至上级党组织揭发这些错误。报纸编辑部即在上述情况下亦无权以报纸与党委会对立。这是党报在其和党委会的关系中必须遵行的原则。"（靖鸣：《关于 1953 年〈宜山农民报〉事件的历史材料及分析》，《国际新闻界》2013 年第 5 期）

互文本：注释 2。互文本是"党报批评同级党委"。正文"事件引发当时的中宣部做出'党报不得批评同级党委'的规定，影响深远"。作者与注释中的他者的观点不一致。

主体互文形式：互文标记+作者+互文本作者（不一致关系）。互文标记是注释标记和互文小句。又如：

（98）注释 2：蒋彦鑫：《铁道部撤销 职能一分为三》2013 年 3 月 11 日 03：10，来源：《新京报》；有媒体人士在正式方案公布后认为《经济观察报》当年的报道不能算失实，但笔者以为铁道部改革传言多年来不断，各种改革版本很多，投资者的利益、基层职工的权益等，牵一发而动全身，引起的波动和震荡极大，没有确定的把握和权威的来源，提前刊发方案且给人以较为确定的感觉，这是非常欠妥的。如果"传闻可以当事实"的操作范式成为媒介报道惯例，危害极大。（林晖、胡蝶：《"慢报道"：互联网时代传统媒体的竞争优势》，《新闻大学》2013 年第 2 期）

互文本：注释 2。互文对正文"而实际直到 2013 年 3 月两会期间公布铁道部改革方案方才尘埃落定，'我国将实行铁路政企分开，将组建国家铁路局和中国铁路总公司'"的补充并进一步提出其危害。作者与其他人的观点不一致。

主体互文形式：互文标记+作者+互文本作者（不一致关系）。互文标记是注释标记和互文小句。

不一致关系表明作者与互文本作者分别以反对者的身份或角色说话。

二 作者与学术群体的互文关系

作者与学术群体的互文关系表现为作者对学术群体规范的遵守以及对学术群体观点、理论、方法等的认同或反对关系。

（一）作者与学术群体的一致关系

作者与学术群体的一致关系是指作者对学术群体的观点、理论、方法的认同关系。如：

(99) 注释 2："自传播"主要是指一般社会成员或组织通过新信息传播技术能随时随地进行交流与互动的传播行为或方式。此概念的提出得益于美国新闻学会媒体中心于 2003 年 7 月出版 Chris Willis and Shayne Bowman 有关"自媒体"（We Media）的一份研究报告：详见 http://www.flickertracks.com/blog/images/we_media.pdf。报告中有关"自媒体"的概念强调普通大众在新信息传播技术环境下交流和分享信息、观点等的载体或途径。而笔者所说的"自传播"则主要是强调一般社会成员在新信息传播技术环境中滋生的具体传播行为或方式。（肖荣春：《新媒体语境下传播活动的"空间转向"》，《国际新闻界》2014 年第 2 期）

主体互文形式：互文标记+作者+学术群体（一致关系）。互文标记是注释标记和互文短语。互文短语：有关"自媒体"（We Media）的一份研究报告。

一致关系表明作者认同学术群体的观点或理论等。

（二）作者与学术群体的不一致关系

作者与学术群体的不一致关系是指作者对学术群体的观点、理论、方法的怀疑、反对、批评的关系。如：

（100）注释5："全球化"或许也难以解决这一问题。表面上停留于个人使用层面的语言问题，也必然与国家利益、世界政治格局密切相关。如拉美各国广泛使用的西班牙语和葡萄牙语恰恰是西欧两国强盛时期在全球开拓殖民地时的遗留物；印度等国家官方语言中含有英语，北非一些国家官方语言为法语等。在全球化时代，数百年前国家留下的旧有痕迹依然清晰；而新的痕迹仍然在被生产和制造。（崔远航：《"国际传播"与"全球传播"概念使用变迁：回应"国际传播过时论"》，《国际新闻界》2013年第6期）

主体互文形式：互文标记+作者+学术群体（不一致关系）。互文标记是注释标记和互文词语。作者提出了与学术群体不一致的观点。

三　作者与读者的互文关系

交际双方是互动的，是互为主体的，是合作的关系。读者参与文本建构，意义的建构和交际行为。交际的实现是交际双方共同完成的。交际双方存在互文关系。

（一）作者与读者的一致关系

学术论文语篇是为交际而产生的，要实现交际目的必须与读者互动，得到读者的认同和接受。作者以"读者为中心"来设计语篇，以语篇的客观性、科学性来得到读者的认同。如：

（101）注释8：波斯曼提出的判断媒介是否有助于人性化进步的标准的四个问题是：一种媒介在多大程度上有助于理性思维的应用和发展，媒介在多大程度上有助于民主进程的发展，新媒介在多大程度上能够使人获得更多有意义的信息，新媒介在多大程度上提高或减弱了我们的道义感，提高或减弱了我们向善的能力。Neil Postman. The Humanism of Media Ecology. Proceedings of the Media Ecology Association. Volume1. 2000。（商娜红、刘婷：《北美媒介环境学派：范式、理论及反思》，《新闻大学》2013年第1期）

互文本：注释 8。互文本是对正文"媒介环境学派的创始人尼尔·波斯曼提出了判断媒介是否有助于人性化进步的四个问题"的解释。互文本用专家的理论来补充说明正文。专家的观点、理论是代表学术社团的观点、理论，因此，也是读者容易接受的观点。作者与读者一致。

主体互文形式：作者+读者（一致关系）+互文标记。互文本标记是指注释标记、互文短语。又如：

（102）注释 4：笔者以为，严格来说，不管是在古希腊时期，还是布尔乔亚阶层出现时，尽管在柏拉图的理想国与中世纪的沙龙中，都未曾出现过 Habermas 所谓理想型的公共领域。（何溢诚：《论具有中国特色舆论场之构建》，《新闻大学》2013 年第 3 期）

互文本：注释 4。互文本是对正文"持平而论，Habermas 对于公共领域的理想型概念，确实很难百分之百实践操作型定义"的进一步解说。作者的论断显示作者的主张、立场，容易得到读者的认可。

主体互文形式：作者+读者（一致关系）+互文标记。互文本标记是指注释标记、互文短语。

一致关系表明作者利用一定的学术规范邀请读者参与到语篇中来进行互动，从而说服读者，取得读者的认同。

（二）作者与读者的不一致关系

读者对作者在语篇中的观点、理论、论据、方法等可能反对、怀疑、否定，这样作者与读者就形成了不一致关系。如：

（103）注释 21：有学者将市场进入壁垒分为刚性进入壁垒、弹性进入壁垒和粘性进入壁垒。"刚性进入壁垒就是想要进入市场的资本和企业根本无法突破的进入壁垒……弹性进入壁垒指进入相对容易，但在市场中深度进入和停留则必然遭致损失，新进入者往往采取'打了就跑'的策略……粘性进入壁垒介于弹性和刚性进入壁垒之间，在这种进入壁垒条件下，进入者可以进入市场，但需要足够的条件，进入虽然不是不可能的，但需要过程。进入者可以留在产业内生存下去，并发展壮大，但真正能够发展壮大的进入者比例较小。"参见徐国兴《市场进入壁垒理论》，中国经济出版社 2007 年版，第 243—247

页。(陶喜红:《不同生命周期状态下传媒市场结构的特征》,《现代传播》2014年第1期)

互文本:注释21。作者引入"有学者"的观点,读者可能反对、怀疑、否定。作者与读者形成不一致关系。

主体互文形式:作者+读者(不一致关系)+互文标记。互文本标记是指注释标记、互文短语。

不一致关系表明作者在语篇中引入不同的声音让读者参与到语篇中来进行讨论、协商、怀疑、否定,在语篇中进行不同声音的互动。

第六节 注释与正文在语境层面的互文关系

注释是学术论文的重要组成部分,注释补充文本语境,因此,文本语境与注释语境形成互文关系。语境互文类型:(1)互文标记+文本语境+互文语境(一致关系);(2)互文标记+文本语境+互文语境(不一致关系);(3)互文标记+文本语境+互文语境(反一致关系)。

语篇知识的建构是一种建构的建构,是一种事物和思想的辩证法,即关于语篇的事件、语境之间的辩证关系的认识。

学术语篇的建构表现为学术事件的建构,即学术事件的展开。语境互文是指某一文本语境中出现其他文本的语境,即文本语境是对其他文本语境的吸收和改造。

一 语境概述

语境是文本写作与理解的一个重要术语。语境对语言的使用和理解产生制约的作用。语境决定语篇的生产和理解,也就是说,语言从生产到交际的完成都离不开语境。语境是一个复杂的研究对象,有不同的解释和分类。

(一)静态研究

语境的静态研究是以作者为中心的研究,是作者所处的环境对语言建构的影响,读者只是被动地顺应文本或作者的语境要求。语境是静态的、不变的。主要从语言本体来进行研究。

语境概念由德国语言学家威格纳（Wegener）在1885年提出，由波兰人类学家马林诺夫斯基（Malinnowski）形成影响。语境从语言本体进行研究有不同的分类，如胡壮麟把语境分为：（1）语言语境：语篇内部环境，或称上下文；（2）情景语境：语篇产生时的周围情况、事件的性质和参与者的关系、时间、地点、方式等；（3）文化语境：说话人所在的语言群体的历史、文化和风俗人情。

（二）动态研究

语境的动态研究是以作者—读者为中心的研究，即以交际双方为中心的研究，既考虑语言的生产，也考虑语言的接受。作者与读者共同创造语境，主体双方以实际交际语境的变化而变化。语境是动态的、变化的，随主体双方的变化而变化。因此，语境的认知可以从认知心理学的角度、社会心理等来进行。

我们认为，语境包括语言语境、非语言语境和认知语境。语言语境又称言语语境，是指语篇的上下文、词语的搭配、语篇的连贯、语篇的结构、类型等。非语言语境指语言赖以产生的情景语境和社会文化语境。认知语境是指语言交际主体"处理话语时从已有的知识结构中激活的长期记忆的内容"[①]，是交际主体对交际的另一方知识和环境的激活和提取以及判断推理的过程，是认知框架（图式）的实现。语境是动态变化的，随着交际主体的需要而变化与建构。

（三）语境与语篇

语篇是具有一定意义的、能完成交际目的的语言单位。语篇具有衔接性、连贯性、信息性、可接受性、意图性、情景性和互文性。哈桑（Hasan）认为，语境体现为语篇的语言选择，语篇的语言选择建构了语境。语篇的产生与语境联系密切，语境能够成为描写言语行为特征的认知域、激活框架和知识基块，诱导说话人选择视角和前景化，并生成语篇。兰盖克（Langacke）认为，最重要的认知域是说话人对情景语境的理解，包括对前面的话语和语言交际本身的理解。说话人对语境的全部理解构成语言意义的基础，语境的任何一个方面都可以激活语言表达的实际语义值。韩礼德认为，语篇中的词汇语法结构都是语境变量触发的结果。语境

---

① 熊学亮：《语言使用中的推理》，上海教育出版社2007年版，第34页。

能制约语篇,各种语境变量激发各种语义系统,产生各种词汇语法选择。①

语篇是情景的组合。语句体现为情景,可能一句一个情景,也可能一句多情景或多句一情景,小情景可以合成大情景,较大的情景又可以组合成更大的情景,使语篇最终以一定的模式发展。②

语境对语篇的构成起制约作用。语篇由事件建立,语篇依赖事件,语境决定语篇意义。当事件转化为语篇的内容时,事件成为语篇的背景,并演化、衍生为语篇的语境;这就是,环境及对环境的认识被语境化了。语境化有三种取向:外语境、内语境和心理语境。外语境是指语篇的语言域与语篇所表现的事件域之间的指称关联,即外部世界对语篇生成和理解的影响;内语境是指语篇中的内在关联性使语篇内的衔接和照应明显而有迹可循,即语篇内的因素对语篇生成和理解的影响;心理语境是既超越语篇中的语言与外部世界指称之间的联系也超越语篇中语言之间的指认,而走向语篇建构者心理状态与有关事件之间的关联。语境化要通过语篇中的语言显性或隐性地表现或体现出来。这样,语境对语篇中的语言就具有了约束的力量,起到有助于体现语篇的意图、实现交际的功能。所以,语境是语篇建构合理性的重要客观依据,这就是说,语篇的意义由语篇所依赖的事件及其内容决定,同时还要由语篇所依存的语境决定。语境是语篇建构的必要因素。③

语境和语篇相辅相成,两者相互生成、相互影响。语篇本身也是语境的一种形式。语篇的创作、理解都离不开语境。

语篇即事件,事件即语篇,语篇是由事件的陈述构成的,具体表现为对事件的选择、组织和评价。语篇具体化过程就是事件的展开,是语境的形成过程。

文本语境(正文语境)和互文本(注释)语境,两者形成互文关系。

二 注释与正文的语境互文类型④

语境互文是指某一语篇语境中包含其他语篇的语境,或者说,某一语

---

① 赵歆颖:《谈语境对语篇的影响》,《武警学院学报》2010年第7期。
② 徐盛桓:《篇章:情景的组合》,《外国语》1990年第6期。
③ 徐盛桓:《语篇建构中的事件和语境》,《宁波大学学报》(人文科学版)2009年第6期。
④ 部分内容来自黄小平《学术论文与参考文献的语境互文性研究——以新闻类学术论文为例》,《济宁学院学报》2014年第2期。

篇语境是对其他语篇语境的吸收和改造。

注释与正文的语境互文主要表现在情景语境上。情景语境是指具体语篇发生的直接环境，即语篇产生时的周围情况、事件的性质和参与者的关系、时间、地点、方式等。语言是情景的表达层，情景语境是语言的内容层。语境、语义和词汇语法分处不同的层面，它们之间是体现的关系，也就是说，情景语境由语义和词汇语法来体现。不同的词汇语法表达不同的情景语境。

学术论文的情景语境主要由主题，即观点、理论、方法等来组建。注释与正文的语境互文表现为观点、理论、方法等的一致关系、极性互补关系和反一致关系。

（一）文本语境与互文本语境的一致关系

文本语境与互文本语境的一致是学术论文语境与注释语境表现出相同的环境，这里主要是意义的一致、相同，这样，学术论文语境与注释语境形成一致语境，共同形成作者的意图。互文本语境是对文本语境的支持、佐证、补充、修正、延伸、发展，也就是说，互文本语境是对正文情景语境的支持、佐证、补充、修正、延伸、发展。正文情景语境的互文具体如下：

1. 研究课题、研究内容

互文本是指他人研究的课题、研究内容。如：

（104）注释6：根据 Nelson and Phelps（1966）提出的技术扩散理论，更多的人力资本会提高吸收新技术的能力，这意味着更高的人力资本水平提高了经济增长率对于人均 GDP 初始水平降低的反应程度，因而负的交互项系数表示更高的人力资本水平使经济收敛速度加快。（杨洪丰、王岳龙、张昕竹：《广告监管效应与影响因素实证研究》，《国际新闻界》2013年第6期）

互文本：技术扩散理论。互文本是对正文的展开说明，内容一致。

语境互文形式：互文本语境（研究课题或研究内容）+文本语境（一致关系）+互文标记。互文标记：注释标记、互文短语（介词词语）。

2. 概念、名称、定义

互文本是指他人使用的概念、名称、定义。如：

（105）注释11：Pancasila，古爪哇语，意为"五原则"，是印尼官方的哲学理念基础，由五条相互关联、不可分割的原则组成：对真神的信仰，公正和文明的人道主义，民主，以及社会正义。（张昆、陈雅莉：《东盟英文报章在地缘政治报道中的中国形象建构——以〈海峡时报〉和〈雅加达邮报〉报道南海争端为例》，《新闻大学》2014年第2期）

互文本：注释11。互文本是对正文概念"Pancasila"的解释。正文与互文本语境一致。

语境互文形式：互文本语境（概念、或名称、或定义）+文本语境（一致关系）+互文标记。互文标记：注释标记、互文词语（名词）。

3. 理论、模型

互文本是指某种理论、理论模型。如：

（106）注释6：我国当代人类学家，中山大学周大鸣教授首次提出社会流动中的"钟摆理论"，该理论认为农民工虽然频繁地在城乡之间穿梭，但只流而不迁，像个永远的"钟摆"。（张硕勋、王晓红：《论大众传播语境下甘南藏区社会流动与文化整合——以甘南藏区五村庄调查为例》，《新闻与传播研究》2012年第1期）

互文本："钟摆理论"。正文与互文本语境一致。

语境互文形式：互文本语境（理论或模型）+文本语境（一致关系）+互文标记。互文标记：注释标记、互文词语（名词）。

4. 研究方法

互文本是指他人的各类研究设计、手段和方法。如：

（107）注释6：学术界对于内容分析信度检验的标准并无统一的规定，就Cohen's Kappa而言，常见的推荐标准为0.75以上为优秀、0.40—0.75为较好、0.40以下为较差（参见Kimberly，2002：143）。（苏林森：《被再现的他者：中国工人群体的媒介形象》，《国际新闻界》2013年第8期）

互文本：Cohen's Kappa 标准。与正文的内容分析标准一致。

语境互文形式：互文本语境（研究方法）+文本语境（一致关系）+互文标记。互文标记：注释标记、互文短语（名词短语）。名词短语是内容分析信度检验的标准。

5. 研究结果

互文本是指他人研究的具体发现。如：

（108）注释 5：《"转型期的中国传媒公信力"调查报告（2012）》由《现代广告》杂志社和北京师范大学传播效果实验室联合发布。调查显示，在绝对公信力上，电视、报纸的得分分别在 70 和 75 以上，明显居于前两位；在相对公信力上，电视和报纸的得分远远超过其他几种媒介，居于第一和第二位置，紧随其后是网络。（郑保卫、王彬彬：《中国城市"四类低碳人"的媒体传播策略研究》，《国际新闻界》2013 年第 8 期）

互文本：《"转型期的中国传媒公信力"调查报告（2012）》，是研究调查的结果。互文本是对正文的补充，内容一致。

语境互文形式：互文本语境（研究结果）+文本语境（一致关系）+互文标记。互文标记是注释标记和互文短语（名词短语）。名词短语是"转型期的中国传媒公信力"调查报告（2012）。

6. 观点、解释

互文本是指他人研究的态度、立场以及对研究结果的解释。如：

（109）注释 1：被誉为"文坛巨擘，报界宗师"的《大公报》总主笔张季鸾堪称民国报界"新闻专业主义"典范。他秉持"言论自由、职业独立、客观中立、社会责任"这样一种"不党、不卖、不私、不盲"的新闻专业主义精神。（陈立新：《威斯康星模式与中国初期新闻教育——兼论新闻价值理论之渊源》，《国际新闻界》2013 年第 6 期）

互文本：注释 1，表明态度词语：被誉为、"文坛巨擘，报界宗师"、典范等。互文本是对正文"新闻专业主义精神在民国时期的报界留下历史痕迹"的展开。

语境互文形式：互文本语境（观点或解释）+文本语境（一致关系）+互文标记。互文标记是注释标记和互文词语（名词）。名词是新闻专业主义精神。

（二）文本语境与互文本语境的不一致关系

不一致关系互文本语境是对正文本语境的怀疑、反对、批评的关系。语境具体体现为研究主题、概念、理论、观点、方法等。互文本与文本共同建构语篇语境。如：

（110）注释3：事实上有的时候很难完全区分其来源，比如在一个典型的网络论坛的帖子内容，可能是一个传统主流媒体办的，也可能是专业媒体人的言论；另外，某些内容既有事实报道，也有评论，也有系列图片，就很难归类，本研究只以其最出彩内容作为标准进行归类，有一定主观判断在里面。（廖卫民：《上海"11·15"特大火灾舆论波研究——基于大学生网络舆情实测的分析报告》，《当代传播》2011年第1期）

互文本：注释3，是对正文"经笔者粗略归纳整理后，得出一个网络媒体与传统媒体原创性内容比较一览表"的解释。其中提出了不同的看法：很难完全区分其来源。

语境互文形式：互文本语境（研究主题、概念、理论、观点、方法等）+文本语境（不一致关系）+互文标记。互文标记是注释标记和互文短语（名词短语）。名词短语是内容归类。又如：

（111）注释14：注意，按照新闻道德规范进行新闻实践的主体，并不必然是拥有新闻道德品质的主体，有些新闻行为者出于对某种社会压力的惧怕，或者某种更大功利的考虑，会以不情愿的、非自觉的或非诚心的方式暂时遵守新闻道德规范。事实上，对道德规范的遵守并不都是自律的，很多是在他律状态下实现的。自律往往是在他律的过程中逐步养成的。当自律不再以他律为条件，人的行为才可以说进入了真实的自然而然的道德境界。（杨保军：《新闻美德：规范实现与道德实体优良化的主体条件》，《新闻传播》2011年第1期）

互文本：注释14，是对正文"同样，真正能够自觉按照新闻道德规范进行新闻实践的主体，必然是具有新闻道德品性的主体"提出不同的观点。

语境互文形式：互文本语境（研究主题、概念、理论、观点、方法等）+文本语境（不一致关系）+互文标记。互文标记是注释标记和互文短语（名词短语）。名词短语是新闻道德品质的主体。

（三）文本语境与互文语境的反一致关系

文本语境与互文本语境的反一致关系是指互文本语境组成文本的文化语境，如标题注、作者注、补充说明等。如：

（112）作者简介：张涛甫，复旦大学新闻学院教授，博士生导师。（张涛甫：《当下中国舆论引导格局的转型》，《当代传播》2014年第2期）

作者简介介绍作者目前取得的专业理论深度和特长、跨单位合作（包括国际合作、国内跨地区合作等）、合作人数，表明作者的专业素养、合作态度、权威性等。

语境互文形式：互文本语境（作者注）+文本语境（反一致关系）+互文标记。互文标记是注释标记。又如：

（113）基金项目：课题来源于2011年度国家社科基金重大项目"跨文化传播中的中国形象建构研究"（项目编号：11&ZD024）；湖南省教育科学"十二五"规划课题《境外媒体对湖南省大学生的影响研究》（批准号X. TKOIIQDY005）。（赵泓：《〈每日电讯报〉中的中国形象研究——基于2003—2013年对华报道的内容分析》，《新闻大学》2014年第4期）

基金项目介绍了基金项目，论文的质量和价值也就从基金项目可以得到证实。语境互文形式：互文本语境（标题注）+文本语境（反一致关系）+互文标记。互文标记是注释标记。又如：

（114）致谢：华中科技大学新闻与信息传播学院李贞芳副教授带

领研究生参与了本次调查的数据处理工作,本文作者表示感谢。(夏倩芳、王艳:《"风险规避"逻辑下的新闻报道常规——对国内媒体社会冲突性议题采编流程的分析》,《新闻与传播研究》2012年第4期)

致谢说明了论文的创作得到了专业人员的点评和肯定。

语境互文形式:互文本语境(标题注)+文本语境(反一致关系)+互文标记。互文标记是注释标记。

标题注释、基金项目注释、作者简介、致谢等,与正文外部环境相联系因素,构成正文的文化语境。

互文本语境是对文本语境的具体化过程,是对文本语境的具体情景的展开、细化。

互文本语境(注释语境)是学术论文整体的组成部分,同时它也是一个整体,是小整体,这个小整体对文本语境有生成性功能,即参考文献本身也是组成文本语境的部分,具有构建语境的功能。互文本语境是文本底层单位,建构文本的意义,构建文本的内部、外部语境。所以,互文本语境与前后的内容发生联系,与正文的运用环境发生联系。

互文本语境(注释语境)既构建文本语境的内语境(意义连贯、形式衔接等),也构建文本的外语境(文本范围、边界),从文本的外围形成文本的语境。内外语境共同组成文本语境整体。

由于互文语境是一个整体,具有意向性,也就是说,作者引入互文本语境是有意图的,是为了支持、佐证、加强已有的文本语境的作用。这是心理空间对"事件"在语言形式的涌现现象,即心理对"事件"认知后投射到语言中产生的新质现象。这是"互文本语境"同文本语境结合后产生的一种功能现象,产生一种新质。这也是互文语境作为独立的"他者"的表现,对文本语境的反作用。

互文本语境是对正文外围语境的补充、发展,形成正文语境的文化语境,以方便读者更好地理解、接近正文意义。

副文本的作用表现为:清楚呈现复杂文本总体结构;增加文本结构的丰富性和复杂性;拓展文本阐述的视域;形成跨文本关系,引入或制造多声音性,增加阐释难度;开拓从边缘到中心的阐述路线。

文本层面的互文是本体层面的互文关系,是内层互文关系;语境层面的互文是文化层面的互文关系,是外层互文关系;主体层面的互文是交际效果层面的互文关系，与读者相联系。

本章小结

注释并不是正文的主要内容的补充和解释，而是正文主要内容之外的补充和解释。注释、正文都是文本，两者存在互文关系。本章论述了注释与正文的互文关系，具体体现为文本层面、主体层面和语境层面的互文关系。文本层面又分为文本形式和内容，互文本在形式上表现为小句、句组、语篇和模式；文本内容表现为文内和文外，文外有标题注释、基金项目注释、作者简介、致谢，构成正文的外部环境；文内有释义注释，释义注释范围广泛，包括字词、观点、理论、方法、论据、材料来源、怀疑、辩证、特别说明，等等，构成正文内容的次要部分。互文表现出对话性和评价性，对话性通过模糊限制语、确定表达语、态度标记语和指令语来表达；评价性通过自言介入和他言介入来表达，主要是自言介入。主体层面的互文关系分为：作者与互文本作者的互文关系、作者与学术群体的互文关系、作者与读者的互文关系，又各分为一致和不一致关系。语境层面的互文关系分为：文本语境与互文本语境的一致、不一致和反一致关系。

文本层面的互文是本体层面的互文关系，是内层互文关系；语境层面的互文是文化层面的互文关系，是外层互文关系；主体层面的互文是交际效果层面的互文关系，与读者相联系。

注释与正文的互文关系是语篇系统下副文本第一层次的互文关系。

第五章

参考文献与正文的互文关系

语篇是现实中的现象和事实的反映方式，是交际的基本单位、信息保存和传递的方式、文化存在的形式、一定历史的产物、个体心理生活的反映等等。从心理语言学来看，语篇作为某些符号的集合体、作为过程（交际者的符号生成过程和接受者对符号的理解和评价过程）及作为交际者与接受者符号和副符号活动的产物（对于接受者而言，往往作为重构的产物），在确定的活动语境下是抽象集合形式的实现。[①] 语篇生成和理解涉及四个要素：作者、读者、语篇、世界。语篇是一个系统（整体），形成结构成分上的组合和聚合关系，构成各种结构成分在整体性统辖下的动态平衡。

语篇的生成是作者对一定语篇的阅读，受到一定的观点、理论、材料的启发，并且在传统和现实的影响下，产生一定的想法、观点，从而形成一定的意图，并通过语言外化为语篇形式。作者或读者受到传统的、历史的、文化的影响，也称为前理解或历史记忆，它包括：语言知识、专业知识、百科知识、传统价值观、思维方式等。这些前理解是作者或读者写作、阅读的基础和出发点。参考文献就是写作、阅读的基础和出发点。

语篇是交际的基本单位，作者生成语篇是为了交际的需要，这就必须达到一种可理解度，必须遵循一定的规范和要求，在继承文化和传统的基础上进行创新。因此，学术论文的写作是在已有研究的基础上的发展和创新。这些已有的研究成果就是参考文献。

语篇意义是作者、读者、学术群体之间互动构建的结果，是读者阐释和理解的产物。读者阅读是获得作者意图的过程，是交际实现的过程。

---

① 陈勇：《篇章语言学：理论和方法》，黑龙江大学出版社2010年版，第78—79页。

参考文献的互文性研究开创了语篇研究的一种新角度和方法。参考文献与正文相互联结、相互印证、相互阅读、相互贯通，形成语篇复杂的关系，从而营造一种学术历史和当前现场，组成当前学术文本生产、传播的场域。

参考文献副文本在语篇系统作用下从概念功能、人际功能和语篇功能建构正文，在文本、主体、语境层面表现出复杂、多元的关系。

参考文献互文本不只是简单地作为其他文本引入，而是在引入后与正文形成对话、讨论、协商、解决，最终达到共存、提升、发展和创新。

参考文献与正文的互文关系是语篇系统下副文本第二层次的互文关系。

我们从文本、主体和语境层面来分析参考文献的互文性。即从文本的形式、内容、主体和语境来论述参考文献与正文的互文关系。

需要说明的是，这里的参考文献包含引文注释。以下例子若有两个作者和题目，前一个作者和题目为参考文献，后一个为正文作者和题目；若只有一个作者和题目只为正文作者和题目。

第一节　学术论文参考文献

一　学术论文参考文献定义

《辞海》（1999年版）："参考：参合他事他说而考察之；参酌"；"文献：原指典籍与贤者。后专指有历史价值的图书文物资料。亦指与某一学科有关的重要图书资料。今为记录有知识的一切载体的统称，即用文字、图像、符号、声频、视频等手段以记录人类知识的各种载体（如纸张、胶片、磁带、光盘等）。"《文后参考文献著录规则》（GB7714—87）："文后参考文献指为撰写或编辑论著而引用的有关图书资料。"《中国学术期刊（光盘版）检索与评价数据规范》："参考文献是作者写作论著时所参考的文献书目。"

参考文献是在学术研究过程中，作者参考或借鉴的文本。参考文献在文中有的有明显的文本痕迹，有的只是模糊的文本痕迹。

二 学术论文参考文献特征

参考文献的特征可以从位置、语境、功能等方面来确定。

1. 参考文献的位置

位置是指参考文献相对于正文而言的位置。学术论文参考文献放在文尾，注释之后，与正文分开，形成一定距离的空间。这说明参考文献与正文的关系比注释疏远。

2. 参考文献的语境作用

语境作用由情境特征界定，如作者的名望、权威和负责的程度、信息的语内力量、媒介的知名度、学术的前沿性等等。参考文献的学术前沿性、作者的名望、媒介的知名度等对语篇的生成有很大的影响。

3. 参考文献的功能性

参考文献是作者创作时参考的文本形式，是为了获得读者（包括编辑），让他们根据提示最大限度地接近文本意义、学术意图，是读者扩大对作品认知的补充和范围。

参考文献既有附属性，又具独立性。附属性表现在对正文的依赖，也就是作者是否参考、借鉴了的文本，它与正文在意义上是有密切的联系；独立性表现在是一个他者，正文必须用它来证明，用它来变化、发展，也就是说，正文必须用它来确定自我。

参考文献是一种特殊的文本形式，具有辅助性，又具有相对独立性，依附于正文而存在，对正文起建构、参考、补充、借鉴、佐证、启发、发展、深化等作用。参考文献是副文本，方便读者对文本的理解，方便读者进一步阅读、研究、查对、核实原文。

第二节 参考文献与正文的互文形式

参考文献与正文的互文形式：互文标记+互文本。互文本：进入正文的参考文献，互文标记：语言类：名词、动词、副词、名词短语、介词短语、互文小句、语篇，非语言类：引号、注释标记、参考文献标记。

一 互文标记

互文标记是引出或标示互文现象的语言形式或标记，是一种标记手段、界标。互文标记是文本与互文本联系的文本踪迹。互文标记:语言类:名词、动词、副词、名词短语、介词短语、互文小句、语篇,非语言类:引号、注释标记、参考文献标记。

(一) 小句

小句是指互文复合体中的小句,称之为互文小句。互文复合体:互文小句+互文本。互文本可以是小句、句组、语篇、模式。

互文小句是指引导、标示、介绍互文本的小句,同时对互文本进行说明、补充、阐释。

互文小句:互文来源+互文动词。如:

(115) 他指出,该书的目的主要有两个:"考察大众报刊如何向其读者阐释社会变迁;为文化研究这一一般领域探索并发展出细致分析的方法。"(A. C. H. Smith, T. Blackwell and E. Immirzi, with an Introduction by Stuart Hall, Paper Voices: the popular press and social change, London: Chatto and Windus, 1975, p. 11.) (朱杰:《〈报纸的声音〉——伯明翰学派"媒介研究"的最初探索》,《新闻大学》2014年第1期)

互文本:他指出……互文小句:他指出,"他"是互文来源,"指出"是互文动词。

(二) 名词

互文标记是名词,称之为互文词语。如:

(116) 对于"韩流"概念内涵的界定,可以通过其核心即韩国"青年亚文化"来进行理解。"韩流"可以看作以韩国青年亚文化为主的韩国文化对外输出所产生的影响。"韩国青年亚文化"代表的是"韩国青年人特有的音乐、流行歌曲、足球、电影电视剧、美容化妆、服饰和为人处事的做派。"(张星星《跨文化传播的典范——评韩剧在中国的流行》,《科技文汇》2007年第6期) (肖瑶:《"韩流"来袭的文化思考》,《现代传播》2014年第3期)

互文本:"韩国青年亚文化"代表的是……

互文标记:"韩国青年亚文化",是名词。
(三) 短语
互文标记是短语,称之为互文短语。主要有名词和介词短语。如:

(117) 正如李怀印在其乡村微观史著作《华北村治——晚清和民国时期的国家与乡村》一书中所概括的:受西方学术界一度较流行的"东方专制主义"主流话语的影响,对于东亚社会的国家政权与乡村社会的关系,无论是持乡村高度自主性观点还是国家高度专制性观点,都认定,国家政权与乡村社会处于一种对立关系,要么是国家力图控制地方,要么是地方对抗国家。(李怀印著,岁有生、王仕皓译:《华北村治——晚清和民国时期的国家与乡村》,中华书局2008年版,第2页。)而韩国的新村运动,却对国家与乡村之间的关系提供了另一种解释。(徐玲英:《大众传媒在城镇化进程中的角色与功能——对韩国新村运动经验的借鉴》,《当代传播》2014年第3期)

互文本:正如李怀印在其乡村微观史著作《华北村治——晚清和民国时期的国家与乡村》一书中所概括的……

互文标记:正如李怀印在其乡村微观史著作《华北村治——晚清和民国时期的国家与乡村》一书中所概括的,是名词短语。又如:

(118) 据2013年7月17日中国互联网络信息中心(CNNIC)发布的第32次《中国互联网络发展状况统计报告》,截至2013年6月底,我国网民规模达到5.91亿,互联网普及率为44.1%。在新增加的网民中,使用手机上网的比例高达70.0%,高于使用其他设备上网的网民比例。(中国互联网络信息中心(CNNIC):第32次《中国互联网络发展状况统计报告》,2013年7月。)(李兰:《"网络集群行为":从概念建构到价值研判——知识社会学的分析视角》,《当代传播》2014年第2期)

互文本:据2013年7月17日中国互联网络信息中心(CNNIC)发布的第32次《中国互联网络发展状况统计报告》。

互文标记:据2013年7月17日中国互联网络信息中心(CNNIC)发

布的第 32 次《中国互联网络发展状况统计报告》,是介词短语。

(四)语篇

互文标记是语篇,称之为互文篇章。如:

(119)1949 年 6 月 17 日,《大公报》宣布"新生",但其立场变化并非从"新生"之日才开始。事实上,5 月 26 日上海战争硝烟尚未散尽,《大公报》已经按捺不住对即将产生的新政权的欢迎热情,发表社评《迎上海解放》放声讴歌:"人民解放军没有向市区发炮,避免向市区射击,他们承当国民党海陆空三面火力,将牺牲留给自己,把幸福带给人民。这种伟大英勇的精神是中国历来军队所没有的。"(方蒙主编:《〈大公报〉与现代中国——1926—1949 大事记实录》,重庆:重庆出版社,1993 年,第 705—706 页。)(江卫东、吴廷俊:《过渡期〈大公报〉立场考察——以 1949 年 6 月 17 日—1950 年 6 月 26 日社评为对象》,《新闻大学》2014 年第 4 期)

互文本:《大公报》已经按捺不住对即将产生的新政权的欢迎热情,发表社评《迎上海解放》放声讴歌……

互文标记:《大公报》,是篇章。

(五)符号

符号标记是指引号、参考文献标记,称之为互文符号。如:

(120)社会文化生活的常态。美国学者丹尼尔·贝尔(Daniel Bell)指出"当代文化正在变成一种视觉文化,而不是一种印刷文化,这是千真万确的事实。这一变革的根源与其说是作为大众传播媒介的电影和电视,不如说是人们在十九世纪中叶开始经历的那种地理和社会的流动以及应运而生的一种新美学"。(注释:①[美]丹尼尔·贝尔著《资本主义文化矛盾》,赵一凡、蒲隆、任晓晋译,生活·读书·新知三联书店出版社 1989 年版,第 156 页。)(王洪亮:《当代媒体语境下的视觉文化特征》,《现代传播》2014 年第 2 期)

互文本:美国学者丹尼尔·贝尔(Daniel Bell)指出……符号标记:引号,注释标记:注释:①[美]丹尼尔·贝尔著《资本主义文化矛盾》，赵一凡、蒲隆、任晓晋译，生活·读书·新知三联书店 1989 年版，第 156 页。又如：

（121）
参考文献：
［1］吴国盛编.《技术哲学经典读本》［M］.上海：上海交通大学出版社，2008 年版.（商娜红、刘婷：《北美媒介环境学派：范式、理论及反思》，《新闻大学》2013 年第 1 期）

互文本：模糊的源文本。参考文献标记：参考文献［1］。

二　互文形式
互文形式是与参考文献与正文形成的互文语言形式，一般表示为：互文标记+互文本。互文形式类型根据不同的角度有不同的分类。
（一）根据互文来源
根据互文来源分为：自互文和他互文。自互文是互文本来自作者的叙述、解释说明，或者作者的其他文本。他互文是来自其他作者的叙述、解释说明，或其他作者的文本。如：

（122）关怀同性恋者，还是只能借艾滋的议题来切入，可以预见同性恋平权运动的合法化（legitimization）是一个交织着被歧视、被污名化（stigalization）、被艾滋化、抗击艾滋化的过程。（曹晋（2007b），"中国另类媒介的生产：以《朋友通信》为例"，香港：《传播与社会学刊》，总第 4 期，第 75—102 页。）（曹晋、曹茂：《边陲城市的女同健康热线研究》，《新闻大学》2008 年第 3 期）

互文本：同性恋平权运动的合法化（legitimization）是一个交织着被歧视、被污名化（stigalization）、被艾滋化、抗击艾滋化的过程。是作者的其他文本。
互文形式：互文标记+互文本。互文标记是参考文献标记和互文词语，参考文献的作者是正文作者本人。这是自互文。又如：

（123）美国著名历史学家查尔斯·比尔德（Charles Beard）在《国家利益理念》一书中评价道："美国国家利益的核心不是国家安全，而是经济利益。……政党所代表的是不同的经济利益集团，其制定的外交政策反映的则是区域经济集团的经济愿望与要求。"（何英：《美国媒体与中国形象》，南方日报出版社，2005年，第93页。）事实上，美国广告政策与广告法律制度等莫不如此。（王凤翔：《西方广告自由法制原则的被解构——以美国为例》，《新闻与传播研究》2012年第1期）

互文本：美国著名历史学家查尔斯·比尔德（Charles Beard）在《国家利益理念》一书中评价道……

互文形式：互文标记+互文本。互文标记是参考文献标记、引号、互文小句，参考文献的作者是其他作者。这是他互文。

我们把互文来源分为：显性主体和隐性主体。显性主体是指互文来源有明显的主体，包括自我、定指他人、不定指他人、学术群体和不可言说的他人，即I类、他（她）类；隐性主体是指互文来源主体隐身，用客体来显现，包括概念、观点、理论、篇名、成果名等，即他类。

（二）根据原文的角度

根据原文角度，互文分为：直接互文和间接互文。直接互文是直接引述其他人的原话，标记是有引号。间接互文是间接引述其他人的话，没有引号。如：

（124）正如同吕新雨教授所说的那样："《南方周末》在九十年代中后期开始明确以底层关怀来树立自己的品牌。它成功地建立起弱势群体代言、媒体良心与市场的'正相关'的关系，并因此成为中国新闻改革最高扬的旗帜。他们论证说，正是由于市场化的改革，才为这些寻求正义的声音提供了可能，市场可以抵制专制，使我们走出'国家全能主义'。但是这背后的重要因素并不被追究，那就是正是由于激进市场化改革，才使得九十年代中后期社会分化骤然加剧，社会悲情意识崛起，底层成为社会问题爆发的焦点，使《南方周末》的成功得以可能。"（吕新雨、赵月枝：《中国的现代性、大众传媒与公共性的重构》，《传播与社会学刊》2010年第12期，第19—20页。）

（石力月：《历史的视野与非本质化的"公共性"——论重庆卫视的改版》，《新闻大学》2011年第4期）

互文本：正如同吕新雨教授所说的那样……
互文形式：互文标记+互文本。互文标记是参考文献标记、引号、互文短语（介词短语），参考文献的作者是其他作者。这是直接互文。又如：

（125）通过梳理与网络素养和网络媒介素养直接相关的141篇文献发现，长期以来定性研究一直占据主导地位，诸如借助一定的理论范式，推演网络素养的内涵和必要性，分析网络素养教育的内容和作用等。截至2011年底，共有文献89篇。比较有代表性的是《网络传播中网络素养培育的文化思辨》一文，对网络文化教育这一课题进行了理论探讨，具体分析了网络素养的研究和实践进程、原则和内涵以及培育问题。（李海峰：《网络传播中网络素养培育的文化思辨》，《新闻界》，2007年第4期）（耿益群、阮艳：《我国网络素养研究现状及特点分析》，《现代传播》2013年第1期）

互文本：比较有代表性的是《网络传播中网络素养培育的文化思辨》一文，对网络文化教育这一课题进行了理论探讨，具体分析了网络素养的研究和实践进程、原则和内涵以及培育问题。
互文形式：互文标记+互文本。互文标记是参考文献标记、互文词语，没有引号。这是间接互文。

（三）根据原文作者的角度

融入式和非融入式，又称完整互文和不完整互文，或者整体互文和部分互文。

1. 融入式
（1）互文本作者充当句中主语。如：

（126）有学者指出，"随着社会生活的日益丰富，评论的内容和体裁突破了传统媒介载体的限制，从要素到风格也有很大变化。网络评论、博客言论、手机话语等新媒体评论给传统的新闻评论提出了挑战。"（陈明：《从新媒体的出现看新闻评论的时效性》，《山东视听》

2006年第3期）笔者认为，这种挑战早已不限于学者的理论宣讲，更多地在现实中得以体现。报纸新闻评论面对的重大挑战之一，就在于时效性问题。（彭军辉：《互联网时代报纸新闻评论的时效性研究》，《当代传播》2011年第1期）

互文本：有学者指出……互文本作者：学者。它是融入式。

互文形式：互文标记+互文本。互文标记：互文小句、引号、参考文献标记。

（2）互文本作者充当句子中名词短语的一部分，有互文动词。如：

（127）樊水科（2011）的文章《从"传播的仪式观"到"仪式传播"：詹姆斯·凯瑞如何被误读》认为，"传播的仪式观"与"仪式传播"是两个不同的概念；我国学术界存在用"仪式传播"置换"传播的仪式观"，误读了"传播的仪式观"的提出者詹姆斯·凯瑞的原意，并分析了误读的体现和原因。（樊水科：《从"传播的仪式观"到"仪式传播"：詹姆斯·凯瑞如何被误读》，《国际新闻界》，2011年第11期）在笔者看来，两个概念来源不同，在我国学术界的确存在概念模糊甚至相互置换的倾向。至于原因，笔者持保留意见，认为最根本的原因在于没有厘清"仪式传播"及相关概念的来龙去脉。（刘建明：《"传播的仪式观"与"仪式传播"概念再辨析：与樊水科商榷》，《国际新闻界》2013年第4期）

互文本：樊水科（2011）的文章《从"传播的仪式观"到"仪式传播"：詹姆斯·凯瑞如何被误读》认为……参考文献作者充当定语，互文动词：认为。它是融入式。

互文形式：互文标记+互文本。互文标记：互文小句、引号、参考文献标记。

（3）互文本作者充当句子中名词短语的一部分，无互文动词。如：

（128）美国著名经济学家萨缪尔森给经济学的定义是本文的重要参考："经济学是研究人和社会如何进行选择，来使用可以有其他用途的稀缺的资源以便生产各种商品，并在现在或将来把商品分配给社会的各个成员或集团以供消费之用。"(〔美〕萨缪尔森:《经济学》(第12版),中国发展出版社,1992。)(崔保国:《传媒经济学研究的理论范式》,《新闻与传播研究》2012年第4期)

互文本:美国著名经济学家萨缪尔森给经济学的定义是本文的重要参考……互文本作者:美国著名经济学家萨缪尔森,作定语。无互文动词,它是融入式。

互文形式:互文标记+互文本。互文标记:互文小句、引号、参考文献标记。

(4)互文本作者充当句子中介词短语的一部分。如:

(129)根据媒介环境学派代表人物尼尔·波兹曼的论述:"印刷时代是一个阐释的时代。阐释是一种思想的模式,一种学习的方法,一种表达的途径。所有成熟话语所拥有的特征——富有逻辑的复杂思维、高度的理性和秩序、对于自相矛盾的憎恶、超长的冷静和客观以及等待受众反应的耐心都被偏爱阐释的印刷术发扬光大。"(〔美〕尼尔·波兹曼著,章艳译:《娱乐至死》,广西师范大学出版社,2009年版,第58页。)(王长潇、刘瑞一:《从乌合表达到理性传播——以群体心理学视角解析网络视频分享传播》,《当代传播》2014年第2期)

互文本:根据媒介环境学派代表人物尼尔·波兹曼的论述……参考文献作者充当句子中介词短语的一部分。它是融入式。

互文形式:互文标记+互文本。互文标记:互文小句、引号、参考文献标记。

2. 非融入式

(1)互文无互文本作者的姓名,无互文动词,但有完整的互文标记。如:

(130)一般谈到伦理,都是以个人伦理为研究的主体,但事实上,组织作为现代社会的行为主体,也是伦理的承担者,传媒组织也不例外。组织伦理是组织之中蕴含的伦理道德价值观念。(余卫东、龚天平：《组织伦理略论》，《伦理学研究》2005年第3期）（刘毅：《我国大众传媒伦理评价及其影响因素——基于福州受众的调查研究》，《新闻大学》2014年第2期）

互文本：一般谈到伦理，都是……互文无互文本作者的姓名，无互文动词，但有完整的互文标记。它是非融入式。

互文形式：互文标记+互文本。互文标记：参考文献标记、互文词语。

（2）互文无互文本作者的姓名，有互文动词。如：

（131）研究认为，一方面，通过微信平台，可以更加便捷地整合图片、文字、音频、视频，（陈鑫：《自媒体发展的机遇与挑战——以微信平台为例》，《中国传媒科技》2013年第14期）微信朋友圈又是一个强大的社交通道，"使得公号推送的内容会引发二次三次传播"，同时又保有相对较高的打开率。（孟威、姚金楠：《2013年网络新媒体研究热点透析》，《当代传播》2014年第1期）

互文本：研究认为……互文动词：认为，无互文本作者的姓名。它是非融入式。

互文形式：互文标记+互文本。互文标记：参考文献标记、互文词语。

（3）互文无互文本作者的姓名，无互文动词。如：

（132）真正实现了"过去为不同媒体所提供的服务，如今可由一个媒体提供；过去为一种媒体所提供的服务，如今可由不同的媒体提供"。（高钢：《关于媒体融合的几点思索》，见《国际新闻界》，2006年第9期）（姚争：《"后广播时代"的简媒体艺术——新兴媒介竞合下的广播》，《现代传播》2014年第1期）

互文本："过去为不同媒体所提供的服务……"互文无互文本作者的姓名，无互文动词。它是非融入式。

互文形式：互文标记+互文本。互文标记：互文短语、参考文献标记、引号。

（4）没有互文小句，互文本作者置于括号里、用数字上标的形式在脚注或尾注中出现。如：

(133) 所谓"认知"是指主体赖以获取知识和解决问题的操作和能力，在传播领域内即获取、分析、评价和传播各种形式的媒介信息的能力（赵红艳，2004：5）。（赵红艳：《大众媒介传播与受众认知的互动分析》，吉林大学硕士学位论文，2004。）（薛可、邓元兵、余明阳：《"非典"认知对当代大学生健康生活方式的影响研究》，《国际新闻界》2013年第5期）

互文本：所谓"认知"是指……互文本作者置于括号里：（赵红艳，2004：5）。它是非融入式。

互文形式：互文标记+互文本。互文标记：互文词语、参考文献标记。

（四）根据叙事的角度

同质互文与异质互文，同质互文是文本与互文本都是同一作者的叙述或解释说明，互文本来自作者自己的文本或他人的文本。异质互文是指文本与互文本是不同作者的叙述或解释说明，文本是作者的叙述或解释说明，互文本是其他作者的叙述或解释说明。如：

(134) 大众传媒在农村要提高传播实效，必须通过人际传播，经多次调查证实（顾炜程、朱娇娇：《社会转型中农村的传播媒介与观念变迁、交往格局的关系研究——以青浦农村家庭调查为例》，《新闻大学》，2007年第2期），农村意见领袖的人际引领至今仍占有非常重要的作用。（冉明仙：《关联：农村实用信息扶贫效果提升的支点》，《现代传播》2014年第1期）

互文本：大众传媒在农村要提高传播实效，必须通过人际传播，经多次调查证实。互文本是作者转述其他作者的话语，是间接互文。这是同质互文。

互文形式：互文本+互文标记。互文标记是指互文词语和参考文献标记。

(135) 上述措施有的持续多年，有的还处在打基础的阶段，用南方报业党委书记、董事长莫高义的话概括，就是"深耕主业，多元开拓，加快转型，融合发展"（徐林、周志坤、雷辉：《坚守使命传承创新》，《南方日报》2013年10月23日AT02版）。于今，相当一部分已经是初见成效，在品牌价值、人力资源、经营管理、新闻采编等方面稳住了"南方"阵脚，为这场报业危机遭遇战的未来反击保存并增长了实力。（吴自力：《问题与对策：南方报业转型发展分析》，《新闻大学》2014年第2期）

互文本：南方报业党委书记、董事长莫高义的话概括……互文本是其他作者的话语，是直接互文（引号内的话语）。这是异质互文。

互文形式：互文本+互文标记。互文标记是指参考文献标记、互文词语、引号。

第三节　参考文献与正文在文本层面的互文关系

一　文本形式层面①

学术论文是个系统，这个系统由处于不同层级的结构成分组成，它包括：标题、摘要、关键词、正文、注释、参考文献，其中注释、参考文献是正文内容的重要组成成分。参考文献是正文形成过程中参考、借鉴的文献、资料，对正文的观点、思想、理论、论据、方法等具有重要影响。

参考文献依附正文而存在，是正文观点、理论、事例、数据、思路、方法等内容的补充，同时又是"他者"，正文必须通过这个"他者"来确立它自己的意义、价值和创新。学术论文与参考文献进行不同方面、不同角度的对话，形成了一个时间和空间的网络，也就是互文性。

作者引入参考文献的主要目的是：（1）支持、佐证自己的观点、理论，并进行创新；（2）通过对参考文献的总结、概括，指出其存在的不足或空白，以建立自己的学术立场和空间。因此，学术论文与参考文献构成

---

① 部分内容来自黄小平《学术论文与参考文献的互文性研究——以新闻类学术论文为例》，《平顶山学院学报》2014年第1期；黄小平《新闻类学术论文正文与参考文献的互文性研究》，《毕节学院学报》2014年第3期。

历时与共时的互文网络,形成作者、读者、参考文献作者、读者、学术群体之间的对话空间。

(一) 参考文献与正文的互文类型

学术论文与参考文献的互文表现在:文本形式的语词、小句、句组、语篇、模式的互文,也就是说,互文的结构单位(或结构体)是语词、小句、句组、语篇、模式。互文形式:互文标记+互文本(语词、小句、句组、语篇、模式)。主要有两种类型:共存关系互文和派生关系互文。

1. 共存关系互文

共存关系互文是指某一文本中可以清晰地分辨出其他的文本。存在于某一文本中的文本称为互文本,在学术论文中是指进入正文中的参考文献。互文有以下形式:

(1) 词语。

互文是以词语的形式出现在当前文本。这里的词语指概念、术语等,主要是指正文中引用的"他者"的部分原话。"部分"就是词或词组,一般表现为概念、术语等。有时没有标明出处,但总可以找到它的出处;有时也不必了解它的出处,因为它是一个熟知的、定性的术语、概念。如:

(136)"自由经济"思想是亚当·斯密整个经济学说的中心,20世纪30年代凯恩斯国家干预主义取代经济自由主义而占据统治地位。(王凤翔:《西方广告自由法制原则的被解构——以美国为例》,《新闻与传播研究》2012年第1期)

互文本:"自由经济"。互文本是词语,有出处。

互文形式:互文本(词语)+互文标记,互文标记是参考文献标记和互文词语。又如:

(137) 2002年,作者在《电脑与网络:媒介地理学的颠覆者》一文中首次提出"媒介地理学"命题。(邵培仁:《电脑与网络:媒介地理学的颠覆者》,《浙江广播电视专科学校学报》2002年第2期)(范志忠:《转向地理:当代传播学研究的新视域——评邵培仁专著〈媒介地理学〉》,《当代传播》2011年第2期)

互文本:"媒介地理学"。互文本是词语,有出处。
互文形式:互文本(词语)+互文标记,互文标记是参考文献标记、互文小句。又如:

(138)从2003年SARS非典事件到2008年汶川地震,"全球监督"可见一斑。(Thompson, J. B., Ideology and Modern Culture, Cambridge, Polity, 1990.)(王海燕:《自治与他治:中国新闻场域的三个空间》,《国际新闻界》2012年第5期)

互文本:"全球监督"(来自汤普森,前文已出现)。
互文形式:互文本(词语)+互文标记。互文标记是互文词语和参考文献标记。
(2)小句。
互文是以小句的形式出现在当前文本。如:

(139)乔姆斯基一针见血地指出,美国政府总是"采取宣传法,将恐怖主义建构成一种可以被加以利用以服务于某种权力体系的武器。"([美]诺姆·乔姆斯基:《海盗与君主》,上海译文出版社,2006年,第142页。)(梅琼林、褚金勇:《自由与权力:解读美国媒介政治的"转换生成语法"——乔姆斯基媒介研究探析》,《现代传播》2011年第7期)

互文本:乔姆斯基一针见血地指出……互文本是小句。
互文形式:互文本(小句)+互文标记。互文标记:互文小句、引号、参考文献标记。又如:

(140)"场域"是法国社会学家布迪厄的社会学理论中一个关键的概念。其被定义为"不同社会领域之间存在的一个客观的关系的网络或者关系的布局"。(Bourdieu, P. & Wacquant, L. J. D., An Invitation to Reflexive Sociology, Cambridge, Polity, 1992, p. 97.)(王海燕:《自治与他治:中国新闻场域的三个空间》,《国际新闻界》2012年第5期)

互文本：其被定义为……互文本是小句。
互文形式：互文本（小句）+互文标记。互文标记：互文词语、引号、参考文献标记。又如：

（141）有学者提出传播本土化研究的框架是"理论和应用"、"普遍性和特殊性"两个维度。（刘海龙：《传播本土化的两个维度》，《现代传播》，2011年，第9期）（邹利斌、孙江波：《在"本土化"与"自主性"之间——从"传播研究本土化"到"传播理论的本土贡献"的若干思考》，《国际新闻界》2011年第12期）

互文本：有学者提出……互文本是小句。
互文形式：互文本（小句）+互文标记。互文标记：互文小句、参考文献标记。又如：

（142）具体而言，新闻客观性在理念层面坚持真实、准确、价值、公正；在操作层面体现为一系列原则：事实与意见分开原则、证实原则、完整原则、恰当溯源原则、平衡公正原则等等。（梅尔文·门彻：《新闻报道与写作》，展江主译，华夏出版社2003年版，第44页）（章永红：《主义还是工具：试论精确新闻报道的当代价值》，《新闻大学》2011年第4期）

互文本：具体而言，新闻客观性在……互文本是小句。
互文形式：互文本（小句）+互文标记。互文标记：互文词语、参考文献标记。

(3) 句组。
互文是以句组的形式进入到当前文本。如：

（143）美国著名政治学家亨廷顿指出："事实上，现代性孕育着稳定，而现代化过程却滋生着不稳定。……产生政治秩序混乱的原因，不在于缺乏现代性，而在于为实现现代性所进行的努力。（塞缪尔·P.亨廷顿著：《变化社会中的政治秩序》，王冠华等译，生活·读书·新知三联书店1989年版，第28页。）（李舒：《转型期新闻评论

的政治传播功能及其实现》,《现代传播》2012 年第 4 期)

互文本:美国著名政治学家亨廷顿指出……互文本是句组。
互文形式:互文本(句组)+互文标记。互文标记:互文小句、引号、参考文献标记。又如:

(144)全球化范式与以往的范式相比,使得国际传播研究出现了很多新的研究对象。"充分型理论认为,全球化具有全新的特殊社会动力,因为它把相当的重点放在媒体和传播在当代社会的中心地位上。这一点并不让人感到惊讶,因为越来越多不同的学术思潮开始关注信息社会、软经济和虚拟平台等方面。长期处于社会理论边缘的媒体,转变为构成社会真实现状的重要组成部分。"([英]柯林·斯巴克斯:《全球化、社会发展与大众媒体》,刘舸、常怡如译,社会科学文献出版社,2009 年,第 144 页。)(沈国麟:《论国际传播研究中的功能主义路径》,《新闻大学》2012 年第 2 期)

互文本:充分型理论认为……互文本是句组。
互文形式:互文本(句组)+互文标记。互文标记:互文小句、引号、参考文献标记。又如:

(145)按埃默里父子的论述,20 世纪初期美国新闻学教育经历了三个过程,即所谓的新闻学教育的发端(1900—1910 年代),这阶段以密苏里新闻学院和哥伦比亚新闻学院的成立为标志。第二阶段(1920 年代),作为社会设置的新闻学的完善;以及第三阶段(1930 年代),作为社会科学的新闻学研究和大众传播研究的引入。在这些阶段内,设立新闻学专业的高校数量大幅增加,相关专业协会也纷纷成立。(埃德温·埃默里等著,《美国新闻史:大众传播媒介解释史》,第九版,展江等译,中国人民大学出版社,2009 年 4 月版,第 657—659 页。)(贾敏:《走出象牙塔:精英理念与新闻教育的互动和实践——以哈佛尼曼新闻教育项目为中心的考察(1937—1948)》,《新闻大学》2012 年第 3 期)

互文本：按埃默里父子的论述……互文本是句组。
互文形式：互文本（句组）+互文标记。互文标记：互文短语（介词短语）、参考文献标记。又如：

（146）通常而言，公司治理结构作为一种制度安排，决定公司为谁服务，由谁控制，风险和利益如何在各利益群体之间分配等一系列问题。（梁能：《公司治理结构：中国的实践与美国的经验》，中国人民大学出版社，2000年，第4页。）（殷琦：《转型政治经济环境下中国传媒治理结构的变迁与走向》，《国际新闻界》2012年第6期）

互文本：通常而言……互文本是句组。
互文形式：互文本（句组）+互文标记。互文标记：互文词语、参考文献标记。

（4）语篇。
互文是以语篇形式进入到当前文本。如：

（147）在拉斯韦尔的两次世界大战宣传研究之间，克里尔在1920年出版的《我们如何大肆宣传美国——第一次讲述公共信息委员会的惊人故事，它将美国方式的福音带到全球每个角落》（Creel, 1920）中论述了如何利用信息和媒介来宣传美国的"福音"，其中亦是把信息媒介作为一个工具，发挥其功能来达到某种目的。（Creel, George (1920), How We Advertised America: The First Telling of the Amazing Story of the Committee on Public Information That Carried the Gospel of Americanism to Every Corner of the Globe. New York: Harper & Brothers.）（沈国麟：《论国际传播研究中的功能主义路径》，《新闻大学》2012年第2期）

互文本：《我们如何大肆宣传美国》。互文本是语篇。
互文形式：互文本（语篇）+互文标记。互文标记：互文词语、书名号、参考文献标记。

（148）事实上，这种观点是错误的，笔者通过检索发现，至少在西晋，学者杜预（222~285）在《春秋左传集解》一书中，就已经两次使用了"媒介"这个词，分别是"公不由媒介，自与齐侯会而成昏，非礼也"（卷二）和"言已，介达之，介音界，媒介也"（卷三十）。（杜预：《春秋左传集解》，上海人民出版社，1977年，第79、1801页。）（张振宇、张西子：《自"名"而"动"由"人"及"物"——中国古代"媒介"概念的意义变迁》，《国际新闻界》2011年第5期）

互文本：《春秋左传集解》。互文本是语篇。
互文形式：互文本（语篇）+互文标记。互文标记：互文词语、书名号、参考文献标记。
（5）模式。
互文是以某种模式进入到当前文本。如：

（149）人际交往中，由于个体的不同，人与人之间必然存在差异，而差异正是引起冲突的主要原因。冲突最易在两种互动的情境下发生：一是关系亲密者中间；二是当一个人的观念或行为对另一个人产生了影响，又妨碍他人实现自我目标时。（王怡红，2003：267）（陆磊：《传播如何可能？——以〈生活大爆炸〉为例》，《新闻大学》2014年第4期）

互文本：参考文献（王怡红，2003：267）。互文本以模式（"作者+年份+页码"）进行标记。
互文形式：互文本（模式）+互文标记。互文标记是指参考文献标记。
2. 派生关系互文
派生关系互文是指文本中有被改造的文本，源文本与互文本只能有一些模糊的语言痕迹。也就是说，派生关系互文是作者或主体经过主观地剪裁、分割、改造源文本，使其适合当前文本，互文本内容可以是观点、理论、事例、数据、思路、方法等。作者从这些互文本中得到了启发，但很难在正文中进行标注。如：

（150）柳鑫淼《翻译互文中的意识形态操控——基于网络间谍事

件新闻转述话语语料》(《福建师范大学学报》(哲学社会科学版), 2011 年第 1 期) 参考、借鉴了毛浩然、徐赳赳:《单一媒体与多元媒体话语互文分析——以"邓玉娇事件"新闻标题为例》(《当代修辞学》2010 年第 5 期) 和辛斌:《批评语言学:理论与应用》(上海:上海外语教育出版社, 2005 年, 第 113 页)。

互文本:被改造的源文本(模糊主题)。
互文形式:互文本+互文标记。互文标记:互文词语、参考文献标记。
论文中参考、借鉴的文献在正文中很难在语言形式上准确查找出来,只能从观点、理论等上面去推断:毛、徐的论文对互文的形式类型进行了分类,这与正文的关键词"互文(互文性)"有直接的联系;辛斌的著作主要是论述批评语言学对新闻类语言中表现出来的意识形态的分析,这与正文的关键词"(新闻转述)中意识形态操控"有直接的联系。读者很难从正文中观察到被引用的文本痕迹。

互文派生关系生成的互文本是源文本中的观点、理论、事例、数据、思路、方法或整体知识等与作者的前理解发生作用,产生新观点、新思想,但作者很难在正文中进行标注。

参考文献与学术论文形成互文的语言形式可以是词语、小句、句组和语篇,互文标记可以是小句、名词短语、词语、引号、引用标记。互文形式是:互文标记+互文本,其中互文本内容可以是观点、理论、事例、数据、思路、方法等。参考文献与学术论文形成互文结构要素:作者、参考文献作者、读者、书面语、文本、互文本。从以上例子可知:参考文献是正文的基础,可以从不同方面对正文内容进行建构、补充、解释、修正等。

(二)学术论文正文与参考文献的互文形式的语篇作用分析

新闻类学术论文与参考文献的互文形式:互文标记+互文本,或者互文来源+互文小句+互文本小句。互文形式的结构成分的语篇作用如下:

1. 互文来源的语篇作用

我们把互文来源分为:(1)有生命和无生命。有生命是指自我、定指他人、不定指他人、不可言说的他人、学术群体;无生命是指机构、作品(文本)。(2)自源:自我;他源:定指他人、不定指他人、学术群体、不可言说的他人、机构、作品。互文来源大多采用第三人称,如例

(139),互文来源：乔姆斯基，是定指他人。

从人称上看，第一人称有自我，第三人称有定指他人、不定指他人、社团、不可言说的他人和文本。唐和约翰（Tang & John）认为，"第一人称 I 可以是代表者、引导者、建构者、过程叙述者、观点表达者、发起者"[①]。

互文来源的语篇作用主要体现在学术论文的语篇特征上，如学术论文语篇的客观性、主观性，作者立场的建立等。

第一人称树立自己的观点，建立自己的学术立场和学术空间，以引起读者的注意、认同，并承担责任。

第三人称形式主要用来指其他研究人员，作者提及其他研究者显示了作者对研究领域内研究人员以及研究成果的熟悉程度，有利于拓展个人研究空间，有助于与他们保持良好的关系，同时减弱自己的话语强度，以示谦虚。用第三人称复数使作者的表述显得客观、公正，能加强作者与同行研究人员之间的密切关系。第三人称形式的使用能取到客观、公正的作用，保持与学术群体良好的人际关系，减少作者的责任。如例（143），互文来源：美国著名政治学家亨廷顿，是定指他人。确切的互文来源的信息，反映了事实的可靠性、真实性、权威性等。同时表达了作者肯定的态度和对命题不负责。

参考文献是"他者"，这个"他者"是与自我地位同等的、互动的、对话的他者。这里这个"他者"就是指自我、定指他人、不定指他人、学术群体、不可言说的他人和文本。学术论文是作者与自我、定指他人、不定指他人、学术群体、不可言说的他人和文本对话的结果。不同的互文来源体现不同的对话效果，如例（142）"充分型理论认为+互文本"这是"非人称化名词+认识动词+互文本"，这种非人称化名词形式表现出作者推理的主观性和客观性，即推理是建立在客观情况基础上的，作者对真值的承诺进一步减少了，作者让事实为自己说话，事实让作者做出宣称。又如："第一人称+认知动词+互文本"，这种第一人称单、复数形式可以在提出个人观点的同时又起到礼貌的作用，加强了推理的主观性，作者对论断真值的承诺也变得模糊，承认自己的论断有待于进一步探讨，促进了作

[①] 转引自涂志凤、秦晓晴《英语学术写作中作者显现度研究综述》，《外语教育》2011 年第 00 期。

者与读者的互动。

作者运用不同的互文来源体现了作者对学术权力不同分配,从而建立自己的学术立场和对话场。

2. 互文标记的语篇作用

参考文献与学术论文互文有语言上的痕迹,这个痕迹称为互文标记,也就是标示互文联系的标记,如互文小句、名词短语、词语、引号、引用标记。本章主要讨论互文小句。

互文小句是指引出互文本的小句,也就是说,互文小句是指对互文本具有引导、介绍作用的小句形式。互文小句形式有:有生命(互文本作者、作者、他人、学术群体)+互文动词,或无生命(作品、论文、图表、图片等文本)+互文动词。如例(143)"美国著名政治学家亨廷顿指出",这是"有生命+互文动词";例(144)"充分型理论认为",这是"无生命+互文动词"。

互文动词是作者在学术论文中引用或论及前人或同时代的人的研究时所使用的动词。互文动词具有引述功能和语用功能。互文动词是传递相关信息的互文标记,是互文本的一个重要互文信号。运用互文动词能够有效地将作者的论述和已有的研究成果联系起来,使得论述更有说服力。互文动词是一种互动性的语境,一方面导入互文本作者的声音,另一方面又反映作者对互文本内容的评价。

互文动词体现了作者的引用动机。加菲尔德(Garfield)列举了15种引用动机,其中涉及人际功能,需要通过转述动词来实现的有:对同行的尊重、对相关文献的认同、修正自身的研究结论(自我引用)、修正他人研究、批评前人的研究。

互文动词有不同的分类[①],海兰德在汤普森和叶(Thompson & Ye)的研究基础上,重新阐释了互文动词的分类和描述方法。互文动词分为三类:(1)研究型动词:研究结果与研究过程,研究结果:叙实、反叙实和

---

① 互文动词分类参考了转述动词分类。转述动词是互文动词的一种类型。Thompson & Ye 把转述动词分为:语篇类、心理类和研究类。Hyland 分为:研究类、认知类和语篇类;贺灿文等分为:现实类(类似于研究类)、语篇类、思维类和状态类;唐青叶分为:作者转述行为类和被转述者言语行为类,又根据评价潜势将其分为:作者立场类和被引述者立场类;张荣建分为:转述话语类和引述思想类。(参见陈红梅《话语引述现象研究综述》,《南京理工大学学报》(社会科学版)2010年第6期)

非叙实；（2）认知型动词：积极、批评、迟疑和中立；（3）话语（语篇）型动词：怀疑、确信和反对。研究型动词与研究结果的陈述或者研究过程有关；认知型动词用来描述研究者实施的认知行为，包括作者的心理活动等，表现出作者对互文本作者的论断做出相应的评价，而不是直接表达自己的态度。话语行为动词用来描述作者和互文本作者之间的联系，且表明作者对互文本内容的评价。①

新闻类学术论文互文动词：（1）研究型动词：如发现、提出、夸大、忽略等；（2）认知型动词：如认为、相信等；（3）话语（语篇）型动词：说、写道、指出等。

研究型动词具有说服、评价、中立、互动和评价的人际功能，表现出作者对互文本（进入到文本中的参考文献）的客观的、中性的态度，容易让读者接受。研究型动词通过对互文本进行综述，显示作者对文献的掌控能力和坚实研究基础。同时，还借助于互文本作者表现出的权威性来支持学术论证，如互文动词：发现等。

认知型动词对互文本采用大多数研究者接受的观点，又表达自己的积极评价，容易让学术群体接受，同时又对前人或同代人宽泛的总结表达作者对命题的不确定性，让读者参与一起进行协商。如互文动词：认为等。

话语（语篇）型动词有的对互文本采用尝试性态度，又尊重同行；有的对互文本采用肯定的积极的评价，对引述内容是一种客观的、中性的方式，表现出作者采取一种不干涉的态度；有的表达作者对互文本的一种否定，暗示这些内容有待进一步论证。话语（语篇）型动词使表述更婉转，增强语篇的接受度。话语（语篇）型动词将命题的责任直接指向互文本作者或互文本，而作者对互文命题的态度是不明确的，这是一种用于比较和支持研究的有效方法。如互文动词：提出等。

研究型动词、认知型动词和话语（语篇）型动词表达了作者或互文本作者的立场、观点或态度。研究型动词主要用来表明作者对所引信息的个人立场，如用事实、反事实、非事实动词表示确认、接受、反驳等；认知型动词表达互文本作者的立场、观点或态度，如用肯定、否定、中性的动词表示积极的、批判的、中立的姿态；话语（语篇）型动词用来表达各种

---

① 张军民：《基于语料库的英语学术语篇转述动词研究》，《河南师范大学学报》（哲学社会科学版）2012年第3期。

态度，如肯定、怀疑、反对等，这些态度因语境可归因于作者或互文本作者。

因此，互文动词构成互文最直接的语境，具有预示和支配其意义的功能。互文动词在学术论文中具有重要作用，一方面表达互文本作者（参考文献作者）的观点、立场；另一方面传达作者的观点、立场和对命题的思考。

互文小句是事实的陈述，是作者的选择，体现作者的交际意向和语篇社团的集体意向。互文小句既可以转述评价他人的研究，又可以表述和评价作者的研究。学术论文中互文小句的重要性在于提供一个用来接合别人话语的合适语境，互文小句起到中介连接的"枢纽"作用。学术论文中互文小句是"提供一个用来说服别人的合适语境，从而展示自己当前的研究是如何以前人研究为基础、并重构前人观点以建立起更广阔的学科交互连接"，因为"学术写作的成功取决于能否将当前的研究放在一个更广阔的学科背景中"。[1]

互文行为，是一种互动行为，作者通过互文动词传递互文本作者的态度、观点和评价。这时互文动词就成为了互文本中枢，通过这个中枢把具有异语境的互文本引入当前文本，形成互文，展开对话。

3. 互文本小句的语篇作用

（1）原文角度。

互文本小句是指互文本，即进入到文本中的参考文献。从原文角度分类，可分为：直接互文和间接互文。[2] 直接互文是直接引用其他人的原话，有引号标记。间接互文是间接引用其他人的话，没有引号标记。如例（143）"美国著名政治学家亨廷顿指出+互文本"是直接互文，有引号；例（145）"按埃默里父子的论述+互文本"是间接互文，没有引号。

原话互文时投射的是言辞，间接互文投射的是意义，由此产生两类不

---

[1] 孙迎晖：《中国学生英语硕士论文引言部分转述语使用情况的语类分析》，《外语教学》2009 年第 1 期。

[2] 从原文角度分类，互文分类参考了引语的分类。引语一般分为：直接引语和间接引语。Leech & Short 分为：直接引语、间接引语、自由直接引语、自由间接引语和言语行为的叙述性引述；Volosinov 分为：线式和图式；Weissberg & Buker 分为：信息显著型、作者显著型、作者弱显著型和一般陈述型；Hallida 分为：原话转述和间接转述；申丹认为，中国文学作品中有一种自由直接引语和自由间接引语"两可型"的现象；黄国文分为：直接引语、间接引语和混合引语。（参见陈红梅《话语引述现象研究综述》，《南京理工大学学报》（社会科学版）2010 年第 6 期）

同的现实：物质存在的日常世界和在语言系统作用下的表征世界。①

　　互文性就是把两个或两个以上语篇（文本）、两个或两个以上声音组合在一起形成对话，这种对话是两种不同视角、不同目标和不同兴趣的对话。直接互文有两个视角或中心：作者、互文本作者（参考文献作者）。互文小句与作者及其语境直接相关，互文本小句与替代语境中的互文本作者相联系。如例（143），作者、互文本作者（亨廷顿）是两个视角。在间接互文中，只有一个视角或中心：作者、互文小句、互文本小句、互文本作者等都与作者语境一致。如例（145）只有作者视角，同时又保留一定程度上的互文本作者（埃默里父子）的视角。也就是说，直接互文涉及由作者视角向互文本作者视角的转换，间接互文由互文本作者视角向作者视角的转换；直接互文视角转换形成的作者与互文本作者之间的对话，同样在间接互文视角转换中，作者为了某种语义动机在一定程度上保留互文本作者中心从而制造一种双声的对话效果，命题内容的正确性、可能性和必然性的评价主要属于互文本作者的意图范围，并以互文本作者及其说话语境为中心。

　　学术论文与参考文献的互文是一个动态的过程，必须重视文本与互文本语境之间动态的关系。这种动态关系可以从三方面进行考察：①互文和作者的话语在多大程度上是界限分明的，即作者在多大程度上把互文的"声音"与自己的声音融为一体或者相互分开；②互文语境在多大程度上支配或影响对互文本的理解；③互文在多大程度上表达了原话的人际功能意义。②

　　（2）互文本作者角度。

　　互文本作者是指参考文献作者。互文本从互文本作者的角度分为：完整互文和不完整互文，又称融入式和非融入式，也称整体互文和部分互文。完整互文指的是互文本作者的名字纳入句子中，作为句子的一个语法成分，出版日期和页码用括号标在名字后或置于句末，谓语用互文动词形式。如例（143）"美国著名政治学家亨廷顿指出＋互文本"。（塞缪尔·P.亨廷顿：《变化社会中的政治秩序》，王冠华等译，生活·读书·新知三联

---

　　① 转引自陈红梅《话语引述现象研究综述》，《南京理工大学学报》（社会科学版）2010年第6期。
　　② 辛斌：《批评语言学：理论与应用》，上海外语教育出版社2005年版，第107页。

书店1989年版，第28页）

不完整互文是指互文本作者的名字不出现在句子结构中，置于括号里或用数字上标的形式在脚注或尾注中出现，可以同时指称多部著作，此时没有清晰的互文动词。如例（146）"通常而言，公司治理结构作为一种制度安排，决定公司为谁服务，由谁控制，风险和利益如何在各利益群体之间分配等一系列问题。"（梁能：《公司治理结构：中国的实践与美国的经验》，中国人民大学出版社，2000年，第4页）

完整互文和不完整互文是作者凸显互文本作者权威或互文本内容的主要方式。在完整互文中，互文本作者以施事者的身份出现，这是强调互文本作者地位的一种重要方式，强调对个体研究的评述。作者通过对互文本广泛而详细的评述，显示自己对文献的掌控能力，及自己坚实的学术基础。同时，还可以借助互文本作者表现出的权威性来支持自己的论证。如例（143）用政治家的话语来支持作者自己的论证。在不完整互文中，作者强调的是互文本的内容，而互文本作者的信息处于"次要地位"，放在括号里。也就是说，作者强调研究的对象和成果，凸显注重客观事实的特质。如例（146）作者强调的是互文本的内容。

学术论文正文与参考文献的互文的形式选择是作者从"不同的互文来源+不同的互文动词+不同的互文形式+不同的互文本"中进行选择，这是一个不同成分之间的互动过程，在这个互动过程中，学术论文就形成了一个语言形式和意义的互文网。

学术论文与参考文献的互文的功能服务于学术语言的科学性、正确性、逻辑性、严密性、客观性、模糊性、中立性。

学术语篇中互文有三大功能：（1）通过向同行和读者表明作者自己对本学科的既有知识的掌握、看法、态度、意见、立场，以及指出他人尚未探讨的问题，或者指出他人观点的缺点、错误、需要修正的地方，以此确立作者构思著作的基础；（2）分析、讨论、说明、论证，特别是加强作者自己的观点；（3）向读者表明自己涉猎本学科尽可能多的著作、文献。[①]

互文来源、互文标记、互文本小句的语篇作用表明它们是如何从外部文本世界来形成与文本的互文关系。不同的互文来源能表现不同的文本语

---

① 转引自曾蕾、胡瑾《学术话语中的多模式"投射"》，《湖南人文科技学院学报》2007年第5期。

篇功能，如语篇的客观性、主观性、科学性等。互文动词能说明作者是如何通过互文本建构自己的立场。互文本小句形式也说明它本身是如何与文本进行融合的，即是从互文本作者的角度，还是从互文本内容的角度进行融合的。这些互文结构成分的组合也能形成学术论文的语篇功能，也就是说，"不同的互文来源+不同的互文动词+不同的互文形式+不同的互文本"是成分之间的互动过程，互动过程中形成不同的语篇特征和功能。

互文分析是从"他者"的角度的分析，他者是主体，是与作者平等的主体，作者通过与他者的对话，建构文本（语篇）。参考文献是"他者"，参考文献作为互文本进入到当前文本，从意义、语境等方面重新融入到新文本中，其间经过主体的赞同、认可、否定、协商和讨论等评价手段，因此，从学术论文与参考文献的互文形式的分析中可以了解主体参考、理解、运用参考文献参与语篇构建的过程，形成学术论文的继承性、创新性、科学性、严密性、逻辑性、正确性和模糊性的过程。参考文献对作者意向性产生重要的影响。

学术论文正文与参考文献的互文性特征表现为互文形式和语义的互动，互文形式可归结为：互文标记+互文本。互文本是进入到文本中的参考文献。互文本具有的特征是"从文本内部看，互文本体现为当下文本成分与源文本成分间的互涉关系；从文本外部看，互文本体现为处于不同空间层次上、不同来源的源文本按不同的方式参加到当下文本中来所形成的空间结构关系"[①]。互文标记表示作者引入参考文献的语言痕迹。互文标记主要包括互文小句、互文状语、互文动词、名词短语、词语、引号、引用标记等，互文本表现为词语、小句、句组、语篇等形式。互文的策略多样，从互文信息的来源看，可分为自互文和他互文；从对原文的处理方式看，可分为直接互文和间接互文；从互文本作者的角度，分为完整互文和不完整互文。

海兰德指出，任何学术论文，甚至最具有原创性的文章也是建立在其他人的思想、概念之上，并在此基础上进行的新发现或理论创见。[②]

---

① 祝克懿：《互文：语篇研究的新论域》，《当代修辞学》2010年第5期。
② 转引自孙迎晖《中国学生英语硕士论文引言部分转述语使用情况的语类分析》，《外语教学》2009年第1期。

学术论文正文与参考文献的互文体现作者对互文本内容、研究者所持的态度，为作者的评价开启了对话空间。互文的语境包括：作者、互文本作者、读者和学术群体。其中作者的个体意向与读者和学术群体的集体意向制约着互文的形成和实现，两者呈现合意化的倾向。

互文过程表明作者的交际目的、学科规范和读者的期待始终是互动的，也就是说，互文方式的使用是作者、互文本作者（参考文献作者）、读者、文本、学术群体之间进行对话的桥梁。互文性实质是一种意义的组合，但又不是文本与互文本意义的简单相加，而是附有作者评价的意义，体现出作者、参考文献作者、读者、学术群体的互动。

伊瓦尼希（Ivanic）认为，学术语篇的秩序就是一场在学术群体中夺取创造知识的意识和权势关系的战争，有些语篇相互之间能和平共处，有些则在争夺统治权。在语篇生成过程中作者受交际目的的制约，与参考文献作者、研究对象乃至读者达成互动，体现了功能选择；学术语篇以隐性的读者包括参考文献作者为对象，在选择互文时更要考虑这一类交际群体在言语交际中的作用，他们怎样以一个潜在的交际方式影响作者的语篇生成，又是怎样强化了社会组织力量对语言接受的影响。因此，这种分析更能体现作者的价值判断、态度，使语篇成为一个社会性的动态过程。①

因此，学术论文正文与参考文献的互文揭示了：

（1）学术论文的生成与创新是建立在参考文献这个他者的基础上的，参考文献对文本进行不同方面的补充、更正、延伸、讨论、协商等。

（2）学术论文正文与参考文献的互文的形式选择是作者从"不同的互文来源+不同的互文动词+不同的互文形式+不同的互文本"中进行选择。这个选择过程形成了学术论文的语篇特征，同时建立了作者自己的立场。学术论文的创新是对互文本的发展、深化和超越，并建立作者自我的文本空间，使文本发展成为未来的互文本。

（3）参考文献是个集合体，它们又把学术论文语篇引入一个更为广阔的文本世界。也就是说，互文是对言说的再度言说，互文过程是人类思想、文化的传承过程，是人类传递信息、传播文化、传承知识的重要纽带，是人类极其重要的言语行为。

---

① 转引自唐青叶《学术语篇中的转述现象》，《外语与外语教学》2004年第2期。

二 文本内容层面

学术论文是个系统,这个系统是沿组合和聚合两个轴向展开,聚合轴以语篇单位的等价性或一致性组成,以常规或变体演进,体现出替换关系;组合轴以语篇单位的相关性连接,体现出分布关系。

学术论文的结构分成:标题、摘要、关键词、正文、注释、参考文献。其中标题、关键词、摘要、注释、参考文献是聚合关系,具有与正文一致性的特征。

参考文献互文结构要素:作者、参考文献作者、读者、参考文献、媒介、世界。

参考文献的功能[①]说明了学术论文对科学知识发展的继承性,这样学术论文中含有大量的互文性成分,包括对他人观点、理论、来源信息、结构方式和语言形式等方面的引用和借鉴,这些互文性成分分为有标记形式(如括号、注释、引号、附注、斜体、说明)和无标记形式(如不带括号的引用)、隐含的方式(如改造、仿写)等,起着解释说明、评论评价、权威诉求、格式规范、学术影响、著作权确认等功能。这些是参考文献与学术论文正文在内容方面的互文关系。

参考文献与学术论文互文关系分为:共存和派生互文。

(一)共存关系互文类型

共存互文关系是指正文与互文本共同存在,同时出现在文本中,或者说,能区分出一个文本中含有另一个文本。有引用、举例等互文形式。具体体现在以下几方面:

1. 概念、名称、定义

互文本是概念、名称、定义。如:

(151)英国学者博埃默(Boehmer,1998:22)认为,"他者"这一概念被用来指称主导性主体以外的一个不熟悉的对立面或否定因素,正因为"他者"的存在,主体的权威才得以界定。他认为西方自

---

① 参考文献具有 10 项功能:提示研究起点、知识承续功能、鸣谢归誉功能、学术评价功能、预测分析功能、文献检索功能、学术论证功能、著作权保护、学术规范功能和节约篇幅版面。(参见陶范《参考文献具有的十项功能》,《中国科技期刊研究》2007 年第 2 期)

视优越,正是因为他们始终把殖民地的人民看作是没有力量、没有自我意识、没有思考和统治能力的他者。霍礼德等人(Holliday, A. etal, 2004)认为,"他者"不仅可以指不同的国家,也可以指异质的群体,如种族、宗教,阶级或者性别。(童兵、潘荣海:《"他者"的媒介镜像——试论新闻报道与"他者"制造》,《新闻大学》2012 年第 2 期)

互文本:"他者"概念。例(151)是间接引语。作者引用了相关人员(一般是专家)的观点、理论作为自己的观点、理论。引用的观点、理论一般有支持、证明等功能。

互文形式:互文标记+互文本(概念、名称、定义)。互文标记是互文小句、参考文献标记。

2. 理论、模式

互文本是理论、模式。如:

(152)简而言之,关系传播理论最主要的观点是,传播研究者把研究传播的关注点放在个人身上是错误的,对传播或交流的认识"必须要考虑到关系问题,考虑到交流发生于其中的情境,因为这些情境可能影响到传播或人们对交流意义的理解"(Julia T. Wood, Communication Theories in Action [M], Massachusetts: Wadsworth Publishing Company, 2004: 162)。(洪婧茹:《建筑业流动劳工的社会空间、人际传播与关系重构——对北京地铁某线建筑工地的调查》,《新闻大学》2014 年第 1 期)

互文本:关系传播理论是……互文本是一种理论。

互文形式:互文标记+互文本(理论、模式)。互文标记有互文小句、引号和参考文献标记。

3. 观点、解释

互文本是观点、解释。如:

(153)《共产党宣言》中的一个著名论断同样适于描述今日的互联网时代:"一切固定的古老的关系以及与之相适应的素被尊崇的观

念和见解都被消除了，一切新形成的关系等不到固定下来就陈旧了。一切固定的东西都烟消云散了，一切神圣的东西都被亵渎了。人们终于不得不用冷静的眼光来看他们的生活地位，他们的相互关系。"（［德］马克思、恩格斯《共产党宣言》，《马克思恩格斯选集》（第一卷），人民出版社1972年版，第254页。）（胡百精：《互联网与重建现代性》，《现代传播》2014年第2期）

互文本：《共产党宣言》中的一个著名论断同样适于描述今日的互联网时代……作者用"著名"、"同样"表明了对互文本的肯定的态度和评价。互文本是一种观点。

互文形式：互文标记+互文本（观点、解释）。互文标记有互文小句、引号和参考文献标记。

4. 研究课题、内容

互文本是研究课题、内容。如：

（154）本研究使用德国心理学者Weidmann等设计的ETSS量表来测量甘肃地震现场记者心理创伤暴露情况，（Weidmann, A., Fehm, F., & Fydfich, T. Covering the Tsunami Disaster: Subsequent Post-traumatic and Depressive Symptoms and Associated Socidfactors. Stress and Health, 24, 2008. pp. 129-135.）该量表包括记者在灾区采访时可能遇到的九种心理创伤情景，通过4点计分，从没有（赋值0）到经常（赋值3），来测量地震现场记者心理创伤暴露情况。（路鹏程、卢家银：《地震灾区记者的心理创伤暴露与创伤后应激障碍研究》，《现代传播》2014年第6期）

互文本：德国心理学者Weidmann等设计的ETSS量表。

互文形式：互文标记+互文本（研究课题、内容）。互文标记有互文短语和参考文献标记。

5. 研究结果、结论

互文本是研究结果、结论。如：

（155）据统计，全球90%以上的信息是由美国为主的西方国家传播的,大多数发展中国家的媒体只能充当中转站,对发达国家传播的信息做二次传播。(董瑞丰. 警惕西方国家"软遏制"中国倾向 [J]. 瞭望新闻周刊,2008(4).) 而国际舆论由事件引起,事件又往往由掌握话语权的政治精英或商业精英引发,再经有影响力的媒体记者或评论员完成,最后化为舆论才与受众见面。因此,在国际舆论场,起到关键作用的往往是西方媒体,尤其是美国媒体。(赵泓:《〈每日电讯报〉中的中国形象研究——基于 2003—2013 年对华报道的内容分析》,《新闻大学》2014 年第 4 期)

互文本:统计的结果……
互文形式:互文标记+互文本(研究结果、结论)。互文标记有互文短语(介词短语)和参考文献标记。

6. 方法、思路
互文本是研究方法、思路。如:

(156) 自 1980 年戴维·莫利(David Morley)等人开启新受众研究以来,关于电视的受众研究在发展过程中呈现出两个特点:一是把电视使用与不同民族、性别、年龄的受众如何实现自己的身份认同相结合。二是研究中出现了技术转向——将媒介技术的视角结合到对日常行为模式的研究中。这两个特点往往与对日常生活情境的重视和民族志方法的运用相结合,推动受众研究不断走向深入。(金玉萍:《身份认同与技术转向:新受众研究的发展态势》,《国际新闻界》,2011 年第 7 期,第 41 页)(金玉萍:《电视实践与维吾尔族村民日常生活研究——基于托台村民族志调查》,《新闻与传播研究》2012 年第 1 期)

互文本:关于电视的受众研究在发展过程中呈现出两个特点。此例首先介绍了互文本(方法、思路),其次用评述"本文试图提供这样一个中国本土化的研究案例,探讨新疆一个以维吾尔族为主体的村庄中受众的电视实践及其对日常生活的意义"。互文本用于正文的展开,阐述了论文运用的思路和方法。

互文形式：互文标记+互文本（方法、思路）。互文标记是互文词语和参考文献标记。

7. 事实、案例、数据、图表

互文本是事实、案例、数据、图表等。如：

（157）政治信任最早受到关注是由于一些国家的公众对政府信任程度下降，从而造成了"治理危机"。以美国为例，美国公众对于政府的信任自 1960 年至 1990 年间一直呈现下降趋势。在 1964 年的时候，76%的美国公众认为，华盛顿政府总能够——或大多数的时候能够——按正确的方式来做事；然而，到 20 世纪 90 年代时，还持同样看法的公众比例只有 38%，对总统、议会等政府机构的信任也同样存在下降趋势。（Hibbing, John R., & Elizabeth Theiss-Morse, Congress as Public Enemy: Public Attitudes toward American Political Institutions, Cambridge University Press, 1995）（牛静：《传媒与政治信任之关系的研究现状及展望》，《国际新闻界》2012 年第 1 期）

互文本：以美国为例。例（157）中用例子证明"政治信任最早受到关注是由于一些国家的公众对政府信任程度下降，从而造成了'治理危机'"。

互文形式：互文标记+互文本（事例）。互文标记：互文短语（介词短语）、参考文献标记。互文本是事例，用以证明论文的观点。又如：

（158）除了接触率外，信任度是另一个维度的观察。在 2009 年举行的一项调查中，当被问到"如果同一条新闻在下面不同媒介上的说法不一样，您最相信哪种媒介"时，回答相信电视的受众人数最多，占了近七成；相信报纸的占到近两成，其次为网络。而广播、杂志和手机所占比例都很小。具体如图 2 所示。（张洪忠：《武汉传媒公信力调查：媒介渠道的覆盖率与公信力》，2009 年 10 月 09 日凤凰网传媒频道。）（周小普：《从数字中看差距——对中国广播发展问题的思考》，《新闻与传播研究》2011 年第 2 期）

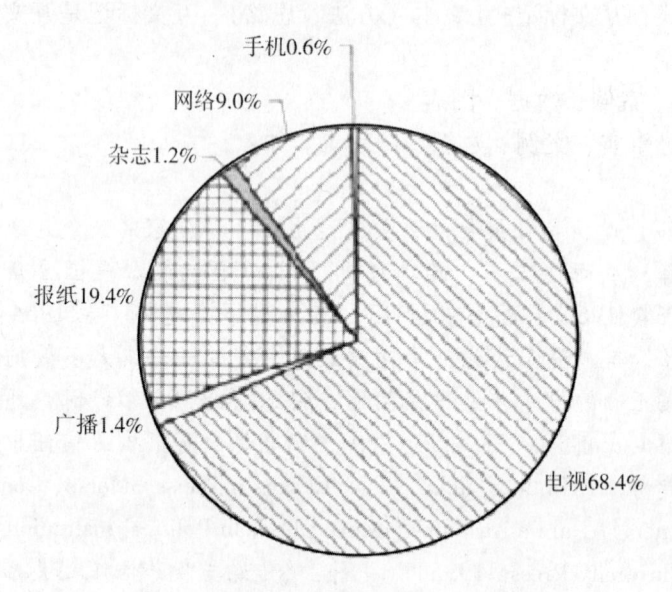

手机0.6%
网络9.0%
杂志1.2%
报纸19.4%
广播1.4%
电视68.4%

图2 不同媒体的信任选择率（相对公信力）

互文本：具体如图2所示。互文本用图形来说明。

互文形式：互文标记+互文本（图表）。互文标记：互文短语（介词短语）、参考文献标记。互文本是图表，用互文本：有关网络媒体的分数是……互文本用数据来论证。

互文形式：互文标记+互文本（数据）。互文标记：互文短语、参考文献标记。互文本是数据，用来论证观点、理论。又如：

（159）以上报告所指的"信任度"涉及面很广，后来的历次报告也没有对网络信任度再做细分调查。2009年张洪忠副教授调查"中国传媒公信力"，选取国内十大城市调查各大传媒。只看其调查"传媒绝对公信力"，即让受众以百分制对传媒信任程度打分，有关网络媒体的分数是：北京61.65、上海64.26、深圳59.16、广州66.14、成都57.87、南京63.99、沈阳58.2、武汉66.48、西安58.53、重庆62.96。平均分为61.9。网络媒体在受众眼中只是勉强及格，而深圳、成都、沈阳和西安四个城市更是连及格线都未达到。而该调查的其他媒体的数据平均分为：电视为81.1，报纸为73.5，广播则为71.1。

(张洪忠：《中国传媒公信力调查》，南京师范大学出版社 2010 年版，第 20 页。)（张雨：《被忽略的重要网民数据解读》，《当代传播》2011 年第 5 期）

互文本：有关网络媒体的分数是……互文本用数据来论证。
互文形式：互文标记+互文本（数据）。互文标记：互文短语、参考文献标记。互文本是数据，用来论证观点、理论。
（二）派生关系互文类型
派生互文关系是指正文中只出现变形、改造的互文本，或者说出现在正文中的互文本是经过改造、变形的源文本，只能看到源文本的模型、影子，正文中一般没有标记。观点、理论、分类、思路、方法等可以作为参考、借鉴。互文本可以是改造了的观点、理论、分类、思路、方法等。如：

（160）柳鑫淼《翻译互文中的意识形态操控——基于网络间谍事件新闻转述话语语料》(《福建师范大学学报》（哲学社会科学版），2011 年第 1 期）参考、借鉴了毛浩然、徐赳赳：《单一媒体与多元媒体话语互文分析——以"邓玉娇事件"新闻标题为例》（《当代修辞学》2010 年第 5 期）和辛斌：《批评语言学：理论与应用》（上海：上海外语教育出版社，2005 年，第 113 页）。

互文本：改造的源文本的（模糊的主题）。
互文形式：互文标记+互文本（方法、思路）。互文标记是互文词语和参考文献标记。
论文参考的文献从语言形式上很难查找出与正文中相同或相类似的语句，只能从观点、理论上去联想、推断。柳与毛、徐论文的联系之处在于关键词"互文（互文性）"，柳与辛的论文的联系在于关键词"意识形态"。这种形式的论文之间的关系称之为互文类型的派生关系。
参考、借鉴的观点、理论、分类、思路、方法等，用于支持自己的观点、理论，或引起讨论，或用于辩证等。
参考文献在学术论文的结构成分中出现的比例不同，参考、借鉴的内容也不同。参考文献引证在研究型论文中数量的分布：引言中的参考文献数量占总引文数的 61.41%，正文中的占 38.59%，结论中的引文数量为 0。① 文献引用在实证类英语学术研究话语中的分布②：引言中相关研究的课题内容 17.28%、综述前人的研究发现 21.23%、具体阐释前人对作者拟探讨的问题的观点 32.06%；正文中引用前人使用的研究方法 58.33%，其次引用观点解释 16.67% 和相关的定义概念 15.83%；结论中引用观点解释 46.59% 和研究结果 31.25%。③

这些说明参考文献在学术论文中具有重要的价值。引言中参考文献的运用在于提供背景，指出尚待研究的空白、或问题、或不足、或借鉴、或启发、或深化，从而说明课题研究的意义和价值；正文中参考文献主要提供概念、理论依据，提供事实、事例、数据等论据，提供研究的方法、思路等；结论中参考文献主要提供概念、理论依据等。

参考文献在学术论文整体中的形式标记：在注释后运用一定的规范、标准列举，组成学术论文的重要组成成分。

参考文献与学术论文正文的互文形式：互文标记+互文本。

三　学术论文与参考文献互文的语篇功用

（一）　对话性④

学术语篇对话性是指语篇中存在两个或两个以上相互作用的声音，形成肯定和补充、同意和反对、问和答等关系。

学术论文与参考文献的互文性的本质是主体之间的对话性，主体包括作者、参考文献作者、读者、学术群体。对话就是语篇中对先前的或当前的言语或实在的、潜在的读者的应答。作者对参考文献的参考、借鉴表现出赞同、共鸣、反对、协商、讨论等评价，从而在学术语篇中建立自己的立场和多声性（或异声性、互文性）。作者是学术群体的成员，通过学术论文的创作实现与读者的对话，建立人与人之间及人和学术观点的关系，

---

① 朱大明：《参考文献引证在研究型论文中的分布特征》，《编辑学报》2008 年第 6 期。
② 从内容视角看，文献引用表现在六个方面：引用研究课题/内容；引用概念/名称/定义；引用理论/模型；引用研究方法；引用研究结果以及引用观点/解释。（参见徐昉《实证类英语学术研究话语中的文献引用特征》，《外国语》2012 年第 6 期）
③ 徐昉：《实证类英语学术研究话语中的文献引用特征》，《外国语》2012 年第 6 期。
④ 部分内容来自黄小平《新闻类学术论文正文与参考文献的互文性研究》，《毕节学院学报》2014 年第 3 期。

也就是说，作者在追求学术目标的过程中通过对参考文献的修辞选择来建构人际的协商，平衡自己的观点，并能影响读者对观点的接受、理解和评价。作者常常通过对参考文献来建构自己的积极的和构成性的观点来达到与读者的互动。作者通过建立自己的立场过程表明：（1）遵守学术群体的规范；（2）此研究建立在已有研究的基础上（参考文献），但现有研究存在不足；（3）此项研究的创新正是从现存的不足的研究。这样作者借鉴与参考文献作者的对话来发出自己的声音，又让读者体现为一种期待：此研究是否可信、科学、有创新性，值得读一读？① 实现对话性主要的方式有两种：一是自我立场的建立。作者通过学术论文建立自己的观点、理论，其立足点是表达学术的声音或学术社团的声音，或者说是作者建立人际意义的态度，包括作者如何"定位"自己、表达判断、观点和承诺等。二是多声性的介入。作者引入不同的声音（参考文献）并提出自己的观点与读者建立联系。这是作者以礼貌的、协商的态度参考、借鉴参考文献来选择意义，充分尊重读者的意愿，并对同一命题的不同观点表示商讨、认可。作者与参考文献作者建立联系的同时，承认读者的存在与不确立性，把读者当作参与者吸引到论证中引导他们理解语篇，满足了读者学术参与的期待。

1. 人称来源的对话关系

人称来源的对话关系是指有具体的人作为话语来源与作者、读者、学术群体之间形成的对话关系。如：

（161）事实上，麦克卢汉本人就认同这一定位。他明确提到"我的方法恰当地说是'结构主义的'……媒介领域只有我目前使用结构主义的或'存在主义'的方法。这是一种高雅的方法"。（麦克卢汉，《麦克卢汉书简》（何道宽译）. 北京：中国人民大学出版社. 2005：582）（胡翌霖：《麦克卢汉媒介存在论初探》，《国际新闻界》2014年第2期）

人称来源：麦克卢汉。

---

① 李小坤：《学术语篇中的转述：不同声音的对话》，《华南师范大学学报》（社会科学版）2011年第6期。

人称来源的对话关系强调人称的权威性来支持、佐证作者的观点,增强与读者的对话。

2. 非人称来源对话关系

非人称来源对话关系是指用研究课题、概念、方法等作为来源与作者、读者、学术群体之间形成的对话关系。如:

(162)照此判断54.8%的记者可能罹患不同程度的PTSD症状,其PTSD罹患率远高于我国记者在日常采访中罹患PTSD的百分率(38.3%)。(路鹏程、石永军:《我国电视新闻记者心理创伤暴露及其影响研究——以某省级卫视为例》,复旦大学:传播与中国·复旦论坛(2013),2013年12月。)这表明记者经历的心理创伤事件越危险、情景越惨烈,其罹患PTSD的风险越大,症状程度越深。(路鹏程、卢家银:《地震灾区记者的心理创伤暴露与创伤后应激障碍研究》,《现代传播》2014年第6期)

非人称来源:照此判断。

非人称来源的对话关系强调观点、理论等的客观性、科学性来支持、佐证作者的观点,利于说服读者接受和认同。

3. 让步的对话关系

作者在论证过程中利用相反、相对、排斥的观点、理论等与读者、学术群体之间形成的对话关系。如:

(163)湖南电视产业的电视传媒业务占整个产业的主导地位,并在全国具有领先地位,"但新媒体业务明显落后于上海、北京等发达地区,甚至落后于周边的重庆、湖北等地"。(聂玫:《湖南广电发展战略的新思路》,《电视研究》2009年第10期)我国社会正处于深度转型期,传统区域性格局正向无区域格局转移,传统媒体领域正转向新媒体领域。(周少四:《湖南电视产业发展面临的问题与挑战》,《当代传播》2014年第3期)

互文本:"但新媒体业务明显落后于上海、北京等发达地区,甚至落后于周边的重庆、湖北等地"。互文本表达让步,是文本"湖南电视产业的电视传媒业务占整个产业的主导地位,并在全国具有领先地位"的另一个声音,从而形成对话。

学术语篇人际层面建立的作者立场和多声性是统一的,一方面,作者必须表明立场并进行论证,不可避免地要对其科学性、真实性进行判断而做出评价、表明观点;另一方面,作者引入他人声音(参考文献)、分配给不同的声音以角色而动态地"定位"自我和读者,即语篇作者利用参考文献和语篇互文性的修辞策略来互动性地构建语篇。因此,学术语篇互文性就是语篇中各种声音的对话、互动、协商。

马丁和怀特根据介入话语的对话性把评价系统做了更为详细的描述。他们认为,介入系统是用来描述那些把某一话语或是语篇建构为一个多声的场所的意义类型。① 这个多声性的互文场所混杂了对先前话语、不同的观点的话语和作者的话语,其中"先前话语、不同的观点的话语"是参考文献。

作者引进不同语篇(参考文献)的声音、观点、命题,形成与自己的声音互动,产生形成了语言形式表达的扩展或收缩的语篇空间,形成了多声性的空间网络。也就是说,作者对参考文献的参考、借鉴就是用不同的话语方式介入,产生多声性的对话场(互文场)。因此,学术论文语篇就是一个多声性的对话场,是作者、参考文献作者、读者、学术群体之间对话的产物。

(二)评价性

参考文献是作者对相关的文献的参考、借鉴的文本,其实质是作者、参考文献作者和读者三种不同声音之间的互动、对话。这种多声对话让作者介入语篇,以他人的观点、立场、思想、理论为参照来定位自己的立场,从而使读者接受自己的观点和态度。

评价"强调语篇的互动本质—协商性"②。

互动性和说服性体现了作者、读者、其他作者、学术群体之间的关系、角色和责任。在学术语篇中,参考文献的互文介入是评价理论的介入系统的主要内容。所谓"介入"是作者直接表达观点、思想、立场,或者

---

① 王振华、路洋:《"介入系统"嬗变》,《外语学刊》2010年第3期。
② Martin, J. R. & D. Rose, *Working with Discourse: Meaning Beyond the Clause*, London: Continuum, 2003, p. 22.

假借他人的观点、思想、立场来表达自己的观点、思想、立场。介入系统的目的就是要描述和解释不同语篇所运用的各种各样的主体间定位策略，通过介入资源解读：（1）不同介入价值之间的关系，从而理解介入系统中不同的选择所具有的不同意义潜势；（2）这些主体间定位的价值与其他意义，特别是态度子系统的评价意义以及相互作用的意义潜势；（3）在话语或文本中，评价价值之间可能的相互作用怎样随着文本的展开而积累为文本意义。①

海兰（Hyland）根据其所隐含的评价态度，把它们分成三大类：赞同、中性和反对。赞同类表明作者对被转述成分的赞同和接受，中性类则不表明任何个人立场，反对类表明作者的不赞同或反对。②

从互文的介入声音角度看，对互文的声音分为：收缩和扩展。收缩是作者投入个人情感评判，缩小话语的协商性；扩展是作者保持中立，允许其他不同意见的存在，增加话语的协商性。③

斯韦尔斯（Swales）根据学术论文中互文标记，互文有两种分类法。一种方法是把引文分为报道类和非报道类。报道类携带报道动词，非报道类不携带报道动词。另一种是分为融入式和非融入式。融入式把参考文献作者作为句子结构的一部分，非融入式把参考文献作者放在括号或其他表明引用的符号里。④ 互文有四种表达方式：报道/融入互文形式：互文作者或人称+互文动词+互文本；报道/非融入互文形式：非人称+互文动词+互文本；非报道/融入互文形式：互文作者或人称+互文本；非报道/非融入互文形式：非人称+互文本。

1. 中性评价

中性评价的声音方式是扩展，是作者保持中立。在引入参考文献作者的观点、研究结果等后较少直接做出评价，这样扩展了话语的对话空间，使多种意见存在。如：

（164）社会化媒体是基于 Web 2.0 技术的互联网应用，它比 Web

---

① 转引自王振华、路洋《"介入系统"嬗变》，《外语学刊》2010 年第 3 期。
② 转引自何建敏、范海遐《论英语学术论文中引文的人际功能——评价系统的介入视角》，《惠州学院学报》（社会科学版）2008 年第 4 期。
③ 同上。
④ 同上。

1.0 的传播环境更加开放,用户可以创建、分享并交换信息,在参与公共事件时直接发声并不受干扰,而且经过信息的层级扩散及持续关注,还会促使事态发酵及新闻增值。(Kaplan Andreas M., Haenlein Michael, (2010), Users of the world, unite! The challenges and opportunities of social media, Business Horizons, Vol. 53, Issue 1, 61.)(荣荣、孙卫华:《社会化媒体环境对用户认知能力的影响》,《当代传播》2014 年第 1 期)

这是非报道类互文,作者只是转述参考文献作者的观点、理论,不带个人情感评判。又如:

(165)晓之以理是专家调解中首先采用的手段,是一种价值评判行为,但是节目更重要的则是做到了之后的动之以情。主持人王芳说:"《谁在说》栏目的品牌定位就是情感类谈话节目,情感色彩贯穿始终。"(刘文韬、武淳《电视栏目〈谁在说〉为什么受到观众好评》,《党建》2011 年第 11 期)在节目中,主持人很善于适时调动当事人的情感,这成为《谁在说》栏目的亮点和特色。(刘胜枝:《仪式观视野下的情感调解类节目——〈谁在说〉栏目的文化传播学分析》,《现代传播》2014 年第 1 期)

这是中性报道类互文,作者通过报道动词(说)转述参考文献作者的观点,不表明作者个人的态度,而把对该观点的评判交给参考文献作者或读者去认定。

通过使用非报道类和中性报道类互文,作者转述参考文献的观点、理论、方法、研究成果等,把它们描述成参考文献作者的观点、理论、方法、研究成果等,不表明作者本人的看法。这是作者疏远互文的内容,不对该内容的真实性负有责任;任何对该话语的疑问、挑战都可以提出来协商,而不与作者产生冲突或对抗,这样,话语的协商性得到扩展,许多种意见允许存在。

2. 赞成和反对评价

收缩声音是作者投入个人情感评判,对引入参考文献作者的观点、研究结果等进行赞成与反对、肯定与否定等做出评判。缩小话语的协商性,强调观点、理论等的权威性、可靠性和价值性。如：

> （166）目前，智能手机和平板电脑切中人们的信息、娱乐消费等需求，手机智能化成为大势所趋。2013年上半年，以智能手机、智能电视、平板电脑为代表的智能终端产业发展迅速。2013年12月23日，工信部发布消息称，截至10月底，我国互联网网民数已达到6.13亿人，3G用户达到3.87亿户，3G上网用户占移动互联网用户1/3以上，互联网宽带接入用户数达到1.88亿户。（参见《工信部12月23日发布会实录》，中国政府网，2013年12月23日。）（曾文莉、张君昌、熊英：《"宽带中国"战略催生传媒信息产业新格局》，《现代传播》2014年第1期）

互文本：工信部发布消息称……作者引用"工信部发布消息"作为论据，这是赞同类报道互文。通过使用赞同类报道动词，作者对互文内容表示赞同、接受。在这种用法中，作者对互文内容的可靠性、真实性负责。该用法排除了其他不同的观点，压缩了话语的对话空间。

互文形式：互文本+互文标记，互文标记是参考文献标记和互文小句。又如：

> （167）之所以称这种"存在于多方主体互动一致中的新闻真实"为新闻的"符号之真"，是因为最终判定和衡量新闻真实的是不同符号解释主体的解释意义。它并非本体论范畴的"客体世界本身的运动、变化、发展及其规律性"之"真"，也非实践论范畴的"认识的思想和行为达到了与规律性的高度一致"之"真"（周文彰：《狡黠的心灵——主体认识图式概论》，北京：中国人民大学出版社，1991：53），而是认识和审美范畴的"对真实的感知、认识和审美"。其中，"认识之真"和"审美之真"构成了新闻"符号之真"的主要内容，它们代表着符号表意的终极价值目标。（蒋晓丽、李玮：《从"客体之真"到"符号之真"：论新闻求真的符号学转向》，《国际新闻界》2013年第6期）

互文本：它并非……互文本是作者反对的观点，作者提出相反的观点。此例是非报道类的反对互文,通过对一定观点的反对,排除不同的观点,因此降低了话语的协商性。

互文形式:互文本+互文标记,互文标记是参考文献标记。

通过这两种互文的使用,作者直接或间接地表明对互文内容的态度(赞同或反对),以排除其他不同的声音。任何不同意见的提出都是对作者本人观点的质疑和挑战,作者本人对互文内容的可靠性、真实性负责,因此压缩了话语的对话空间。

作者借助介入系统语言资源,在语篇中以"对话"的方式表达自己的观点、理论、命题,以不同的程度和方式承认或唤起与当前语篇不同的来自其他语篇(参考文献)的观点、理论、命题。也就是说,意义是通过对话建立起来的,是通过参与者之间的"差异"而显示出来的。因此,"他者"(参考文献)是意义的根本。

在语篇中,作者的评价不但表达态度意义,同时把交际看成是一个主体间意义协商的过程。

学术论文作者受学术交际目的(形成一定的学术影响,或建立作者的学术地位),与参考文献的作者、研究的对象、读者达成互动,体现出对相关参考、借鉴的观点、理论的评价,如赞成、否定、认可、补充、修正、诠释、商榷、批评、解说、注明等。学术论文与参考文献的互文性充分地表现出这些对话性、多声性的特点。对话性使对话的第二方、第三方等承担了相应的责任或义务,对话主体可以减少、推卸或摆脱一定的责任,从而增加语篇的科学性、客观性。

学术论文引入参考文献作为观点、理论的基础,对这些观点、理论进行评价,形成学术论文或作者的观点、理论,也就是说,作者在学术论文创作过程中引入参考文献作为对话的对象(不同的声音),建立作者的立场、建立学术论文的互文性、多声性。这就证明参考文献不仅具有附属性,依附正文,而且具有独立性,具有自己的立场、观点、理论,这些立场、观点、理论影响文本的创作,也就是说,对作者的立场、观点、理论产生影响。

学术论文与参考文献的互文性表现在观点、理论、事实、案例、数据、图表、方法、思路等方面,形成共存和派生互文形式。

作者对参考文献的参考、借鉴既保留了参考文献的观点,同时又注入了自己的评价,通过对不同的读者各自的立场所做出的回应进行预测,从而采取不同的策略,与潜在读者形成对话。学术论文是作者、参考文献作者、学术群体、读者对话的结果。

学术论文与参考文献的互文性表明:参考文献既有附属性,依附正文而存在,又有独立性,是"他者",正文的意义、价值和创新必须通过这个"他者"来显现、确认。

第四节　参考文献与正文在主体层面的互文关系[①]

学术论文是对现有研究成果的传承和发展,传承方面体现出对现有研究理论、研究成果的记录,发展方面体现对研究理论、研究成果的创新、突破。学术论文具有客观性、科学性和主观性。学术论文的客观性、科学性要借助其他语篇来实现,即引入互文本来实现,因为学术论文引入他人或自己的研究成果、理论、观点是学术研究的客观性、科学性的基础。互文本的引入又开启了与互文本作者、读者、学术群体的对话空间,这也是学术论文主观性的体现。主观性是建立作者与互文本作者、读者、学术群体的良好人际关系,同时也是对学术知识的推广和传播。

韩礼德建立的人际意义系统中,区分了语气系统、归一性、情态系统、表态度词、情态隐喻等[②];马丁(Martin)和怀特(White)建立评价系统中,划分了态度、介入、级差三个子系统[③]。系统功能的意义系统建立了作者与读者的人际关系分析理论,评价系统建立了意义的多声对话系统。这些理论对学术论文的主体互文具有重要作用,是主体互文的理论基础。

相对而言,作者如何与其他主体参与知识构建的研究较少,也就是说,作者如何引入互文本生成学术论文、作者与其他主体的关系,这些研究较少。本书将研究新闻类学术论文与参考文献的主体互文。新闻类学术论文与参考文献的主体互文将揭示学术论文如何与互文本参与知识构建,从而生成学术论文。

[①]　部分内容来自黄小平《新闻类学术论文与参考文献的主体互文性研究》,《阜阳师范学院学报》2014年第2期。

[②]　胡壮麟等:《系统功能语言学概论》,北京大学出版社2009年版,第121—159页。

[③]　王振华、马玉蕾:《评价理论:魅力与困惑》,《外语教学》2007年第6期。

学术论文的交际目的是传播和推广学术知识、观点、理论，同时说服学术群体和读者接受。因此，作者在创作学术论文时，必须设立其他作者、学术群体、读者的角色，形成不同角色的对话，也就是说，作者在叙述时必须引入其他文本进行对话。由于论文的创作是以作者为主导，这样作者与其他作者、学术群体、读者之间就形成互文关系，即主体互文关系。

一 学术论文与参考文献的主体互文类型

学术论文与参考文献的主体互文是指作者与互文本作者、读者、学术群体之间的关系。学术论文结构的前言、正文、结论都会不同程度地引入互文本，引入的互文本内容包括：观点（或解释）、概念（或名称、或定义）、理论（或理论模型）、研究方法（或研究设计、手段、思路）、研究结果、研究课题（或研究内容）等。互文本是一个"他者"，进入到文本中，要求作者采用不同的视角对互文本进行叙述和评价，从而形成作者不同角色，也就是作者与其他主体不同的关系，即主体互文性。

（一）作者与互文本作者的互文关系

学术论文的创作是建立在现有的研究基础上的，首先必须对相关研究进行理论综述，其次进行讨论，最后得出结论，每一步都会引入互文本来表达作者不同的交际目的和评价意见。

1. 作者与互文本作者的一致关系

作者与互文本作者一致是指作者与互文本作者成为"一个人"，也就说，作者让互文本作者说出作者自己的话语，或者互文本作者说出作者的话语，或者说，作者与互文本作者的角度一致，作者让互文本作者站在作者的角度说话，或互文本作者站在作者的角度说话。如：

> （168）也就是说，让消费者的无意识多次邂逅广告信息，从而在大脑皮层留下印记、产生对广告信息的识记与好感。这也是广告心理学家萨瑟兰所强调的"广告产生的即使很小的效应对我们选择商品品牌也会产生影响"，犹如"在天平的一端加上一根很轻的羽毛即可使天平发生倾斜"，发生广告接受的"羽毛效应"。（刘庆传：《权利"烫手"才正常》，《新华日报》，2009年12月3日。）（舒咏平：《"信息邂逅"与"搜索满足"——广告传播模式的嬗变与实践自

觉》,《新闻大学》2011年第2期)

互文本:广告心理学家萨瑟兰所强调,这是作者赞成的观点,作者用互文本作者来代替自己说话。作者与互文本作者一致。

主体互文形式:作者+互文本作者(一致关系)+互文标记,或主文本+互文本(一致关系)+互文标记,或基本话语+次要话语(一致关系)+互文标记,① 这里的互文标记是指参考文献标记、互文小句。此例是直接互文,有互文动词,主语为人,有参考文献标记。又如:

(169)这样的媒体现状造成了接收的疲软。据CSM媒介研究2008年全国基础调查数据,全国29.8%的家庭拥有正在使用的收听设备,城市家庭为40.4%,乡村为25.2%,百户拥有量为35台,听众规模为39848.4万人。而同时全国家庭电视机拥有率达到97.9%,拥有两台以上的家庭占29.8%。城乡家庭平均每户可以收看到46.2个频道,其中城市46.5个,农村35.7个。(《2009年中国广播电视年鉴》,第212、230页。)(周小普:《从数字中看差距——对中国广播发展问题的思考》,《新闻与传播研究》2011年第2期)

互文本:据CSM媒介研究2008年全国基础调查数据。互文本为正文提供论据,作者与互文本作者一致。

主体互文形式:作者+互文本作者(一致关系)+互文标记,或主文本+互文本(一致关系)+互文标记,或基本话语+次要话语(一致关系)+互文标记,这里的互文标记是指参考文献标记和互文短语(介词短语)。此例是间接互文,有互文动词,主语为非人,有参考文献标记。

一致关系表现了作者与互文本作者的地位是一样的,也就是说,作者把互文本作者的话语当作自己的话语来说,作者话语与互文本作者话语融为一体或互文本作者把作者话语当作自己的话语。

---

① 分类参考了巴赫金对引语的对话性视角分类:转述者话语和被转述者话语;Fairclough动态的相互关系的分类:基本话语和次要话语,即基本话语是指转述者话语,次要话语是指被转述者话语。(转引自辛斌《引语研究的语用修辞视角》,《外语学刊》2010年第4期)

2. 作者与互文本作者的交叉关系

作者与互文本作者交叉互文是指作者肯定互文本作者观点、理论等的一部分，又指出一部分的缺点、不足或讨论、怀疑、批评。如：

（170）杜骏飞等人给出的定义——"网络广告，是指拥有现实和虚拟身份、可识别的发布者，以观念、商品或服务的陈述或推广为诉求内容，直接或间接通过互联网发布的信息传播"。（杜骏飞等：《中国网络广告考察报告》，社会科学文献出版社 2007 年版，第 4 页。）然而，这个定义还是不能很好地回答本文开头言及的那些疑似情形，无法区分为经营性质和非经营性质的商品售卖所进行的信息推广。（李明伟：《论网络广告治理的现实问题与学术回应》，《现代传播》2012 年第 4 期）

互文本：杜骏飞等人给出的定义……作者对这个定义进行了评判，认为有值得肯定的，又有不足。作者与互文本作者形成交叉关系。

主体互文形式：作者+互文本作者（交叉关系）+互文标记，或主文本+互文本（交叉关系）+互文标记，或基本话语+次要话语（交叉关系）+互文标记，这里的互文标记是指参考文献标记和互文短语（名词短语）。此例是直接互文，有互文动词，主语为人，有参考文献标记。又如：

（171）根据上海外国语大学中国国际舆情研究中心对全球重要媒体对北京奥运会的报道倾向性和报道态度的研究结果显示，全球主流媒体对北京奥运的报道态度仅 30% 为中性和客观；70% 以负面为主。（中国国际舆情研究中心：《全球重要媒体对北京奥运报道的倾向性和态度研究》，2008，中国国际舆情网 http：//202.121.96.151/s/22/t/45/a/526/info.jspy 2010 年 10 月 1 日。）因此，西方传统主流媒体并没有担负起"沟通、交流、传播"的全球传播责任和使命，反而导致中国国家形象的妖魔化和负面化。（相德宝：《国际自媒体涉华舆情现状、传播特征及引导策略》，《新闻与传播研究》2012 年第 1 期）

互文本：根据……研究结果显示……作者对这个定义进行了评判，认为报道有符合实际的地方，又存在偏见。作者与互文本作者形成交叉关系。

主体互文形式：作者+互文本作者（交叉关系）+互文标记，或主文本+互文本（交叉关系）+互文标记，或基本话语+次要话语（交叉关系）+互文标记，这里的互文标记是指参考文献标记和互文短语（介词短语）。此例是间接互文，有互文动词，主语为非人，有参考文献标记。

交叉关系表现了作者突出互文本作者的话语的讨论性、协商性，也就是，作者赞成互文本作者的一部分话语，又对另一部分感到怀疑或反对。

3. 作者与互文本作者的极性互补关系

作者与互文本作者极性互补是指作者与互文本作者的观点、理论相反、相对，但又是互补的、发展的、深化的。如：

（172）从这个意义上来说，"媒介动员"是借助话语表述以争取更多资源和成员的过程。对此，孙玮通过考察国内社会运动，概括出"建构集体认同感"和"建构集体行动框架"两种动员机制。（孙玮：《中国"新民权运动"中的媒介"社会动员"：以重庆"钉子户"事件的媒介报道为例》，《新闻大学》2008年第4期）不过这种概括似乎未能切中要害，并且她的考察对象仅局限于报纸，显然不尽周全。如果对国内共意性运动中的媒介动员做一番全面考察，便会发现"合理化"和"建构认同"实际上是主要的动员机制，建制性媒体和替代性媒体正是借助于这两种机制，分别从理性和情感两个面向对民众进行有效动员。（易前良、程婕：《转型中国"共意性运动"中的媒介动员》，《当代传播》2014年第1期）

互文本：孙玮通过考察国内社会运动，概括出"建构集体认同感"和"建构集体行动框架"两种动员机制。作者不认可，并提出自己的观点。作者与互文本作者形成互补关系。此例是直接互文，有互文动词，主语为人，有参考文献标记。

主体互文形式：作者+互文本作者（极性互补关系）+互文标记，或主文本+互文本（极性互补关系）+互文标记，或基本话语+次要话语（极性互补关系）+互文标记，这里的互文标记是指参考文献标记和互文小句。又如：

(173) 2010 年复旦大学博士张妤玟在《谁提出第四等级的报刊观念?》一文中则认为是托马斯·麦考莱（1800—1859）在 1828 年最先提出。1828 年 9 月麦考莱在《爱丁堡评论》上发表了《论哈姆勒〈苏格兰宪政史〉》一文，里面写道："国会中的记者席已成为这个国家的第四等级。"（张妤玟：《谁提出第四等级的报刊观念？——从埃德蒙·伯克到托马斯·卡莱尔》，《国际新闻界》，2010 年，第 5 期，第 40—44 页。）本文通过考察取证，证明在麦考莱、布鲁厄姆男爵两人之前，已有人明确使用过"第四等级"这一词。同时本文还将从多个角度论证伯克最先提出"第四等级"这一词的可能性。（谢吉：《到底是谁最早提出"第四等级"？》，《国际新闻界》2012 年第 6 期）

互文本：张妤玟在《谁提出第四等级的报刊观念?》一文中则认为……作者不同意这个观点，并提出自己的意见。作者与互文本作者形成互补关系。

主体互文形式：作者+互文本作者（极性互补关系）+互文标记，或主文本+互文本（极性互补关系）+互文标记，或基本话语+次要话语（极性互补关系）+互文标记，这里的互文标记是指参考文献标记、互文小句。此例是间接互文，有互文动词，主语为人，有参考文献标记。

极性互补关系表现了作者与互文本作者话语是互补的，也就是说，作者话语是互文本作者话语的修正、补充、发展、深化，共同形成语篇整体。

（二）作者与学术群体的互文关系

作者是在一定学术圈内活动的，会受到学术圈的制约，这就是学术群体的制约。学术群体是某一学科领域形成的学术团体，对本学科起引领、导向的作用。因此，作者要得到某一学科的认可，就必须接受学术群体的要求和规范。也就是说，作者受到某一学术群体习惯的引导。这些学术群体的言说模式影响了言说的生产，建构了作者的认同性。

学术群体规约表现为：客观性和科学性（规范的科学的构篇方式、尊重权威、共同的学术规范、学科理论等），语言表现为：恰当运用人称、礼貌、认知动词（学术群体的共识）、确定动词（作者立场）、学术背景介绍等。作者与学术群体在学术论文中的关系表现为：

1. 作者与学术群体的一致关系

作者与学术群体一致性是指作者遵守、认可、赞同学术群体的原则、规约，群体话语是特定话语，常常由专家或机构、著作、学科等表现出来。如：

（174）从组织文化视角学来看，"组织文化的由社会构建的本质就是——它是由社会构建的"。（〔美〕丹尼斯·K.姆贝，陈德民等译：《组织中的传播和权力：话语、意识形态和统治》，中国社会科学出版社，2000年版，14页。）这种构建的概念所蕴涵的社会意义，旨在求得更大的报酬，是一种很明确的市场投向。这种意义被传输给社会各群体组织的成员，从而构建出共享的价值观和共享的意义，即市场精神和自由原则。（王凤翔：《西方广告自由法制原则的被解构——以美国为例》，《新闻与传播研究》2012年第1期）

互文本：从组织文化视角学来看，"组织文化的由社会构建的本质就是——它是由社会构建的"。互文本是一个公认的观点。作者赞成这个观点，也就是说，作者与学术群体形成一致关系。

主体互文形式：作者+互文本作者（一致关系）+互文标记，或主文本+互文本（一致关系）+互文标记，或基本话语+次要话语（一致关系）+互文标记，这里的互文标记是指参考文献标记和互文短语（介词短语）。此例是直接互文，有互文动词，主语非人（学科），有参考文献标记。又如：

（175）英国学者博埃默（Boehmer，1998：22）认为，"他者"这一概念被用来指称主导性主体以外的一个不熟悉的对立面或否定因素，正因为"他者"的存在，主体的权威才得以界定。他认为西方自视优越，正是因为他们始终把殖民地的人民看作是没有力量、没有自我意识、没有思考和统治能力的他者。（〔英〕艾勒克·博埃默(1998)：《殖民与后殖民文学》，盛宁、韩敏中译，沈阳：辽宁教育出版社。）（童兵、潘荣海：《"他者"的媒介镜像——试论新闻报道与"他者"制造》，《新闻大学》2012年第2期）

互文本：英国学者博埃默认为……互文本是一个公认的观点。作者赞成这个观点并进一步解释，也就是说，作者与学术群体形成一致关系。

主体互文形式：作者+学术群体（一致关系）+互文标记，或主文本+互文本（一致关系）+互文标记，或基本话语+次要话语（一致关系）+互文标记，这里的互文标记是指参考文献标记和互文小句。此例是间接互文，有互文动词，主语为人，有参考文献标记。

一致关系表现了作者与学术群体是一致的。

2. 作者与学术群体的交叉关系

作者与学术群体交叉互文是指作者肯定学术群体的观点、理论等的一部分，又指出一部分的缺点、不足或讨论、怀疑、批评。如：

（176）汤普森认为，"日常生活中，人人都可以创造性地利用象征性权力，帮助个人和群体应付、适应、创造和改变经济政治力量和强迫性影响所构成的环境。"（［美］詹姆斯·罗尔著：《媒介、传播、文化——全球性的途径》，董洪川译，商务印书馆，2005年版，第186页。）但事实上，在制度化的力量作用下，媒介组织及其产品因此成为象征性权力的持有者，并为社会政治经济精英的利益服务。（邵培仁、范红霞：《传播民主真的能够实现吗？——媒介象征性权力的转移与话语民主的幻象》，《现代传播》2011年第3期）

互文本：汤普森认为……作者肯定媒介可以为个人和群体利益服务，但更多的是为精英的利益服务。作者与学术群体形成交叉关系。

主体互文形式：作者+学术群体（交叉关系）+互文标记，或主文本+互文本（交叉关系）+互文标记，或基本话语+次要话语（交叉关系）+互文标记，这里的互文标记是指参考文献标记和互文小句。此例是直接互文，有互文动词，主语为人，参考文献标记。又如：

（177）该框架内的实证研究往往将国家视为统一的整体，冠以经济、政治、法律、科学、家庭等各种社会系统之前，比如国家经济研究、语言研究、文化研究，英国文学、德国历史、美国儿童心理学等。这种国家主义的方法论（Smith, A. D., Nationalism in the Twentieth Century. Oxford, 1979, p. 191.）在20世纪下半叶，尤其是90年代以来随着全球化的深化受到了挑战。（章宏：《国家是分析全球化语境下媒介与传播学的唯一起点吗？》，《当代传播》2011 年第 4 期）

互文本：……这种国家主义的方法论。作者认为，这种国家主义的方法论在 20 世纪下半叶，尤其是 90 年代以来随着全球化的深化受到了挑战。作者与学术群体形成交叉关系。

主体互文形式：作者+学术群体（交叉关系）+互文标记，或主文本+互文本（交叉关系）+互文标记，或基本话语+次要话语（交叉关系）+互文标记，这里的互文标记是指互文短语和参考文献标记。极性互补关系表现了作者与群体话语是互补的，也就是说，作者话语是群体话语的修正、补充、发展、深化。此例是间接互文，无互文动词，主语为非人，参考文献标记。

交叉关系表现了作者突出学术群体话语的讨论性、协商性，也就是，作者赞成学术群体话语的一部分，又对另一部分感到怀疑或反对。

3. 作者与学术群体的极性互补关系

作者与学术群体极性互补是指作者与学术群体的观点、理论相反、相对，但又是互补的、发展的、深化的。

（178）媒介象征分离于社会语境的能力，使受众很容易将社会领域错误地当成一个透明现象，并容易形成这样一个错误印象：互联网、在线网络与电话、卫星和电视系统合并起来，其传播形式能让我们无需移动，"通过大众传播媒介这一个事件的解释者，通过拼凑起来的片断，比置身于其中的人更好地了解这一事件"。（Pickles: "Phenomenology, science and geography: spatiality and the human sciences", Cambridge University Press, 1985, p. 173.）我们足不出户就可以接触到陌生和不熟悉的事物，就可以遨游时空周游世界了，即身体不再有效地限制主体位置，在室内就能看世界。这种错误印象产生的原因基于以下两个方面。（吴小君、刘小霞：《大众传播与环境认知——论"环境地理隔离"》，《现代传播》2011 年第 7 期）

互文本："通过大众传播媒介这一个事件的解释者，通过拼凑起来的片断，比置身于其中的人更好地了解这一事件"。作者反对这种观点，认为是错误的,并指出了其原因。作者与学术群体形成极性互补关系。

主体互文形式:作者+学术群体(极性互补关系)+互文标记,或主文本+互文本(极性互补关系)+互文标记,或基本话语+次要话语(极性互补关系)+互文标记,这里的互文标记是指互文短语、参考文献标记、引号。此例是直接互文,无互文动词,主语为非人,有参考文献标记。又如:

> (179)一般认为,1960年总统大选期间,肯尼迪和尼克松分别雇用哈里斯和罗宾逊进行民意调查,提供选情,是民意测验开始系统性为总统候选人效命的重要年代。(王石番:《民意理论与实务》,台北,黎明文化事业股份有限公司,1995年,第31页)但是,文献研究表明,"埃米尔·胡尔亚才是把正在成型中的民意测验科学应用到选举运动和政府治理中的第一人,仅仅最近才有一些政治作家承认了胡尔亚对罗斯福总统的重要性。"(张健、佘贻明:《埃米尔·胡尔亚美国政党民调的先驱》,《国际新闻界》2011年第2期)

互文本:一般认为……作者反对这种观点,认为是错误的,并指出自己的观点。作者与学术群体形成极性互补关系。

主体互文形式:作者+学术群体(极性互补关系)+互文标记,或主文本+互文本(极性互补关系)+互文标记,或基本话语+次要话语(极性互补关系)+互文标记,这里的互文标记是指参考文献标记和互文小句。此例是间接互文,有互文动词,主语为人,参考文献标记。

极性互补关系表现了作者与互文本作者的话语是互补的,也就是说,作者话语是互文本作者话语的修正、补充、发展、深化。

(三)作者与读者的互文关系

学术论文不是一种孤立的作者个人行为,而是作者和读者之间的一种合作努力,作者要对读者的反应进行假设,并使文章适应于这些读者可能的信仰和理解力。[①]为了使研究成果得到接受和认可,作者必须把读者的反应考虑在内,使论文阐述得体,易于接受;同样读者是一个独立的主

[①] 转引自何建敏、范海遐《论英语学术论文中引文的人际功能——评价系统的介入视角》,《惠州学院学报》(社会科学版)2008年第4期。

体,具有自己的前理解,对文本具有能动作用。这样作者与读者就形成了互文。具体如下:

1. 作者与读者的一致关系

一致关系是作者创作学术论文首先把自己也当作是一个潜在的读者来对待,也就是说,学术论文的创作是以"读者为中心",引导读者、关注读者、对读者负责。作者与读者的互文通过语言形式和内容表现出来,如客观性、科学性、学术背景介绍、互文标记、情态、人称等。如:

(180)英国普通法学者布莱克斯通对言论自由的认识。在他看来,言论自由是免于事前限制的自由,而不是免于事后追惩的自由。正如他在《英国法释义》(Commentaries on the Laws of England)中写道:"言论(报刊)自由确实是自由国家的基本性质;但这包含在对言论规定事前限制的禁止,而非言论之后免受刑事追究的自由。"(Blackstone, W., Commentaries on the Laws of England (Vol. 4, 4th Ed.), Oxford, Clarendon Press, pp. 150-153)(彭桂兵:《"明显而即刻的危险"原则的历史考察》,《国际新闻界》2012年第3期)

互文本:正如他在《英国法释义》中写道。读者肯定了名著,这是专家的说法,具有普遍性。作者与读者形成一致关系。

主体互文形式:作者+读者(一致关系)+互文标记,或主文本+互文本(一致关系)+互文标记,或基本话语+次要话语(一致关系)+互文标记,这里的互文标记是指参考文献标记和互文小句。此例是直接互文,有互文动词,主语为人,有参考文献标记。又如:

(181)覃诗翔(2010)曾探讨了中国少数民族在大众媒介中的他者再现。通过对《北京青年报》2006年少数民族新闻进行内容分析,他发现:对少数民族与汉族之间的关系进行了描述的71篇报道中,43.7%的报道强调了少数民族得到汉族的帮助;29.6%强调了少数民族受到汉族的欢迎与喜爱;18.3%强调了少数民族与汉族相互理解协作。而关于民族间有冲突矛盾的只占5.6%。(覃诗翔(2010):《中国少数民族的"他者"再现——对2006年〈北京青年报〉少数民族新闻的内容分析》,《传播与社会学刊》(香港),第14期,131-162

页)(童兵、潘荣海:《"他者"的媒介镜像——试论新闻报道与"他者"制造》,《新闻大学》2012年第2期)

互文本:他发现。通过调查得出的相关数据易于得到读者的肯定,因为数据具有客观性。作者与读者形成一致关系。

主体互文形式:作者+读者(一致关系)+互文标记,或主文本+互文本(一致关系)+互文标记,或基本话语+次要话语(一致关系)+互文标记,这里的互文标记是指参考文献标记和互文小句。此例是间接互文,有互文动词,主语为人,有参考文献标记。

一致关系表现了作者把读者当作自己来进行对话,也就是说,作者把读者当作一个理想的听话者来进行对话,利用科学性、客观性来说服读者,从而使读者接受自己的观点、理论。

2. 作者与读者的交叉关系

交叉互文关系是指读者肯定作者的观点、理论等的一部分,又对其他部分的缺点、不足或讨论、怀疑、批评。如:

(182) 解放后在1949年12月中央人民政府新闻总署党组召集的全国报纸经理会议上,已经调任人民日报社社长职务的范长江,请汉口《大刚报》代表严问天入选主席团的席位,并当众宣称"《大刚报》是唯一的一家合作社性质的民间报纸"。(王淮冰、黄邦和(主编):《大刚报史》,北京,中国文史出版社,1999年,第116页) 在建国初期新闻总署召集的全国性会议上范长江为什么要当众点名《大刚报》这样一张"名不见经传"的民营报纸?"合作社性质的民间报纸"究竟有什么特殊性?范长江的这种评价对于《大刚报》这张民营报纸有何价值意义以及如何左右该报的前途走向?(李理:《"〈大刚报〉是唯一的一家合作社性质的民间报纸"——范长江对〈大刚报〉评价的原因及历史检视》,《国际新闻界》2012年第4期)

互文本:汉口《大刚报》代表严问天宣称……读者对互文本作者的宣称产生怀疑:在建国初期新闻总署召集的全国性会议上范长江为什么要当众点名《大刚报》这样一张"名不见经传"的民营报纸?"合作社性质的民间报纸"究竟有什么特殊性?范长江的这种评价对于《大刚报》这张民

营报纸有何价值意义以及如何左右该报的前途走向？作者与读者形成交叉关系。

主体互文形式：作者+读者（交叉关系）+互文标记，或主文本+互文本（交叉关系）+互文标记，或基本话语+次要话语（交叉关系）+互文标记，这里的互文标记是指参考文献标记和互文小句。此例是直接互文，有互文动词，主语为人，有参考文献标记。又如：

（183）"媒介文化"无疑是当前我国学术研究的热点领域，不仅是传播学，也是其他人文和社会科学关切的热点。但遗憾的是，现在理论界似乎有一个普遍的认知，即认为媒介文化是一个特别巨大的概念，对媒介文化的研究意味着对当代社会的许多方面进行综合研究，认为如果将媒介文化作为一个文本来解读，那么媒介文化就是一个没有边界的文本。（蒋原伦：《媒介文化与消费时代》，北京，中央编译出版社，2004年，第10-11页）本文不认同这样的观点。（齐爱军：《"媒介文化"的理论使命论析》，《国际新闻界》2012年第5期）

互文本：理论界似乎有一个普遍的认知。读者对普遍的认知感到疑惑：如何去认识？作者与读者形成交叉关系。

主体互文形式：作者+读者（交叉关系）+互文标记，或主文本+互文本（交叉关系）+互文标记，或基本话语+次要话语（交叉关系）+互文标记，这里的互文标记是指参考文献标记和互文小句。此例是间接互文，有互文动词，主语为非人，有参考文献标记。

交叉关系表现了作者突出读者对一定话语的讨论性、协商性，也就是，读者赞成一定话语的一部分，又对另一部分感到怀疑或反对。

3. 作者与读者的不一致关系

不一致关系是指读者与作者以相反、相对、不同的一方出现，或者说，作者或读者以各自的反对方出现。这里我们只能做一个理论上的假设，即某一观点、理论、方法等是读者所反对、不赞成、排斥的。如：

（184）只有这样，我们才能更好地理解马库斯在讨论多点民族志时的那些具体策略——追踪人，追踪事，追踪隐喻，追踪情节、故事或寓言，追踪生活史，追踪冲突（Marcus, G. (1995). Ethnography in/of the World System: The Emergence of Multi-Sited Ethnography. Annual Review of Anthropology, 24, 95-117.)。由此看来，马库斯所说的"多点民族志"，就不仅仅是一个研究地点的数量上的问题，而是强调根据不同的研究目的来选择一些彼此之间有关联的研究地点。（郭建斌：《"电影大篷车"：关于"多点民族志"的实践与反思》，《新闻大学》2014年第3期）

互文本："多点民族志"，作者对"多点民族志"是一种理解，可能读者的理解不是这样。作者与读者形成不一致关系。

主体互文形式：作者+读者（不一致关系）+互文标记，或主文本+互文本（不一致关系）+互文标记，或基本话语+次要话语（不一致关系）+互文标记，这里的互文标记是指参考文献标记和互文词语（名词）。

二 学术论文与参考文献的主体互文分析

（一）学术论文与参考文献互文性的术语

学术论文与参考文献互文形式：互文标记+互文本，互文本的语言形式可以是词语、小句、句组、语篇，互文标记可以是词语、短语、互文小句、语篇、引号、引用标记。

互文本是引入正文的其他文本，这里指进入文本的参考文献，互文小句是导入互文本的小句，互文小句：互文本作者+互文动词或非人+互文动词，互文动词是引入互文本的动词。互文标记是指示互文的语言记号。

（二）作者与互文本作者的互文

作者创作学术论文必须在他人研究成果的基础上进行，这样就必须引入互文本进行对话，作者通过互文本作者表达自己的思想、观点、方法、评价等，同时互文本作者也在表达自己。

1. 互文本作者分类

互文本作者分为：定指他人、不定指他人和不可言说的他人。定指他人有尊重、强调、突出的作用；不定指他人和不可言说的他人起插入对话作用。

2. 互文本作者出现的形式分类

（1）互文本作者出现在句子中。

A. 互文本作者充当句中主语；

B. 互文本作者充当句子中名词短语的一部分；
　　C. 互文本作者充当句子中名词短语的一部分，但无互文动词；
　　D. 互文本作者充当句子中介词短语的一部分。①
　（2）互文本作者不出现在句子中。
　　A. 互文无互文本作者的姓名，无互文动词，但有完整的互文标记；
　　B. 互文无互文本作者的姓名，有互文动词；
　　C. 互文无互文本作者的姓名，无互文动词；
　　D. 没有互文小句，互文本作者置于括号里、用数字上标的形式在脚注或尾注中出现。②
　3. 互文本作者行为动词

　　互文本作者行为动词分为：研究型、认知型、语篇型动词。研究型动词与研究结果的陈述或者研究过程有关；认知型动词用来描述研究者实施的认知行为，包括作者的心理活动等，表现出作者对互文作者的论断做出相应的评价，而不是直接表达自己的态度。语篇动词用来描述作者和互文本作者之间的联系，且能表明作者对互文内容的评价。③

　　研究型动词具有说服、中立、互动和评价的人际功能，表现出作者对参考文献的客观的、中性的态度，容易让读者接受。研究型动词通过对参考文献互文本进行综述，显示作者对文献的掌控能力和坚实研究基础。同时，还借助于互文本作者表现出的权威性来支持学术论证。

　　认知型动词对参考文献互文本采用大多数研究者接受的观点，又表达自己的积极评价，容易让学术群体接受，同时又对前人或同代人宽泛的总结表达作者对命题的不确定性，让读者参与一起进行协商。

　　语篇型动词有的对参考文献互文本采用尝试性态度，又尊重同行；有的对参考文献互文本采用肯定的积极的评价，对互文内容是一种客观的、中性的方式，表现出作者采取一种不干涉的态度；有的表达作者对参考文献互文本的一种否定，暗示这些内容有待进一步论证。语篇型动词使表述更婉转，增强语篇的接受度。语篇型动词将命题的责任直接指向互文本作者或互文本，而作者对转述命题的态度是不明确的，这是一种用于比较和

---

　① 转引自曾蕾、胡瑾《学术话语中的多模式"投射"》，《湖南人文科技学院学报》2007年第5期。
　② 同上。
　③ 唐青叶：《学术语篇中的转述现象》，《外语与外语教学》2004年第2期。

支持研究的有效方法。

学术论文作者与互文本作者的互文性可以为学术论文建立研究的基础（历史研究成果的介绍），提供支持作者论文创作的观点、理论、方法、数据、图表等，提供作者讨论、质疑、反对的观点、理论，提供作者创新、发展、填补空白的理论基础。因此，学术论文是建立在作者与互文本作者对话的基础上的文本。

（三）作者与学术群体的互文

作者与学术群体的关系主要是作者作为成员要遵守学术道德、知识规范和学术规范，杜绝抄袭，提倡学术创新。作者与学术群体体现的是个体与集体的辩证关系，因此，学术群体的观点、理论、态度、评价是通过个体表现出来，也就是通过专家的观点、理论、态度、评价体现出来，或非人称的名词、名词性短语、介词短语表现出来。

1. 知识规范

遵守学术群体的科学知识标准、普遍的科学知识观点、理论标准。在学术论文创作中，作者常常用心理型互文动词来体现与学术群体的关系。心理型互文动词是表现作者的心理活动的动词。作者运用心理型互文动词来表现本领域内学术群体接受的观点、理论、方法、原理等。

2. 引用规范

引用规范主要是指作者参考、借鉴的参考文献必须有标注，杜绝抄袭。在学术论文创作中，作者常常用融合式和非融合式的互文形式。[①] 融入式指互文本的作者信息列于句子结构内，是句子的一部分，出版日期和页码用括号标在名字后或置于句末，谓语用互文动词；而非融入式是将互文的信息包括作者、年代、页码等均置于括号内，放在句子结构之外或用数字上标的形式在脚注或尾注中出现，可以同时指称多部著作，此时没有清晰的互文动词。

（四）作者与读者的互文

学术论文的主体互文主要是以"读者为中心"来展开的。学术论文只有通过读者才能实现学术交际的目的，因此，作者必须设计以"读者为中心"的人际构建，充分考虑读者的兴趣、阅读取向、背景知识以及学术群

---

① 转引自曾蕾、胡瑾《学术话语中的多模式"投射"》，《湖南人文科技学院学报》2007年第5期。

体的规范和标准，调控与读者之间的关系，从而实现学术交际的目标。作者设计的互文性使读者能从语言形式和意义层面去辨识、理解。

1. 语言形式层面

互文的建构主要通过互文来源、互文小句、互文本、互文标记等来实现。

（1）互文来源。

互文来源是互文本的来源标记，读者可以识别互文本来自谁或哪里。汤普森（Thompson）分为自我、定指他人、不定指他人、学术群体和不可言说的他人。[①]

怀特（White）的评价理论，在介入系统中分为"自言"和"借言"。自言：自我，他言：定指他人、不定指他人、学术群体、不可言说的他人和文本。我们把互文来源分为人类和非人类。人类是指：自我、定指他人、不定指他人和不可言说的他人、学术群体、机构；非人类是指：作品（文本）、研究课题。

（2）互文小句。

互文小句是引入互文本的小句，互文小句形式：

A. 人（人称）+互文动词。

人（人称）是指互文本作者、定指他人、不定指他人和不可言说的他人。

这种互文小句形式表示人际功能时，是作为依附句附加在互文本表达的主要命题上的。这时的互文小句丧失了它的概念功能，但是获得了人际功能，为互文本中的概念命题提供人际框架和"人际空间"，以修正说话人和受话人之间的关系，是体现互动（如效度、协商、言据等）的词汇语法资源。[②] 这种互文小句形式加强了作者与读者的人际互动关系。

B. 非人+互文动词。

非人是指作品（文本）、理论、观点、方法等。

这种互文小句形式表示概念功能，互文是把一个被表征过了的语言现象（互文本）解释为言语过程/思维过程的内容，而这个言语过程/思维过

[①] 转引自马博森、管玮《汉语会话中的零转述现象》，《外国语》2012 年第 2 期。
[②] 转引自辛志英《构建主体间性的投射小句系统——一项基于语料库和语篇类型的研究》，《中国外语》2011 年第 1 期。

程是个一级表征，是言语的或者感觉的事件（互文小句）。从这个角度看，互文小句是结构上的主句，也是概念语义上的主要命题。① 这种互文小句形式的功能是强调客观性，强调科学、理性的推理是建立在客观情况、事实的基础上。

互文小句是可以用来进行主体间性调控的语言资源，它的各个系统的运作和合作不但使说话人对主体间性的调控成为可能，而且还为说话人对主体间性进行"微调"提供了精密度上的可能和保证。因此互文是作者对主体间性进行调控的重要的语言策略。②

互文动词是引出互文本的动词。互文动词能表达作者和互文本作者的观点、态度和评价，首先分为表意和评价动词。表意动词分为：作者互文行为动词和互文本作者言语行为动词，作者互文行为动词分为：比较和理论化互文动词，互文本作者言语行为动词分为：研究型、认知型和语篇型（如上）。评价动词分为：作者立场动词和互文本作者立场动词，作者立场动词：叙实性、反叙实性、非叙实性，互文本作者立场动词：积极的、消极的、中性的。③

2. 语言意义层面

引语是互文形式，引语的意义研究有等同论、名称论、描写论、指示论、展示论和明示论等。④

互文的意义分为：由语言（语义）规则决定的合成内容和由人们日常对话语真值的评价所反映的直观内容，直观内容是通过对合成内容的语用丰富而产生的。⑤ 互文具有双重身份：一方面引号内的成分是被提及的，在于引起受话人对其本身的注意；另一方面它是被使用的，即像通常对词语的使用一样，用于指称事物或表达思想内容。直观内容也称附加内容，因为引号出现的句子除了增添了引号的常规意义，也与引语的信息内容相联系。⑥

---

① 转引自辛志英《构建主体间性的投射小句系统——一项基于语料库和语篇类型的研究》，《中国外语》2011年第1期。
② 同上。
③ 唐青叶：《学术语篇中的转述现象》，《外语与外语教学》2004年第2期。
④ 辛斌：《引语研究：理论与问题》，《外语与外语教学》2009年第1期。
⑤ 转引自辛斌《引语研究的语用修辞视角》，《外语学刊》2010年第4期。
⑥ 同上。

互文意义分为三个层面,第一、第二层面分别是词语的使用和提及所产生的意义或者是合成意义和直观意义,第三个层面是言语行为层面,涉及作者的意图,称之为互文目的。互文目的具体表现为作者只是想表明相关词语是被引用者的原话、作者支持互文所表达的思想观点、作者对互文所使用的词语或所表达的内容有争议或者引用者对它们并不赞成或持保留意见。直接互文一般会具有这三个层面的意义,间接互文一般具有第一和第三层面的意义。① 学术论文与参考文献的主体互文性充分地体现了互文意义的三个层面的不同类型。

因此,学术论文作者确立的"以读者为中心"的原则,可以与读者进行有效的协商、沟通、互动,可以得到同行、学术群体的认可,从而实现知识的建构、传递、发展、创新的交际目标。同时恪守学术群体的规范,关注不同参与主体的情感、意向、期望和需求,吸引读者介入语篇,参与作者期望的互动,并领会作者的评价取向。所以说,学术语篇中作者所表达的是被某个学术群体认可的个性观点、思想、理论,其中包括实施作者与读者"同盟"的语言策略。学术论文是作者、互文作者、学术群体、读者之间互动的产物。

学术论文与参考文献的主体互文关系是作者、互文本作者、学术群体、读者之间的关系,表现为作者与互文本作者、学术群体的一致、交叉、极性互补关系,作者与读者的一致关系、交叉关系和不一致关系。作者与互文本作者、学术群体的互文是作者构建学术论文的观点、理论、方法的基础,是学术论文发展与创新的基础。作者与读者的互文表现了作者构建学术论文是以"读者为中心",从学术论文的语言形式和意义上的互文性体现出来。新闻类学术论文与参考文献的主体互文性语言形式为:互文标记+作者话语+互文本作者话语,两者的关系体现为:一致关系、交叉关系和极性互补关系。

学术论文的话语秩序是一场在学术群体争夺创造知识的意识和权势关系的战争。在语篇生成过程中,作者受交际目的的影响,与互文本作者、文本、学术群体、读者产生互动;学术语篇把读者(包括作者、互文本作者)作为交际对象,在选择互文本时要考虑学术群体在学术交际中的作用,他们如何以一个潜在的交际对象影响作者的文本生成,又是如何强化

---

① 转引自辛斌《引语研究的语用修辞视角》,《外语学刊》2010年第4期。

了学术群体对文本接受的影响，并表达作者的判断、评价、建构。因此，学术论文是作者、互文本作者、文本、学术社团、读者之间的互动、对话的产物。

学术论文与参考文献的主体互文表明：（1）作者具有多重角色：作者、互文本作者、学术群体、读者。作者的不同角色具有不同的意义潜势。作者的多重角色形成学术论文的继承性、创新性、科学性、严密性、逻辑性、正确性和模糊性。（2）参考文献具有独立性，是独立的主体，也就是说，参考文献对作者角色的建立具有反作用。（3）学术论文的创新是建立占主导地位作者角色，并发展成为未来的互文本作者角色，或未来的学术群体的代表角色。

自我与他者共存，自我从他者的优势中发现自己的不足，从他者的不足中发现自己的优点，从而在不同语境中确立自己，获得变化、发展的机会。

副文性的价值在于不同主体协商、对话，在于共存中的发展、创新。文本的生命动力在于不断地打破自我的疆域，引入他者进行对话，从而解构自我和他者，开拓创新。

第五节　参考文献与正文在语境层面的互文关系[①]

语境具体表现为语篇中的环境，学术论文语篇中的环境主要以意义为主，意义通过内容表现。语篇内容表现为观点、理论、思想、事件、事例、方法、思路等，我们可称之为"事件"[②]。这些事件是学术语篇本体的要素。学术论文语境以作者建构的学术观点、理论、思想为主，形成以这些观点、理论、思想为中心的观念、学术范围。语篇的建构体现为对事件的描述、认识和评价之间的合力，这种合力形成了语篇的完整性、合理性。语篇是事件，事件是语篇；语境决定语篇，同时决定对事件的选择。

---

① 部分内容来自黄小平《学术论文与参考文献的语境互文性研究——以新闻类学术论文为例》，《济宁学院学报》2014年第2期。
② "事件"是事物本身固有的质（物理属性），参见徐盛桓《从"事件"到"用例事件"——从意识的涌现看句子表达式雏形的形成》，《河南大学学报》（社会科学版）2012年第4期。

语篇语境包括文本语境（正文语境）和互文本（进入正文的参考文献，下同）语境，两者形成互文关系。语境互文是指某一文本语境中出现其他文本的语境，即文本语境是对其他文本语境的吸收和改造。语境互文形式：文本语境+互文本语境+互文标记。学术论文与参考文献的语境互文类型主要有以下类型：

一 文本语境与互文本语境的一致关系

文本语境与互文本语境的一致是学术论文语境与进入正文的参考文献语境表现出相同的环境，这里主要是意义的一致、相同。学术论文语境与引用参考文献语境形成一致语境，共同形成作者的意图。互文本语境是对文本语境的支持、佐证、补充、修正、延伸、发展。具体如下：

1. 研究课题或研究内容

互文本是指他人研究的话题或者具体内容。如：

> （185）不过，随着其概念界定的不断明晰和内涵的扩展，其研究范围和对象、理论框架和研究方法逐渐明晰。德国学者克劳斯（G·Klaus）从控制论的角度讨论了研究对象、科学理论和科学方法三者之间的关系，认为由于研究对象的不同，会出现不同的理论，而不同的理论能够派生出以之为根据的方法。更重要的是，对开创性的工作来说，针对新的研究对象，有时必须提出开创性的新的方法进行探索。（［东德］克劳斯著：《从哲学看控制论》，梁志学译，中国社会科学出版社1981年版，第162页）从这个角度来看网络素养研究，正是其研究对象的多元化催生了针对性的理论对策分析和综合性的研究方法使用，带动了社会现象研究取向的持续升温。（耿益群、阮艳：《我国网络素养研究现状及特点分析》，《现代传播》2013年第1期）

互文本：德国学者克劳斯从控制论的角度讨论了研究对象、科学理论和科学方法三者之间的关系，认为……作者肯定了这种观点，或者说，是正文的观点，作者引入互文本作为对自我观点的构成、支持、肯定。也就是说，互文本是基础，文本对互文本进行进一步说明、解释、发展。互文本与文本语境形成一致关系。

语境互文形式：互文本语境（研究课题或研究内容）+文本语境（一

致关系）+互文标记。互文标记是参考文献、互文小句。

2. 概念、或名称、或定义

互文本是指他人使用的概念，或名称，或具体定义。如：

（186）美国环境学家杰伊·维斯特维尔德（Jay Westerveld）1986年最早提出"漂绿"（Greenwash）这一概念，漂绿广告（Greenwash Ads）由此演化而来，是指企业吹嘘和夸大其环保功能以骗取更大市场利润的商业炒作与营销行为。（Greer J., Bruno K., Greenwash: The Reality Behind Corporate Environmentalism [M]. New York, NY: The Apex Press, 1997）漂绿广告本质是虚假类环保广告，它欺骗消费者，挑战商业道德，让环保事业在产业界流于形式。（王积龙、刘传红：《环保类虚假广告的破解与治理研究》，《新闻大学》2013年第1期）

互文本："漂绿"，是作者引入的作为自己的观点构成，文本对互文本进行进一步解释、说明、发展，作者是肯定的态度。互文本与文本语境一致。

语境互文形式：互文本语境（概念、或名称、或定义）+文本语境（一致关系）+互文标记。互文标记是互文词语（名词）和参考文献标记。

3. 理论或模型

互文本是指某种理论或者理论模型。如：

（187）寻租是一种典型的直接的非生产性寻求利益活动。美国经济学家J. 布坎南和A. 克鲁格，将政府运用行政权力对企业和个人的经济活动进行政策干预和行政管制而形成的超额收入称为"租金"，而通过权力谋求"租金"的活动，被称作"寻租活动"，俗称"寻租"。（孙国华、龚刚强：《求解权力寻租》，《中国报道》，2010年第8期）（蔡之国：《"帮忙类"电视节目：底层阶层的权利寻租》，《当代传播》2013年第1期）

互文本：寻租理论。互文本是作者引入的作为基础的观点。文本以互文本作为理论基础展开论述、论证，并得出结论。互文本与文本语境形成一致关系。

语境互文形式：互文本语境（理论或模型）+文本语境（一致关系）+互文标记。互文标记是互文词语（名词）和参考文献标记。

4. 研究方法

互文本是指他人的各类研究设计、手段和方法。如：

（188）对外依存度可以用来衡量一国某产业对国外的依赖程度，同时也可以反映该国某一产业对外开放程度。一般将对外依存度分为出口对外依存度和进口对外依存度。国际上通常用"外贸依存度指数"来衡量对外依存度，其计算方法为某项指标的进出口总额与国内生产总值的比值。（沈利生：《中国外贸依存度的测算》，《数量经济技术经济研究》2003年第4期，第5—12页）（陶喜红、胡正荣：《中国电视产业对外依存度的测度与分析》，《新闻大学》2013年第1期）

互文本："外贸依存度指数"，是一种计算方法，作者以此方法作为基本方法。文本以此方法来进行运算和分析。很显然，互文本与文本语境一致。

语境互文形式：互文本语境（研究方法）+文本语境（一致关系）+互文标记。互文标记是互文词语（名词）和参考文献标记。

5. 研究结果

互文本是指他人研究的具体发现。如：

（189）网民无论是在规模上还是在活跃度上，都在稳步提升。据中国互联网络信息中心（CNNIC）最新公布的网络发展统计报告显示：截至2011年12月底，中国网民规模突破5亿，达到5.13亿，较2010年底增长5580万。（中国互联网络信息中心（CNNIC）：《第29次中国互联网络发展状况统计报告》，2012年1月）对于大多数网民来说，他们在享受便利信息和深层互动的同时，也面临着网络传播所带来的诸多挑战。（耿益群、阮艳：《我国网络素养研究现状及特点分析》，《现代传播》2013年第1期）

互文本：中国互联网络信息中心（CNNIC）最新公布的网络发展统计报告显示的数据，是研究的结果，作者引入互文本来证明自己的论断。也就是说，互文本作为论据证明自己的观点。互文本与文本语境一致。

语境互文形式：互文本语境（研究结果）+文本语境（一致关系）+互文标记。互文标记是互文小句和参考文献标记。

6. 观点或解释

互文本是指他人研究的态度、立场以及对研究结果的解释。如：

（190）《上海新报》刊登的大量洋货广告，对推动洋货消费的大众化，培育民众的洋货消费理念、消费方式和消费习惯，有着潜移默化的作用。这些洋货广告，"既不让人理解，也不让人去学习，而是让人去希望，在此意义上，它是一种预言性话语，它所说的并不代表先天的真相（物品使用价值的真相），由它表明的预言性符号所代表的现实推动人们在日后加以证实。这才是其效率模式"。（［法］让·波德里亚.《消费社会》，刘成富等译，南京大学出版社，2003 年版，第 138 页）（蒋建国：《〈上海新报〉广告与西方消费文化传播》，《新闻大学》2013 年第 1 期）

互文本：对"洋货广告"的解释，是对作者观点的支持、证明。互文本与文本语境一致。

语境互文形式：互文本语境（观点或解释）+文本语境（一致关系）+互文标记。互文标记是互文词语（名词）、引号、参考文献标记。

互文本包括研究课题（或内容）、概念（或名称、或定义）、理论（或模型）、研究方法、研究结果、观点（或解释），它们是文本的基础，是文本的出发点或依据，或论点，起支持、证明、肯定的作用。它们与文本一致，是作者肯定的，与作者态度一致。互文本语境与文本语境一致，共同形成作者意图，完成一定的交际目的。

研究课题（或内容）、概念（或名称、或定义）、理论（或模型）、研究方法、研究结果、观点（解释）可以简称为"事件"。作者对已有"事件"的记忆、反思形成原始意象，为了某种目的、意图，使用语言把"用例事件"表现出来，并运用其他的"事件"作为自己的论据、证据或论证方法。这样，作者的"事件"与他人的"事件"，也称参考文献形成一致、相同的语境。

学术论文语境与参考文献语境的一致的互文形式：文本语境+互文本语境（一致关系）+互文标记，其中互文本语境有：研究课题（或内容）、概念（或名称、或定义）、理论（或模型）、研究方法、研究结果、观点（或解释）。互文标记是研究课题（或内容）、概念（或名称、或定义）、理论（或模型）、研究方法、研究结果、观点（或解释）。

二 文本语境与互文本语境的极性互补关系

文本语境与互文本语境的极性互补是指学术论文语境与引用的参考文献语境表现出相反、相对的环境，这里主要是意义的不一致、相反、对立。互文本语境是作者建构自己立场的基础。具体如下：

1. 观点或解释

互文本是指他人研究的态度、立场以及对研究结果的解释。如：

（191）作为去中心化的计算机传播媒介，有力推动个人意见的脱控交往，而广受人们青睐。在互联网上，人们可以不受路程和政治域界的限制自由与他人交往，而其交流主题可任由他们的个人兴趣和偏好来决定。（Irving Crespi: The Public Opinion Process: How the People Speak, Lawrence Erlbaum Associates, Inc., Publisher, 1997, p. 89）但社会的控制冲动并没有减弱。在某些时间或空间里，控制的冲动还很强烈。社会管理者试图对失控的交往行为进行规训。在控制与反控制之间，正进行一场没有硝烟的战争。（张涛甫：《再论媒介化社会语境下的舆论风险》，《新闻大学》2011 年第 3 期）

互文本：在互联网上，人们可以不受路程和政治域界的限制自由与他人交往，而其交流主题可任由他们的个人兴趣和偏好来决定。文本：但社会的控制冲动并没有减弱。在某些时间或空间里，控制的冲动还很强烈。社会管理者试图对失控的交往行为进行规训。在控制与反控制之间，正进行一场没有硝烟的战争。互文本与主文本观点相反。互文本作为文本的反例出现，作者用反例来证明自己的观点。由互文本语境到文本语境，作者必须重新"语境化"，即用一些连接词语来转化，如但、但是、相反等。互文本与文本语境是极性互补关系。

语境互文形式：互文本语境（观点或解释）（负）+文本语境（正）（极性互补关系）+互文标记，其中"负"与"正"表示两者的语境相反。互文标记是互文短语（介词短语）和参考文献标记。

2. 方法

互文本是指他人的各类研究设计、手段和方法。如：

（192）费斯克认为迷思（myth）是某个阶级在特定语境中的产物，其运作的主要方式就是掩盖其历史性，模糊这种含义的起源，将历史自然化、神秘化，把迷思所呈现的意义当作自然而然的而非历史化、社会化形成的产物（［美］约翰·费斯克：《传播符号学理论》，张锦华译，台湾远流出版社，2003年，第119—120页）。因此，话语分析者就是揭露被隐藏的历史及其在政治社会中的作用，就是"反迷思"。迷思由此得以反转。（胡春阳、王昀：《中国经济新闻的话语迷思——以房产新闻为例》，《新闻大学》2011年第1期）

互文本："迷思"方法，这种方法是作者反对的。作者采用了一种与之相反的方法："反迷思"，用于揭示"中国经济新闻的话语迷思"。互文本与文本语境是极性的，又是互补的。

语境互文形式：互文本语境（方法）（负）+文本语境（正）（极性互补关系）+互文标记，其中"负"与"正"表示两者的语境相反。互文标记是互文词语（名词）和参考文献标记。

3. 理论

互文本是指某种理论。如：

（193）有研究专门批评了新闻传播研究中"伦理"与"道德"的混用，区分出两种大致的情况：一是用理论与现象、社会与个人、整体与部分的关系来区分二者，二是将两者不做区分时偏向其一使用或者概念模糊地混搭。但该研究最后还是选择了以理论和现象来区分二者，认为"新闻伦理是较侧重于对新闻实践中各种现象的理论构建，新闻道德则是对新闻实践的研究，是对现象的直接认知和归纳。应当以研究内容来确定立足点，如果该项研究侧重对事情原因、结果、意义的分析，就应该用'伦理'；如果侧重对某一具体现象、实务的回放、解释、分析,那么用'道德'比较合适。同时,不管作者的选择如何,在研究中点明理由是很必要的"。(李闻莺. 试析新闻传播研究中"伦理"和"道德"的混淆[J],《新闻世界》,2009年第3期,第62页)这样的划分,概念边界还是不清,缺乏共识,只是一种使用策略。(王贺新:《新闻伦理、职业道德与规范研究的知识地图——对1979年到2011年新闻传播类四大期刊相关文献的计量分析》,《新闻大学》2013年第1期)

互文本:新闻伦理和新闻道德的区分,文本认为这样的区分还是边界不清,后面又补充认为是更全面的区分理论。互文本与文本语境不同,两者是互补的。

语境互文形式:互文本语境(理论)(负)+文本语境(正)(极性互补关系)+互文标记,其中"负"与"正"表示两者的语境不同。互文标记是互文小句和参考文献标记。

4. 研究结果

互文本是指他人研究的具体发现。如:

(194)2010年复旦大学博士张妤玟在《谁提出第四等级的报刊观念?》一文中则认为是托马斯·麦考莱(1800—1859)在1828年最先提出。1828年9月麦考莱在《爱丁堡评论》上发表了《论哈姆勒〈苏格兰宪政史〉》一文,里面写道:"国会中的记者席已成为这个国家的第四等级。"(张妤玟:《谁提出第四等级的报刊观念?——从埃德蒙·伯克到托马斯·卡莱尔》,《国际新闻界》,2010年,第5期,第40—44页)本文通过考察取证,证明在麦考莱、布鲁厄姆男爵两人之前,已有人明确使用过"第四等级"这一词。同时本文还将从多个角度论证伯克最先提出"第四等级"这一词的可能性。(谢吉:《到底是谁最早提出"第四等级"?》,《国际新闻界》2012年第6期)

互文本:托马斯·麦考莱(1800—1859)在1828年最先提出:第四等级。作者认为,伯克最先提出"第四等级"。文本推翻互文本的结论,并提供相关证据。互文本与文本语境是极性互补关系。

语境互文形式：互文本语境（研究结果）（负）+文本语境（正）（极性互补关系）+互文标记，其中"负"与"正"表示两者的语境相反。互文标记是互文小句和参考文献标记。

学术论文语境与参考文献语境极性互补表现在观点（或解释）、理论、方法和研究结果的相反、或相对、或不同，同时两者又是互补的。作者通过互文本这个反例来与自我的观点（或解释）、理论、方法和研究结果形成对比，从而表达文本的交际意图和目的。

文本语境与参考文献语境的极性互补的互文形式：文本语境（正）+互文本语境（负）（极性互补关系）+互文标记，其中互文本语境包括观点（或解释）、理论、方法和研究结果；"负"与"正"表示两者的语境相反。互文标记是观点（或解释）、理论、方法和研究结果和参考文献标记。

三 文本语境与互文本语境的反一致关系

文本语境与互文本语境的反一致关系是既非一致关系，也非极性互补关系，而是指构成学术论文的深度和广度的关系。如：

（195）这一研究取向，也体现在新闻传播学界。目前新闻传播学界对农民工问题的研究，主要集中于两大视角：一是"媒体呈现"。多采用内容分析法，分析媒体中的农民工形象。研究结论围绕对农民工群体存在着媒介歧视，污名化、标签化、概念化、刻板印象明显（乔同舟，2005；张诗蒂，2007；陈慧，2008；许向东，2009；等）；媒体建构的农民工形象不完整、不准确等方面展开（陈红梅，2004；雷涛，2005；张鹏，2006；高剑宁，2007；王立洲，2008；等）。二是"媒体接触"，一般从接触频率、种类、内容、时段、场所、评价等方面讨论农民工的媒体消费行为（陶建杰，2003；陈静，2008；张雅莉，2008；刘必昊，2009）。此外，还有少数学者从大众媒介对农民工观念的影响（陶建杰，2004；李远煦，王荣根，2009；等）、新媒介技术对农民工社会关系的影响（丁未，田阡，2009）等角度进行探讨。总体而言，上述研究大多从外部视角，对农民工与媒介的关系进行粗线条的面上呈现，主要关注农民工在大众传播过程中的角色缺失问题，对人际传播、组织传播的关注很少。此外，新闻传播学界也较少从分化视角对新生代农民工进行专门的研究。(陶建杰、徐宏涛:《新生代农民工个人现代性与人际传播——基于上海市调查数据的实证研究》,《新闻大学》2012年第1期)

互文本:研究结论围绕:一是"媒体呈现"。对农民工群体存在着媒介歧视,污名化、标签化、概念化、刻板印象明显(乔同舟,2005;张诗蒂,2007;陈慧,2008;许向东,2009;等);媒体建构的农民工形象不完整、不准确等方面展开(陈红梅,2004;雷涛,2005;张鹏,2006;高剑宁,2007;王立洲,2008;等)。二是"媒体接触",一般从接触频率、种类、内容、时段、场所、评价等方面讨论农民工的媒体消费行为(陶建杰,2003;陈静,2008;张雅莉,2008;刘必昊,2009)。此外,还有少数学者从大众媒介对农民工观念的影响(陶建杰,2004;李远煦,王荣根,2009;等)、新媒介技术对农民工社会关系的影响(丁未,田阡,2009)等角度进行探讨。这些互文本是文本涉及的范围。

语境互文形式:互文本语境+文本语境(反一致关系)+互文标记。互文标记是互文词语、参考文献标记。

互文本语境是学术论文整体的组成部分,同时它也是一个整体,是小整体,这个小整体对文本语境有生成性功能,即参考文献本身也是组成文本语境的部分,具有构建语境的功能。互文本语境是文本基础(底层)单位,建构文本的意义,构建文本的内部、外部语境。所以,互文本语境与前后的内容发生联系,与正文的运用环境发生联系。

文本语境中的事件指称把相同或相反的指称的互文本语境联系在一起,组成文本的支持、佐证语境或批评、反对的语境。这些事件指称形成的范围是文本的"外语境",它把所要引入的文本设定一个范围,互文本是这个范围内的文本。语篇内形式的衔接、词语的照应、意义的连贯等是语篇的"内语境"。互文本语境主要是内语境,形成文本的内容的组成成分。文本语境形成的主题就是在互文本语境基础上形成的,因为文本主题的形成是以某一互文本为起点,对其发展、深化、超越来形成的。发展、深化、超越就是形成新的语境,这就是文本的创新。如果只有互文本语境,没有新的语境(这里指内容的发展、深化和超越),论文就没有创新。

作者对互文本的"事件"进行评价,或赞成、或同意、或批评、或反对、或讨论等,并对这些评价进行论证,这样就形成了新的语境,同时也对互文本语境进行了符合文本的引用、转换、改造等，即语境化。

由于互文本语境是一个整体，具有意向性，也就是说，作者引入互文本语境是有意图的，是为了支持、佐证、加强已有的文本语境的作用。这是心理空间对"事件"在语言形式的涌现现象，即心理对"事件"认知后投射到语言中产生的新质现象。这是"互文本语境"同文本语境结合后产生的一种功能现象，产生一种新质。这也是互文本语境作为独立的"他者"的表现，对文本语境的反作用。

互文本语境的功能有两方面：一方面，互文本语境是基础语境，是文本语境生成、发展、深化的基础和出发点，即基础功能。互文本语境的基本功能是支持、佐证功能，对文本语境起支持、佐证、强化作者的观点和理论。如上面的例子，无论是一致关系互文，还是极性互补关系互文都是对文本语境的支持、佐证。另一方面，互文本语境作为基础语境，在与文本语境结合时，能生成一种新质，这种新质就是表现出学术论文语篇的功能，如科学性、客观性等。因为互文本语境本身就是作者所赞成、支持的观点、理论、调查和研究的结果，这些语境反映在语篇层面上就会呈现出学术论文语篇的高级功能：客观性和科学性。

互文本语境是对文本语境的具体化、细化，使文本语境变成情景丰富的"事件"。

语境互文是指某一文本语境中出现其他文本的语境，即某一文本语境是对其他文本语境的吸收和改造。学术论文语篇中的语境主要以意义为主，意义表现为：观点、理论、思想、事件、事例、方法、思路等。新闻类学术论文与参考文献的语境互文的形式为：文本语境与互文本语境的一致和极性互补。学术论文语境与参考文献语境的一致的互文形式：互文本语境+文本语境（一致关系）+互文标记，其中互文本语境有：研究课题（内容）、概念（名称、定义）、理论（模型）、研究方法、研究结果、观点（解释）。互文本语境（负）+文本语境（正）（极性互补关系）+互文标记，其中互文本语境包括观点或解释、理论、方法和研究结果；"负"与"正"表示两种语境相反、或相对、或不同，同时两者是互补的。文本语境+互文本语境（反一致关系）+互文标记，建构文本语境的范围和广度。

作者对互文本语境的选择是有意向性的，这种意向性表现为两个方面：一是意向的内容，二是意向的态度。意向内容是互文本语境的内容。

意向态度是对意向内容的态度，这里指的是互文本语境的内容态度。意向态度可细分为三个次范畴：一是体现为相对的估量，认为事物在重心上重/轻（于某物）、显/隐（于某物），在空间上前/后（于某物），在时序上先/后（于某物）等；二是体现为某种心理状态，如喜欢什么、厌恶什么等；三是体现为某种心理取向，对所关指的事物采取如中立、赞成、反对、批评等心理取向来看待，反映在语言上就是以什么心理取向来叙述这个事件。① 这样互文本语境在文本中就产生出一种新质，也就是说，在互文本语境进入到新的语境中产生的一种新功能。这就是互文本语境的独立性，互文本语境是一个"他者"，它对文本语境具有反作用，具有对文本语境的构建作用。

学术论文与参考文献的语境互文表明：（1）学术论文语境是对其他语境的继承、发展和创新，其他语境是学术论文生成、发展、创新的基础。（2）学术论文的创新是建立新的语境，并使其发展成为未来的互文本语境。（3）语境是动态的、变化的，是由交际双方构建的。

参考文献互文本是源文本的变异、转换，即互文脱离源文本后，在新的语境中发生变异，增加了新质。互文在不同的作者、读者中会不断地发生变异，产生新质，从而使源文本，使文化不断地创新、发展。

本章小结

参考文献是正文主要内容的组成成分。正文是在已有的参考文献基础上发展、深化的文本，参考文献与正文形成复杂、多元的互文关系。参考文献与正文的互文关系表现为文本层面、主体层面和语境层面。文本层面的互文分为文本形式和内容，文本形式上有词语、小句、句组、语篇、模式；内容上的互文表现为概念、理论、论据、方法、数据等，构成正文内容的主要部分。互文表现出对话性和评价性，对话性除了通过模糊限制语、确定表达语、态度标记语和指令语来表达，同时还通过人称来源、非人称来源和让步来表达；评价性通过自言介入和他言介入来表达，主要是他言介入，有赞成、中性和反对评价。主体层面的互文关系分为：作者与

---

① 徐盛桓：《心智如何形成句子表达式?》，《天津外国语大学学报》2012年第2期。

互文本作者的互文关系、作者与学术群体的互文关系、作者与读者的互文关系，又各分为一致、交叉和极性互补关系/不一致关系。语境层面的互文关系分为：文本语境与互文本语境的一致、极性互补和反一致关系。

参考文献与正文的互文关系是语篇系统下副文本第二层次的互文关系。

第六章

注释、参考文献之间的互文性研究

语言的基本功能是交际，句子是交际的基本单位，句子的基本特点是表述性。[①] 表述性体现为词语所指由意义到内容的具体化。意义是词库中词语的所指，内容是交际中具体化了的所指对象。[②]

交际的本质是信息交换。语言交际是作者通过语言形式传递信息，读者通过语言形式接收信息。语言传递的信息分为意义和内容。[③] 对一个词而言，词的意义是词典中标出的意义。意义只是限定了词语的范围，但没有具体到某一对象，内容是词语确指的对象，一般在语境中来实现。概言之，内容比意义确定性强，传递的信息更多。

注释、参考文献是对正文相关意义的信息化、具体化、语境化，其提供更加具体的、详细的信息。

互文是文本之间的一种相互联系。读者在阅读文本时通过文本互动来激活相关的记忆和对相关文化背景的认知。互文本是进入正文的注释、参考文献，正文与互文本之间形成互文关系。语言有不同的单位，文本通过语言单位来表现，因此，注释、参考文献之间的互文有不同的互文形式。语言是一种符号，具有形式和内容，互文也可以从形式和内容来表现。语篇是交际的基本单位，交际涉及交际主体。交际的成功与否，与交际双方的理解和语境相关，理解的过程也就是互文的过程，即听者接受、理解说者观点和意图。这样就形成了主体和语境的互文。

文本通过语言形式和内容与其他文本形成联系，这些其他的文本参与到当前文本的建构和理解，形成各种互动关系：互参、互涉、互证、互

[①] 张斌：《汉语语法学》，上海教育出版社1998年版，第26—29页。
[②] 张斌：《现代汉语语法十讲》，复旦大学出版社2005年版，第265—267页。
[③] 同上。

释、互补等。互文性就是一个文本对另一个文本的复读、解释、说明、扩展、强调、延伸、浓缩、转移、改造和深化。互文的实质是意义上的互动，形成文本之间的内在联系，从而推动当前文本的建构和理解。

注释、参考文献之间的互文关系表现为共存关系。

注释、参考文献之间的互文关系分为不同层次：

第一层：注释≒注释；

第二层：注释≒参考文献、参考文献≒参考文献。

（符号"≒"表示"互文关系"）

本章引文注释归入到参考文献。

第一节 注释与注释的互文

《辞海》：注释，亦称注解。对书籍、文章中的词语、引文出处等所作的说明。《编辑实用百科全书》：注释也称注解。书籍辅文的一种文体名。对正文中的文字、词汇、读音、典故、史实、引文出处或内容方面所作的说明文字。注释是一种解释说明的文本，是对文本相关内容的叙说。

注释是对相关内容的解释说明。注释与注释之间存在互文。一般用陈述句，学术论文中的注释一般表达为小句和句组。互文形式：互文标记+互文本。注释与注释的互文具体如下：

一 文本形式的互文

（一）小句形式

注释中的叙述形成一定的句式，这些句式在不同的论文的注释之间形成互文，如：

1. 参见……选自……出自……

（196）注释1：参见李永清等著《从革命思维到执政思维——党的历史方位的改变与理论思维的更新》，中共中央党校出版社2007年版，第221页。（李向阳：《论政治文明与媒体权利》，《现代传播》2013年第3期）

（197）注释11：参见张志洲：《提升学术话语权与中国的话语体

系构建》,《红旗文稿》,2012 年第 13 期。(蔡惠福、顾黎:《论中国特色新闻传播学术话语体系的自主建构》,《现代传播》2013 年第 1 期)

(198) 注释 1:这一讨论情况可参见 2009 年 9 月在西安召开的"第三届中国社会科学前沿论坛"和 2010 年在伊春召开的"第四届中国社会科学前沿论坛"。(蔡惠福、顾黎:《论中国特色新闻传播学术话语体系的自主建构》,《现代传播》2013 年第 1 期)

(199) 注释 3:转引自[加]马歇尔·麦克卢汉著:《机器新娘——工业人的民俗》,何道宽译,中国人民大学出版社,2004 年版,第 110 页。(李勇:《媒介文化美学表征形式的当代嬗变》,《现代传播》2013 年第 4 期)

(200) 注释 8:波德里亚的这种说法集中体现在其于 1988 年 5 月美国首届波德里亚学术会议上的发言稿《超政治,超性别,超美学》(Transpolitics, Transsexaulity, Transaesthetics)之中。(李勇:《媒介文化美学表征形式的当代嬗变》,《现代传播》2013 年第 4 期)

(201) 注释 13:对库里肖夫实验的质疑,国内外已有一些研究,参见黎萌:《库里肖夫的遗产——一个关于电影"知识"的个案描述》,《电影艺术》,2007 年第 2 期。(颜纯钧:《蒙太奇美学新论》,《现代传播》2013 年第 7 期)

(202) 注释 2:选自 2012 首届国际大学生微电影盛典组委会主席冷冶夫先生在盛典开幕式上的发言。(张炜、苏静:《微电影人才培养策略探析》,《现代传播》2013 年第 7 期)

(203) 注释 7:此处借用了电影理论家的说法,因为电视语言和电影语言都是麦克卢汉所说的"视听同步印象"。原文见[法]马·马尔丹:《电影语言》,何振淦译,中国电影出版社 1980 年版,第 2 页。(张小琴:《隐蔽的意义:电视叙事的魔力》,《现代传播》2013 年第 6 期)

作者注释时,要进一步延伸相关内容会想到用此句式,而读者阅读时看到此句式时会想到延伸的相关文本。上例的"参见……"是原型,"……参见……"、"……体现在……"、"转引自……"、"选自……"、"借用……"等都是原型的变体,相互间形成互文。

互文形式：互文标记+互文本。互文标记是互文句式（模式）。
2. ……是……

（204）注释1：隐藏式字幕，（Closed Caption，简称CC），是指不能被所有人看到的，可以开启或者关闭的字幕；开放式字幕（Open Caption，简称OC）是指能够被所有人看到，无法关闭的字幕。（李东晓：《我国电视媒体的无障碍发展现状、问题兼及建议》，《现代传播》2013年第5期）

（205）注释2："宏内容"指专业人员在专业机构中制作的，并在专门渠道中发布的信息产品，由于成本较高、资源（版面、时长）有限，其传播必然遵从规模经济的传播模式——以尽可能少的内容服务于尽可能多的消费者，是典型的大众传播模式。（刘楠：《媒介融合态势下播音主持业务的适应性需求——以广播媒介为研究对象》，《现代传播》2013年第4期）

（206）注释6：所谓审美的"内涵式精神指向"，意即审美作为一种感受性经验具有一种特别的内涵和素质，如求真的旨趣、向善的意志、形而上学信仰的建构精神等。（李勇：《媒介文化美学表征形式的当代嬗变》，《现代传播》2013年第4期）

（207）注释7：同构即某一能指与某一所指之间的惟一意指对应关系。参见隋岩、张丽萍《对"同构"的溯源与阐释》，《现代传播》2011年第7期。（隋岩、姜楠：《能指丰富性的表征及新媒介的推动》，《现代传播》2013年第6期）

（208）注释2：本文将"社会抗争"界定为：有许多社会个体参加的，具有很大自发性、持续性、对抗性的挑战及制度外利益诉求行动。（涂光晋、陈曦：《"非典"十年来中国政府危机特点的变化与反思》，《国际新闻界》2013年第5期）

作者在正文只是用一个概念、理论术语，注释就解释这个术语。上例的"……是……"是原型，"……指……"、"……意即……"、"……即……"、"……界定为……"等是原型的变体，原型与变体之间形成互文。

互文形式：互文标记+互文本。互文标记是互文句式（模式）。

3. ……分为……

（209）注释3：内在选择机制又叫选择性心理，它分为选择性注意、选择性理解、选择性记忆三种心理现象。（张宏等：《新媒体渠道变革及其营销管理效率分析》，《现代传播》2013年第2期）

（210）注释15：包括头版刊登的新闻以及头版导读的新闻。新闻包括消息、通讯、深度报道、言论、读者来信、图片新闻等。部分新闻有链接阅读或扩展阅读的，整体视为一篇新闻。（陈先红、陈欧阳：《公关如何影响新闻报道：2001—2010年中国大陆报纸消息来源卷入度分析》，《现代传播》2012年第12期）

（211）注释14：约翰·费瑟斯通认为现代社会出现的所谓"日常生活审美化"包含了三个方面的意义："第一，各种超现实主义运动对艺术和日常生活二者界限的消解。第二，将日常生活转化为艺术的具体行为及谋划。其三，充斥于当代社会日常之经纬的迅捷的影像与符号之流。"参见［英］迈克·费瑟斯通《消费文化与后现代主义》，刘精明译，译林出版社2000年版，第95—105页。（张波：《论微电影在当下中国的生产及消费态势》，《现代传播》2012年第3期）

注释对象的分类采用句式："……分为……"是原型。"……包括……"、"……包含……"等是变体。它们之间形成互文关系。

互文形式：互文标记+互文本。互文标记是互文句式（模式）。

4. 互文小句句式

互文小句句式：互文来源+互文动词，如：

（212）注释3：Jamieson和Campbell二位学者认为，新闻工作者的自我审查包括遵循公平原则，追求独家新闻，获得政府支持，迎合受众口味等几类。（童兵、潘荣海：《"他者"的媒介镜像——试论新闻报道与"他者"制造》，《新闻大学》2012年第2期）

（213）注释2：蔡尔兹指出，当我们讨论公共舆论或谈及"公众"时，所谓公众一定是一群特指的也就是具体的人（specific group of persons），在美国，最重要也是最大的"公众"就是选民，它当然是由各个具体的"公众"群体组成的。（Harwood L. Childs, 1939:

329）（邵志择：《Public Interest：公共利益抑或公众兴趣——市场化媒体的两难选择》，《新闻大学》2012 年第 1 期）

（214）注释 4：有学者称，个人的基本生活需求（course‑life‑needs）也是构成公共利益的要素，只是在公共利益中居于次级地位（subclass）。这些基本需求包括食物、居所、服装、医疗卫生、教育以及休闲、娱乐等等。（Theodore M. Bneditt, 1973：302）休闲娱乐更多地体现了个人兴趣。（邵志择：《Public Interest：公共利益抑或公众兴趣——市场化媒体的两难选择》，《新闻大学》2012 年第 1 期）

（215）注释 2：据 2005 年的《社会蓝皮书》披露，从 1993 年到 2003 年间，我国群体性事件数量已由 1 万起增加到 6 万起，参与人数也由约 73 万增加到约 307 万，10 多年突发事件数量增长了 4 倍多。（姚君喜：《媒介接触与社会公正认知、态度及行为——以上海在校大学生为对象的实证研究》，《现代传播》2012 年第 3 期）

例（212）互文小句句式：Jamieson 和 Campbell 二位学者（互文来源）+认为（互文动词）。

例（213）互文小句句式：蔡尔兹（互文来源）+指出（互文动词）。

例（214）互文小句句式：学者（互文来源）+称（互文动词）。

例（215）互文小句句式：《社会蓝皮书》（互文来源）+披露（互文动词）。

互文形式：互文标记+互文本。互文标记是互文小句形式（模式）。

（二）句组形式

互文以句组形式出现。如：

（216）注释 1：1976 年 10 月 6 日，抓捕"四人帮"的当晚，受华国锋、叶剑英的委派，耿飚和邱巍高迅速控制中央广播电台和电视台。在广播局核心小组成员会议上，耿飚宣读了华国锋的手令并指出："在广播电视宣传上，主要抓住两条，一是有关粉碎'四人帮'的消息不能泄露，二是不要再宣传'按既定方针办'，所有节目凡是有这句话的都要删掉。"（赵玉明：《中国广播电视通史》，北京广播学院出版社，2004 年 1 月，第 333 页）接下来，相关人员对广播电视节目进行严格检查。这次政治事件拉开了"文革"后电视节目审查的序

幕。(张永峰:《中国电视剧审查制度的形成》,《新闻大学》2014年第1期)

(217) 注释2:随着国家最高权力阶层重组和邓小平复出,广播局领导要求:"'批邓、反击右倾翻案风'包括'批邓另搞一套'等都不提了,请大家检查节目及录音胶带,包括文艺节目和向外印发的材料。"(于广华:《中央电视台大事记》,人民出版社,1993年7月,第70页)出于政治上的安全,1977年2月北京电视台拟定《关于审看电视节目的几项暂时规定》,"《规定》要求根据节目的不同性质,分别送部、台、局及中央有关部门审看,以确保安全播出。"(《1955—1983年中央电视台大事记》,中央电视台研究室,1984年5月,第146页)政治变动时期审查标准须由各级领导根据形势灵活掌握,一时难以建立稳定的条款。(张永峰:《中国电视剧审查制度的形成》,《新闻大学》2014年第1期)

前例是电视节目审查的开始和缘由,后例是审查的变化。两者形成互文,两者都是句组形式。

互文形式:互文标记+互文本。互文标记是互文词语(名词)。

二 文本内容的互文

注释的作用就是在具体的语境中给语言单位,如词语、句子、小句、句组、语篇等以内容的解释说明,也就是说,注释的作用是提供相关语言单位以更多的信息。不同的注释从不同方面对某一对象进行解释说明,这样,注释与注释之间形成互文关系。互文形式:互文标记+互文本。

(一) 一致关系

一致关系是指观点、理论、方法的相同、相似之间形成互文。如:

(218) 注释13:2004年3月,全国人大通过的宪法修正案首次明确写入"国家尊重和保障人权"。2007年10月,中国共产党的十七大将"尊重和保障人权"写入了党章。这标志着"国家尊重和保障人权"成了中国具有法律效力的宪法规范,成了中国共产党执政理念的组成部分。(李向阳:《论政治文明与媒体权利》,《现代传播》2013年第3期)

(219) 注释 14：国际人权"两公约"是指：1997 年 10 月 27 日我国政府签署的国际人权 A 公约（《公民权利和政治权利国际公约》），并经 2001 年 3 月全国人大常委会批准生效；1998 年 10 月 5 日，我国政府又签署国际人权 B 公约（《经济、社会及文化权利国际公约》），加快了融入国际人权两公约的进程。（李向阳：《论政治文明与媒体权利》，《现代传播》2013 年第 3 期）

注释 13 是具体的内容之一，注释 14 是概括的文本，两者形成互文。也就是说，具体文本是对概括文本内容的展开叙述，这样概括文本与具体文本形成互文。上例中《公民权利和政治权利国际公约》内容之一是"国家尊重和保障人权"。

互文形式：互文标记+互文本。互文标记是互文词语（名词）。

两个注释分别是价值与价值的表现，两者形成互文。如：

(220) 注释 7：皮影戏是重要的乡村媒介形式。皮影戏符合最基本的五 W 传播模型，有固定的传者（皮影艺人），固定的传播途径（演戏），特定的传播内容（影戏），受众（村民），在农村社会更有重要的传播效果，华县是中国皮影戏的源头，在漫长的历史发展过程中，皮影戏逐渐融入到中国农村的社会结构和文化生活中，实现了作为文化和媒介形态的重要价值。（沙垚：《从影戏到电视：乡村共同体想象的解构》，《新闻大学》2012 年第 1 期）

(221) 注释 8：根据华县地方志编纂委员会 1992 年编纂的《华县志》（陕西人民出版社出版）记载，皮影演出以五人组成，分别是"前声"、"签手"、"后槽"、"上档"、"下档"。前声主唱生旦净丑各行角色，并兼使月琴、手锣、堂鼓、尖板，另有帮签之责。"签手"以操纵影人的动作为主，兼配音响效果及填白对话。"后槽"司钩锣、碗碗、梆子、战锣。"上档"拉二弦，司闪子、唢呐、长号，兼填白对话。"下档"拉板胡，兼安拆影人。上台演出时，五人配合默契，大有相得益彰、异曲同工之妙。（沙垚：《从影戏到电视：乡村共同体想象的解构》，《新闻大学》2012 年第 1 期）

注释 7 主要是解释了皮影戏是重要的乡村媒介形式的价值，注释 8 是对皮影演出如何产生交际作用的娱乐形式。两者形成互文。

互文形式：互文标记+互文本。互文标记是互文词语（名词）。

同一对象在概念、来源、具体事例之间形成互文。如：

(222) 注释14：为什么唱戏可以敬神？因为戏曲是"神鬼人的共同在场"，"将宗教性因素完全转换成世俗性因素"（汪晓云：《戏曲：鬼神人的共同在场》，《民族艺术》2003年第3期）。根据华县附近的民俗，民间皮影戏较多，故以皮影戏为主要敬神的方式和手段。（沙垚：《从影戏到电视：乡村共同体想象的解构》，《新闻大学》2012年第1期）

(223) 注释15：关于农业祭祀，早在《诗经》中就有描写。《甫田》一诗，"以我齐明，与我牺羊，以社以方。我田既臧，农夫之庆。琴瑟击鼓，以御田祖。以祈甘雨，以介我稷黍，以谷我士女。"唐·孔颖达《诗经·周颂谱》疏："既谋事求助，致敬民神，春祈秋报，故次《载芟》《良耜》也。"北宋·王桢《农书》"祈报篇第十六"中有言："载芟之时，春籍田而祈社稷也；良耜之时，秋报社稷也。此先王祈报之明典也。"周人将后稷当做自己先祖，春祈秋报，乃社稷正祭，是周代极隆重的典礼，都由周王亲自主持。周王取来祭祀用的碗盆，恭恭敬敬地装上了精选的谷物，又让人供上毛色纯一的羔羊，请土地和四方神灵来分享。春天开农之时祈祷上天，秋天丰收之后再感恩天神，达到富足安宁的生活境界。周王朝活动的核心区域便在关中地区，关中春祈秋报的传统可谓历史深远。（沙垚：《从影戏到电视：乡村共同体想象的解构》，《新闻大学》2012年第1期）

(224) 注释16：刘兴文是农民艺人，初中毕业，他脑中的人神版本是典型的农民挂念，在访谈中发现，一般农民和他的想法基本类似，只是他读过书，识字，所以他能比较清晰地表达自己，是比较好的向导或报告人。（沙垚：《从影戏到电视：乡村共同体想象的解构》，《新闻大学》2012年第1期）

注释14主要是"为什么唱戏可以敬神？"，注释15是"敬神的来源"，注释16：具体个人的"敬神"观念：农民挂念。三者形成互文。

互文形式：互文标记+互文本。互文标记是互文词语（名词）。

同一对象的观点与事例形成互文，如：

（225）注释 24：据不完全统计，从 1991 年到 2007 年，至少有 70 部左右中国独立纪录片曾经参展、参赛国际电影节和专题展映，而其中获得大小奖项的达 40 部之多，获奖次数在 60 次左右；除了电影节之外，一些艺术机构、文教基金也会定期或不定期举办中国影展，如法国蓬皮杜艺术中心、香港艺术中心等。近年影响较大，并已经形成一定规模的还有由纽约莱克基金会于 2001 年在纽约设立的 Reel China 当代中国纪录片双年展。参见唐蕾，曲径内外——中国独立纪录片与国际电影节，电影艺术，2009（3）：147-152。（罗锋：《观看之道：独立纪录片的伦理考量——兼对影像"泛道德主义"批评的反思》，《新闻大学》2012 年第 2 期）

（226）注释 26：奖项如下，《马戏学校》（郭静、柯丁丁）第 29 届法国真实电影节国际竞赛单元 SCAM 奖，加拿大 Hot Docs 纪录片电影节国际展映单元；《秉爱》（冯艳）山形国际纪录片电影节小川绅介奖；《和凤鸣》（王兵）山形国际电影节弗拉哈迪大奖，马赛国际纪录电影节"乔治斯·德·博勒加德奖"；《无用》（马可、贾樟柯）威尼斯电影节地平线单元纪录片奖；《木帮》（于广义）首届韩国首尔数字电影节导演奖与影评人奖；《罪与罚》（赵亮）法国南特三大洲电影节大奖，第 10 届捷克"就一个世界"电影节最佳导演奖，第 60 届瑞士洛迦诺国际电影节，2008·西班牙 Las Palmas de Gran Canaria 国际电影节银奖；《请投我一票》（陈为军）白银纪录片电影节最佳纪录片。其中只有《马戏学校》曾获得第 13 届上海电视节纪录片评委会大奖，其余纪录片都未曾登上国内各大电影展节的榜单。另一份片目来自中国广播电视学会纪录片研究会在 2007 年举办的"国际选片会"获得推荐参加国际纪录片展节的作品名单中，将近 98% 的获奖作品来自于体制内电视台和制片厂，40 部"十优"纪录片中仅有 3 部来自于独立制作人。参见唐蕾，曲径内外——中国独立纪录片与国际电影节，电影艺术，2009（3）：147-152。（罗锋：《观看之道：独立纪录片的伦理考量——兼对影像"泛道德主义"批评的反思》，《新闻大学》2012 年第 2 期）

前例是观点（获奖作品），后例是事例（具体的获奖作品）。两者形成互文。

互文形式：互文标记+互文本。互文标记是互文词语（名词）。

（二）不一致关系

不一致关系是指观点、理论、方法的相反、相对、怀疑之间形成的互文。如：

> （227）注释1：五项攸关的概念：（1）对公众负担责任，此一责任既非源自于市场压力，也非透过行政组织来达成。（2）公共财务：不同于私有商业电视，其商业利润或收入均将用于节目或服务之目的。（3）节目内容的管制：平衡、公正、服务少数利益及禁止色情、暴力节目与某些广告的播出。（4）普及服务：将观众视为公民而非消费者。（5）管制进入：例如，限制频道的竞争数量，国家没有垄断广电媒介，但会干预其欲达成之合法文化与社会目标。参见 Kees Brant, Karen Siune, "Public broadcasting in a state of flux", in Dynamics of media politics, eds. Karen Siune, Wolfgang Treutzschler（London：Sage Publications, 1992）。
>
> （228）注释2：倒是有学者讲得切实：本文述及的"公共服务"，有别于西方意义的"公共广播"，其主要原因在于：中国广播电视自诞生之日起，不仅要向公众提供服务，而且承担着政治宣传的功能，其政治属性和社会属性是捆绑在一起的，而西方意义上的"公共广播"主要是面向公众和社会提供服务。参见顾亚奇. 中国广播电视公共服务的三个历史阶段[J]. 现代传播. 2008（1）。（徐帆：《身份与路径的双重否定："公共频道"对公共电视在华发展的影响》，《新闻大学》2010年第3期）

前例"公共服务"与政治无关，后例"公共服务"与政治相关，两者相对，形成互文。

互文形式：互文标记+互文本。互文标记是互文词语（名词）。

三 主体的互文

注释是对正文相关内容的解释说明。作者以不同的角色出现，这些不同的角色之间形成互文。注释与注释的主体互文关系有：一致关系和不一致关系。互文形式：互文本作者+互文本作者（一致关系）+互文标记。

（一）主体一致关系

主体一致关系是指不同主体对相关对象认识的一致性，不同的作者互相替代文本作者说明同一对象。如：

（229）注释36：1932年11月，国民党中宣部公布《宣传品审查标准》，规定凡宣传共产主义，即被认为是"反动"，凡批评国民党不抵抗政策，要求抗日，即被认为是"危害中华民国"，凡对国民党当局稍有不满，即被认为是替共产党张目，一律加以禁止。1934年6月公布的《图书杂志审查办法》则强令实行原稿送审制度。规定一切图书杂志应于付印前将稿本送图书杂志审查委员会审查，否则"予以处分"。图书杂志审查委员会可以随意删改稿件，印出后如果发现没有照改，又要"予以处分"。这样一来，出版物有的被阉割得面目全非。以上均引自陈国强、张生：《南京国民政府出版体系的形成》，载《中国出版史料（现代部分）》第一卷下册，山东教育出版社、湖北教育出版社2001年版，第286页。（唐小兵：《印刷上海与公共空间之拓展——以1930年代〈申报〉为中心的讨论》，《新闻大学》2012年第3期）

（230）注释40：林语堂对于1930年代的新闻出版审查有着切身体验，他认为，1930年代的前期，"新闻的力量几乎不复存在了，而且当时对新闻自由的管制是自1900年以来历史上最严厉的，出版物也是最少的，甚至连欧洲法西斯主义国家、共产主义者的出现、统一的需要等都被限制讨论，而这一切都敦促当局统治者继续剥夺公民自由。"（详见林语堂《中国新闻舆论史》，王海、何洪亮译，中国人民大学出版社，2008年版，第142页）（唐小兵：《印刷上海与公共空间之拓展——以1930年代〈申报〉为中心的讨论》，《新闻大学》2012年第3期）

前例和后例作者都认为国民党中宣部的新闻出版审查对新闻的危害。不同作者认识一致。

互文形式：互文本作者+互文本作者话语（一致关系）+互文标记。互文标记是互文词语（名词）。

（二）主体不一致关系

主体不一致关系是指不同主体对相关对象认识的不一致性，相反或相对。如：

(231) 注释15：林语堂：《中国新闻舆论史》，王海、何洪亮译，中国人民大学出版社，2008年版，第128—129页。林语堂对《申报》负面评价很多，觉得其编排水准差强人意，广告乱塞，本埠副刊的内容肤浅、无足轻重等，是很不专业的大报（详见该书109页、110页的分析）。事实上，林的评论并不客观，《申报》为拓展言论自由还是做了很多工作，"自由谈"就是明证，《申报》广告多正说明其经济实力强大，可以不被政治集团的资金轻易收买，而且广告的情色化和低俗化，在当时的语境里，对于保护《申报》的言论有某种客观上的掩护作用（虽然并不一定是意图如此）。《申报》二三十年代的广告史研究，请参阅王儒年：《欲望的想象：1920—1930年代〈申报〉广告的文化史研究》，上海人民出版社，2007年版。（唐小兵：《印刷上海与公共空间之拓展——以1930年代〈申报〉为中心的讨论》，《新闻大学》2012年第3期）

(232) 注释18：钝根：《晶报琐语》，《晶报》，1932年3月3日。李楠在其上海小报研究中也肯定了小报的这一积极功能，她认为："在市民的大'公共空间'缺失的社会里，小报为市民提供了一个相对小巧的言说空间，是其受欢迎的主因。"详细分析见李楠《晚清、民国时期上海小报研究：一种综合的文化、文学考察》，人民文学出版社，2005年版，59页。（唐小兵：《印刷上海与公共空间之拓展——以1930年代〈申报〉为中心的讨论》，《新闻大学》2012年第3期）

前例：林语堂对《申报》负面评价很多。
后例：李楠在其上海小报研究中也肯定了小报的这一积极功能。
前例和后例对上海小报认识相对，不同作者认识不一致。
互文形式：互文本作者+互文本作者（不一致关系）+互文标记。互文标记是互文短语（名词短语）。

四 语境的互文

注释语境是指构成某一对象的情景语境。情景语境由具体的事件组成，注释的事件表现为对正文内容的说明解释，即对正文的观点、理论、思想、事件、事例、方法、思路等的解释说明。注释语境是对文本语境的解释、说明、补充、修正、延伸等。注释与注释之间对于一定的对象形成互文关系。互文形式：文本语境+互文本语境+互文标记。

（一）语境一致关系

语境的一致关系是指对某一对象的注释之间在情景语境的一致。如：

（233）注释10："顶楼阳台"在旧上海的建筑中往往是佣人做家务的场所。影片中佣人小阿妹在顶楼阳台上晾衣服，孩子们在阳台上玩闹的场景在我看来颇有空间政治学的象征意义。在《贮满记忆的空间形式："阳台"与张爱玲小说的意义生产》（见《热风学术》第二辑主编：王晓明 蔡翔 2009年3月）中吴晓东通过对张小说关于"阳台"这一避世却与外界保持联系的生活空间的发现，详述了阳台之于都市人尤其是生活在底层的边缘人的意义。（陈婷：《跨越时空的想象——以对〈乌鸦与麻雀〉和〈小城之春〉的解读为例看四十年代中国大都市与小城镇的影像呈现》，《新闻大学》2012年第3期）

（234）注释12："亭子间"是典型上海住房中，里屋和外屋之间的过道楼梯上的一间小房子，常常建在厨房上头。在李欧梵的《上海摩登》中，他简短介绍了生活在亭子间的上海文人作家的日常生活。因为在石库门里的这类房子冬冷夏热，常年见不到阳光，因此租金非常低。"亭子间"事实上成了上海文学生活的附属物。……"亭子间文人"和"来自亭子间的作家"，他们的住所不仅集中说明了上海作家的社会经济状况，而且也表明了他们的生活方式。参见《上海摩登：一种新都市文化在中国1930—1945》（修订版）.毛尖译.第38，39页.上海三联出版社.2008年.（陈婷：《跨越时空的想象——以对〈乌鸦与麻雀〉和〈小城之春〉的解读为例看四十年代中国大都市与小城镇的影像呈现》，《新闻大学》2012年第3期）

前例是解释旧上海建筑的"顶楼阳台"，后例是说明旧上海建筑的

"亭子间",两者共同解释同一对象"旧上海建筑"。

互文形式:互文本语境+互文本语境(一致关系)+互文标记。互文标记是互文短语(名词短语)。

(二)语境不一致关系

语境的不一致关系是指对某一对象的注释之间在情景语境的不一致,即互文本语境与互文本语境相对或相反。如:

(235)注释1:业配新闻是指在置入性营销项目中,除了广告购买外,媒体承诺给予广告主新闻采访则数、或是主播台专访。由于这样的新闻等同于付费新闻,且伴随着置入性营销而来,因此,在台湾地区被称为"业配新闻"。(王毓莉:《台湾新闻媒体主管在置入性营销业配新闻中的双重角色探讨》,《国际新闻界》2013年第10期)

(236)注释2:关于节目广告化的问题,根据台湾地区相关法规,认为节目与广告需要有所区分,特别针对新闻报道或儿童节目,更严格的认定不得有广告化现象。业配新闻的本质,正好违反了此项规定,因此新闻媒体在配合业务部门置入时,格外为难与小心。(王毓莉:《台湾新闻媒体主管在置入性营销业配新闻中的双重角色探讨》,《国际新闻界》2013年第10期)

前例是"业配新闻"是置入性营销,后例是说明在新闻报道或儿童节目,更严格的认定不得有广告化现象。两者观点相反。

互文形式:互文本语境+互文本语境(不一致关系)+互文标记。互文标记是互文短语(名词短语)。

第二节 参考文献与参考文献的互文

参考文献是学术论文正文参考、借鉴的文本,是已存在的文本,是他文本,即"他者"。参考文献与参考文献之间存在互文关系。参考文献的语言形式可以是词语、小句、句组、语篇和模式。参考文献与参考文献的互文具体如下:

一 文本形式的互文
（一）词语形式
互文的语言形式是词语。如：

（237）目前对于"词媒体"的研究，主要集中于报道"词媒体"涌现（刘佳，2010）、归纳"词媒体"特点（曹志彪，2012；林美宇，2010）、分析"词媒体"产生原因（都成，2012）、梳理"词媒体"发展阶段（管雪，2011）以及"词媒体"的规范（龚华玲，2012），"词媒体"的传播（刘家林、黄利飞，2011）等几个方面。截至目前，尚未见到"词媒体"在广播电视中运用情况的相关考察与分析。（刘艳春：《"词媒体"在广播电视中的呈现与制约》，《现代传播》2014年第2期）

互文本："词媒体"，是词语。
互文形式：互文标记+互文本（词语）。互文标记是互文词语（名词："词媒体"）和参考文献标记。

（二）小句形式
互文的语言形式是小句。如：

（238）"媒介定型"的生成就是在对象性事件信息某种程度缺失的信息环境中，媒介通过对他者所谓的象征性事件进行筛选、加工、聚焦、放大、强化的传播过程形成的。（金冠军、冯光华：《解析大众媒介的他者定型——兼论传播中的"妖魔化"现象》，《现代传播》2004年第6期）

（239）以美国媒体为代表的西方主流媒体涉华报道呈现以负面或消极报道为主，贬低中国在政治、经济、科技、文化、体育等方面取得的成就，利用中国的负面事件进行夸大渲染、丑化攻击。（张健：《美国主流媒体涉华报道分析》，《国际观察》2007年第1期）（王晴川、方舒：《北京奥运与建构国家形象的思考》，《当代传播》2008年第4期）

后例是对前例的例证。两者形成互文。

互文形式：互文标记+互文本（小句）。互文标记是互文词语（名词："媒介定型"）和参考文献标记。

（三）句组形式

互文的语言形式是句组。如：

（240）地域文化的形成有其历史的必然性，恰如有论者所言，地域文化的"产生、发展受着地理环境的影响，不同地区居住的不同民族在生产方式、生活习俗、心理特征、民族传统、社会组织形态等物质和精神方面存在着不同程度的差异，从而形成具有鲜明地理特征的地域文化"。可以说，"没有抽象的无地域的历史和民族，任何民俗文化的历史性、民族性都是附丽于地域而形成的，都是因地域的差别而彰显其特点的"。（李慕寒、沈守兵：《试论中国地域文化的地理特征》，《人文地理》1996年第1期）（施旭升：《从地域到场域：艺术文化的现代性转型》，《现代传播》2012年第2期）

（241）特别是丹纳在其《艺术哲学》中有着更为系统的阐述。"在他看来，物质文明与精神文明的性质面貌都取决于种族、环境和时代这三大因素。"就环境而言，他指出："的确，有一种'精神的'气候，就是风俗习惯与时代精神和自然界的气候起着同样的作用。""不管在复杂的还是简单的情形之下，总是环境，就是风俗习惯与时代精神，决定艺术的种类。环境只接受同它一致的品种而淘汰其余的品种：环境用重重障碍和不断的攻击，阻止别的品种的发生。"（[法]丹纳：《艺术哲学》，傅雷译，人民文学出版社1963年版，第3页"译者序"，第34、39、144页）（施旭升：《从地域到场域：艺术文化的现代性转型》，《现代传播》2012年第2期）

后例支持、证明了前例的观点。两者形成互文。

互文形式：互文标记+互文本（句组）。互文标记：互文词语（名词）和参考文献标记。

（四）语篇形式

互文的语言形式是语篇。如：

(242) 1997 年，新加坡分别以四种官方语言发行了八种报纸，其中，以英文报纸《海峡时报》(The Straits Times) 最受欢迎。(Wendy Bokhorst-Heng, "Newspapers in Singapore: a mass ceremony in the imagining of the nation". Media, Culture & Society, Vol. 24, No. 4, 2002, pp. 559 - 569.)《海峡时报》1845 年创刊，作为新加坡历史最长的报纸，是新加坡第一英文大报；其报道理念坚持客观、不介入评价等原则，报道手法多采用多方引述，多角度呈现等方法；随着中新贸易的发展，《海峡时报》对中国的关注日益加强，在整个亚洲板块的报道中，对中国的报道占到30%至40%。(邢永川，许荣华.《新加坡〈海峡时报〉关于中国报道的分析》，《东南亚纵横》，2012 年第 2 期，第 66 页。)(张昆、陈雅莉：《东盟英文报章在地缘政治报道中的中国形象建构——以〈海峡时报〉和〈雅加达邮报〉报道南海争端为例》，《新闻大学》2014 年第 2 期)

互文本：《海峡时报》，是语篇。
互文形式：互文标记+互文本（语篇）。互文标记：互文篇章和参考文献标记。

（五）模式

模式是指参考文献标记形式或格式（GB/T7714—2005），本节的参考文献包括引文注释。

相同或不同刊物的参考文献格式之间的互文。

互文形式：互文标记+互文本。互文标记是引文标记格式。

1. 连续出版物

[序号] 主要责任者. 文献题名 [J]. 刊名，出版年份，卷号（期号）：起止页码. 如：

(243) [3] 肖赞军. 规制融合的欧盟模式及其启示 [J]. 湖南师范大学社会科学学报，2013, 42（4）：131-138.（肖赞军：《媒介融合中规制政策的基本取向分析》，《新闻大学》2014 年第 1 期）

(244) [4] 王威《我国媒介广告市场集中度分析》，《国际新闻界》，2007 年第 4 期。(陶喜红：《不同生命周期状态下传媒市场结构

的特征》,《现代传播》2014年第1期)

注释3与注释4使用的格式（或模式）一样,但表述有不同。
互文形式:互文标记+互文本。互文标记是引文标记格式（模式）。
2. 专著
［序号］主要责任者. 文献题名［M］. 出版地: 出版者, 出版年: 页码.

　　(245)［10］侯钧生. 西方社会学理论教程［M］. 天津: 南开大学出版社, 2001: 318. (刘小燕等:《作为政府与公众间距离协调机制的网络政治沟通研究》,《新闻大学》2013年第2期)

　　(246)［20］［美］罗伯特·皮卡特《传媒管理学导论》, 韩骏伟、常永新等译, 人民邮电出版社2006年版, 第21页。(陶喜红:《不同生命周期状态下传媒市场结构的特征》,《现代传播》2014年第1期)

注释10与注释20使用的格式（或模式）一样,但表述有不同。
互文形式:互文标记+互文本。互文标记是引文标记格式（模式）。
3. 会议论文集
［序号］析出责任者. 析出题名［A］. 见 (英文用 In): 主编. 论文集名［C］. (供选择项: 会议名, 会址, 开会年) 出版地: 出版者, 出版年: 起止页码.

　　(247)［7］亨利·詹金斯. "干点正事吧!"——粉丝、盗猎者、游牧民［A］. 见: 陶东风主编. 粉丝文化读本［C］. 北京: 北京大学出版社, 2009: 40-54. (同心:《"成为更好的自己": 时尚论坛与女性身体消费——以天涯论坛时尚版为例》,《新闻大学》2014年第1期)

　　(248)［6］单万里《影视纪录片的未来》, 陈卫星、胡正荣编《全球化背景下的广播电视发展国际学术研讨会文集》, 中国传媒大学出版社2001年版, 第253页。(李勇强、关峥:《历史题材纪录片中"搬演"的运用及思考》,《现代传播》2014年第1期)

前例和后例使用的格式（或模式）一样，但表述有不同。

互文形式：互文标记+互文本。互文标记是引文标记格式（模式）。

4. 专著中析出的文献

［序号］析出责任者. 析出题名［A］. 见（英文用 In）：专著责任者. 书名［M］. 出版地：出版者，出版年：起止页码.

（249）［5］曹晋. 时尚杂志与都市女性生活方式［A］. 见：曹晋. 媒介与社会性别研究：理论与实例［M］. 上海：上海三联书店，2008：232-251.（同心：《"成为更好的自己"：时尚论坛与女性身体消费——以天涯论坛时尚版为例》，《新闻大学》2014 年第 1 期）

（250）［16］土建民：《新疆的民族族称与民族主义》，见：土晓莉：《民族研究文集：文化·民族·民俗·考古卷》，中央民族大学出版社，2006 年版，第 235—236 页。（金玉萍：《电视收视实践中的认同表征——基于托台村的民族志研究》，《新闻大学》2014 年第 2 期）

前例和后例使用的格式（或模式）一样，但表述有不同。

互文形式：互文标记+互文本。互文标记是引文标记格式（模式）。

5. 学位论文

［序号］主要责任者. 文献题名［D］. 保存地：保存单位，年份.

（251）［4］何亚伦. 台湾地区媒体对中国大陆国家形象之影响［D］. 复旦大学，2010.（黄裕峰、吴胜涛：《"对岸"的想象与接触：两岸媒体交流与人际交流的演化历程及都市共同体初探》，《新闻大学》2013 年第 3 期）

（252）［12］赵洪浪：《框架理论下的我国房屋拆迁报道研究》，兰州大学 2007 年硕士论文。（何志武、朱秀凌：《"恶政府"？"弱拆迁户"？——拆迁冲突议题的媒介建构》，《新闻大学》2014 年第 1 期）

前例和后例使用的格式（或模式）一样，但表述有不同。

互文形式：互文标记+互文本。互文标记是引文标记格式（模式）。

6. 报告

[序号] 主要责任者. 文献题名 [R]. 报告地：报告会主办单位，年份：

（253）[1] 中国互联网络信息中心（CNNIC）：第32次《中国互联网络发展状况统计报告》，2013年7月。

（254）[11] 中华全国总工会政策研究室课题组（2008）. 全面建设小康社会新征程中的中国职工队伍——第六次全国职工队伍状况调查总报告.《工运研究》,（16-17），3-17.（苏林森:《被再现的他者：中国工人群体的媒介形象》,《国际新闻界》2013年第8期）

前例和后例使用的格式（或模式）一样，但表述有不同。
互文形式：互文标记+互文本。互文标记是引文标记格式（模式）。

7. 报纸文章

[序号] 主要责任者. 文献题名 [N]. 报纸名，出版年，月（日）：版次.

（255）[9] 俞可平. 俞可平、福山对话：中国发展模式目前面临的最大挑战 [N]. 北京日报，2011，3（28）.（杨海鹰:《转型中国语境中的传播劳动：以平面媒体新闻从业者身份变迁研究为例》,《新闻大学》2014年第2期）

（256）[6] 桂杰：《别让新闻发言人成为高危职业》,《中国青年报》，2011年8月28日，第3版。（陈虹、高云微:《关于完善中国新闻发言人制度若干问题的思考》,《现代传播》2014年第1期）

前例和后例使用的格式（或模式）一样，但表述有不同。
互文形式：互文标记+互文本。互文标记是引文标记格式（模式）。

8. 电子文献

[序号] 主要责任者. 电子文献题名 [文献类型/载体类型]，电子文献的出版或可获得地址（电子文献地址用文字表述），发表或更新日期/引用日期（任选）.

(257)［9］谢苗凤、杨大正等：《全民记者时代到来：我们是捍卫者更是坚守者》，http：//www.cul.sohu.com，2010年11月8日。（李晓灵：《民间与大众：灾难危机传播中的微博话语表述及传播——以新浪"kayne"微博为例》，《新闻大学》2014年第1期）

(258)［2］中国互联网络信息中心. 第32次中国互联网络发展状况统计报告［R/OL］. （2013-07）［2013-12-16］http：//www.cnnic.net.cn/hlwfzy.j/hlwxzbg/hlwt.jbg/201307/P020130717505343100851.pdf.（李奇：《西班牙形象谁塑造？——中国主流视频网站中西班牙相关内容的来源初探》，《新闻大学》2014年第2期）

前例和后例使用的格式（或模式）一样，但表述有不同。
互文形式：互文标记+互文本。互文标记是引文标记格式（模式）。

二　文本内容的互文

语言内容的互文主要表现为文本内容或主题的互文。
（一）一致关系
一致关系是指相同、相似的观点、理论、方法形成的互文。如：

(259)"国家形象是国际奥论和国内民众对特定国家的物质基础、国家政策、民族精神、国家行为、国务活动及其成果的总体评价和认定。"（张昆、徐琼：《国家形象刍议》，《国际新闻界》，2007年，第3期）（王伟：《对国家形象研究的反思》，《国际新闻界》2011年第1期）

(260)"如果从形象学角度反观国际关系，国家形象其实就是有关一种异己的、涉外的对象（国家、群体或个人）的文化印象。"（王晴川、方舒：《北京奥运与建构国家形象的思考》，《当代传播》，2008年，第4期）（王伟：《对国家形象研究的反思》，《国际新闻界》2011年第1期）

两例都是对"国家形象"的论述，两者形成互文。
互文形式：互文标记+互文本。互文标记：互文词语（名词："国家形象")。

（二）不一致关系

不一致关系是指相反、相对、怀疑、反对、否定的观点、理论、方法之间形成互文等。如：

（261）"读者和观众成了'消费者'，新闻成了'产品'，传播领域或曰信号领域成了'市场'。"（［美］约翰·麦克马纳斯著，张磊译，《市场新闻业：公民自行小心?》，第11页，新华出版社2004年10月版。）（田秋生：《市场逻辑如何影响新闻生产——麦克马纳斯市场新闻业理论再审视》，《新闻大学》2011年第4期）

（262）研究发现，与市场倾向较弱的报纸相比，具有更强市场倾向的报纸反而更加坚守传统的新闻价值观，更多地致力于有关严肃公共事务的报道，而且更有可能在报道中持对抗性的观点。（Beam, R. A. (1998). What it means to be a market-oriented newspaper, Newspaper Research Journal, 19 (3), 2-12.）（田秋生：《市场逻辑如何影响新闻生产——麦克马纳斯市场新闻业理论再审视》，《新闻大学》2011年第4期）

前例与后例形成互文，后例是对前例的"市场新闻学理论"的质疑。这样后例与前例观点相对。

互文形式：互文标记+互文本。互文标记：互文词语（名词："市场新闻学理论"）。

三 主体的互文

作者在语篇中有不同的角色的变化，如作者代表互文本作者，或互文本作者代表作者，这样不同角色之间形成互文关系。

在语篇中作者引入不同的参考文献，作者让这些参考文献以不同的角色来说话，即作者让互文本作者以不同的角色进行叙述。不同的主体间形成互文关系。

主体互文形式：互文本作者+互文本作者+互文标记。

（一）主体一致关系

主体一致关系是指作者让互文作者代替自己进行叙述，观点一致。如：

（263）"平等交流未能充分实现是导致伪沟通的深层原因。"（翟素娣：《电视谈话节目中的伪沟通现象》，《新闻记者》，2002 年第 12 期）（于隽：《从话语规则看媒介公共空间的有效建构——兼评民生论辩节目〈民生大议〉》，《现代传播》2011 年第 1 期）

（264）在这些报道中，本应该是报道主体的农民却不在场，农业部门或地方政府反倒成了报道的主角。（参见李仕权：《表面繁荣下的边缘化实质——对"三农"问题报道热的冷思考》，《声屏世界》，2005 年第 10 期）（于隽：《从话语规则看媒介公共空间的有效建构——兼评民生论辩节目〈民生大议〉》，《现代传播》2011 年第 1 期）

前例是互文本作者代替作者叙述，后例是文本作者的叙述，表达的观点是一致的，这样形成主体互文关系，互文本作者代替作者叙述。

主体互文形式：互文本作者+互文本作者（一致关系）+互文标记。互文标记是互文短语（名词短语："平等交流"）。

（二）主体不一致关系

主体不一致关系是指作者、互文本作者以反对者的角色进行叙述，或者说，作者让互文本作者以对立者的角色进行叙述，观点不一致。如：

（265）这印证了国外环境传播学者的观点："新闻媒体试图在灾难报道中从权威消息源获取信息；对灾难的报道有 78% 左右都依赖于官方信息源。"（Liu, John et al.（2009）. From Red to Green-Environmental Attitudes and Behavior in Urban China. Environment. Vol. 51. No. 4. pp. 32-45.）（徐迎春：《媒介环境风险传播与公信力的两个关键问题：谁说话？怎么说？——以沪杭两地都市类日报对日本核风险报道为例》，《现代传播》2011 年第 9 期）

（266）Haynes 等学者曾对英国蒙瑟拉特活火山的风险传播做了实证调查，发现人们最信任的消息来源是朋友，其次是科学家，而对当地政府、政治家及政府官员的信息来源不信任程度最高。（Haynes, K. & Barclay, J. & Pidgeon, N.（2008）. The issue of trust and its influence on risk communication during a volcanic crisis. Bull Volcano. Vol. 70, pp. 605–621.)（徐迎春：《媒介环境风险传播与公信力的两个关键问题：谁说话？怎么说？——以沪杭两地都市类日报对日本核风险报道为例》,《现代传播》2011年第9期）

前例是互文本作者的叙述，后例是文本作者的叙述，前后例表达的观点是相反的。两者是不一致的。

主体互文形式：互文本作者+互文本作者（不一致关系）+互文标记。互文标记是互文词语（名词："风险传播"）。

四　语境的互文

互文本构成文本语境，不同的互文本共同形成文本语境。具体如下：

（一）语境一致关系

不同的互文本语境以某些一致、共同的特点形成文本语境，这样不同互文本形成一致关系。如：

（267）"群体性事件"是一个极具中国特色的概念。2004年11月8日，中共中央办公厅、国务院办公厅转发的《关于积极预防和妥善处置群体性事件的工作意见》中明确使用和界定了"群体性事件概念"，并将其界定为"由人民内部矛盾引发、群众认为自身权益受到侵害，通过非法聚集、围堵等方式，向有关机关或单位表达意愿、提出要求等事件及其酝酿、形成过程中的串联、聚集等活动"。（王国勤：《社会网络与集体行动：林镇案例》，中国社会科学出版社2013年版，第3页。）"非法"成为群体性事件的主要特征之一。（李兰：《"网络集群行为"：从概念建构到价值研判——知识社会学的分析视角》，《当代传播》2014年第2期）

（268）同样是在2009年，《瞭望新闻周刊》记者在沪苏渝皖等多个省市采访时发现，群体性事件不仅发生在现实世界中，在网络上同样发生。《瞭望新闻周刊》随即推出了"网络群体性事件"专题，此后，这一新概念获得了极大关注和广泛认同，并使网络群体性事件与现实群体性事件成为可对照和比较的两个概念、现象和模式。（方付建、王国华：《现实群体性事件与网络群体性事件比较》，《岭南学刊》

2010年第2期）（李兰：《"网络集群行为"：从概念建构到价值研判——知识社会学的分析视角》，《当代传播》2014年第2期）

前、后例互文本都是围绕"群体性事件"的论述，语境一致。

互文形式：互文本语境+互文本语境（一致关系）+互文标记。互文标记是互文词语（名词："群体性事件"）。

（二）语境不一致关系

不同的互文本语境以相反、相对的特点形成文本语境，这样不同互文本形成不一致关系。如：

（269）2007年，一位美国律师出版了一本名叫《我们现在都是记者》（We Are All Journalists Now）的书。书中指出，在互联网时代，非专业记者与专业记者之间的身份界限已经模糊，美国应该改变法律，让网络上非专业的"公民记者"获得与媒体专业记者一样的权利与地位。（Scott Gant，We are All Journalists Now：The Transformation of the Press and Reshaping of the Law in the Internet Age，NY：Free Press，2007，pp. 5-6.）（郑一卉：《互联网时代：谁是记者？——对记者职业身份的思考》，《现代传播》2014年第7期）

（270）到了世纪之交，巨型的新闻机构开始出现，并开始大量雇佣全职专业人士生产新闻；大学里开始有了新闻学专业，提供专门的新闻教育；新闻界建立了自己的职业协会，提出了自己的职业理念和规范，如客观、中立等。按照社会学家威伦斯基（Harold Wilensky）的观点，这些变化意味着，新闻逐渐成为了一个社会学意义上的"职业"。（参见黄旦：《传者图像：新闻专业主义的建构与消解》，复旦大学出版社2005年版，第7—13页。）（郑一卉：《互联网时代：谁是记者？——对记者职业身份的思考》，《现代传播》2014年第7期）

前例互文本：非专业的"公民记者"获得与媒体专业记者一样的权利与地位，后例互文本：专业记者。语境不一致。

互文形式：互文本语境+互文本语境（不一致关系）+互文标记。互文标记是互文短语（名词短语）。

第三节 注释与参考文献的互文

这节的注释不包括引文注释，是不进入正文的文本；参考文献包括引文注释，是进入正文的文本。

注释、参考文献都是文本，注释与参考文献之间存在互文关系。这种互文关系具体如下：

一 文本形式的互文
（一）小句形式
互文本在语言形式上表现为小句。如：

（271）注释 2：这里将两个媒体呈现事件的手法与煽情主义新闻（sensationalism）类比，是因为两者在操作层面上的相似性：以诉诸情感、甚至耸人听闻的方式，吸引公众注意，推动公众行动。（周亭：《"反常性"与"惯例化"——从新闻生产社会学的角度解读两个新闻事件》，《现代传播》2014 年第 6 期）

（272）现象社会学的创立者阿尔弗雷德·舒茨（Alfred Schütz）认为"人是以自然态度来看待这个生活世界的"（黄旦：《导读：新闻与社会现实》，载［美］盖伊·塔奇曼《做新闻》，麻争旗等译，华夏出版社 2008 年版，第 9 页），也就是说，人们不加质疑地运用已知的知识和常识（历史和文化的经验，他人和前人的经验）来理解他人的行为，并建立起解释和建构现实世界的知识框架。（周亭：《"反常性"与"惯例化"——从新闻生产社会学的角度解读两个新闻事件》，《现代传播》2014 年第 6 期）

注释互文本论述媒体呈现事件的手段，参考文献互文本论述这些手段形成的原因。两者形成互文关系。

互文形式：互文标记+互文本（小句）。互文标记：互文短语（名词短语）、注释标记、参考文献标记。

(二) 句组形式

互文本在语言形式上表现为句组。如：

(273) 注释5：任何一本研究方法的书都强调文献综述的重要，事实上这一问题不应仅放在规范技术或形式化层面讨论，实质上是研究自主性问题。即文献综"述"是一个研究者以自身视角与前人研究展开对话的过程，有理有据地或赞同或批评，而不是如现在诸多论文中为了所谓"规范化"而做的看不出内在关联的文献综"列"。亦可参：刘东《形式理性化只是必要条件和最低标准》一文，载《中国书评》，1995年总第4期。(孙藜：《问题意识、知识生产与关系建构——关于中国大陆新闻传播研究自主性的思考》，《新闻大学》2011年第1期)

(274) 只有做出这样的反思，中国新闻传播研究者才能获得与西方理论对话的自主立足点，避免消化不良的学术"移植"甚至是"殖民"；也只有在做过这样艰苦而基础的"知识"消化、反刍之后，才能摆脱来自"知识"本身的控制，独立地发现、提供我们自身的"问题"和"洞见"，参与到对世界新闻传播研究的知识贡献中（翟学伟．《人情、面子与权力再生产》，北京：北京大学出版社，2005；王怡红．《从历史到现实："16字方针"的意义阐释》，载《新闻与传播研究》2007年第4期，第17—28页）。(孙藜：《问题意识、知识生产与关系建构——关于中国大陆新闻传播研究自主性的思考》，《新闻大学》2011年第1期)

注释互文本论述出现的问题，参考文献互文本论述这些问题形成的原因。两者形成互文关系。

互文形式：互文标记+互文本（句组）。互文标记：互文短语（名词短语）、注释标记、参考文献标记。

二 文本内容的互文

(一) 一致关系

一致关系是指观点、理论、方法的相同、相似之间形成的互文。如：

（275）注释4：这里不是否定"应用研究"或"对策研究"，而是要指出，即使是这类研究，也必须是在学者立场下以及知识基础上进行。同时还需要指出，学者最主要和最重要的实践是学术研究，虽然并非意味着学者无法或不能从事其他实践活动，例如为官方或其他利益群体提供资讯或建议，甚至参与其社会行动。但是必须清楚的是，这些是学者的政治活动，与学术研究是不同性质。现下有的学者事实上把二者混淆了。按照米尔斯（2001：207）的说法，"如果社会科学家将这些事情当作日常的活动，就是放弃了他的角色，而这一行动也表示他对社会科学的前景和理性在人类事务中的角色有怀疑"。（孙藜：《问题意识、知识生产与关系建构——关于中国大陆新闻传播研究自主性的思考》，《新闻大学》2011年第1期）

（276）自主研究的问题意识，就体现为研究者将新闻传播现象置于中心地位来研究社会理论的普遍问题。（凯瑞：《作为文化的传播》，丁未译，北京：华夏出版社2005年版，第84页）（孙藜：《问题意识、知识生产与关系建构——关于中国大陆新闻传播研究自主性的思考》，《新闻大学》2011年第1期）

注释互文本的主题是"学者最主要和最重要的实践是学术研究"。也就是主体的自主的本体研究。参考文献互文本的主题是"新闻传播的自主研究的问题意识——研究者将新闻传播现象置于中心地位来研究社会理论的普遍问题"。两者互为例证。注释与参考文献在意义上形成一致互文关系。

互文形式：互文标记+互文本。互文标记：互文词语（名词："自主研究"）。

（二）不一致关系

不一致关系是指相反、相对、排斥的观点、理论、方法之间形成的互文。如：

（277）我赞赏并热爱苏联，那里的尝试前所未有，让我们心中充满希望，期待那种尝试获得巨大的进展，并带动全人类向前飞跃。谁能说得明白，苏联对我们曾经意味着什么，它……是一个榜样，一个向导，在一片土地上，乌托邦正在变成现实［安德烈·纪德（1999：4）.《访苏联归来》（朱静，黄蓓译）. 广州：花城出版社（原著出版于1936年）］。他很想访问这个新兴的国家，以求获取真知灼见。（张威、顾学泰：《坚守与退却：纪德与斯诺的社会主义旅程》，《国际新闻界》2014年第3期）

（278）注释2：但也有一种看法认为，纪德访问苏联是犹豫不决的，苏联政府为了寻求西方有影响的知识分子的支持，曾想方设法安排纪德访苏。（见埃里克·德肖（2004）.《纪德评传》（罗恬译）. 广州：花城出版社，296-304.）（张威、顾学泰：《坚守与退却：纪德与斯诺的社会主义旅程》，《国际新闻界》2014年第3期）

参考文献互文本：纪德很想访问这个新兴的国家。注释互文本：纪德访问苏联是犹豫不决的。注释与参考文献在意义上形成不一致互文关系。
互文形式：互文标记+互文本。互文标记：互文短语（名词短语）。

三 主体的互文

语篇中作者、互文本作者之间形成不同的角色，这些角色之间形成互文关系。

（一）主体一致关系

主体一致关系是指作者让互文本作者代替自己进行叙述，观点一致。如：

（279）注释4：在此特指 drama film，即有一定深度的人物性格发展和情感主题，戏剧性的叙事和矛盾冲突。通常会选择有一定争议的题材，诸如吸毒、酗酒、种族歧视、宗教迫害、贫困、犯罪和腐败，将人物置于其中，从而表现内心的、人际的和社会性的矛盾，是一种严肃的表达方式。真实地描写人物个性、物质环境、生活状况和情节故事，相当于传统戏剧中的正剧和悲剧。（参考 Wikipedia 中对 drama film 的定义）（张辉军：《游走在艺术性与商业性之间——从北美电影票房看好莱坞商业操作规律》，《现代传播》2014年第6期）

（280）美国电影协会主席克里斯·多德及美国全国影院业主协会主席约翰·菲西恩认为，相比美国国内观众而言，国外观众的影院观影热情越来越高。由于影院观影为观众提供了逃避现实的可能,在越来越快速的生活方式下,观众依然认为在影院可以享受独特的观影体验。(参考美国电影协会主席克里斯·多德. AROUND THE WORLD, PEOPLE STILL LOVE GOING TO THE MOVIE THEATER——在 CinmaCon 会议上的讲话。http://www. mpaa. org/around-the-world-people-still-love-going-to-the-movie-theater/。)因此,在全球范围内,影院观影仍是大家消费电影产品的主渠道。对此,美国电影协会将眼光投向了世界。(张辉军:《游走在艺术性与商业性之间——从北美电影票房看好莱坞商业操作规律》,《现代传播》2014 年第 6 期)

注释互文本:drama film。参考文献互文本:电影的作用。两者主体观念一致。

主体互文形式:互文本作者+互文本作者(一致关系)+互文标记。互文标记是互文短语(名词短语)。

(二)主体不一致关系

主体不一致关系是指作者、互文本作者以反对者的角色进行叙述。如:

(281)正是因为这种方法论个体主义的舆论观,尽管实证主义舆论和传播研究受到布鲁默等人的猛烈攻击,拉扎斯菲尔德依然认为,"既然有了民意调查的现实,我们无疑将继续把公共舆论理解为能够很好地进行分析的态度分布状况。"(Lazarsfeld, P. F. (1957). Public opinion and the classical tradition, Public Opinion Quarterly, 21 (1), 39-53.)(王金礼:《确定性的迷思:舆论、媒介与贝雷尔森等的〈投票〉》,《国际新闻界》2014 年第 4 期)

(282)注释 1:布鲁默的观点参见 Blumer, H. (1948). Public opinion and public opinion polling. American Sociological Review, 13 (5), 542-549。他说,"通过使用某些工具或测量手段所得出的结果,显然被人们等同于研究对象(舆论——引者注)本身了,而不是把它当作进一步理解公共舆论的资料……如此狭隘的操作化过程中所产生的研究结果,只能是提出问题,而这些结果究竟意味着什么仍是开放的。"(王金礼:《确定性的迷思:舆论、媒介与贝雷尔森等的〈投票〉》,

《国际新闻界》2014年第4期）

参考文献互文本：个体主义的舆论观是公共舆论的资料。注释互文本：个体主义的舆论观不能是公共舆论的资料。两者以反对者角色出现。

主体互文形式：互文本作者+互文本作者（不一致关系）+互文标记。互文标记是互文短语（名词短语）。

四　语境的互文

互文本构成文本语境，不同的互文本共同形成文本语境。具体如下：

（一）语境一致关系

不同的互文本语境以某些一致、共同、相似的特点形成语篇语境，这样不同互文本形成一致关系。如：

（283）此外，媒介环境学派还有一个核心的范式内容即探析传播媒介的变化如何促进文化里根本的、大规模的或生态的变化。（［美］林文刚编.媒介环境学：思想沿革与多维视野［M］.何道宽，译.北京：北京大学出版社，2007年版，第32页。）因它从历史的角度出发，探讨每一段媒介史中占主导地位的媒介与文化、社会等之间的关系，开创了媒介历史研究的新范式。（商娜红、刘婷：《北美媒介环境学派：范式、理论及反思》，《新闻大学》2013年第1期）

（284）注释8：波斯曼提出的判断媒介是否有助于人性化进步的标准的四个问题是：一种媒介在多大程度上有助于理性思维的应用和发展，媒介在多大程度上有助于民主进程的发展，新媒介在多大程度上能够使人获得更多有意义的信息，新媒介在多大程度上提高或减弱了我们的道义感，提高或减弱了我们向善的能力。Neil Postman. The Humanism Media Ecology. Proceedings of the Media Ecology Association. Volume 1, 2000.（商娜红、刘婷：《北美媒介环境学派：范式、理论及反思》，《新闻大学》2013年第1期）

参考文献互文本：媒介环境学派还有一个核心的范式内容。注释互文本：举例说明核心的范式内容。两者语境一致。

互文形式：互文本语境+互文本语境（一致关系）+互文标记。互文标记是互文短语（名词短语）。

（二）语境不一致关系

不同的互文本语境以相反、相对、怀疑、排斥的特点形成语篇语境，这样不同互文本形成不一致关系。如：

（285）关于"京报"的起源，早在二十世纪二、三十年代，戈公振先生对此就有所探索。他在《中国报学史》第二章第十一节《京报》中说："据北京报房中人言，清初有南纸铺名荣禄堂者，因与内府有关系，得印《缙绅录》及《京报》发售。"（戈公振：《中国报学史》，北京，中国新闻出版社1985年版，第29—30页。）（孔正毅、陈晨：《明代"京报"考论》，《国际新闻界》2012年第2期）

（286）注释2：方汉奇先生后来对此提出怀疑。认为：一、荣禄堂南纸铺并非创于"清初"。二、"得印京报发伟"云云，其事莫须有把所谓的荣禄堂缙绅南纸铺定为清代印伟京报的发端，是缺少足够的依据的。（参见方汉奇：《清史·报刊表中有关古代报纸的几个问题》，《国际新闻界》.2006年，第6期）（孔正毅、陈晨：《明代"京报"考论》，《国际新闻界》2012年第2期）

参考文献互文本："京报"的起源清初。注释互文本：对此提出怀疑。两者语境不一致。

互文形式：互文本语境+互文本语境（不一致关系）+互文标记。互文标记是互文短语（名词短语）。

注释是对语篇主题或非主题意义进行的论述，这些论述利于读者对语篇的理解。参考文献是语篇的主题意义的论述。两者建构语篇的发展脉络，形成复杂的关系。互文性清晰地阐述了这些关系。

本章小结

注释、参考文献是对正文相关意义的信息化、具体化、语境化。注释、参考文献之间的互文关系是共存关系，具体表现为文本形式和内容、主体和语境的互文。（1）注释与注释之间的互文表现为：内容、主体和语境的一致关系和不一致关系，文本形式有小句、句组、语篇；（2）参考文献与参考文献之间的互文表现内容、主体和语境的一致关系和不一致关系，文本形式有词语、小句、句组、语篇和模式；（3）注释与参考文献之间的互文表现为内容、主体和语境的一致关系和不一致关系，文本形式有小句、句组、语篇。

注释、参考文献之间的互文关系分为不同层次：

第一层：注释≒注释；

第二层：注释≒参考文献、参考文献≒参考文献。

（符号"≒"表示"互文关系"）

第七章

注释、参考文献与学术语篇其他成分的互文性研究

学术语篇的其他成分是指标题、摘要和关键词。标题、摘要和关键词都表述正文的相关内容或主题。注释是对正文相关的概念、观点、理论、方法、数据、来源等的解释说明的文本。参考文献是正文参考、借鉴的文本，主要涉及正文的概念、观点、理论、方法、数据、论据等。标题、摘要、关键词、注释、参考文献是从不同方面、层次、角度上对正文进行补充、解释、说明。这样注释、参考文献与标题、摘要和关键词之间形成互文关系。互文形式：互文标记+互文本。

注释、参考文献与学术语篇其他成分的互文关系表现为共存关系。

注释、参考文献与学术语篇其他成分的互文关系处于不同层次：

第三层：注释≒摘要、参考文献≒摘要

第四层：注释≒关键词、参考文献≒关键词

第五层：注释≒标题、参考文献≒标题

（符号"≒"表示"互文关系"）

第一节 学术语篇其他成分概述

一 标题

标题是学术论文最重要的信息点，它最能吸引读者，并能给读者最简明的主题提示，因而标题有"眼睛"、"灵魂"等说法。学术论文标题的语义单位可分为对象、主题、范围、目的、条件、研究方法和结论。学术论文标题的构成单位潜势：

[主题+（主题）+（……）……] * （目的）* （条件）* （对象）*

(范围)＊(结论)＊(研究方法)①，方括号表示必选成分；圆括号表示可选成分；(……)……表示(主题)可重复出现；＊表示位于其两边的成分的顺序是可变的。

1. 学术论文标题的常用模式

(1) 主题；(这里主题与话题一致)

(2) 主题+对象；

(3) 主题+对象+范围；

(4) 主题+对象+方法；

(5) 主题+方法；

(6) 主题+范围；

(7) 主题+范围+方法；

(8) 主题+范围+结论；

(9) 主题+结论；

(10) 主题+目的。

标题是正文的核心，"题名是以最恰当、最简明的词语反映报告、论文中最重要的特定内容和逻辑组合"②。标题具有高度的概括性。

2. 标题的语言形式

标题的语言形式常常表现为名词型、复合型、动词型、介词型和小句型。③

(1) 名词型标题分为：主题，主题+特征，方法，主题+范围，主题+特征+范围。

(2) 复合型标题结构：概括+特别，主题+描述，主题+吸引/吸引+主题，主题+方法，主要+次要和主题+主题。

(3) 动词型标题被分为：动词+主题，动词+主题+范围，动词+主题+方法。

(4) 介词型标题的结构分为：介词+主题+范围，介词+主题，介词+主题+方法。

---

① 赵清丽：《学术论文标题语类的修辞结构特征——对英语准教师反思能力培养的启示》，《现代交际》2013年第4期。

② 《中华人民共和国国家标准 科学技术报告、学位论文和学术论文编写格式》(GB7713—87)，中国标准出版社1987年版。

③ 张振、谢韶亮：《语言学类论文英语标题信息结构的对比研究》，《济宁学院学报》2011年第3期。

(5) 小句标题结构分为：陈述句：已知信息+新信息或新信息+已知信息；疑问句：已知信息+新信息或新信息+已知信息。

标题对于学术论文整体起领航功能、识别功能、描述功能、隐含功能和引诱功能。

二　摘要

摘要是学术论文的组成部分，是整个学术论文的浓缩和精华。根据国家标准 GB7713—87 的定义："摘要是报告、论文的内容不加注释和评论的简短陈述。摘要应具有独立性和自含性，即不阅读报告、论文的全文，就能获得必要的信息。摘要中有数据、有结论，是一篇完整的短文，可以独立使用，可以引用，可以用于工艺推广。摘要的内容应包含与报告、论文等量的主要信息，供读者确定有无必要阅读全文，也供文摘等二次文献采用。摘要一般应说明研究工作目的、实验方法、结果和最终结论等，而重点是结果和结论。"① 摘要关系到论文能否被采纳、发表、录用及检索的重要因素，同时也是能否吸引读者的重要因素。摘要传递了论文最主要和最有价值的信息。

语步是语篇的功能单位，它是由一组表现同一意旨取向的语言特征组成的、表达一定交际功能的语篇片断。②

学术文章摘要有它自己要实现的交际目的和认知结构，并提出了分析摘要的四语步模式：目的、方法、结果和结论。摘要的五语步模式：导言（背景）、目的、方法、结果和结论。③

（1）导言（背景）：为当前的研究做准备，指出该研究的必要性，或描述存在的问题，即为何要研究。

（2）目的：阐述要解决的问题或概述研究的内容来表明研究，即研究什么；此语步功能主要是阐明研究主题的重要性以吸引潜在读者。

（3）方法：描述理论模型的运用、数据采集或实验步骤，如何研究。

（4）结果：通过研究得什么结果，即发现了什么。

（5）结论：总结所做的研究，并对研究结果进行评价、推断、引申或

---

① 《中华人民共和国国家标准　科学技术报告、学位论文和学术论文编写格式》（GB7713—87），中国标准出版社 1987 年版。
② 葛冬梅、杨瑞英：《学术论文摘要的体裁分析》，《现代外语》2005 年第 2 期。
③ 同上。

解释原因,即研究得如何;执行"说服"功能。

摘要简要地叙述论文的目的、方法、结果和结论,使读者对论文有初步的了解,吸引读者选择或阅读论文。

克里夫兰(Cleveland)的《索引和文摘介绍》认为,摘要概括了一份特殊知识记录的核心内容,是该篇文章的真正替代品。格利茨(Gratoz)的《教会英语学习者从摘要中提取结构性信息》认为,摘要是一个节约时间的结构,用于读者不读全文就可以找到文章的各部分;预先了解文章结构可以帮助读者更好地深入到文章中去;如果摘要概括得足够全面,也许就可以替代全文阅读。①

三 关键词

学术论文"关键词是为了文献标引工作从报告、论文中选取出来的用以表示全文主题内容信息款目的单词或术语"②。

关键词是从文献标题、摘要、正文中选出的对揭示文献主题内容信息有实质意义的词或词组,这些词或词组对能否检索到该篇文献起着关键性的作用。③ 即对揭示和描述主题内容来说是重要的、带有关键性的、可作为检索入口的那些词或短语。④ 关键词是论文主题的高度概括。

关键词的功能体现为它直观地表述了学术论文的主题,让读者在阅读学术论文的摘要和正文之前便对论文主题有所了解,从而做出是否阅读正文的判断。同时,关键词具有重要的检索意义。

关键词在语言形式上主要是名词、动名词和名词化的词组。

语篇中的某些承担所指实体的关键词可以激活一个认知和文化上的情景、场景、框架,从而为语篇的语义指明方向,为读者的理解提供帮助。这些关键词表现语篇中核心的、关键的命题和意象。

语言即语篇,语篇即语言,语音、词汇、语法共同建构语篇。⑤ 词汇

---

① 牛桂玲:《学术期刊论文摘要研究的新视角》,《河南大学学报》(社会科学版)2013年第5期。
② 《中华人民共和国国家标准 科学技术报告、学位论文和学术论文编写格式》(GB7713—87),中国标准出版社1987年版。
③ 马国庆:《农业文献检索与利用》,武汉大学出版社1991年版,第65—66页。
④ 张琪玉:《情报语言基础》,武汉大学出版社1987年版,第19—20页。
⑤ 程晓堂:《基于语篇的语言教学途径》,《国外外语教学》2005年第1期。

作为语篇手段，如关键词暗示语篇的结构、主题。

第二节　注释与学术语篇其他成分的互文

一　注释与标题的互文

注释在文本形式上一般表现为小句、句组；标题在文本形式上一般表现为词组（短语）、小句。多为名词短语。这样，注释与标题的互文在文本形式上，主要表现为名词或名词性短语互文；在意义上，表现为主题互文。互文形式：互文标记+互文本。

（一）名词或名词性短语互文

注释与标题在语言形式上，表现为相同、相近的名词或名词性短语，如：

（287）注释3：主要有曾建雄的《上海新报》评述［J］.《新闻大学》，1993年第3期；王樊逸的《上海新报》在华传播的三个阶段及其特点［J］.《国际新闻界》，2008年第2期；赵楠的十九世纪中叶上海城市生活——以《上海新报》为例［J］.《史林》，2004年第1期，等等。（蒋建国：《〈上海新报〉广告与西方消费文化传播》，《新闻大学》2013年第1期）

标题：《上海新报》广告与西方消费文化传播。

注释与标题相同的名词：《上海新报》，互文本是词语。
互文形式：互文标记+互文本（词语）。互文标记：互文词语（名词：《上海新报》）。又如：

（288）注释5："全球化"或许也难以解决这一问题。表面上停留于个人使用层面的语言问题，也必然与国家利益、世界政治格局密切相关。如拉美各国广泛使用的西班牙语和葡萄牙语恰恰是西欧两国强盛时期在全球开拓殖民地时的遗留物；印度等国家官方语言中含有英语，北非一些国家官方语言为法语等。在全球化时代，数百年前国家留下的旧有痕迹依然清晰；而新的痕迹仍然在被生产和制造。（崔远航：《"国际传播"与"全球传播"概念使用变迁：回应"国际传

播过时论"》,《国际新闻界》2013 年第 6 期)

标题:"国际传播"与"全球传播"概念使用变迁:回应"国际传播过时论"。

注释的"全球化"与标题的"国际传播"、"全球传播"相近。互文本是词语。

互文形式:互文标记+互文本(词语)。互文标记:互文词语(名词:"全球化")。

(二) 主题互文

注释与标题的互文在意义上表现为主题的一致,注释是对标题的具体的展开或解释。如:

(289) 注释 1:运用隐喻是媒介环境学派的一大特色。隐喻的使用在麦克卢汉的媒介理论中滥觞,并由后继的媒介环境学者继承并发扬。媒介环境学派的创立自两个隐喻得到灵感:一个是关于生物学中皮氏培养皿的隐喻,皮氏培养皿被视为一种文化生长于其中的物质媒介。波斯曼认为,将物质替换成技术,便成了媒介环境学的定义——媒介是一种技术,文化存长于其中,它规定一种文化的政治、社会组织、思维习惯的形式。另一个是关于生态学的隐喻。生态学认为自然界中万物皆有联系,存活在一个系统中,各生物和谐共生、保持平衡,整个系统才能良性运转。(商娜红、刘婷:《北美媒介环境学派:范式、理论及反思》,《新闻大学》2013 年第 1 期)

(290) 注释 7:媒介环境学派从媒介的角度出发,将人类历史划分为四个前后延续、交叠的时期:口语时代、文字时代、印刷术时代、电子媒介时代。(商娜红、刘婷:《北美媒介环境学派:范式、理论及反思》,《新闻大学》2013 年第 1 期)

(291) 注释 8:波斯曼提出的判断媒介是否有助于人性化进步的标准的四个问题是:一种媒介在多大程度上有助于理性思维的应用和发展,媒介在多大程度上有助于民主进程的发展,新媒介在多大程度上能够使人获得更多有意义的信息,新媒介在多大程度上提高或减弱了我们的道义感,提高或减弱了我们向善的能力。Neil Postman. The Humanism of Media Ecology. Proceedings of the Media Ecology Association.

Volume 1. 2000. (商娜红、刘婷:《北美媒介环境学派:范式、理论及反思》,《新闻大学》2013年第1期)

(292)注释9:莱文森将麦克卢汉的媒介四元律总结为放大、过时、再现、逆转。(商娜红、刘婷:《北美媒介环境学派:范式、理论及反思》,《新闻大学》2013年第1期)

标题:北美媒介环境学派:范式、理论及反思。

例(289)是北美媒介环境学派运用的方法——隐喻。例(290)是媒介环境学派从媒介的角度对人类历史的划分。例(291)是北美媒介环境学派代表人物波斯曼的观点。例(292)是北美媒介环境学派代表人物莱文森对媒介四元律的分类。

互文形式:互文标记+互文本。互文标记:互文词语(名词:北美媒介环境学派)。

二 注释与摘要的互文

注释在文本形式上一般表现为小句、句组;摘要在文本形式上一般表现为句组。这样,注释与摘要的互文在文本形式上,主要表现为词语、小句和句组的互文;由于摘要是对论文的观点、理论、方法和论证结论上的简要概括,因此,在意义上,表现为这些方面的互文。

(一)文本形式的互文

1. 词语

互文的语言形式为词语。如:

(293)注释5:实验设计中每条广告约有12名被试观看。这里所用的"注视点个数"为观看同一条广告的所有被试(约12名)的"注视点个数"均值。(中国人民大学传播与认知科学实验室:《电视广告视觉注意模型建构:基于眼动实验的研究》,《国际新闻界》2013年第6期)

(294)摘要:本文采用眼动实验法与内容分析法,以眼动仪采集的"注视点个数"(Fixation count)测量电视广告所捕获的视觉注意,分析包括"广告段"和"广告"两个层面的广告特征自变量与视觉注意间的关系,并建构电视广告视觉注意模型。

注释中的"注视点个数"与摘要中的"注视点个数"既有联系又有差别,两者形成互文关系。

互文形式:互文标记+互文本(词语)。互文标记:互文词语(名词:"注视点个数")。

2. 小句

互文的语言形式为小句。如:

(295)注释17:所谓"认、放、关、争"是认识祖国、放眼世界、关心社会和争取权益。(邓耀荣:《澳门口述历史的发展和前瞻》,《现代传播》2013年第2期)

(296)摘要:口述历史研究在澳门尚在起步阶段,本文将澳门的口述历史研究分为三个阶段,并详细介绍发展过程和具体成果。

注释是"1970年代香港学界的社会运动口号是'认、放、关、争'",是摘要"澳门的口述历史研究分为三个阶段"中的其中一阶段的口号。两者形成互文,在语言形式上表现为小句。也就是说,注释是一个口号及其内容,用小句来表示;摘要是概括要研究的三个阶段,并详细介绍发展过程和具体成果,用小句来表达。这样两者形成互文,形式为小句。互文本是小句形式。

互文形式:互文标记+互文本(小句)。互文标记:互文短语(名词短语:"口述历史")。

3. 句组

互文的语言形式为句组。如:

(297)注释6:近年来云南省以文化传承为核心的"土风计划"就是典型代表。该项目计划在"十二五"期间,云南省将分批在全省范围建成50个各具特色的"土风计划"文化传承示范村。文化传承示范村的申报审批重点围绕音乐、舞蹈、绘画、曲艺、文学、竞技、民俗、节庆、工艺、建筑等文化领域展开。(杨星星、孙信茹:《电视传播语境中的少数民族乡村文化建构》,《现代传播》2013年第6期)

(298)摘要:当下,"电视时代"依然可以视为传播格局的重要表征。文章以此为背景,依托长期的云南少数民族乡村田野观察,从电视与农村日常生活、电视与农村文化变迁与互动的关联性分析出发，提出电视是农村文化建构的重要力量，并应从先进文化、区域文化和民族文化三个层次实现电视传播与农村文化建设的整合互动。

注释的"土风计划"是摘要的"实现电视传播与农村文化建设的整合互动"的方法之一，两者形成互文，语言形式表现为句组。句组中的句与句构成一定的关系，并形成意义上的整体性。注释6和摘要是句组，是并列关系。

互文形式：互文标记+互文本（句组）。互文标记是互文短语（名词短语："实现电视传播与农村文化建设的整合互动"）。

（二）文本内容的互文

内容有不同的分类，具体如下：

1. 观点、理论

互文是观点、理论。如：

（299）注释1：见http://www.un.org/africa/osaa/ngodirectory/index.htm. 获得咨商地位的NGO，根据联合国经社理事会的规定，凡进入经社理事会非政府组织体系者，就在法律上取得了如下权利：（1）在联合国体系内有合法的政治地位，有权介入决策程序；（2）有权得到联合国的所有文件，获取较高级政治决策的信息，参加联合国的会议；（3）有权进入外交官、政治家出入的饭店、博物馆、酒吧，获取信息，以院外活动家身份对各国代表施加影响。由于近几年没做相关统计，非洲实际的NGO应该远多于这个数量。（龙小农、陈阅：《NGO与中国在非洲国际影响力及话语权的建构》，《现代传播》2013年第7期）

（300）摘要：NGO是民意的代表，是文化价值理念的传播者和践行者。在人文外交、公共外交领域，NGO是一国建构国际影响力及话语权的重要主体，是必须重视并需要借助的巧力量。西方借助NGO在非洲既建构了自身的影响力及话语权，又有效抑制了中国软实力在非洲的提升。中国在非洲影响力及话语权不彰，原因之一即在于中国NGO在非洲的缺失。中国NGO走进非洲，与西方NGO、非洲本土NGO开展竞争与合作，直接服务于非洲国计民生，是一种"润物细无声"的传播,将为中非新型战略伙伴关系奠定坚实的民意基础。(龙小农、陈阅:《NGO 与中国在非洲国际影响力及话语权的建构》,《现代传播》2013 年第 7 期)

注释解释了"NGO 在法律上取得了如下权利",摘要说明了"NGO"的重要性,两者互为条件,在意义上形成互文关系。这种意义互文是观点或理论上的互文。

互文形式:互文标记+互文本(观点、理论)。互文标记是互文词语(名词:NGO)。

2. 方法

互文是方法。如:

(301)注释 6:近年来云南省以文化传承为核心的"土风计划"就是典型代表。该项目计划在"十二五"期间,云南省将分批在全省范围建成 50 个各具特色的"土风计划"文化传承示范村。文化传承示范村的申报审批重点围绕音乐、舞蹈、绘画、曲艺、文学、竞技、民俗、节庆、工艺、建筑等文化领域展开。(杨星星、孙信茹:《电视传播语境中的少数民族乡村文化建构》,《现代传播》2013 年第 6 期)

(302)摘要:当下,"电视时代"依然可以视为传播格局的重要表征。文章以此为背景,依托长期的云南少数民族乡村田野观察,从电视与农村日常生活、电视与农村文化变迁与互动的关联性分析出发,提出电视是农村文化建构的重要力量,并应从先进文化、区域文化和民族文化三个层次实现电视传播与农村文化建设的整合互动。

注释的"土风计划"是摘要的"实现电视传播与农村文化建设的整合互动"的方法之一,两者形成互文。这种互文是方法的互文。

互文形式:互文标记+互文本(方法)。互文标记是互文词语(名词)。

三 注释与关键词的互文

注释在文本形式上一般表现为小句、句组;关键词在文本形式上一般表现为名词。注释与关键词在文本形式上表现为词语互文,在意义上表现为主题互文。

（一）词语互文

互文语言形式是词语。如：

（303）注释1："市民记者"与"公民记者"在英文中对应的是同一个词：citizen journalist。"市民记者"旨在"普通人都可以在媒体上报道新闻，打破报道新闻是职业记者的专利"；"公民记者"旨在新闻报道的"民主意识"，运用媒体推进政治民主化进程。在西方民主化进程比较高的国家，这两个概念的内涵是一致的，可以通用。而在中国，称呼"市民记者"比较符合"在新闻报道中发挥记者作用，但非专业记者的普通民众"的原意。同时，为了论述的方便，本文将citizen journalist的翻译统一对应为中文的"市民记者"。（吴廷俊、王大丽：《对"市民记者"概念的质疑》，《现代传播》2013年第4期）

（304）关键词：记者；市民记者；概念；概念滥用。

注释中的词语"市民记者"、"概念"、"公民记者"与关键词的"记者"、"市民记者"、"概念"相同，形成互文。

互文形式：互文标记+互文本（词语）。互文标记是互文词语（名词）。

（二）主题互文

互文是主题。如：

（305）注释5：福柯的谱系学研究对象就是"被压迫的知识"。它包括两类：长期被忽视和边缘化的历史知识（疯癫史、性意识史、监禁史等）；以及被剥夺资格的、被认为处于等级体系下层的不精确的知识。（李敬：《传播学视域中的福柯：权力，知识与交往关系》，《国际新闻》2013年第2期）

（306）关键词：福柯；权力；交往关系；传播学。

注释中的"福柯"、"被压迫的知识"与关键词中的"福柯"、"权力"形成主题互文。

互文形式：互文标记+互文本（主题）。互文标记是互文词语（名词）。

第三节 参考文献与学术语篇其他成分的互文

一 参考文献与标题的互文

参考文献在文本形式上一般表现为词语、小句、句组、语篇；标题在文本形式上一般表现为词组（短语）、小句，多为名词短语。这样，参考文献与标题的互文在文本形式上，主要表现为名词或名词性短语互文；在意义上，表现为主题互文。互文形式：互文标记+互文本。

（一）名词或名词性短语互文

参考文献与标题在文本形式上，表现为相同、相近的名词或名词性短语，如：

（307）里奇和克里斯·朗奇（Nich & Chris Lunch）则认为参与式影像是"动员群体或社区构建自我影像的一套方法"。（Nich, Lunch, C., Participatory Video: A Handbook for the Field, Insight, 2006, p. 10）（韩鸿：《参与和赋权：中国乡村社区建设中的参与式影像研究》，《国际新闻界》2011年第6期）

（308）标题：参与和赋权：中国乡村社区建设中的参与式影像研究。

参考文献的"参与式影像"与标题的"参与式影像"相同。
互文形式：互文标记+互文本（词语）。互文标记是互文词语（名词）。
（二）主题互文
互文是主题。如：

（309）传统的电影理念事实上是"以话语为中心，讲究电影的叙事性和故事性，注重人物的对白和剧情的戏剧性"。（周宪：《视觉文化语境中的电影》，《电影艺术》，2001年第2期）（关熔珍、褚福晓：《景观电影：叙事电影的解构与转型》，《现代传播》2011年第7期）

（310）景观电影"以景观场面为主，突出电影自身的形象性质，淡化甚至弱化戏剧性和叙事性，强化视觉效果和冲击力。景观和场面被称为电影最基本的视觉手段,其他一切语言性的要素退居次席"。(周宪:《视觉文化语境中的电影》,《电影艺术》2001年第2期)

(311) 标题:景观电影:叙事电影的解构与转型。

例(309)和(310)阐释了"景观电影"和"叙事电影"的具体内容,这样例(309)和(310)与标题形成主题的互文。

互文形式:互文标记+互文本(词语)。互文标记是互文词语(名词)。

二 参考文献与摘要的互文

参考文献在文本形式上一般表现为小句、句组;摘要在文本形式上一般表现为句组。这样,参考文献与标题的互文在文本形式上,主要表现为词语、小句和句组的互文;由于摘要是对论文的观点、理论、方法和论证结论上的简要概括,因此,在意义上,表现为这些方面的互文。

(一) 文本形式的互文

1. 词语

互文的语言形式是词语。如:

(312) "相对而言,专业主义是一种更安全、更可靠的实现媒介义务的途径。专业主义鼓励崇高理想和个人对规范的自愿义务,这样将提升全国新闻业的水准,而且,它可以挽回新闻业在黄色新闻时期跌落的声望,并且重新获得党派报纸时期曾经拥有的塑造舆论的力量。"(谢静.《建构权威·协商规范——美国新闻媒介批评解读》[M],复旦大学出版社,2005年,98页)(齐爱军、洪浚浩:《西方有关主流媒体研究的多元理论视角论析》,《新闻大学》2013年第1期)

(313) 摘要:"主流媒体"当下正成为我国学界和业界共同关注的重要学术议题。本文从新闻专业主义、媒介间议程设置、传播政治经济学和多元公共领域四个视角对西方有关主流媒体研究的相关理论做了全面系统的梳理和评析,并对我国的主流媒体论争做出自己的判断。

参考文献"专业主义"与摘要中的"新闻专业主义"一致。也就是说,"新闻专业主义"是"专业主义"的其中之一。

互文形式:互文标记+互文本(词语)。互文标记是互文词语(名词:"专业主义")。

2. 小句

互文的语言形式是小句。如:

(314)微博已成为"撬动舆情支点最迅速、最直接的平台"。(刘荔:《浅论微博热议对公共事件的影响——以随手拍照解救乞讨儿童为例》,《传媒e时代》2011年第8期)(刘路:《微博在突发事件中的舆论作用机制初探》,《新闻大学》2013年第2期)

(315)摘要:通过对"李天一事件"、"长春婴儿随车被盗案"等一系列近期微博焦点事件的分析,本文探讨了微博在突发事件中对舆论的影响。研究发现,在突发事件的潜伏期,微博的作用在于将客观事件转化为微博事件,唤起舆论,并使社会焦点议题涌现;爆发期时,微博的舆论作用机制主要是事件现场呈现、事件真相挖掘、事件的舆论集散和观点导向;延续期时,微博则成为全民监督、信息反馈的舆论平台,而后发的突发事件又将对元事件的舆论热点进行转移。

参考文献"微博已成为'撬动舆情支点最迅速、最直接的平台'"与摘要"研究发现,在突发事件的潜伏期,微博的作用在于将客观事件转化为微博事件,唤起舆论,并使社会焦点议题涌现"互文。两者在语言形式上表现为小句。

互文形式:互文标记+互文本(小句)。互文标记是互文词语(名词:"微博")。

3. 句组

互文的语言形式是句组。如:

(316)本尼迪克特·安德森认为,民族国家是一种想象的共同体。想象的共同体是透过具体的文字和语言形成的叙事,将对集体身份的建构传达至散布的社群,再经过一定时日的累积和不断的传递,便形成一种文化身份的认同。(王天定:《谁的责任、向谁负责、负什么责任——浅议媒体社会责任的概念及特点》,《科学·经济·社会》2007年第2期,第126页)(王冬冬、张亚婷:《微博中有关刘翔伦敦奥运会比赛失利事件各方意见的意识形态分析》,《新闻大学》2013年第1期)

(317) 摘要:刘翔在伦敦奥运会比赛的失利及微博上的相关热议是具有典型性的传播学意义上的叙事。通过对微博中有关"刘翔事件"的言论及发布主体的梳理可以看出,在传播过程中左右当下舆论方向的是主流媒体、网络明星和网络公民三股力量,他们的话语代表着其所处不同社会阶层的意识形态动机。N级传播时代话语主体从不同角度对事件的观照并不能揭示事件的真相,只是社会矛盾冲突所带来的话语狂欢的一种现象。

参考文献是一种观点或理论,而摘要是对这种观点或理论的具体阐述,即用具体事例来加以论说。两者形成互文关系,是句组形式。参考文献由两小句组成,第二句是对第一句的具体阐述。摘要由3个小句组成,第二、三小句都是对第一句的延伸。

互文形式:互文标记+互文本(句组)。互文标记是互文词语(名词:"文化身份")。

(二) 文本内容的互文

1. 观点、理论的互文

互文是观点、理论。如:

(318) 美国经济学家 J. 布坎南和 A. 克鲁格,将政府运用行政权力对企业和个人的经济活动进行政策干预和行政管制而形成的超额收入称为"租金",而通过权力谋求"租金"的活动,被称作"寻租活动",俗称"寻租"。(孙国华、龚刚强:《求解权力寻租》,《中国报道》2010年第8期)(蔡之国:《"帮忙类"电视节目:底层阶层的权利寻租》,《当代传播》2013年第1期)

(319) 摘要:"帮忙类"电视节目是民生新闻的一种特殊存在,它以更多的人文关怀和服务大众等特征而成为当下电视荧屏较为火爆的节目形态。虽然电视媒体借助媒介权力在某种程度上解决了底层阶层的困难,维护了底层阶层的话语权,但也潜隐地存在着底层阶层无奈的权利寻租问题。底层阶层的权利寻租是一种非常规的现象存在，这需要媒体承担起为底层阶层立言的社会责任，也需要社会各界重视这一问题，共同促进社会走向公平、公正，实现社会和谐发展。

参考文献是对"寻租"的阐述，摘要对电视"帮忙类"电视节目的"寻租"的问题进行了论述说明。两者形成了主题上的互文。

互文形式：互文标记+互文本（观点、理论）。互文标记是互文词语（名词："寻租"）。

2. 方法的互文

互文是方法。如：

（320）恩特曼在论及新闻框架时认为，"框架主要牵涉了选择与凸显两个作用。框架一个事件的意思，是将对这件事所认知的某一部分挑选出来，在沟通文本中特别处理，以提供意义解释、归因推论、道德评估以及处理方式的建议。"（Entman（1993）. Framing: Toward clarification of a fractured paradigm. Journal of Communication.）（赵士林、关琳子：《"PM2.5 事件"报道中的媒体建构》，《当代传播》2013 年第 1 期）

（321）摘要：环境信息是一种公共信息，它与人们的日常生活尤其是生命健康存在着密切的关系，因此更容易引起社会关注。本文以"PM2.5 事件"报道为例，运用内容分析方法，试图从议程设置、公共空间、形成舆论的动态机制中观察公众、媒体、政府之间的关系，重点分析媒体的报道框架，并进一步探讨经济发展与环境保护的和谐发展问题。

参考文献解释了"新闻框架"理论的具体内容。摘要说明了要采用的方法是"新闻框架"理论。两者在主题上互文。

互文形式：互文标记+互文本（方法）。互文标记是互文词语（名词："新闻框架"）。

三　参考文献与关键词的互文

参考文献在文本形式上一般表现为小句、句组；关键词在文本形式上一般表现为名词。参考文献与关键词在文本形式上表现为词语互文，在意义上表现为主题互文。

（一）词语互文

互文的语言形式是词语。如：

（322）媒介进化理论认为，"演化过程中的媒介选择，越来越支持'前技术'的人类传播模式，形式上和功能上都是如此。"（［美］保罗·莱文森，何道宽译《数字麦克卢汉：信息化新纪元指南》，社会科学文献出版社 2001 年版，第 56 页）（陈功：《保罗·莱文森的媒介进化理论对媒介环境学的超越》，《当代传播》2013 年第 2 期）

（323）关键词：媒介进化理论；媒介环境学；媒介整体观；媒介进化观；软媒介决定论。

参考文献的"媒介进化理论"与关键词的"媒介进化理论"相同。

互文形式：互文标记+互文本（词语）。互文标记是互文词语（名词："媒介进化理论"）。

（二）主题互文

互文是主题。如：

（324）移动互联网将有线和无线统一起来，打破了时间和空间的限制，以人为中心、以即时为方向的人际关系传播形式不断深化和扩散。（笑蜀：《微博神奇，但要打通最后一公里》，《南方周末》2010 年 10 月 29 日）（隋欣、顿海龙：《从广播类 APP 看移动互联网时代广播的发展》，《当代传播》2013 年第 2 期）

（325）关键词：移动互联网；广播；手机应用。

参考文献阐述了"移动互联网"的价值，与关键的"移动互联网"、"广播"、"手机应用"都有主题上的联系。

互文形式：互文标记+互文本（主题）。互文标记是互文词语（名词："移动互联网"）。

标题、关键词、摘要、注释、参考文献是副文本，是从不同角度、不同范围、不同目的、不同方法、不同层次等对正文的解释、说明、叙述、补充，是围绕一个共同的主题或范畴的展开。也就是说，标题、关键词、摘要、注释、参考文献的作用和要求与正文互涉性强，它们分别从不同的层面、不同的角度阐述论文，共同构成论文的有机整体。

标题、摘要、关键词、注释、参考文献是"门槛"，而我们的意识本来就是一个个"门槛"合成的词典，等着一个文本来召唤、显现，等着解读时来打开、激发。

我们在读到一个学术论文文本之前，已经在标题、摘要、关键词、注释、参考文献引导下来理解这个文本，也只有已经阅读、理解的文本，才能被我们理解。

本章小结

学术语篇的其他成分是指标题、摘要和关键词。注释、参考文献与语篇的其他成分的互文分为注释与语篇的其他成分的互文和参考文献与语篇的其他成分的互文。注释与语篇的其他成分的互文具体为：（1）注释与标题的互文：文本形式和主题的互文，文本形式有词语、短语；（2）注释与摘要的互文：文本形式和内容的互文，文本形式有词语、小句、句组，内容有观点、理论、方法；（3）注释与关键词的互文：文本形式和主题的互文，文本形式有词语。参考文献与语篇的其他成分的互文具体为：（1）参考文献与标题的互文：文本形式和主题的互文，文本形式有词语、短语；（2）参考文献与摘要的互文：文本形式和内容的互文，文本形式有词语、小句、句组，内容有观点、理论、方法；（3）参考文献与关键词的互文：文本形式和主题的互文，文本形式有词语。

注释、参考文献与学术语篇其他成分的互文关系处于不同层次：

第三层：注释≒摘要、参考文献≒摘要

第四层：注释≒关键词、参考文献≒关键词

第五层：注释≒标题、参考文献≒标题

（符号"≒"表示"互文关系"）

第八章

注释、参考文献的语篇建构功能

互文性是作者引用或转述他人的文本以重新建构经验世界的手段。人类重塑和建构经验世界是在与他人的协商和探讨中逐步实现的对话行为或集体行为,因此学术语篇的创作是建立在对他人文本批判吸收和借鉴的基础上的。学术论文是作者根据创作意图对其他文本进行重写、解释、说明、扩展、强调、延伸、浓缩、转移、改造和深化的结果。也就是说,作为互文本的注释、参考文献副文本在作者的创作意图下已经作为学术论文的内容参与到语篇的构建,成为语篇本体的部分,学术论文是在此基础上的重写、改造、发展、深化。互文本是文本的概念功能、人际功能、语篇功能建构的有机成分。

注释、参考文献互文本充当文本结构成分,同时说明文本、解释文本、评价文本和跨文本。

在学术论文中,其他文本主要是指注释和参考文献。学术论文是依据读者而进行的,是作者与注释、参考文献作者、读者、学术群体的对话、协商结果。这一章我们将揭示注释、参考文献是如何进行语篇构建的。

第一节 语篇的建构概述

一 语篇意义的建构

在语言的元功能中,概念功能与人际功能主要反映和表达语言外部的现象即客观世界现象,语篇功能服务于概念功能和人际功能在语篇中的实现,也就是说,使概念功能和人际功能组成语篇的功能。从语篇建构的角度,概念意义和人际意义是语言外的意义资源;语篇意义是使概念意义和人际意义语篇化的语言内部意义资源。

在语篇建构中,主位结构作为语篇构建的语言内部资源之一,其功能成分主位和述位共同参与语篇建构。主位是信息[①]的出发点,是所谈论的对象或基础,句子是围绕主位这个成分组织起来的。述位是对主位的描写、叙述、解释和说明,是信息的核心内容。换句话说,在形式上,主位是句子的第一个成分,述位是句子里主位后面的其他成分;在功能上,主位是信息的出发点,是关于什么的信息,述位是主位的发展,是有关主位的具体内容。

主位(话题)的功能在于确定容纳述位表述的框架。主位结构在语篇功能中起组织与整合概念功能和人际功能的作用,并最终实现完整语篇的重要手段。主位是话语的起点,传达已知信息,所承载的交际动力小,而述位传达未知信息,所承载的交际动力大。

主位是语篇信息的出发点,传达已知信息,述位是语篇信息的核心,提供新信息,对推动信息的传递贡献大,述位是语篇信息整体建构的主要资源,是语篇主旨实现的重要资源。

述位在语篇中扮演说话者在意义系统中的选择结果的主要部分进行整合编排,并将其表征为可被读者理解的信息整体的重要角色。述位是语篇主旨实现的重要资源。首先表现在语篇的主位推进中,如主位推进最基本的模式可体现为三种:(1)前句中的主位继续成为后一句的主位;(2)从前句述位中的某个内容发展出新的主位;(3)前句中主位和述位的内容一起产生新的主位。[②] 从这里可以知道,述位对语篇的衔接与连贯的重要。同时述位成分通过与语篇中不同意义成分的衔接,使各意义成为就某一语场核心,即语篇的主旨成一个连贯的意义整体。此外,述位还与主述位结构以外的其他结构成分的内容相互作用,达成语篇主旨。[③]

由于语篇交际是在听说双方的互动中产生的,因此,主位与述位的新

[①] Halliday 认为,"我们在这里所说的信息指已知的或可以预测的或不可预测的之间相互作用的过程,这与数学概念上所说的信息不同,在数学中信息指对未知的测定。在语言学的意义上,信息是由新旧交替而产生的。所以信息单位是一种由新的和已知的两种功能所组成的结构"。参见 Halliday, M. A. K. & Hasan, R., *Language Context and Text: Aspects of Language in a Social-semiotic Perspective*, Geelong, Vic: Deakin University Press, 1985, pp. 274-275。

[②] 胡壮麟:《语篇的衔接与连贯》,上海外语教育出版社 1994 年版,第 144—145 页。

[③] 张俊、苗兴伟:《述位与语篇建构》,《解放军外国语学院学报》2005 年第 4 期。

信息必然在语篇建构中与语篇语义层各因素互动,而且这种互动最终通过语篇形式结构加以体现。①

在语篇的建构过程中,述位既是不同类型(概念的、人际的和语篇的)信息的主要来源,也是新信息的主要来源;述位通过对语篇各主位所括定的意义维度和范围的具体化和明晰化而使语篇主旨逐步实现;述位通过与语篇不同发展阶段的不同"义块"的互动来参与语篇模式的建构和发展。②

语篇语义的建构是框架的建构,框架是一种语言结构、认知结构,表现为常规关系。常规关系是指事物或事物成分之间关系的程式化、规范化。如信息结构:主位+述位(作者角度)或已知信息+新信息(读者角度)。

主位推进模式是句子的主位结构与语篇的组织结构之间的关系模式,是语篇语义的构建方式之一。

二 语篇立场的建构

立场是指作者对于语篇信息或话语参与者的态度、情感、判断、责任,包括作者对于文中信息呈现方式的评价。③

文本是不同的主体确立自我的权力场,语篇是权力角逐的场所,是作者与其他作者分担权力确立自我的场所。作者让其他作者登场是有意图的,是为了更好地确立自己立场、建立自己的权力场,从而影响读者,并提高自己学术群体的认可度。其他主体并不能自动出现在文本中,必须受到作者的调控,或者说,其他作者的出现是有作者的意图的。我们可以运用学术圆环④来说明这个问题。学术圆环是指作者、读者在学术群体建立的规范的作用下生成和理解学术语篇的,也就是说,学术的交际是在学术

---

① 张俊、苗兴伟:《述位与语篇建构》,《解放军外国语学院学报》2005 年第 4 期。
② 苗兴伟、秦洪武:《英汉语篇语用学研究》,上海外语教育出版社 2010 年版,第 174 页。
③ 徐宏亮:《中国高级英语学习者学术语篇中的作者立场标记语的使用特点——一项基于语料库的对比研究》,《外语教学》2011 年第 6 期。
④ "环视主义"是福柯根据英国学者边沁"环视监狱"(亦译"圆形监狱")模型提出的有关社会权力监督机制的思想学说。边沁"环视监狱"的圆形构图及其延伸出的环视思维可谓是对传统建筑层级隔离原则与二元对立思维模式的突破。福柯根据"圆形建筑"的潜在权力结构所提出的"环视主义"是在理论层面对传统"矩形权力政治"的解构,是对个体微观权力与社会网络式权力的全新阐发。(参见何光顺《环视中的他者与文学权力的让渡》,《文艺理论研究》2011 年第 3 期)

规范的作用下交际双方实现了学术交际的目的；圆环中他、我相互映照、相互传承、相互发展，学术发展循环往复，生生不息，没有止境。作者、读者、学术群体相互归属。环是我与他互化、互融、互转的说话主体；偶是我与他的对立。在"环"的轴心"学术群体"这个位置便能最透彻地看视这个学术世界。如图8—1：

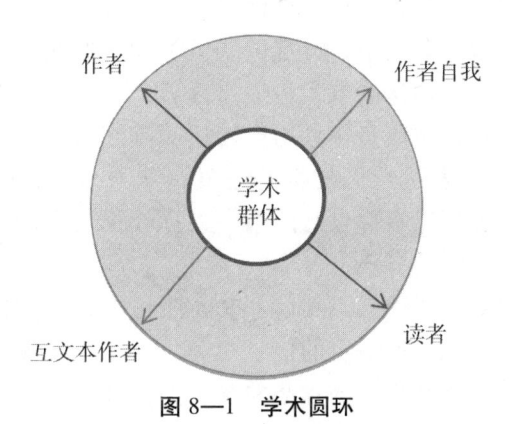

图8—1 学术圆环

图中有两对关系：作者与读者的关系、作者自我与互文本作者的关系。中心地位：学术群体。

学术圆环的精髓在于"作者"（我）中引入"互文本作者"（他者）的涵容精神。"作者"与"他者"相互争执、互相信赖、互相归属、互相转化。作者与他者的本质是共属"学术群体"，即作者与他者的呈现必须由学术群体接受而呈现。读者对作者的认同也必须通过由学术群体接受而实现。

在网络整体中，所有的"我"在相互关系由"他者"来体现，"他者"构成了"我"存在于其中的世界，有了"他者"，"我"才能存在。"我"是各种外部关系中生成的他者。在与"他者"的关系网络中，"我"才能展开实践，从而实现"我"的价值，即"我"的价值和贡献只能体现在实践（创造中、使用中、生活中）的环化共生关系中。

作者通过他者的话语、观点而定位自我或建立自己的研究空间。因为学术语篇中所有的句子在某种程度上都是对已有的句子的应答，同时又预期来自对方的可能的反应。作者使用互文本（他者）的内容与潜在或存在的交际对象（读者）进行对话性的协商，以便为自己话语协商出一片人际空间。一方面,互文本(他者)引入文本;另一方面,互文本来源的权威性和作者对互文本内容的赞成度影响着自己的态度定位。这样,作者通过与互文本作者、读者进行对话,并亲近或疏离读者。

学术论文中立场指的是论文作者对命题的正确性或可靠性的评价,反映作者对命题的承诺或对读者的态度。作者的立场通过模糊限制语、确定表达语、态度标记语和自我指称四种标记语表达出来。①

模糊限制语是指作者使用的特定的词汇、句子结构等,以使信息作为一个观点而不是一个被确认的事实传递给读者,表明作者想与某一命题保持一定的距离。确定表达语指作者用以表达对陈述持肯定态度的语言。态度标记语指作者用以表达自己的情感态度,如希望、喜爱、惊讶等的言辞。自我指称指作者用以指称自己的第一人称代词,表示作者对论点的权威性和责任。②

立场标记语主要有两种人际功能:事务性功能和互动性功能。事务性功能是指立场标记语能传递一定的信息内容,互动性功能是指立场标记语能建构或维护作者与读者之间的社会关系,如协商关系、权势关系和礼貌(面子)观等。③

三 语篇的建构过程

语篇结构模式是一种常规关系④,或构式,它通过显性和隐性表述体现出来。显性表述是通过文本形式(如线性衔接)来表现,隐性表述是通过依附文本的其他功能(如修辞结构等)来表现,两者共同组成整体的话语表达。也就是说,语言中的词语同它所表述的对象事物的常规关系相互作用,形成语言表达的两种基本形态:显性形态和隐性形态;这两种形态分别起着对语篇的线性结构进行建构和对这个结构进行必要的织补的作

---

① 吴格奇:《英汉研究论文结论部分作者立场标记语对比研究》,《西安外国语大学学报》2010 年第 4 期。
② 同上。
③ 徐宏亮:《中国高级英语学习者学术语篇中的作者立场标记语的使用特点——一项基于语料库的对比研究》,《外语教学》2011 年第 6 期。
④ 常规关系是两个事物之间自身的关系,经人们的感知,内化为人们的一种认知框架,成为认识世界的一种工具。(参见徐盛桓《常规推理与"格赖斯循环"的消解》,《外语教学与研究》2006 年第 3 期)

用，结成一定的组织体；这个组织体就是一个似断实联的构块式①（如语篇模式）。② 如图 8—2 语篇模式表现途径图：

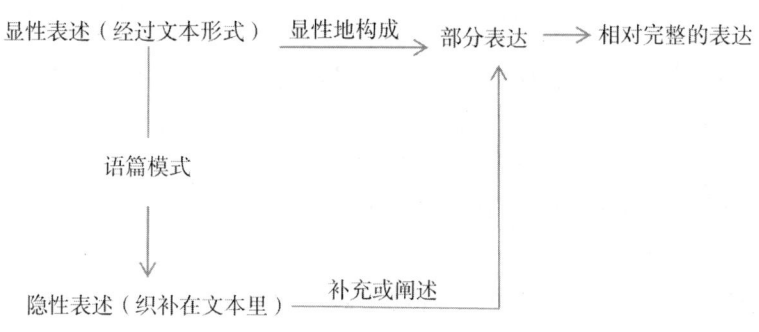

```
显性表述（经过文本形式） ──显性地构成──→ 部分表达 ──→ 相对完整的表达
        │                                              ↑
        ↓                                              │
    语篇模式                                           │
        │                                              │
        ↓                                              │
    隐性表述（织补在文本里） ──补充或阐述──────────────┘
```

图 8—2　语篇模式表现途径

从图中也可以这样说，语篇中的文本构成了语篇的显性表述，显性表述承担部分表达的任务，如显性表达中的各种语法结构承担组织语句的任务；同时显性表述承担语篇模式结构关系的任务，从语篇模式结构关系中可推导出隐性表述，隐性表述是对显性表述的补充或阐述，共同达到对相对完整的话语的表达。隐性表达是指显性结构表达的功能，如人际功能、修辞结构等。显性表述和隐性表述是互通的、共构的，相互融合、相互维系。正如吕叔湘先生所说："语言的表达意义，一部分是显示，一部分是暗示，有点儿像打仗，占据一片，控制一片。"③

语篇模式④结构关系中的显性表述和隐性表述，把文本结构的线性序列立体化，编成一个显性和隐性交融的语义网络。隐性表述将文本结构中语义内容的各种成分合意图、合规律地连贯起来，阐释不透明、补足缺省，从而使精简的显性文本结构表达丰富的语义。

---

① 陆俭明提出"构式—语块理论"，所谓"语块"，即结构中的句法语义单元，是人类信息处理能力的实际运用单位，也是构式的构成单位。每个构式由若干"语块"构成。（参见陆丙甫《直系成分分析法——论结构分析中确保成分完整性的问题》，《中国语文》2008 年第 2 期）

② 徐盛桓：《常规关系与句式结构研究——以汉语不及物动词带宾语句式为例》，《外国语》2003 年第 2 期。

③ 吕叔湘：《语文常谈》，生活·读书·新知三联书店 1998 年版，第 65 页。

④ 语篇模式是指形式的、结构的、规约化的图式，为语篇宏观结构的内容提供全局的形式。具体包括问题—解决式（如学术论文）、一般—特殊模式、主张—反应模式、机会—获取模式等。（胡曙中：《语篇语言学导论》，上海教育出版社 2012 年版，第 164—165 页。）

第二节　互文本的概念功能

　　语言的概念功能包括经验功能和逻辑功能。经验功能指语言对人们在现实世界（包括内心世界）中的各种经历的表达，或者说，是反映客观世界和主观世界中所发生的事、所牵涉到的人和物以及与之有关的时间、地点等环境因素。逻辑功能是指语言对两个或两个以上的意义单位之间的逻辑关系的表达。①

　　经验世界存在六种过程：物质过程、心理过程、关系过程、行为过程、言语过程和存在过程。物质过程是表示做某事的过程，是外部经验；心理过程是表示心理活动的意识过程，是内在体验；关系过程是表示各实体之间相互关系的过程，是对内外经验进行分类确认的过程；行为过程指的是诸如呼吸、咳嗽、叹息、做梦、哭笑等生理活动过程；言语过程是通过讲话交流信息的过程；存在过程是表示有某物存在的过程。②

　　学术论文的概念功能主要由及物性来表现，主要有物质过程、关系过程、言语过程和心理过程，而关系过程是重点，即事件与事件、行为与行为之间的关系。学术论文需要简单描述客观世界现存现象，同时要描述行为与行为、事件与事件之间的相互影响和关联。物质过程能实现这一点。行为者主要由事物、行为、概念等来充当，使论文显得更客观，从而增强文中观点、理论、论证、研究结果、研究结论的可信度。学术论文中的观点、理论、方法、定义、解释、判断和结论等离不开关系过程。关系过程描述了客观世界，并对客观世界做出判断。心理过程用来描述研究者实施的认知行为，包括心理活动等，并对论断做出相应的评价。话语过程用来描述作者和其他作者之间的联系，及作者对内容的评价。

　　概念的经验功能在前面的章节已经读到，如参考文献与正文的互文类型有观点、理论、概念、名称、定义、研究课题、研究内容、研究方法、研究结果等。这里我们主要分析概念的逻辑功能。

---

　　①　胡壮麟等：《系统功能语言学概论》，北京大学出版社2009年版，第74页。
　　②　转引自陈明芳、王谋清《过程的功能语言学分析》，《西北民族大学学报》（哲学社会科学版）2006年第4期。

互文本进入文本中与文本产生互动,融入到文本中。互文本与文本形成不同的互动类型,有逻辑意义关系和逻辑—语义功能关系。① 逻辑意义关系有并列关系、连贯关系、递进关系、总分关系、解证关系、因果关系、转折关系、假设关系、让步关系等。② 逻辑—语义功能关系有两种:一是并列和主从关系;二是扩展、投射和事实关系。

一 文内互文本概念功能

文内互文本概念功能是指构成正文的概念功能。文内互文本是指进入正文的参考文献(包括引文注释)。

(一)逻辑意义关系

逻辑意义关系是指语篇中小句与小句之间形成的意义关系,是句际之间的关系。在语篇建构中,我们也把这种逻辑关系运用在文本与互文本形成的关系上,因为文本与互文本也体现为句际之间的关系。具体如下:

1. 并列关系

并列关系是指文本与互文本是相关的几件事情,地位是平等的关系。如:

(326)台湾学者钟蔚文等曾将新闻报道所涉事实分成主要事件、先前事件、历史、结果、影响、归因、评估等环节;在此分类基础之上,陈红梅(陈红梅.框架与归因——关于乌鲁木齐7·5事件报道的比较研究[J].《新闻与传播研究》,2010(1).)分析乌鲁木齐7·5事件时,将事件报道主题分为六类:次生事实、先前事实、历史、反映、评论和归因;全燕(全燕.风险的媒介化认知:《纽约时报》与《人民日报》对日本核泄漏报道的框架分析[J].《中国地质大学学报》(社会科学版),2012,12(3).)在研究风险报道时将报道主题分为风险信息沟通、风险评估解读、风险控制分析和风险决策引导四个方面。在他们的研究基础之上,本研究结合宁波PX事件报道的特点,将新闻报道的主题分为五类:a. 事件信息沟通;b. 先前事实;

---

① 黄国文:《语篇分析的理论与实践——广告语篇研究》,上海外语教育出版社2008年版,第61—63页。

② 吴为章、田小琳:《汉语句群》,商务印书馆2000年版,第32—49页。

c. 次生事实；d. 原因分析；e. 事件处理及建议。（薛可、邓元兵、余明阳：《一个事件，两种声音：宁波 PX 事件的中英媒介报道研究——以人民网和 BBC 中文网为例》，《新闻大学》2013 年第 1 期）

互文本：台湾学者钟蔚文等、陈红梅、全燕的分类。文本：本文的分类。互文本与文本是并列关系。
逻辑意义关系：文本+互文本（并列关系）。
2. 连贯关系
文本与互文本之间具有时间或空间的顺序关系。如：

(327) 2007 年以来，一种被称为"深绿色思想"的报道理念被越来越广泛地运用于环境新闻报道中。所谓深绿色思想，是相对于"浅绿色"环境思想而言的。"浅绿色的环境观念就环境论环境，较少探究工业化运动以来的人类发展方式是否存在问题，其结果是对旧的工业文明方式的调整或补充；而深绿色的环境观念，洞察到环境问题的病因藏匿于工业文明的发展理念和生活方式之中，要求从发展的机制上防止、堵截环境问题的发生，因此深绿色环境报道更具有深刻性。"（诸大建：《绿色前沿译丛总序》，上海译文出版社 2002 年版。）（赵士林、关琳子：《"PM2.5 事件"报道中的媒体建构》，《当代传播》2013 年第 1 期）

文本中出现"'浅绿色'环境思想"，互文本接着解释"'浅绿色'环境思想"，前后相接。
逻辑意义关系：文本+互文本（连贯关系）。
3. 递进关系
后面的文本或互文本在程度、范围、时间或数量方面比前面的互文本或文本进了一步。如：

(328) 三是湖南电视的品牌节目《我们约会吧》开播以后，无数电视台的同类节目粉墨登场，造成了"全民皆相亲"的电视奇观。（王闻昕：《中国电视 2010 奇景：全民皆相亲》，《广告大观》2010 年第 6 期）并且，同类节目《非诚勿扰》收视率遥遥领先。（周少四：

《湖南电视产业发展面临的问题与挑战》,《当代传播》2014 年第 3 期)

文本:同类节目《非诚勿扰》收视率遥遥领先,互文本:湖南电视的品牌节目《我们约会吧》开播以后,无数电视台的同类节目粉墨登场,造成了"全民皆相亲"的电视奇观。文本与互文本是递进关系。
逻辑意义关系:文本+互文本(递进关系)。
4. 总分关系
文本与互文本是总分关系。"总"是指综合在一起概括说,"分"指分别开来做具体说明。如:

(329) 长期以来,中国报刊史的研究一直存在两种范式。国内新闻史学者吴廷俊将其归纳为"体制与媒介经营范式"和"政治与媒介功能范式"。(吴廷俊,阳海洪(2007). 新闻史研究者要加强史学修养——论中国新闻史研究如何走出"学术内卷化"状态.《新闻大学》,(3),8.) (汪苑菁:《发现"城市":重构近代报刊史之城市与报刊关系》,《国际新闻界》2013 年第 5 期)

文本是"总",互文本是"分"。
逻辑意义关系:文本+互文本(总分关系)。
5. 解证关系
后面的文本或互文本解释、说明、补充、限制前面的互文本或文本。解证有说明性的、引申性的、例证性的、注释性的、补充性的、结论性的等等。如:

(330) 框架理论是用来分析大众传播通过建构社会现实从而影响人们对社会认知的理论。通过框架理论,不仅可以分析媒介的新闻报道,还可以考察受众认知的心理机制。恩特曼在论及新闻框架时认为,"框架主要牵涉了选择与凸显两个作用。框架一个事件的意思,是将对这件事所认知的某一部分挑选出来,在沟通文本中特别处理,以提供意义解释、归因推论、道德评估以及处理方式的建议。" (Entman (1993). Framing: Toward clarification of a fractured paradigm

Journal of Communication.)（赵士林、关琳子：《"PM2.5事件"报道中的媒体建构》,《当代传播》2013年第1期）

文本是作者的观点，互文本是他者的观点，这个观点用来例证文本的观点。
逻辑意义关系：文本+互文本（解证关系）。
6. 因果关系
因果关系是指文本与互文本是原因和结果的关系。从因果顺序看，有"因—果，果—因"两种；从事理上看，有说明性和推断性。如：

（331）梵·迪克曾指出，增强新闻话语劝服效果的有效策略之一就是建立新闻事实之间的联系。具体包括，在熟知的情境中插入新闻事实，使用该领域广为人知的说法或概念，以及尽量把新闻事实组织到大家熟知的结构中等。（[荷]梵·迪克著：《作为话语的新闻》，曾庆香译，华夏出版社2003年版，第87页）"官二代"话语的生成，就是媒体对社会已熟知的"富二代"话语进行仿词、类推的结果。（张洁：《"富二代""官二代"媒介话语建构的共振与差异（2004—2012）》,《现代传播》2013年第3期）

互文本是理由，文本是结果。
逻辑意义关系：互文本+文本（因果关系）。
7. 转折关系
转折关系是指文本与互文本意义相反或相对，即文本是一个意义，互文本的意义与文本相反或相对。如：

（332）以往囿于传播技术和手段，政府沟通往往需要借助第三方——如传统大众媒体——方能实现，并在意见生成机制上呈现"瀑布式"，即美国政治学家卡尔·多伊奇（Carl Deutsch）所提出的"舆论以多阶梯方式向下流淌，就像瀑布被一系列水潭切断一样；最上面的水潭由经济和社会精英组成，接下来是政治和统治精英的水潭、大众传播媒介的水潭、意见领袖的水潭，最后是人民大众的水潭"。（转引自乔·萨托利. 民主新论［M］. 冯克利等译. 北京：东方出版社，

1993:97-98。）然而网络等新媒体作为民众意见表达平台的广泛征用，使得新的意见阶层得以形成，从而打破了传统权力集团掌控社会话语权、控制舆论产生机制的格局，底层水潭和上层水潭之间对话的壁垒极大减少，底层民众的意见得以形成影响力巨大的舆论进而影响上层精英决策。（刘小燕、崔远航：《作为政府与公众间距离协调机制的网络政治沟通研究》，《新闻大学》2013年第2期）

互文本是一个意义，文本是与之相反或相对的意义。
逻辑意义关系：互文本+文本（转折关系）。
8. 假设关系
文本与互文本分别表示假设的原因、条件和结果。如：

（333）最终，"如果我们在未来的知识生产、信息生产当中能够充分利用互联互通所创造的这种对接的价值时，这才是我们传统媒介进入到互联网新的操作系统、新的平台之上应该选择的道路。"（喻国明：《第九届中国传媒年会报告》，2014年2月21日。）从而实现从服务内容到经营模式的创新。从二次售卖模式，走向能够为用户提供全套解决方案的应用服务商的模式，进而成为嵌套在互联网逻辑之内的新标准和新规则的制定者与执行者。（喻国明、李慧娟：《从"付费门"到"付费墙2.0"：数字报纸盈利模式的景气度研究》，《当代传播》2014年第4期）

互文本：假设，文本：结果。
逻辑意义关系：互文本+文本（假设关系）。
9. 让步关系
让步关系是指文本是肯定某一方面，互文本从相反方面又否定，或反之。如：

（334）约翰·费斯克从消费社会的角度来定义文本。他认为文本是大众文化经济的产物，是意义和快乐的制造者，一条牛仔裤或一件家具，都可以像流行音乐唱片一样成为文化文本。（[美]约翰·费斯克著，杨全强译：《解读大众文化》，南京大学出版社，2001年版）

但一个文本即使具备制造意义和快乐的特点，也不一定能够成为大众文化，因为大众对文化产品具有辨识力。（张潇扬：《"生产者式"的现代性解读——基于约翰·费斯克的媒介文化研究视角》，《当代传播》2014年第4期）

互文本：文本是文化文本。文本：文化文本不一定是大众文化。两者是让步关系。
逻辑意义关系：互文本+文本（让步关系）。
（二）逻辑—语义功能关系
逻辑—语义功能关系是小句复合体中小句与小句之间的关系。逻辑—语义功能关系有两种：一是并列和主从关系；二是扩展、投射和事实关系。在语篇建构中，我们也把这种逻辑—语义功能关系运用在文本与互文本形成的关系上，因为文本与互文本也体现为小句复合体中的小句之间的关系。即互文形式：互文小句+互文本。
1. 并列关系
并列关系是指文本、互文本小句地位平等的关系。如：

（335）"口头反应是后果范畴的一种特殊表现形式"（托伊恩·A.梵·迪克：《作为话语的新闻》，曾庆香译，北京：华夏出版社，2003：56），它邀请对象发表评论，借他人之口表达主观意图，新闻报道中常以直接引语、间接引语的形式出现。（陈岳芬、黄启昕：《遮蔽抑或凸显：话语分析视域下的"乌坎事件"——中西媒体新闻报道比较研究》，《新闻大学》2013年第2期）

互文本小句："口头反应是后果范畴的一种特殊表现形式"。文本小句：它邀请对象发表评论，借他人之口表达主观意图，新闻报道中常以直接引语、间接引语的形式出现。互文本与文本是并列关系。
逻辑—语义功能关系：互文本小句+文本小句（并列关系）或互文本小句+互文小句（并列关系）。又如：

（336）后者是一种由政治、知识精英创造的"蕴涵着人文理想、体现着形而上价值、寄托着乌托邦理想的、在民族文化发展过程中占据主导地位的优势文化";（张峻、张志伟：《"草根文化"含义考》，《哈尔滨市委党校学报》，2011 年第 1 期）而前者生于底层，长于民间，被主流意识形态的涵化、规训与形塑的烙印不明显，天然饱含着原生态的本真，散发着乡土的芬芳。（朱清河、张俊惠：《"草根文化"的媒介依赖及其社会效用》，《现代传播》2013 年第 6 期）

互文本小句与文本小句形成对比，是平列关系。

逻辑—语义功能关系：互文本小句+文本小句（平列关系）或互文本小句+互文小句（并列关系）。

2. 主从关系

主从关系是文本与互文本小句其中一个是从属、一个是支配成分之间的关系，体现的是修饰关系。如：

（337）福柯认为，话语由一系列相关的陈述所组成，"陈述是话语的原子"（米歇尔·福柯：《知识考古学》，谢强等译，北京：生活·读书·新知三联书店，1998：98）。（陈岳芬、黄启昕：《遮蔽抑或凸显：话语分析视域下的"乌坎事件"——中西媒体新闻报道比较研究》，《新闻大学》2013 年第 2 期）

文本小句：福柯认为，互文本小句："陈述是话语的原子"。文本与互文本是主从关系。

逻辑—语义功能关系：文本+互文本（主从关系）或互文小句+互文本小句（主从关系）。

3. 扩展关系

扩展关系是指小句通过详述、延伸或增强三种方法来扩展基本小句。又各分为并列和主从。

（1）详述。

详述关系是指一个文本或互文本小句通过进一步具体化或描述来阐发互文本或文本小句的意义，即换个方式重述、细节具体化、评论或举例说明。汉语一般常用并列。如：

（338）三四十年代表现上海的电视剧对个人的日常生活是持肯定

态度的,正如王安忆如此描述她笔下的上海:"这样的地方与现实联系得过于紧密,它的性格融合在我们的日常生活里面,它对于我们太过真实,因此,所有的理论性质的概念就都显得虚无了。我真的难以描述我所居住的城市上海,所有的印象都是和杂芜的个人生活掺和在一起,就这样,它就几乎是带有隐私的意味。"(王安忆:《寻找上海》,《小说界》,1999年第4期)(王利丽、刘爽:《电视剧中的城市想象与记忆——以表现20世纪三四十年代上海的电视剧为视角》,《现代传播》2013年第2期)

文本小句:三四十年代表现上海的电视剧对个人的日常生活是持肯定态度的。
互文本小句:正如王安忆如此描述她笔下的上海。
文本小句与互文本小句是详述关系。
逻辑—语义功能关系:文本小句+互文本小句(详述关系)或互文小句+互文本小句(详述关系)。
(2)延伸。
延伸关系是指文本或互文本小句通过添加新信息来延伸互文本或文本小句的意义,即补充或增加一些新成分,指出例外情况,或提供别的选择。如:

(339)近年,我国环境群体性事件一直保持29%的较高年均增速,重特大环境事件也频繁发生。其中2011年重大环境事件比上年同期增长120%,特别是重金属和危险化学品突发环境事件呈高发态势[1](数据引用来源:去年环境重大事件增长120% 司法渠道解决不足1% [EB/OL]. 光明网, http://legal.gmw.cn/2012-10/27/content_5498975.htm, 2012-10-27),我国社会发展进入"环境敏感期",甚至出现环境恐慌。(薛可、邓元兵、余明阳:《一个事件,两种声音:宁波PX事件的中英媒介报道研究——以人民网和BBC中文网为例》,《新闻大学》2013年第1期)

互文本小句:其中2011年重大环境事件比上年同期增长120%,特别是重金属和危险化学品突发环境事件呈高发态势。

文本小句：我国社会发展进入"环境敏感期"，甚至出现环境恐慌。
文本小句是互文本小句的延伸。
逻辑—语义功能关系：互文本小句+文本小句（延伸：并列）或互文本小句+互文小句（延伸：并列）。

（3）增强。

增强关系是指文本或互文本小句通过时间、地点、方式、原因、条件等环境特征可能的方式来限制互文本或文本小句的意义，从而达到增强的目的。如：

（340）无论如何，"新闻业这一行当对权势阶层而言仍然扮演着牛虻的角色，敢于直面权力、实话实说，并为观点的多元化提供便利。"（［美］迈克尔·舒德森著、贺文发译：《为什么民主需要不可爱的新闻界》，华夏出版社 2010 年版，第 106~107、115 页）（陈建云：《自由新闻业的民主"看门狗"功能：理想图景及现实审视》，《新闻大学》2013 年第 2 期）

文本小句是条件，互文本小句是结果。
逻辑—语义功能关系：文本小句+互文本小句（主从：增强：条件—结果）或互文小句+互文本小句（主从：增强：条件—结果）。

4. 投射关系

投射是一种用来转述或重复他人或自己话语与思维的语言现象。[①] 投射关系通过基本小句得到投射。使自身成为言辞、思想和事实。

（1）言辞。

文本或互文本小句通过把互文本或文本小句变为言辞和措辞，来进行投射。如：

（341）正如童兵教授所说："一般说来，目前新闻媒体在政策宣达环节、部分政策的执行环节所起的作用比较显著，而在其他环节如政策问题的确定、政策方案的设计与辩论、政策本身价值的评价、政策终止等环节能够产生的实际影响还不太明显。"（童兵：《大众传媒

---

① 曾蕾：《从语法隐喻视角看学术语篇中的"投射"》，《外语学刊》2007 年第 3 期。

和公共政策的关系——兼评〈新闻媒体与微观政治——传媒在公共政策中的作用〉》,《当代传播》,2008年第6期)(卿志军、孔德明:《公众的媒介使用与政策认同的互动——以海南国际旅游岛建设为例的实证研究》,《当代传播》2013年第3期)

文本小句:正如童兵教授所说。互文小句:"一般说来,目前新闻媒体在政策宣达环节、部分政策的执行环节所起的作用比较显著,而在其他环节如政策问题的确定、政策方案的设计与辩论、政策本身价值的评价、政策终止等环节能够产生的实际影响还不太明显。"

逻辑—语义功能关系:文本小句+互文本小句(并列)或互文小句+互文本小句(并列)。又如:

(342)徐默凡在分析网络生态时说,网络上煽风点火的低级趣味者有之;起哄、唯恐天下不乱的看客亦有之,网络热词的出现本身就带有较大偶然性,而诸如"犀利哥"之类的社会新典故其实并没有产生新的、耐人寻味的意义,而且也不是没有词汇能表达这些热词所包含的新意义,所以这些词实际上只有修辞作用,而无语意作用,网民对这些词的使用多是出于好玩或者讽刺心态,因而一段时间后可能就会"冷却"下来。(《网络造词 进步还是倒退》,http://news.lnd.com.cn。)(刘琴、卢妍:《论词媒体对传播语境的异化》,《当代传播》2013年第4期)

文本小句:徐默凡在分析网络生态时说。互文本小句:文本小句后面语句。

逻辑—语义功能关系:文本小句+互文本小句(主从)或互文小句+互文本小句(主从)。

(2)思想。

文本或互文本小句通过把互文本或文本小句来投射,以表达思想和语义结构。如:

(343)因此,有学者提出:"强求新闻在任何情况下达到绝对真实,是不现实的理想主义论者。"(王艳:《新闻监督与司法独立关系研究》. 北京：中国物资出版社. 2004：1115.）（蒋晓丽、李玮：《从"客体之真"到"符号之真"：论新闻求真的符号学转向》,《国际新闻界》2013 年第 6 期）

文本小句：有学者提出。互文本小句："强求新闻在任何情况下达到绝对真实，是不现实的理想主义论者"。
逻辑—语义功能关系：文本小句+互文本小句（并列）或互文小句+互文本小句（并列）。又如：

（344）其中，"报道真实"与"理解真实"观念认为，完整的新闻真实，需要新闻传播主体与收受主体共同完成，它是报道真实与理解真实的共同构筑物。（杨保军，新闻真实实现的含义与内在要求.《当代传播》,2005（5）,4-6.）。（蒋晓丽、李玮：《从"客体之真"到"符号之真"：论新闻求真的符号学转向》,《国际新闻界》2013 年第 6 期）

文本小句："报道真实"与"理解真实"观念认为。互文本小句：完整的新闻真实，需要新闻传播主体与收受主体共同完成，它是报道真实与理解真实的共同构筑物。
逻辑—语义功能关系：文本小句+互文本小句（主从）或互文小句+互文本小句（主从）。
（3）事实。
被投射文本是以一种准备打包投射的形式出现，这种类别称为事实。如：

（345）公共信息是指"政府为了维护公共利益和社会公平而向公众提供的不危害国家安全、不涉及个人隐私的信息资源"。（孙越：《基于公共信息普遍获取的信息公平研究》,黑龙江大学 2010 年优秀硕士论文）（赵士林、关琳子：《"PM2.5 事件"报道中的媒体建构》,《当代传播》2013 年第 1 期）

文本：公共信息，互文本："政府为了维护公共利益和社会公平而向公众提供的不危害国家安全、不涉及个人隐私的信息资源。"

互文本是文本的打包投射，是名词性形式。

二　文外互文本概念功能

文外互文本概念功能是指构成正文外的概念功能。文外互文本是指不进入正文的注释。注释是对正文的补充、说明、解释、修正、讨论、反对等。我们在这里主要研究文外互文本概念功能的逻辑意义关系。

逻辑意义关系是指语篇中小句与小句之间形成的意义关系，是句际之间的关系。在语篇建构中，文本与互文本形成句际之间的关系。具体如下：

1. 并列关系

文本与互文本是指相关的几件事情地位平等的关系。如：

（346）正文：通过各类调查数据，我们发现对中国进行负面评价的，多是西方发达的国家，如英、法、德、美、意等国。

注释2：一项对埃及、沙特阿拉伯、约旦、阿拉伯联合酋长国、黎巴嫩和摩洛哥6国中，就中国、美国、俄罗斯、印度4国的形象问题展开的调查结果显示，中国的整体形象最佳，超过了美国、俄罗斯和印度。对中国有好感的受访者，在埃及为70%，在约旦为68%，在摩洛哥为52%，在黎巴嫩为46%，在沙特为40%。http: //gb. cri. cn/2201/2005/12/13/145@1819189. htm. （吴飞、刘晶：《"像"与"镜"：中国形象认知差异研究》，《新闻大学》2014年第2期）

文本：中国进行负面评价，互文本：中国进行正面评价。两者是并列关系。

文本与互文本（注释）是并列关系。

逻辑意义关系：文本+互文本（并列关系）。

2. 连贯关系

文本与互文本之间具有时间或空间的顺序关系。如：

（347）正文：而《纽约时报》"付费门"模式的顺利推进，让大家看到了困境中的一丝曙光。

注释1:"付费门":"付费墙"的一种,《纽约时报》网站2012年推出的数字内容收费计划,允许访问者每个月免费阅读网站的一定量的文章,通常是10篇(包括滚动新闻、视频和其他形式的内容),更早些时候是20篇。一旦读者阅读的数量超过免费定额,则会收到付费订阅数字内容的提示。走过了第一代以接入付费为主的"硬收费"模式,"付费门"开启了第二代付费墙的"软收费"模式,较第一代更为科学,分级的数字内容收费计量体系(metered system),既能够吸引核心受众,又不至于把潜在用户挡在门外。详情请见Gretchen A. Peck:Assets That Earn:Revenue-Generating Content. Retrievedon Nov 26,2012 from website Editor & Publisher:http://www.editorand pub lisher.com/Features/Article/Assets-That-Earn--Revenue-Generating-Content.(喻国明、李慧娟:《从"付费门"到"付费墙2.0":数字报纸盈利模式的景气度研究》,《当代传播》2014年第4期)

文本:"付费门",互文本:解释"付费门"。两者是连贯关系。
逻辑意义关系:文本+互文本(连贯关系)。
3. 解证关系
后面的文本或互文本解释、说明、补充、限制前面的互文本或文本。解证有说明性的、引申性的、例证性的、注释性的、补充性的、结论性的等等。如:

(348)正文:这对《解放日报》改版及改版中形成的党报理论究竟产生何种影响等问题在《解放日报》改版的已有研究中涉及较少,国内众多新闻史教材中涉及延安《解放日报》改版这一事件时很少提到王明。

注释2:方汉奇主编的《中国新闻事业通史》(第2卷)有一段相关评论:"在《解放日报》最初10个月的办报实践活动中,由于党内以教条主义为特征的王明路线尚未从思想上彻底肃清,主观主义、形式主义、党八股不可避免地表现在宣传报道上,对党的中心工作配合不力,忽视甚至脱离群众生活和实际运动。"方汉奇主编:《中国新闻事业通史(第2卷)》,中国人民大学出版社,1992年9月版,528页。(刘继忠、梁运:《论延安〈解放日报〉改版的政治逻辑》,

《新闻与传播研究》2012年第2期）

互文本（注释）是对文本的例证。
逻辑意义关系：文本+互文本（解证关系：例证）。又如：

（349）正文：1904年圣路易斯世博会专题回思片在首轮剧院播出之后，通过公共电视网（PBS）在美国全国范围内播出；1964年纽约世博会回思片在康涅狄格州公共电视台（Connecticut Public Television）播出；1974年斯波坎世博会专题回思片在KSPS公共电视台（KSPS Public Television）播出；1893年芝加哥世博会的回思片于发行初期也曾在美国的公共电视台播放。

注释21：由于制作本片的独立电影机构Inecom娱乐公司将此片DVD版权转卖给另一家独立制作发行机构简森媒体（Janson Media），因此笔者在收集本片电视播放信息时多费了些周折。在本文完成时仅从Inecom娱乐公司市场部Julie Halapchuk女士处获知本片曾于发行时在美国公共电视台播放，具体何家电视台则暂时未能提供相关信息。（叶汀：《海外重要世博会影像专题片钩沉与概述》，《新闻大学》2011年第2期）

互文本是对正文的说明。
逻辑意义关系：文本+互文本（解证关系：说明）。又如：

（350）正文：参考英国文化研究学者雷蒙德·威廉姆斯（1981/1995）、美国人类学家克利福德·格尔茨（1999）以及美国哲学家和传媒学者道格拉斯·凯尔纳（2004）的论述，本文将"媒介文化"定义为：人们（1）运用传媒技术，（2）在特定社会环境下所从事的文化产品的生产、流通和消费，（3）以及经此而展开的意义建构的活动和过程。根据这一定义，媒介文化不仅包括了为媒介传递而生产、通过媒介而传递并消费的产品，也包括这些产品得以生产、流通和消费的过程。更广一些，这个定义还包括运用媒介手段而扩散的象征资源（符号、故事、形象等）或遵循媒介的"格式"（formats）所组织并展开的社会生活（阿什德，2004）。

注释3：其他学者对"媒介文化"所做的定义与本文所采用的定义有相互借鉴的意义。北京师范大学文学院教授赵勇对"媒介文化"源流作了探析，他在凯尔纳对"媒介文化"分析的基础上，梳理了国内学者使用"媒介文化"的语境，并提出，媒介文化研究是文化研究的一部分，是大众文化发展到一个新阶段之后出现的文化形式；媒介文化也是一种"全面抹平"的文化，一种杂交文化，一种不断生成的文化（参见赵勇：《媒介文化源流探析》，《河南社会科学》2009年第1期，第148—152页）。陕西师范大学新闻与传播学院副教授鲍海波试图回答"为什么要研究媒介文化"的问题，她以类似麦克卢汉的笔调描述了媒介在当代社会甚至是现代性构成中之核心作用，循此路径展开其论述，并且还同时引入了另一条论述的路径，即改革过程中知识分子试图摆脱被边缘化的尴尬以重新获取话语权这个历史动因（参见鲍海波：《审美现代性视阈中的媒介文化及其审美属性》，《新闻大学》，2009年秋季号，第30—37页）。（於红梅：《批判地审视媒介文化研究——基于2009—2010年媒介文化研究的评述》，《新闻大学》2011年第2期）

互文本（注释）是对正文的补充。
逻辑意义关系：文本+互文本（解证关系：补充）。又如：

（351）正文：对包括新闻传播学在内的社会科学自主性的反思，是当下中国知识社会学的一个重要论题。

注释1：笔者在此将新闻传播研究归入社会科学范畴，更准确地表达，应当是新闻传播研究在以人文科学、社会科学为两边端点的连续光谱中更靠近社会科学。新闻传播研究更近于人文还是社科，不同研究者会有不同看法，但这不妨碍对本文主旨的探讨。（孙藜：《问题意识、知识生产与关系建构——关于中国大陆新闻传播研究自主性的思考》，《新闻大学》2011年第1期）

互文本（注释）是对正文的引申。
逻辑意义关系：文本+互文本（解证关系：引申）。又如：

(352)正文:尽管出于对其后学科建制化"画地为牢"的批判,以问题为导向的跨学科研究成为当下国际学术界迫切的吁求,但是"跨学科"并非彻底取消学科——没有人能有上帝般"全知全能"的视角,学科化和专业化的"宗旨"恰是为了更有效地"生产新知识"和"培养知识创造者",——毋宁反过来说,要在学科分化的现实下实现"分化"之内在目的,恰要求对学科的立足点、理论和方法,以及不同学科之间差异进行彻底的反思。

注释3:此处的着眼点牵涉但主要不是在传播研究作为"学科"还是"领域"意义上的讨论。作为人类整体知识的一部分,新闻传播研究不应也无法将自身领域封闭起来,它事实上也无可避免地要从其他学科借用一些概念和术语,甚至如学者所指出,"大众传播研究只有在社会学理论背景中才有意义"(纽博尔德,2004:8),但此处的主旨,是新闻传播研究者以何种视角、新闻传播学知识贯穿以何种逻辑的问题。(於红梅:《批判地审视媒介文化研究——基于2009—2010年媒介文化研究的评述》,《新闻大学》2011年第2期)

互文本(注释)是对正文的解释。
逻辑意义关系:文本+互文本(解证关系:解释)。又如:

(353)正文:罗文辉、魏然、陈韬文、潘忠党(2002)研究发现:两岸三地新闻从业者对"同事关系"、"工作的社会影响"、"工作的自主程度"等"内在/激励因素"的满意度较高,但对"升迁机会"、"福利待遇"及"报酬收入"等"外在/摄生因素"的满意度较低。

注释6:"外在因素"又称"摄生因素"(hygiene faction),指薪酬、工作条件、工作稳定、工作环境及公司政策、人际关系等满足基本生存所需要的因素;"内在因素"又称"激励因素"(motivators),指工作的成就感、受人认同与赏识、担负责任、工作的挑战、工作自主及在工作中成长等。可参见该文。(张志安、沈菲:《调查记者的职业满意度及影响因素研究》,《新闻与传播研究》2012年第4期)

文本:"内在/激励因素"和"外在/摄生因素"。

互文本（注释）：对文本的"内在/激励因素"和"外在/摄生因素"的解释。

逻辑意义关系：文本+互文本（解证关系：注释性）。又如：

（354）正文：这些子项根据因子分析可以归类到三个清晰的概念：工作非物质回报、工作物质回报、工作协作及关系。

注释7：需要说明的是，之前曾有学者（潘忠党、陈韬文，2005）认为"学习新知识的机会"跟其他10个子项在统计上不相归属，因此被排除。我们认为：第一，同事关系和主管领导的能力对调查记者能否从工作中分享操作经验、学到职业技巧和新知识有关系；第二，经验数据表示这三者之间有强关系，因此，仍将"学习新知识的机会"与这2个子项归为一类。实际上，这三类因子也是对上文中"内在/激励因素"和"外在/摄生因素"的细化。（张志安、沈菲：《调查记者的职业满意度及影响因素研究》，《新闻与传播研究》2012年第4期）

文本：这些子项根据因子分析可以归类。

互文本：对文本中的"这些子项根据因子分析可以归类"的补充说明。

逻辑意义关系：文本+互文本（解证关系：补充性）。又如：

（355）正文：所以新闻报道中的"他者"并非一定具有"越轨"的标签，也应该把被刻意抬高、夸大宣传的这样一个群体考虑在内。

注释2：把他者的外延扩大显然与传统的他者研究不符，但是用他者来指代这样一个处于主流群体（或者具有某种社会权力的群体）之外的其他群体又十分恰当。换言之，新闻报道中的他者化既有消极的"他者"之意，又含有积极的"他者"之意，不仅是负面的，也有可能是正面的，本文的分析更倾向于以前者，即传统的他者为主。（童兵、潘荣海：《"他者"的媒介镜像——试论新闻报道与"他者"制造》，《新闻大学》2012年第2期）

互文本是对文本——"他者"的总结性。

逻辑意义关系：文本+互文本（解证关系：结论性）。又如：

（356）正文：但如乔姆斯基（Chomsky，转引自 Burton，2005：285）所言："主流媒体不但会对主流新闻议程进行调整以期使其与国家（政府）的要求和使用标准保持一致，同时也会全盘接受国家（政府）的种种预先假设。"

注释4：该句两处原文为 state，根据上下文情境，我们认为此处翻译为"政府"实际上更为合适。（童兵、潘荣海：《"他者"的媒介镜像——试论新闻报道与"他者"制造》，《新闻大学》2012年第2期）

文本：国家（政府）。
互文本：对文本"国家（政府）"的指正。
逻辑意义关系：文本+互文本（解证关系：对立性）。又如：

（357）正文：通过对薛胜芬先生及所经营综艺节目的案例分析，可发现一些台湾影音综艺节目运营的普遍经验。

注释1：以下内容参考笔者与台湾制作人薛胜芬先生的采访内容整理而成。（肖怀德：《从"多元文化"到"创意台湾"——台湾文化创意产业考察透视与案例研究》，《现代传播》2012年第4期）

文本：可发现一些台湾影音综艺节目运营的普遍经验。
互文本（注释）是对文本的说明。
逻辑意义关系：文本+互文本（解证关系：说明性）。

第三节　互文本的人际功能

人际功能是指表达讲话者的身份、地位、态度、动机和他对事物的推断、判断和评价等功能，是讲话者作为干预者的"意义潜势"，是语言的参与功能。通过这一功能，讲话者使自己参与到某一情景语境中，来表达他的态度和推断，并试图影响别人的态度和行为。人际功能还表示与情景有关的角色关系,包括交际角色关系,即讲话者或听话者在交往过程中扮演的角色之间的关系。① 简言之,人际意义是指讲话者和话语接受者之间的互动关系,以及讲话者的态度。互文本进入到文本之后形成了一定的人际功能。

  语言交际总是有一定的目的,如影响他人的态度或行为,向他人提供信息,将自己的态度或行为向他人做出解释,或使他人为我提供信息等等。这些都是语言的人际功能。语言交流是一个互动的过程,这种互动行为体现在语言交流的两个目的之中:给予和求取。交际中的交流物:一是物品与服务,二是信息。语言交流的基本单位是小句。在以信息为交流物的互动过程中,小句以"命题"的形式出现,成为可议论的概念,如可以被肯定或否定,也可以被怀疑、反驳、改动等。语言交流的互动主要是通过语法系统中的语气和情态来实现的。语气和情态不仅表达了语篇的人际意义,而且为语篇的建构提供了重要的语法资源。人际意义潜势中的语气和情态使交际参与者之间的互动成为可能,并以此参与语篇的建构。②

  学术语篇人际互动有两种方法:一是以语篇信息的组织安排为导向,侧重于语篇表层结构与读者的互动。二是以语篇的功能为导向,侧重于语篇深层评价立场和多种声音的互动,包括两个方面:一是作者如何"定位"自己、表达立场、观点和承诺方式等语言特征。二是如何在论证中包含多种声音的协商;如何把读者当作语篇参与者,参与论点的构建。③

  学术语篇人际意义是作者的声音与语篇内外其他不同声音趋同或者趋异的关系和作者对这种关系的态度。

  学术语篇的交际意图体现为既向读者陈述观点、理论、方法、研究结果和过程,又是说服读者、学术群体接受作者的观点、理论、方法、研究结果并给予积极的评价。也就是说,学术论文通常不是对科学研究的简单叙述,而是作者为了使读者接受自己的学术观点通过一系列仔细策划的修辞、互动等手段加工处理后的社会化产物。④

---

  ① 胡壮麟等:《系统功能语言学概论》,北京大学出版社2009年版,第115页。
  ② 苗兴伟:《人际意义与语篇的建构》,《山东外语教学》2004年第1期。
  ③ 秦枫、陈坚林:《人际意义的创建与维系——研究生英语科技论文的互动问题研究》,《外语教学》2013年第4期。
  ④ 同上。

一 学术语篇的人际功能

学术语篇意义的表达，本质上是有目的和有意图的社会互动行为。①学术语篇作为一种互动行为，既是作者对世界的识解和知识的传递过程，又是一个确认、建构和协商作者与读者人际互动的动态过程。

学术语篇中存在的互文现象包括引语（也称转述或投射），为了行文的方便，或术语的一致，更易于理解，我们把学术论文中的引语、转语和投射等统一为互文。

学术论文的人际功能体现为人际意义。人际意义的模型，即把人际意义的研究分成两个层面来考察：(1) 微观层面的人际意义，由那些首先朝向说话人个人介入的语言成分，以及朝向说话人和听话人在微型的交际语境中的互动的语言成分来实现；(2) 宏观层面的人际意义，由那些在话语的多重声音和读者之间的互动中发挥作用的语言成分来实现。微观层面体现为作者与读者的互动，表现为认知性、评价性和互动性；宏观层面体现为话语中的多重声音与读者互动，表现为评价性。②换句话说，作者或说话人把对话语中的事件的态度和对读者的态度在以下两个语义方面进行编码，即认知性的和评价性的，也就是说，作者如何揭示和掩盖对所说的真实性的态度，以及如何表达对事件的个人评价。在另一方面，当和另一个人互动时，说话人不可避免地会承担起某一种言语角色，他所说的任何东西（如他希望的那样）都会被理解为陈述、问题、命令或主动提议。通过扮演一个言语角色，他同时为他的听众创造了一个对应的角色（即使那个听者并没有去承担那个角色）。宏观层面的互动是指话语的人际意义经常是在读者考虑作者话语中所蕴含的多重声音时建立起来的。话语构建了社会文化方面的各种态度，读者一直在这一宏观层面上与隐含在话语中的声音互动。"整个的社会空间为每一个言语、每一个语篇提供了框架，每一个社会或次社会通过将语篇与其它语篇、语篇种类和文化的固定模式联系起来来建构意义，正是这些东西赋予语篇在有意义的社会空间中一个位置。"③

---

① 转引自辛志英《构建主体间性的投射小句系统——一项基于语料库和语篇类型的研究》，《中国外语》2011 年第 1 期。
② 李战子：《功能语法中的人际意义框架的扩展》，《外语研究》2001 年第 1 期。
③ 转引自李战子《功能语法中的人际意义框架的扩展》，《外语研究》2001 年第 1 期。

人际意义的框架，即人际意义的认知性、评价性和互动性。认知性：对话语的真实、信念、可能性、确定性和证据等的态度；评价性：对话语的合意性、偏好、意图、能力、责任和操纵等的态度；互动性：是指话语中所有与作者和读者的互动有关的方面。①

我们认为学术语篇的人际意义可以从宏观和微观层面去分析，具体如表8—1和图8—3：

表8—1　　　　　　　　学术语篇的宏观和微观人际意义

分析层次	分析成分	语义成分
宏观层次	宏观结构	交互
微观层次	人称代词/非人称代词	互动
	情态语	说服/多声
	模糊限制语	评价/说服
	互文动词	评价/多声

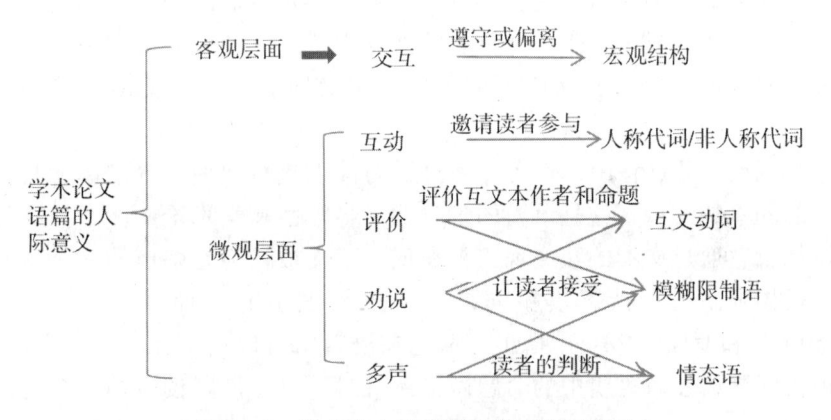

图8—3　学术论文的宏观和微观人际意义

宏观层面的人际意义体现在学术规范的宏观结构上，如体裁规范等，是作者与学术群体内成员之间的一种互动，体现作者遵守学术规约建立合格学术群体成员的身份。微观方面的人际意义主要是通过语篇内语法和词

---

① 转引自李战子《功能语法中的人际意义框架的扩展》，《外语研究》2001年第1期。

汇结构来实现。互动是学术论文中交流信息的平台。互动在学术论文中主要体现在人称代词/非人称代词的使用。邀请读者加入讨论，以实现交际目的。评价是学术论文中人际意义的重要特征，主要是通过互文动词和模糊限制语来实现。学术论文一个重要功能就是作者通过对其他研究者进行评价来说服读者接受其观点。评价是学术论文的核心，用于建立作者的研究空间和立场。为了避免面子威胁行为，冒犯以前的研究者，作者运用模糊限制语来实现这一策略。学术论文中作者必须对自己的观点的适用范围和程度做出小心的评价。这时模糊限制语显示出灵活的语用特征，它代表着一种保护策略，显示出作者对同事、学术群体成员的人际考量。①

学术论文的一个重要目的是劝说同行、读者和学术群体共同建构知识和观点。劝说功能主要由互文动词和情态语来实现。作者运用劝说手段说服读者接受新观点、新理念、新知识，照顾了研究者的面子并显示出对学术群体成员的礼貌和尊重。在学术论文中面子的维护显得尤其重要，作者在文本中运用语言手段隐藏自己的观点，让读者在阅读中不知不觉接受，如在与他人研究成果互文的过程中，互文动词既评价别人的成果，也指出其研究成果的缺陷，从而说服读者接受自己的观点。运用互文动词介绍其他研究者的研究成果，是一个重要的修辞方法，它使作者能够清楚地表达互文，精确地区分对互文内容的态度，明确地显示对互文内容的接受与否，同时说服、联盟读者。

在观点展开过程中，作者运用对话与读者进行协商，寻求读者与学术群体的同事的支持，这是语篇的多声性。多声性是学术论文一个独特的人际特征，它通过文本的互文现象来表现。互文被认为是多声的一个重要例证。模糊限制语和情态模糊词是显示语篇多声的一种重要方式，马丁（Martin）和罗斯（Rose）指出，情态在语篇中可以用于介绍另一个声音，而模糊限制语在对语篇中的命题做出评价时，也在鼓励读者拥有自己的声音和观点。②

获得学术认同或者维护学术立场是学术语篇人际意义的最终目的，因此，对话性、互动性和多声性是学术论文语篇人际意义的重要特征。

---

① 转引自袁邦株、徐润英《社会科学论文中人际意义分析模式探索》，《外语教学》2010年第6期。

② 同上。

二 互文的人际功能①

语篇建构了社会文化的各种态度，读者一直在文化层面上与隐含在言语中的各种声音互动。语篇通过读者实现交际目的，同时也建构了社会现实。

互文形式：互文标记+互文本，互文标记有互文小句、词语、短语、引用标记等。互文小句：互文来源+互文动词。

互文的人际功能表现为"互文标记+互文本"的人际功能。具体如下：

（一）互文来源的人际功能

互文来源根据交际双方的识解可分为②：

1. I（或 We）类：交互方

I 类是指通过人称代词我、本人等作为互文来源，即将交际双方的作者方直接识解为互文来源。这类引文称为自引或自互文。I 类的人际意义是显性主观。

I 类来源的人际意义体现为两个方面：一是确立作者自己的立场、观点，确立作者的身份，向读者明示这是作者自己的观点、立场，并表明作者自己的身份。二是作者提出反对的观点或负面评价，作者借此表明所做出的评价是个人的观点，有待讨论、协商。这就为作者与读者的互动提供了空间。如：

（358）根据这种新认识，发展经营性文化产业要充分发挥市场配置资源的基础性作用，坚持以市场为导向，贯彻"创新体制，转换机制，面向市场，壮大实力"的方针，调动社会力量参与，在市场竞争中发展壮大。（参见童兵：《为传媒体制改革提供理论支持》，《新闻界》2006 年第 5 期）（林溪声、童兵：《"五四"新闻理念在新时期新闻改革中的承续》，《新闻大学》2009 年第 2 期）

（359）关怀同性恋者，还是只能借艾滋的议题来切入，可以预见同性恋平权运动的合法化（legitimization）是一个交织着被歧视、被污

---

① 部分内容来自黄小平《学术论文与参考文献的互文性研究——以新闻类学术论文为例》，《平顶山学院学报》2014 年第 1 期。

② 辛志英：《构建主体间性的投射小句系统——一项基于语料库和语篇类型的研究》，《中国外语》2011 年第 1 期。

名化（stigalization）、被艾滋化、抗击艾滋化的过程。（曹晋（2007b），"中国另类媒介的生产：以《朋友通信》为例"，香港：《传播与社会学刊》，总第 4 期，第 75—102 页）（曹晋、曹茂：《边陲城市的女同健康热线研究》，《新闻大学》2008 年第 3 期）

此例的作者采取自引，即语篇将作者的观点来源归结到语篇实体或研究实体，用非人称的方式，表达显性主观性客观化，体现论证的客观性，增强语篇对读者的劝说。

作者引用自己的观点来论证，是自引或自互文。I 类表示作者对论点的权威性和责任。立场标记语属于元话语范畴，是学术论文中的人际交流策略，作者借用标记语表达对研究的认知态度、对读者的情感态度以呈现给读者一个合适的专业形象。① 也就是说，作者突出自我的声音，愿意承担责任，强调自我观点的正确和深信不疑，这样有助于说服读者认可和接受，同时呈现作者在语篇中的专家形象身份。

2. 非交互方：非交互方的第三方

非交互方是指第三方，即第三人称代词：他（她）类，包括定指他人、不定指他人和不可言说的他人、学术群体等。互文来源识解为非交际文的第三方。这类引文称为他引或他互文。第三方来源的人际意义是隐性主观。命题第三方发出，看起来似乎是客观的，但从一定意义上，作者选择了某个命题，由第三方表示命题的状态，因而建构了作者的观点。如：

（360）个人的日常生活对城市来说有着重要的揭示意义，它是城市的本质内容。赫勒认为"日常生活"是那些"使社会再生产成为可能的个体再生产要素的集合"（［匈］阿格妮丝·赫勒著：《日常生活》，衣俊卿译，重庆出版社 1990 年版，第 3 页）。（王利丽、刘爽：《电视剧中的城市想象与记忆——以表现 20 世纪三四十年代上海的电视剧为视角》，《现代传播》2013 年第 2 期）

此例由第三方——赫勒表示互文来源。第三方声音的介入体现语篇的

---

① 吴格奇：《英汉研究论文结论部分作者立场标记语对比研究》，《西安外国语大学学报》2010 年第 4 期。

对话协商和劝说功能。从读者的角度，第三方不是作者方，使命题具有客观性，易于接受和协商。

作者在学术论文中引入第三方显示出作者对自我研究领域内研究人员以及研究成果的熟悉程度，有利于拓展个人研究空间。作者在学术论文中提及第三方以及他们的研究成果有助于与他们保持良好的关系，同时减弱话语强度，以示谦虚。这种用法能使作者显得客观、公正，因此它也是缓和威胁面子行为的礼貌策略之一，它能加强作者与同行研究人员之间的密切关系。①

作者在与他者的沟通和协商对话中将自己的观点和内容展出，引导读者一起参考讨论，避免给读者一个"科学霸权"的印象。

3. 无交互方：不出现交互方

无交互方是指由作品（文本）、研究、实验等，即第三人称代词的他类，作为互文来源。这类引文称为他引或他互文。无交互方的人际意义是显性客观。

学术语篇的范式和规约，要求学术语篇是客观的、科学的，与个人主观无关。由事实说话，使命题的表述趋于客观，从而增强命题的说服力，降低作者对命题责任的承担，使读者在这些事实的基础上，倾向于接受作者的观点。如：

（361）经典的产业组织理论认为，消费产品可以分为搜寻品、经验品和信任品（Tirole, J. (1988). The theory of industrial organization. Cambridge: MTF Press），分别对应购买之前就知道质量！购买之后知道质量，甚至购买之后也不知道质量的产品显性客观目的是使作者的命题不再是一种个人的观点，而成为一种固有的特征，增添其客观性，隐藏主观性，使读者难以提出质疑。（杨洪丰、王岳龙、张昕竹：《广告监管效应与影响因素实证研究》，《国际新闻界》2013年第6期）

此例的互文来源是"经典的产业组织理论"，属于无交互方类，是一

---

① 李萍：《人称代词"we"在科技论文中的语用功能》，《四川外语学院学报》2002年第4期。

种经典理论,具有客观性、权威性、普遍性,易于读者接受,达到了联盟读者的可能。

无交互方类没有给出互文来源作者,由研究、文本、实验等作为来源,这就给读者提供了更大的语篇空间。读者可以把互文来源理解为作者、读者中的个人或多人、学术群体所有成员,甚至是真理。这样,作者把读者引入语篇的建构和解读过程,与可能持反对意见的读者共同协商。

(二) 互文动词的人际功能

互文动词是传递相关信息的互文标记。互文动词是指在阐释观点、陈述事实时所使用的动词。在学术论文中,作者通过恰当的互文动词的选择能有效地将文本的论述和已有的研究成果相联系,使文本的论述更具有说服力。互文动词的恰当选择有助于学者清晰地表述所研究的主题,并表明互文内容能否得到读者的认可。① 也就是说,互文动词反映了作者、互文本作者、读者和学术群体之间的关系。互文动词有两个作用:一是互文本作者通过互文动词进入语篇,向读者阐明自己的科学论断;二是作者通过互文动词表述对互文本作者的观点、态度和评价,因此互文动词是语篇中最清晰的评价手段之一。②

互文动词分为三类:研究型、话语(语篇)型、认知型。

研究型动词是描述研究结果和过程的动词,它能表达作者对互文本作者研究结论的肯定、认可、否定和中立的态度,能表现出客观性、中立性和模糊性的人际意义。允许作者对互文本的论断和命题保持距离,不对其负责,模糊了作者与互文本的论断和命题关系。有叙实、反叙实和非叙实三类。

认知型动词是描述研究者实施认知行为的动词,包括作者的心理活动等,有积极、批评、迟疑和中立四类。

话语(语篇)型动词是描述作者和互文本作者之间关系的动词,表明作者对互文本内容的评价,有怀疑、确信和反对三类。

研究型动词具有说服、中立、互动和评价的人际功能,表现出作者对互文本的客观的、中性的态度,容易让读者接受。研究型动词通过对互文本进行综述,显示作者对文献的掌控能力和坚实研究基础。同时,还借助

---

① 转引自张军民《基于语料库的英语学术语篇转述动词研究》,《河南师范大学学报》(哲学社会科学版) 2012 年第 3 期。

② 转引自李小坤《学术语篇中的转述:不同声音的对话》,《华南师范大学学报》(社会科学版) 2011 年第 6 期。

于互文本作者表现出的权威性来支持学术论证。如:

(362) 陈文涛等人探讨了在以现有《广告法》为核心的法律制度下,建立广告经营者主动披露制度,行政机关分类审查制度针对植入式广告的隐蔽性进行监管,并厘清监管体系下广告主、广告经营者(发布者)、消费者的权利义务关系。(陈文涛、张梦珺、任嘉宁:《植入式广告及其监管机制》,《学术探索》2012 年第 3 期)(李军林:《近十年广告监管热点问题研究述评》,《当代传播》2013 年第 4 期)

互文动词:探讨,是研究型动词,是中性动词,作者陈述客观信息,以一种表面上的客观性来说服读者,这是一种有效的说服方式。同时,作者用一种隐含的方式表明自己的态度,体现了作者对人际意义的考量。

认知型动词对互文本采用大多数研究者接受的观点,表达自己的积极评价,容易让学术群体接受,同时又对前人或同代人宽泛的总结表达作者对命题的不确定性,让读者参与一起进行协商。如:

(363) Fairclough 认为,社会实践是社会生活成份中的一种构型,那些进入到社会实践的元素被称为社会实践的环节,话语与社会实践中其他环节进而构成了一种辩证实现关系,即话语在受到社会实践其他环节制约、影响的同时,也在影响、形塑着其他环节。(Fairclough, N. 2000. Discourse, social theory, and social research: The discourse of welfare reform. Journal of Sociolinguistics, 4 (2): 163–195.)(刘立华:《媒介话语研究的历时变迁》,《当代传播》2013 年第 1 期)

互文动词:认为,是认知型动词。认知型动词引入本领域大多数人接受的观点,表达作者对互文本内容积极的评价,表明作者对自己作为学术群体成员的认同的意愿,同时也表达作者对命题有效性的不确定态度,希望与读者就此话题进行讨论和协商。

话语(语篇)型动词有的对互文本采用尝试性态度,又尊重同行;有的对互文本采用肯定的积极的评价,对互文本内容是一种客观的、中性的方式,表现出作者采取一种不干涉的态度;有的表达作者对互文本的一种否定,暗示这些内容有待进一步论证。话语(语篇)型互文动词使表述更婉转,增强语篇的接受度。话语(语篇)型动词将命题的责任直接指向互文本作者或互文语篇,而作者对互文命题的态度是不明确的,这是一种用于比较和支持研究的有效方法。如:

(364)正如童兵教授所说:"一般说来,目前新闻媒体在政策宣传环节、部分政策的执行环节所起的作用比较显著,而在其他环节如政策问题的确定、政策方案的设计与辩论、政策本身价值的评价、政策终止等环节能够产生的实际影响还不太明显。"(童兵:《大众传媒和公共政策的关系——兼评〈新闻媒体与微观政治——传媒在公共政策中的作用〉》,《当代传播》2008年第6期)(卿志军、孔德明:《公众的媒介使用与政策认同的互动——以海南国际旅游岛建设为例的实证研究》,《当代传播》2013年第3期)

话语动词:说,表现了作者对互文本内容的肯定和积极的评价,劝说读者接受命题。

研究型动词、认知型动词和话语(语篇)型动词表达了作者或互文本作者的立场、观点或态度。研究型动词主要用来表明作者对互文信息的个人立场,如用事实、反事实、非事实动词表示确认、接受、反驳等;认知型动词表达互文本作者的立场、观点或态度,如用肯定、否定、中性的动词表示积极的、批判的、中立的姿态;话语(语篇)型动词用来表达各种态度,如肯定、怀疑、反对等,这些态度因语境可归因于作者或互文本作者。

(三)互文小句的人际功能

互文小句是引入互文本的小句。互文小句形式:互文来源+互文动词。在学术论文中互文小句一般引入命题,这样,互文小句标记信息来源,同时指出作者或他人对互文本的态度。互文小句把信息来源与评价态度融为一体,能更准确、鲜明地表达对命题的态度。① 如:

(365)孙春晨认为媒体在"道德导师"的传统自我定位与"信息

---

① 曾蕾、于晖:《"投射符号"的人际意义及其等级模式之构建》,《外语教学》2005年第6期。

平台"的现代价值取向之间存在着冲突。(孙春晨:《媒体伦理的探索与思考》,《哲学动态》2005 年第 11 期)(陈新平:《大众传媒的道德冲突与伦理选择》,《当代传播》2013 年第 1 期)

互文小句:孙春晨认为,互文小句标明互文来源——孙春晨,同时表达了对互文本的态度——互文动词:认为,"认为"是认知动词对互文本采用大多数研究者接受的观点,又表达自己的积极评价,容易让学术群体接受,同时又对他人做宽泛的总结表达作者对命题的不确定性,让读者参与一起进行协商。

互文小句表明作者是让互文本作者说话,命题由互文本作者承担,同时表明命题是作者支持的观点,作者借互文本作者的观点和权威来支持、佐证自己的观点。

(四)情态副词的人际功能

在情态中,作者对命题可能性的量值用多种等级来排列:不可能的、未必然的、可能、很可能和肯定等。主要对互文信息进行议论或评价,其归属意义进入半隐性状态。如:

(366)易中天就公开表示:"学者在电视上开文史讲座大受欢迎,说明广大群众对了解历史文化知识有着强烈的需求。我认为我的工作是在努力实现三个对接:传统与现代的对接、学者与大众的对接、学术与传媒的对接。"(蒋升阳、陈杰:《三问易中天——给大众怎样的学术》,《人民日报》2006 年 6 月 26 日第 11 版)(陈红梅:《场域协商与文化适应:关于学术场与电视场关系的现状调查——以湖北电视台及两所高校教师介入电视场的情况为例》,《当代传播》2013 年第 4 期)

情态副词:公开。

使用态度性情态副词,明显地转述他者的观点,表明作者对互文信息的评价是确定的,但缺少承诺,是承认分歧,为与读者对话提供更加宽松的环境。

(五)短语的人际功能

有些介词短语可以起到互文标记的作用,一方面确切地指明互文来源出处，另一方面又给作者提供了另一种表达互文信息态度的方式。如：

（367）正如邓津所认为的，"如果没有将文字与世界相匹配的正确方法，那就无法证明科学的有效性，而研究者将只能质疑方法论的作用以及评价的标准"。（诺曼·K·邓津、伊冯娜·S·林肯主编，风笑天等译：《定性研究：方法论基础》，重庆大学出版社 2007 年版，第 109 页）（李鹏：《表征与合法化的双重危机——电视新受众研究"民族志"方法论批判》，《当代传播》2013 年第 1 期）

介词短语：正如邓津所认为的。介词短语表达认知情态，对互文信息进行评价，表达作者肯定的态度，但又不承担责任，承认分歧，为与读者对话提供更加宽松的环境。

（六）互文形式的人际功能

互文形式：互文标记+互文本。互文的人际功能是指互文句的人际功能，即"互文标记+互文本"的人际功能。

根据学术论文中互文所带的标记，提供两种分类法。一种方法是把互文分为报道类和非报道类。报道类携带互文动词，非报道类不携带互文动词。另一种是分为融入和非融入或完整性和非完整性，融入式把参考文献作者作为句子结构的一部分，非融入式把参考文献作者放在括号或其他表明引用的符号里。① 互文有四种表达方式：

1. 报道/融入

报道/融入互文形式：互文本作者或人称+互文动词+互文本。如：

（368）恩特曼在论及新闻框架时认为，"框架主要牵涉了选择与凸显两个作用。框架一个事件的意思，是将对这件事所认知的某一部分挑选出来，在沟通文本中特别处理，以提供意义解释、归因推论、道德评估以及处理方式的建议。"（Entman (1993). Framing: Toward clarification of a fractured paradigm. Journal of Communication.）（赵士林、关琳子：《"PM2.5 事件"报道中的媒体建构》，《当代传播》2013 年

---

① 转引自何建敏、范海遐《论英语学术论文中引文的人际功能——评价系统的介入视角》，《惠州学院学报》（社会科学版）2008 年第 4 期。

第 1 期)

互文本：恩特曼在论及新闻框架时认为……互文来源：恩特曼，互文动词：认为。

互文形式：互文标记+互文本。互文标记是互文小句、参考文献标记、引号。

引入他者声音构建对话的学术语篇中，他者通常是学术群体里权威的专家学者，作者将互文本信息描述为可靠的、正确的、公认的。例中作者使用互文动词"认为"引入观点或理论，这是作者支持、赞同的，而其他差异立场被排除在对话中，可协商的空间被压缩了。同时，使研究获得了理论和事实支持，成为推进作者论述的强有力的支撑依据，增强了论证的说服力，也从一定程度上联盟了同行读者和大众读者。① 在评价系统中属于承认标记。

在学术论文中，作者引入他者的声音形成对话，作者对引入的观点保持表面上的中立。如：

（369）学者余秋雨在《何谓文化》一书中谈到，今天中国文化在理解上至少有以下五方面的偏差：第一，太注意文化的部门职能，而不重视它的全民性质；第二，太注意文化的外在方式，而不重视它的精神价值；第三，太注意文化的积累层面，而不重视它的引导作用；第四，太注意文化的作品组成，而不重视它的人格构成；第五，太注意文化的片断享用，而不重视它的集体沉淀。（余秋雨：《何谓文化》，长江文艺出版社 2012 年版）（祝翔：《巴东纤夫文化品牌的认知误区与健康传播》，《当代传播》2013 年第 3 期）

互文本：学者余秋雨在《何谓文化》一书中谈到……互文来源：学者余秋雨，互文动词：谈到。

互文形式：互文标记+互文本。互文标记是互文小句、参考文献标记。此例使用中性的话语动词，作者只是客观地引述了学者余秋雨的看

---

① 赵璐：《英语学术论文中投射的人际意义的功能探析》，《唐山师范学院学报》2010 年第 3 期。

法,似乎对互文本没有做任何评价。实际上,作者间接地赞同互文本作者的观点或命题,表示了某种程度上对引述观点的接受,同时,作者对引用文献所负的责任减少了,减轻了不同观点之间的冲突,照顾了互文本作者的面子,构建了互文本信息的可协商性,为不同的立场打开了对话的空间。在评价系统中属于承认标记。又如:

(370) 一般认为,1960年总统大选期间,肯尼迪和尼克松分别雇用哈里斯和罗宾逊进行民意调查,提供选情,是民意测验开始系统性为总统候选人效命的重要年代。(王石番:《民意理论与实务》,台北,黎明文化事业股份有限公司,1995年,第31页) 但是,文献研究表明,"埃米尔·胡尔亚才是把正在成型中的民意测验科学应用到选举运动和政府治理中的第一人,仅仅最近才有一些政治作家承认了胡尔亚对罗斯福总统的重要性。"(张健、佘贻明:《埃米尔·胡尔亚美国政党民调的先驱》,《国际新闻界》2011年第2期)

互文本:一般认为……互文来源:一般(人),互文动词:认为。
互文形式:互文标记+互文本。互文标记是互文小句、参考文献标记。作者引入互文本声音,表示不赞同的态度,将其观点认为是错误的。作者与互文本观点保持了一定距离,扩展了不同立场的对话空间。这是一种很冒险的行为,因为表现出与互文本观点的不赞同,在某种程度上会影响联盟的互文本作者和潜在读者的关系。但又是作者树立学术形象、建立权威的最为直接的方式。在评价系统中这是属于反驳标记。

2. 报道/非融入
报道/非融入互文形式:非人称+互文动词+互文本。如:

(371) 媒介进化理论认为,"演化过程中的媒介选择,越来越支持'前技术'的人类传播模式,形式上和功能上都是如此。"([美]保罗·莱文森,何道宽译《数字麦克卢汉:信息化新纪元指南》,社会科学文献出版社2001年版,第56页)(陈功:《保罗·莱文森的媒介进化理论对媒介环境学的超越》,《当代传播》2013年第2期)

互文本:媒介进化理论认为……非人称来源:媒介进化理论,互文动词：认为。

互文形式：互文标记+互文本。互文标记是互文小句、参考文献标记、引号。

在对命题的认同中，作者所面临的潜在挑战以及所付出的人际代价会大大地提高，为了减少可能的挑战，体现论证的客观性，增强语篇的说服力，作者会采取非人称互文方式将作者的显性主观性客观化。也就是说，主观性客观化是将作者的观点来源归结为语篇实体或研究实体，同时和表示客观意义的或认知性意义的互文动词搭配。在评价系统中属于认同标记。

3. 非报道/融入

非报道/融入互文形式：互文作者或人称+互文本。如：

（372）美国文化人类学家 C. 古尔兹的（文化）定义是："人类为了传达关于生活的知识和态度，使之得到传承和发展而使用的以符号形式表现继承性的观念体系。"（彭兆荣：《旅游人类学》，民族出版社 2004 年版，第 53 页）（祝翔：《巴东纤夫文化品牌的认知误区与健康传播》，《当代传播》2013 年第 3 期）

互文本：美国文化人类学家 C. 古尔兹的（文化）定义是……互文来源：美国文化人类学家 C. 古尔兹。没有互文动词。

互文形式：互文标记+互文本。互文标记是互文小句、参考文献标记、引号。

在非报道中，作者客观地引用别人的观点，命题表现为隐性客观。减少主观性，突出客观性，有利于取得与读者的一致，从而得到读者的认同。在评价系统中属于承认标记。

4. 非报道/非融入

非报道/非融入互文形式：非人称+互文本。如：

（373）公共信息是指"政府为了维护公共利益和社会公平而向公众提供的不危害国家安全、不涉及个人隐私的信息资源"。（孙越：《基于公共信息普遍获取的信息公平研究》，黑龙江大学 2010 年优秀硕士论文）（赵士林、关琳子：《"PM2.5 事件"报道中的媒体建构》，《当代传播》2013 年第 1 期）

互文本：公共信息是指……非人称来源："公共信息"，是概念，没有互文动词。

互文形式：互文标记+互文本。互文标记是互文小句、参考文献标记、引号。

此例中作者只是客观地引用他人的观点，将互文本信息描述为可靠的、正确的、公认的。这是一种观点或理论，具有客观性、权威性，普遍性，易于读者接受，达到了联盟读者的可能。以此建立本研究与以往研究之间的联系，为本研究创造一个坚实的理论和事实基础。在评价系统中属于认同标记。又如：

（374）现今学术界公认的文化适应定义，是 1936 年雷德菲尔德、林顿和赫斯科维茨提出的，主要描述两个族群或者群体之间由于有着跨文化传播的现实，导致两种文化的相互接触，此时可能的情况就是为了实现跨文化传播而产生的文化改变等。（Cabassa L. J. Measuring acculturation: where we are and where we need to go. Hispanic Journal of Behavioral Sciences，2003，25（2）：127-146.）（陈红梅：《场域协商与文化适应：关于学术场与电视场关系的现状调查——以湖北电视台及两所高校教师介入电视场的情况为例》，《当代传播》2013 年第 4 期）

互文本：现今学术界公认的文化适应定义……非人称来源：文化适应，没有互文动词。

互文形式：互文标记+互文本。互文标记是互文小句、参考文献标记。

此例为了增强互文本信息的正确性、客观性、逻辑性和不可协商性，互文本声音可能来源于学者们的研究及其结论等研究实体，或者使用名词化形式（如此例）使互文信息被构建成"已成事实"，使论据更充分，关闭了对话空间，达到了联盟读者的作用。研究实体、名词化等形式减少作者的人际代价，并使作者的论点呈现为客观事实，使读者更易接受。在评价系统中属于认同标记。又如：

（375）从 20 世纪舆论研究的历史来看，媒体对社会舆论的影响经历了三个阶段的变化和相应的三种认知模式，即直接效果模式（direct effects models）、有限效果模式（limited effects models）和渐进效果模式（cumulative effects models）。（Littlejohn, S. W., & Foss, K. A., Encyclopedia of Communication theory, Sage Publications, Inc. 2009, pp. 632-633.）（吴玉辉、谢新洲：《互联网等新媒体对社会舆论的影响》，《当代传播》2013年第3期）

互文本：从20世纪舆论研究的历史来看，媒体对社会舆论的影响经历了三个阶段的变化和相应的三种认知模式……非人称来源：20世纪舆论研究的历史，没有互文动词。

互文形式：互文标记+互文本。互文标记是互文小句、参考文献标记。

作者将互文信息表现为学术群体里的"已知"事实或知识，表明这是作者的立场，是群体所有人的立场，是群体大家的共同期待，从而增强了学术群体成员之间的一致感，与读者达成了共识并结成联盟，但压缩了话语的可协商性。在评价系统中属于认同标记。

（七）通过互文建立作者的观点

在学术论文中，作者观点的建立可以通过互文来建立，也就是说，在互文的基础上建立的。具体如下：

1. 通过自互文建立

在学术论文中，作者通过自互文建立观点。如：

（376）关怀同性恋者，还是只能借艾滋的议题来切入，可以预见同性恋平权运动的合法化（legitimization）是一个交织着被歧视、被污名化（stigalization）、被艾滋化、抗击艾滋化的过程。（曹晋（2007b），"中国另类媒介的生产：以《朋友通信》为例"，香港：《传播与社会学刊》，总第4期，第75—102页。）（曹晋、曹茂：《边陲城市的女同健康热线研究》，《新闻大学》2008年第3期）

互文本：关怀同性恋者，还是只能借艾滋的议题来切入，可以预见同性恋平权运动的合法化（legitimization）是一个交织着被歧视、被污名化（stigalization）、被艾滋化、抗击艾滋化的过程。

此例的作者采取自引或自互文，作者将自己其他文本的观点作为当前语篇的观点，采用非人称的方式，表达显性主观性客观化，体现论证的客观性，增强语篇对读者的劝说。

2. 通过他互文建立

作者通过他互文建立自己的观点,他互文通常是学术群体里权威的专家学者的观点。如:

(377) 恩特曼在论及新闻框架时认为,"框架主要牵涉了选择与凸显两个作用。框架一个事件的意思,是将对这件事所认知的某一部分挑选出来,在沟通文本中特别处理,以提供意义解释、归因推论、道德评估以及处理方式的建议。"(Entman(1993). Framing: Toward clarification of a fractured paradigm. Journal of Communication.)(赵士林、关琳子:《"PM2.5事件"报道中的媒体建构》,《当代传播》2013年第1期)

互文本:恩特曼在论及新闻框架时认为……

这是作者支持、赞同的观点,并作为自己的理论、观点和事实基础,成为推进作者论述的强有力的支撑依据,增强了论证的说服力,也从一定程度上联盟了同行读者和大众读者。

3. 通过对互文的评价建立

作者通过对互文的评价来建立自己的观点。

(378) 一般认为,1960年总统大选期间,肯尼迪和尼克松分别雇用哈里斯和罗宾逊进行民意调查,提供选情,是民意测验开始系统性为总统候选人效命的重要年代。(王石番:《民意理论与实务》,台北,黎明文化事业股份有限公司,1995年,第31页)但是,文献研究表明,"埃米尔·胡尔亚才是把正在成型中的民意测验科学应用到选举运动和政府治理中的第一人,仅仅最近才有一些政治作家承认了胡尔亚对罗斯福总统的重要性。"(张健、佘贻明:《埃米尔·胡尔亚美国政党民调的先驱》,《国际新闻界》2011年第2期)

互文本:一般认为……互文本的观点是作者否认的,并进行纠错而建立自己的观点,建立自我学术形象和立场,这种否认的表述,使作者与读者间的凝聚力得到增强。但也是冒险的行为,有可能影响作者与读者联盟的关系。又如:

（379）列斐伏尔则创造性地发现了空间的生产性内涵，"空间被列为生产力与生产资料、列为生产的社会关系，以及特别是其再生产的一部分。"（包亚明：《现代性与空间的生产》，上海教育出版社2003年版，第52页。）正如爱德华·索亚所说："空间在其本身也许是原始赐予的，但空间的组织和意义却是社会变化、社会转型和社会经验的产物。"可见，列斐伏尔将空间视为一种生产话语进行考察，空间的意义并不是其自然性，而是其深层涂抹不掉的经济性与社会性，因而指出了空间在整个商品生产中的决定性意义。（爱德华·苏贾著，王文斌译：《后现代地理学》，商务印书馆，2004年版，第121页）（刘涛：《社会化媒体与空间的社会化生产——列斐伏尔"空间生产理论"的当代阐释》，《当代传播》2013年第3期）

互文本：列斐伏尔的空间的生产性内涵和爱德华·索亚的解释。

文本：可见，列斐伏尔将空间视为一种生产话语进行考察，空间的意义并不是其自然性，而是其深层涂抹不掉的经济性与社会性，因而指出了空间在整个商品生产中的决定性意义。

作者通过对互文本的进一步阐述发展出自己的观点。这种阐述是一种承认的评价方式，即作者借互文本作者的观点作为自己认可的观点，以说服读者接受。引入互文本进行对话，与读者互相讨论、协商，用一种隐性主观来呈现客观，使读者认可其客观性。

第四节　互文本的语篇功能

语篇功能是指语篇单位组成语篇的功能，也就是说，作者根据一定的意图把语篇单位组织起来形成意义的交际单位——语篇的功能。

学术论文语篇是一个意义连贯的整体，韩礼德和哈桑认为，语篇的连贯性体现在两个方面，一方面，语篇与它的情景语境是连贯的，也就是语域的一致性；另一方面，语篇自身是连贯的，即是衔接的。二者缺一都不是充分的，一方也不能包括另一方。也就是说，语篇连贯分为语内连贯和篇外连贯。语内连贯是语篇内意义的衔接性；篇外连贯是语篇与情景语境的一致性,即语域的一致性。①

互文本进入文本中与文本产生互动,融入到文本中。互文本与文本形成不同的互动类型,互文本融入到文本中又产生新的质变,因为互文本脱离了原语境,进入到新的语境中,注入了新的因素,从而发生质变。互文本是文本的构成成分,只有篇内连贯。互文本在文本中的语篇功能具体如下:

一 互文本概念意义的连贯

哈桑认为,概念意义衔接关系归纳为同指、同类和同延。②

(一)同指关系

同指关系是指文本与互文本两者对所指情景的确认关系,如指代等,是语义的加强。如:

> (380)当一个国家的经济发展达到一定程度之后,这个国家的国家形象、软实力便会受到越来越高的关注。党的十八大报告特别提出"建设社会主义文化强国","扎实推进公共外交和人文交流","构建和发展现代传播体系,提高传播能力",使"文化软实力显著增强"。(胡锦涛:《坚定不移沿着中国特色社会主义道路前进 为全面建成小康社会而奋斗——在中国共产党第十八次全国代表大会上的报告》,人民出版社2012年11月版,第17页、第33页、第48页)这是"公共外交"一词首次出现在党的代表大会报告中,显示了我国在今后一段时期内通过公共外交提升国家软实力的决心。(赵新利:《势能视野下的软实力与公共外交模式》,《当代传播》2013年第2期)

互文本中的概念"公共外交"在后面的文本中出现,概念保持一致,这是同指。

(二)同类关系

同类关系是指文本和互文本同属于一类的关系,如替代、省略等,是

---

① 转引自杨才英《论语篇人际意义的连贯》,《中国海洋大学学报》(社会科学版)2005年第2期。

② 同上。

语义的并列和重复。如：

（381）媒介的变革无可避免地引发了文本和叙事的革命，媒介、文本、叙事等三者的关系更加紧密和复杂。网络媒介有着区别于传统媒介的鲜明特征，这种媒介特性深刻地影响到了新闻叙事的方方面面，甚至对传统叙事学观念进行了重构。黄鸣奋指出："媒体不仅是叙事的手段，而且决定叙事的方式，左右叙事的观念。正因为如此，媒体变革不能不对叙事理论产生巨大影响。反过来，叙事理论引导人们对媒体功能的认识，提供解读媒体信息的参照系。"（黄鸣奋：《当代西方数码叙事学的发展》，《文艺理论研究》2011 年第 5 期）（华进：《数码语境下新闻叙事的转型》，《当代传播》2013 年第 2 期）

互文本："黄鸣奋指出"，是对文本的进一步解释说明，文本与互文本是同类关系。

（三）同延关系

同延关系是指文本和互文本同属于一种语义场，如词汇衔接的同义和反义等，是语义的关联。如：

（382）巴特在《文之悦》中谈到："文的舞台上，没有脚灯；文之后，无主动者（作者），文之前，无被动者（读者）；无主体和客体。"（［法］罗兰·巴特著，屠友祥译：《文之悦》，上海人民出版社 2002 年版，第 25—26 页）所谓的无作者、无读者，并不是将其统统赶出文本之外，而是将其融为一体。（华进：《数码语境下新闻叙事的转型》，《当代传播》2013 年第 2 期）

互文本：巴特在《文之悦》中谈到……文本："无作者、无读者"，是对互文本的解释，文本与互文本是同义，两者是同延关系。

二 互文本人际意义的连贯

人际意义由词汇语法层的语气、态度词、主语/时态、情态/极性/语态和语音层的语调体现的。语篇内的人际衔接由语义关联（同延）、语义加强（同指）和语义重复（同类）来完成。同类关系通常由并列和重复来实现,同指由链接方式实现,而同延则分别由表示同义/反义关系的离散和相邻对这样的概念连接形式实现。①

互文本的人际意义的衔接常常有三种。

(一) 语气衔接

学术论文语气类型衔接主要由语气排比来实现,语气成分衔接主要由主语链来体现,即文本与互文本之间的语气是一致的、连贯的。如:

> (383)"在西方,调查性报道长时间被等同于揭丑报道,杰克·海敦认为,'调查性报道就是暴露报道,它暴露政府和公共机构中的腐败行为和丑事'。"(高钢:《新闻采写精要》,首都经济贸易大学出版社2005年版,第322页。)也就是说,在西方语境中,调查性报道自问世就是被用来对丑行、丑事进行揭露的,且丑行、丑事的主体是政府和公共机构。美国学者大卫·安德森和皮特·本杰明,在1975年出版的《调查性报道》一书中认为,调查性报道是"报道那些被掩盖的信息……它是一种对国家官员行为的调查,调查的对象包括腐化的政治家、政治组织、公司企业、慈善机构和外交机构以及经济领域中的欺骗活动"。(David Anderson and Peter Benjaminson, Investigative Reporting, Indiana University Press, 1975, p. 5)他们的见解与杰克·海敦的见解基本相同,不仅作为报道对象的丑行劣迹和欺骗活动的主体有相同处,而且报道"被掩盖的信息"和"暴露报道"也颇为一致。(丁柏铨:《调查性报道的若干理性思考》,《当代传播》2013年第4期)

此例由"互文本+文本+互文本+文本"组成,包含四个连续的陈述句语气,它们形成排比式语气,其功能是通过解释说明来提供信息,是典型的学术语篇的文体特点。连续多个主句的主语形成的主语链突出地表明了该语篇的叙述对象,也就是主语链的作用主要是表明叙述对象,对命题的有效性负责的成分。这是同指关系。

(二) 情态衔接

情态介于肯定和否定两极之间,对语篇的人际意义具有重要作用。情态衔接包括情态重复和对比两种。情态重复是指某一情态的重复出现,形

---

① 杨才英:《论语篇人际意义的连贯》,《中国海洋大学学报》(社会科学版) 2005年第2期。

成情态连贯；情态对比是指两种或两种以上的情态形成相反、相对，从而加强其中的某一情态，形成情态连贯。如：

（384）K 壳分解确实是一个行之有效的方法，分析结构是比较复杂的大型网络图，具有工具的便捷性和有力的解释性。著名的《自然》杂志上发表的一篇重要论文指出："与普遍常识有所不同的是，在某些合理的情况下，最佳的传播者并不一定对应于与其他人联系最密切的人，或者说最中心的人（高中介中心性）。"（原文表述为："Here show that, in contrast to common belief, there are plausible circumstances where the best spreaders do not correspond to the best connected the most central people high betweenness centrality."）我们认为这一方法对本研究有所启示，或者有必要同时运用多种测算方法进行综合分析。（廖卫民、何明：《乌坎事件传播行动者的社会网络分析》，《当代传播》2013 年第 3 期）

此例运用文本中的"确实"、互文本的显性客观"《自然》杂志的观点"、文本的"我们的观点"，这是情态的重复。

情态用以支持、生成作者和读者之间的交流性、商讨性和联系性，使话语具有柔性，使谈话进行下去。在学术语篇中，情态衔接是作者运用语篇效果尽力创造一种读者参与的"商讨"的话语环境。

（三）态度词衔接

态度词是指表现某种情感、态度的词汇，如呼语、称呼语、评论词以及其他表示态度情感的词等。①

态度词衔接是指几个词义相同、相近或相反的态度词连接在一起，表现作者的态度、情感、观点等的平稳程度、变化倾向和起伏转折。如：

（385）在西方传播学界看来，"新闻界必须是对政府的一个制约，是政府的一个批评者，或者是监察政府的看门狗，这种想法促成了过分活跃和好争斗的新闻业，它滋养了一个观念——即政府必须是邪恶的，政府的邪恶是其本质所固有的，因而必须被监控。"（埃弗利特·

---

① 杨才英：《论英语语篇中的人际意义衔接》，《西安外国语学院学报》2006 年第 3 期。

E. 丹尼斯、约翰·C. 梅里尔著,王纬等译:《媒介论争——19个重大问题的正反方辩论》,北京广播学院出版社 2004 年版,第 19 页)他们对中国的官方信息始终持怀疑态度,《纽约时报》对内蒙古的报道中更多地采访普通人民、"持不同政见者"以及任何能反映内蒙古变化的人。而这些报道也都侧重于耸人听闻的新闻事件或能够引起读者兴趣的冲突性事件等。尤其在涉及民族问题和人权问题上,报道的措辞往往苛刻而尖锐,带有强烈的主观色彩和片面性。对内蒙古经济社会发展的关注不是选取探究何以成功的视角,而是以一种质疑的口吻,选取问题视角去反映发展带来的任何不良影响。(刘国慧:《西方媒介镜像下的内蒙古形象——以〈纽约时报〉为例》,《当代传播》2013 年第 1 期)

此例的态度词:互文本的"看门狗"、"邪恶的",文本的"怀疑态度"、"苛刻而尖锐"、"强烈的主观色彩和片面性"、"质疑的",这些构成一个态度的衔接系统,是态度的重复。在语篇中,态度词呈现为非离散性(连续的)的点状分布,通过相同、相近或相反词的感情色彩的重复或对比而加强,形成某一种态度旋律一致,这就是态度衔接,它使人际意义呈现韵律性的特征。

互文本人际意义的衔接表现为人际意义的语言要素间的相互关联和相互加强。人际意义呈现为分布的韵律性或非离散性的特点,即人际意义衔接的韵律性,具体表现为意义之间通过相互支持而加强、通过对比而更加清晰,这种相互支持、相互排斥就是衔接。总之,人际意义的分布像音乐韵律一样,主旋律、次旋律之间的和谐化,这种和谐化表现为语篇人际意义的衔接性和整体性特征。

语篇是一个整体,体现为概念功能、人际功能和语篇功能的统一体。哈利迪(Halliday)认为,语言功能首先分为体现外部现实功能和使成功能;体现外部现实功能又分为体现客观现实的概念功能和体现主观现实的人际功能,使成功能也就是谋篇功能。也就是说,谋篇功能是将概念功能和人际功能纳入语言系统,按照语言自身的规律将之组织成连贯的语篇。概念功能和人际功能指向外在世界,谋篇功能指向内在符号系统,外在功能的实现必须借助内在符号所组成的语篇。① 语篇是交际的基本单位,体现为概念功能、人际功能和语篇功能的整体性。

互文本是源文本的变异、转换,即互文本脱离源文本后,在新的语境中发生变异,增加了新质。互文本在不同的作者、读者中会不断地发生变异,产生新质,从而使源文本,使文化不断地创新、发展。

第五节　互文本形式的函数变量分析

一　函数关系公式

函数关系是数学的基本概念之一,反映现象之间客观存在着的联系,其公式为 $y=f(x)$,其中 y 和 x 是两个数或两种现象,f 为规则。这两个数可以形成一定的联系:假如 x 这个数具有不同的值,而 y 这个数按照一定规则随之改变自己的值,那么这两个数就处于函数关系中,y 是 x 的函数。也就是说,一个数为因变数,另一个数为自变数。通过函数关系的形式,可以表明各种现象之间的联系,包括一些不重要的、外部的,甚至随意的联系。函数关系表明两个或两个以上变量之间相互对应和相互依赖的关系。②

二　互文关系是函数关系

互文关系是函数关系,是一种对应的关系、映射关系。③

互文关系公式:$y=f(x)$,其中 f 为交际动因,x 为互文本,是自变量,是被 f 决定的、兼容其他文本的文本集合;y 是当下文本,是因变量,是随互文本结构需求变化而变化的文本集合。y 随 x 变化而变化,y 是函数。两者互动就产生文本。

因此,文本定义为:"当文本自变量 x 随交际动因 f 的变化而变化,因变量 y 随自变量 x 的变化而变化时,互文函数关系产生,处在这种变量关

---

① 转引自杨才英《论语篇人际意义的连贯》,《中国海洋大学学报》(社会科学版) 2005 年第 2 期。
② 褚可邑:《因果关系与函数关系的联系和区别》,《现代哲学》1986 年第 4 期。
③ 祝克懿:《互文:语篇研究的新论域》,《当代修辞学》2010 年第 5 期。

系中的文本被称为文本。"[1]

文本的产生受两个因素影响：一是 f(x)，即当前文本 x 的文本模式由交际动因 f 直接决定，如 x 为某种文体（学术论文、诗歌、散文、小说等），x 为何种语体（口语、书面语、新闻语体等），x 为何种风格（平实、典雅、简洁、繁丰等）。二是 y=f(x)，即 y 在 x 直接决定和 f 间接决定下，以某种变量（何种语体、文体、风格等的文本单位）进入到当前文本中，成为其有机组成部分。

三　函数关系下的互文本形式

互文本进入到当前语篇可以形成大致三种互文本形式[2]：一一对应形式、多对一或一对多形式和复杂形式。具体如下：

（一）一一对应形式

一一对应形式是指在某种交际动因 f 作用下，x 集合中的个体 A、B、C……表示为 x（A、B、C……）因与 y 集合中的个体 a、b、c……表示为 y（a、b、c……）有互文关系时，映射关系形成，文本 A、B、C……与文本 a、b、c……以唯一关系对应为互文本。互文本表现为直接互文。如：

(386) 郭庆光认为，"大众传媒报道的对象事物具有多种属性，正面、负面或中性。传媒对某些特定属性进行凸显和淡化处理，使对象事物的'主导属性'传达给受众，也会影响到受众对事物性质的认识、判断和态度，麦库姆斯把这种影响机制叫做'属性议程设置'"。（郭庆光：《传播学教程》，中国人民大学出版社 1999 年版）这是议程设置的第二个层面，即"属性显要性转移"。（高卫华、周乾宪：《中国环境议题建构及议程互动关系分析——以"PM2.5"议题为例》，《当代传播》2014 年第 1 期）

互文本：郭庆光认为……互文本是直接互文，是唯一对应形式。互文本以不变的源文本部分进入到当前文本。

---

[1] 祝克懿：《互文：语篇研究的新论域》，《当代修辞学》2010 年第 5 期。
[2] 同上。

(二)多对一或一对多形式

多对一或一对多形式是指在某种交际动因 f 作用下，x 集合中的个体 A、B、C……表示为 x（A、B、C……）因与 y 集合中的个体 a、b、c……表示为 y（a、b、c……）有互文关系时，映射关系形成，文本 A、B、C……与文本 a、b、c……以多值关系对应为互文本。互文本表现为间接互文、转述、隐喻、戏拟等。如：

（387）美国学者哈尔·哈特（Hal Hart），在《打造成功的新闻发言人：掌握媒介采访和成功演讲展示之道》一书中强调，评价新闻发言人和新闻发言制度必须建立在对新闻发言人的工作实践以及新闻发布会的经典案例充分掌握的基础上，离开这些，去评价或去打造成功的新闻发言人都是不切实际的，甚至是毫无根据的。（（美）哈尔·哈特《打造成功的新闻发言人：掌握媒介采访和成功演讲展示之道》，北京大学出版社 2007 年版，第 32 页）政府新闻发言人制度评价指标体系的建构，主要立足和参照中外两方面的代表性案例与实践经验。（罗以澄、陈刚：《基于层次分析的政府新闻发言人制度评价指标体系研究》，《现代传播》2014 年第 2 期）

互文本：美国学者哈尔·哈特（Hal Hart），在《打造成功的新闻发言人：掌握媒介采访和成功演讲展示之道》一书中强调……互文本是间接互文，是多值形式。互文本以变化的源文本部分进入到当前文本。这种变化可能有多种形式。

(三)复杂形式

复杂形式指在某种交际动因 f 作用下，x 集合中的个体 A、B、C……表示为 x（A、B、C……）因与 y 集合中的个体 a、b、c……表示为 y（a、b、c……）有互文关系时，映射关系形成，文本 A、B、C……与文本 a、b、c……以复杂值关系对应为互文本。互文本表现为参考文献、图书馆、文本世界或储存在大脑中的知识、文化背景等。[①] 如：

（388）"互文"（intertextnatity）这一术语首先由法国符号学家朱

[①] 祝克懿：《互文：语篇研究的新论域》，《当代修辞学》2010 年第 5 期。

丽亚·克里斯蒂娃（Julia Kristeva）在其《符号学》一书中提出，她认为"互文是一篇文本中交叉出现的其他文本的表述"（1969：115），是"已有和现有表述的易位"（1969：133）。（毛浩然、徐赳赳：《单一媒体与多元媒体话语互文分析——以"邓玉娇事件"新闻标题为例》，《当代修辞学》2010年第5期）

互文本：互文。互文本映射到参考文献（娄开阳、徐赳赳2009新闻语体中连续报道的互文分析［J］.《当代修辞学》第3期. 徐赳赳、张丽娟2010文章缩写的互文分析［J］.《语言科学》第2期. Tiphaine Samoyault 2003 互文性研究［M］. 邵炜译，天津：天津人民出版社.）再映射到知网空间的与"互文性"相关的图书馆集合。

四 互文本生成文本（语篇）的函数关系

函数关系能反映文本与互文本之间存在着的联系，其公式为 $y=f(x)$，其中 f 代表作者的认知意向[①]，x 为互文本，是被 f 决定的进入文本的集合，是自变量，x 的变化表现为一个取值的过程，取值过程表征了作者对互文本的自主选择。y 是当下文本，是因变量，是随作者认知变化而变化的文本集合。

意向包括意向内容和意向态度。意向内容包括主题、思想、文体、语体、风格等。意向态度是作者的评价。

文本产生过程就是 x 进入 f 的认知域形成一个认知网络，即 x 在 f 的作用下的取值，再根据意向和语境完成对该互文本的认知并进行评价。这一完整认知过程的结果便形成了对互文本的认识成果——作为对互文本的认知体系，即因变量 y。y 随 x 和 f 的变化取值，y 意味着所有认知过程及其

---

① 意向包括意向内容和意向态度。意向内容是指意识活动以什么为其内容和这样的内容如何归结为一定的语言表征方式。意向态度可细分为三个次范畴：（1）体现为一种心理状态，如相信、知道、怀疑、害怕、希望、热爱、憎恨等等的心理状态，常常还可以用一个表示相关的心理状态的谓词明显地表征出来，后面跟一个命题作为其宾语。这时的心理状态会随谓词的不同而可能有微妙的不同。（2）体现为对对象做出的心理估量，例如认为对象显［显要，与之相对的为"次要"］于、前于、显［显现，与之相对的为"隐现"］于、先于……另一（些）物。（3）体现为观照某物的某种心理取向，如对对象以常态的（中性的）、形象的、委婉的、谐趣的、夸张的、亲切的、责备的、美/丑化的等心理取向加以观察和叙述。（参见徐盛桓《意向性的认识论意义——从语言运用的视角看》，《外语教学与研究》2013年第2期）

成果的总和。如：

(389) 城市形象是一个城市最有力、最精彩的高度概括，也是人们了解一个城市最直接的通道。"形象对当代人的包围是双重的：一方面是物化形象对他进行的现实存在的包围，另一方面是形象作为情感符号对他进行内在情感的包围。"（注释 1：肖鹰：《形象与生存——审美时代的文化理论》，作家出版社，1996 年第一版，185 页。）城市形象是城市的无形资产，是城市软实力的一个重要组成部分。

以往有关"城市形象"的研究主要从"形象建构"的角度出发，从设计理念、宣传策略、城市建设、城市品牌及标志等角度探讨塑造良好城市形象的路径。（注释 2：王启凤、王志章：《国外著名城市形象推广的做法与启示》，联合早报网，2009 年 8 月 28 日。）但是，城市形象最终的体现还在于受众的评价。研究上海的城市形象，一个很好的路径是调查作为文化的"他者"的外国留学生的上海印象，并探究印象背后的主要影响因素。

Foot 指出，城市形象是人们对城市的主观印象，它是通过大众传媒、个人经历、人际传播、记忆以及环境等因素的共同作用而形成。（注释 3：Foot, J. M.：《From boomtown to bribesville: The images of the city Milan, 1980-97》，Urban History (1999)，26：393-412，Cambridge University Press。）这一定义突出了传播要素在城市形象形成过程中的作用，是一个带传播学色彩的城市形象概念。本文试图从场所印象、上海人印象、城市印象三个角度来测量外国留学生脑海中的上海形象，在此基础之上从个人经历、人际传播及大众传播等角度探讨这些印象形成的原因。文章的研究数据来源于 2009 年 10 月至 12 月对上海 8 所高校外国留学生进行的问卷调查，后期的数据统一用 SPSS19.0 处理。（赵士林：《外国留学生的上海形象的影响因素研究》，《新闻大学》2012 年第 1 期）

x（包括注释 1、2 和 3）发生变化，y 也随之变化，就是说，自变量集合 x 中的不同个体引起因变量集合 y 中的不同个体的变化，用公式表示为：

$$y\ (a_1、b_1、c_1\cdots\cdots) = fx\ (a、b、c\cdots\cdots)$$

当前文本的出现是以历时或共时的他文本的存在为依据和条件，也就是说，文本不能单独存在，必须与他文本"共在"，"共在"成为自我与他者同时显现的存在方式。"一切时空中异时异处的本文相互之间都有联系，它们彼此组成一个语言的网络。一个新的本文就是语言进行再分配的场所，它是用过去语言所完成的'新织体'。"①

互文关系是语篇理论的一个核心概念，从本体上，互文关系是文本与文本之间的关系，形成相互依存、彼此对释、意义共生的条件或环境；从话语理解上，互文关系是主体的对话关系，是交际双方的协商、讨论，从而达到交际的理解、接受；从认识论上，互文关系是人们以关系的方式把握知识、经验的认知方式的存在形式和传播媒介；从方法论上，互文关系作为人们认知经验世界的一种方式方法，是对知识、经验的认识和传播的具体反思后形成的一种思维方法，是一种视角、一种图式、一种模式、一种框架。

互文是文本、意义、历史、社会、世界、存在之间的联系方式。

本章小结

作为互文本的注释、参考文献在作者的写作意图下已经作为学术论文的内容参与到语篇的构建，成为语篇本体的部分。互文本的语篇建构功能体现为互文本的概念功能、人际功能和语篇功能。互文本进入文本中与文本产生互动，融入到文本中。互文本的概念内容在前面的章节已讲，这里不再重复。互文本与文本形成不同的互动类型，有逻辑意义关系和逻辑—语义功能关系。逻辑意义关系有并列、连贯、递进、总分、解证、因果、转折、假设、让步关系等。逻辑—语义功能关系有两种：一是并列和主从关系；二是扩展、投射和事实关系。文内（参考文献）逻辑意义关系有并列、连贯、递进、总分、解证、因果、转折、假设、让步关系等；文外（注释）逻辑意义关系有并列关系、连贯关系、解证关系等。互文本的人际功能通过互文来源、互文动词、互文小句、互文形式体现出来。互文本的语篇功能体现为互文本概念意义的连贯和人际意义的连贯。本章通过函数关系分析了互文本形式的函数变量，互文本生成语篇的函数关系。

---

① ［比］布洛克曼：《结构主义》，李幼蒸译，商务印书馆1987年版，第162页。

第九章

注释、参考文献与学术语篇互涉的修辞功能

语篇是交际的基本单位，互文性是语篇的基本特征之一。学术语篇行为是言语行为，任何言语行为是修辞行为，因此，互文行为是修辞行为，互文行为的修辞参数主要是说者、听者、说什么、如何说、效果如何。修辞结构理论将运用功能关系来说明不同的表达效果，具体包括作者的交际意图、交际对象——读者、效果等。

注释、参考文献与正文形成了复杂的网络关系，这种网络关系是"作者通过作为技巧手段的修辞选择，构成的与叙述者、人物和读者的某种特殊关系"[①]。这种关系的实质是作者、读者、其他作者等主体之间的互动关系。

在学术语篇中，互文性的主要功能是语义增殖、生成附加语义，建立作者的立场，隐含作者的主观性，凸显客观性，同时增强情感表现力，使读者产生共鸣。

第一节 注释、参考文献与学术语篇互文的修辞结构[②]

修辞结构理论（RST）是一种功能性语篇结构理论，立足于分析语篇的连贯性和完整性，并解释作者的交际意图是如何通过语篇建立与读者的反应来实现的。

[①] ［美］W. C. 布斯：《小说修辞学》，周宪等译，北京大学出版社1987年版，第3页。
[②] 部分内容来自黄小平《中国古典诗歌互文修辞结构研究》，《北方论丛》2014年第3期。黄小平：《新闻副文本的修辞结构研究》，《贵州大学学报》2014年第4期。

一　修辞结构概论

曼（W. C. Mann）和汤普森（S. A. Thompson）提出了修辞结构理论（Rhetorical Structure Theory，简称 RST），该理论要点如下[①]：

第一，关系性。RST 理论认为，一个篇章中的各个小句，不是杂乱无章地堆在一起的，小句与小句之间，存在着各种各样的语义关系：a. 各种语言都有一套数量不一的语义关系。b. 在这套语义关系中，其中某些关系使用的频率很高，某些关系则很少出现。c. 绝大部分的语义关系是不对称的，也就是说，绝大部分的关系是"辅助"（卫星或外围）的和"核心"的关系。核心成分传递相对重要的交际意图而具有的核心性和主导性，辅助成分则提供相应的补充信息。

第二，功能性。RST 理论认为，篇章的整体性和连贯性都源于功能性，因此 RST 理论研究句子与句子之间的关系是从功能的角度考虑的。"RST 理论着眼描写那些使得篇章成为人类交际有效的和能理解的工具的功能和结构。"[②]

第三，层次性。整个篇章中的各个小句的组合，是有层次的。其特点是：a. 两个小句之间的语义关系是最低层次的，然后几个小句和几个小句之间的关系组成高一层次，最后再由更大的语言单位之间的语义关系组成整个篇章。b. 每个篇章的层次多少是不固定的，层次的多少是由篇章中的句与句之间的语义关系的复杂程度所决定的。通常来说，语义关系越复杂，层次也就越多。c. 层次的均衡性，也就是说，每一个层次都可采用相同的功能描写。

也就是说，修辞结构理论（RST）由两大部分组成，一个是"定义关系"，另一个是"认知图式"，两个部分相互关联。[③]

1. 定义关系

一个给定的语篇（话语）中的两个命题之间存在着一种隐含的关系，

[①] 徐赳赳、Jonathan J. Webster：《复句研究与修辞结构理论》，《外语教学与研究》1999 年第 4 期。

[②] Mann, W. & S. Thompson (eds.), *Discourse Description: Diverse Linguistic Analysis of a Fund-raising Text*, Amsterdam/Philadelphia: John Benjamins Publishing Company, 1992, p. 43.

[③] 转引自陈忠华、邱国旺《修辞结构理论与修辞结构分析评介》，《外语研究》1997 年第 3 期。

这种关系在性质上也是一个命题，定名为"关系命题"。

曼和汤普森提出了一个开放性质的定义关系类型集合：并列、补充、承接（连接）、因果、转折、对比、评述、条件、让步、结果、序列、目的、总结、重述、阐述、解答、证明、证据、环境、背景、方式等。

定义关系依靠一种分析框架进行操作，这种分析框架由以下三个基本概念建立：

核心性是指一对命题集合中某一命题的相对重要性；

制约因素是指一对命题集合中命题存在的必要条件；

效果是指作者采用一种关系对特定话语所要产生的影响。

曼和汤普森认为，一个语篇可以分割为不同层次的语篇单元对，语篇单元对中的关系大多是非对称性的，即相互对应的两个语篇单元，对语篇整体而言具有不同的语义分量，其中语义分量相对重的那个单元称之为"核心成分"，语义分量轻的那个单元则称之为"辅助成分"。[①]

核心成分与辅助成分的相互关系：

（1）在一个给定语篇中，如果没有核心成分，辅助成分则失去解释的根据；

（2）对辅助成分可做某种形式或程度的替代，而不改变整个语篇的功能，而核心成分则不大适合进行替代或变更；

（3）对作者的意图表达而言，核心成分较辅助成分更为重要。

从语篇结构上，核心成分与辅助成分通常表现为比邻连接的线性单元串。作者可根据"核心性"和"制约因素"将相应的功能角色分配给不同的单元，从而完成话语的语义构造。

语义关系有两个相互参照的焦点，每一个焦点表明语篇分析的特殊判断。第一个焦点是"制约因素"，包括对核心成分的制约、对辅助成分的制约，以及对核心成分与辅助成分组合的制约。第二个焦点是"效果"，包括对"效果"的陈述以及效果轨迹，即效果体现的范围。

曼和汤普森对定义关系做了分类，以此说明这些关系在实现作者的交际意图方面的差异，其依据主要是这些关系定义中效果的不同功能，因而

[①] 转引自陈忠华、邱国旺《修辞结构理论与修辞结构分析评介》，《外语研究》1997年第3期。

这种分类是功能性的。由此这些关系被分成两类：其意图效果在于读者识别这种关系的归为主题关系；其意图效果在于增加读者的某种倾向性，如对核心结构段的愿望、信任、接受及肯定，归为表述（呈现）关系。①

2. 认知图式

认知图式是指语篇语义关系的一种抽象模式，可用图形表示。根据曼和汤普森的观点，认知图式可决定一个语篇中所有成分的结构性排列，它由三个要素组成：一定数量的成分性语篇单元、语篇单元之间的关系说明、某个语篇单元（核心单元）与语篇整体的关系说明。

语篇单元是语篇中任何长度的结构片段，它可以是核心成分或辅助成分。一个认知图式的图形由竖线、斜线和弧线组成，其中竖线或斜线用以确定语篇中的核心单元，弧线则代表语篇成分之间的关系并予以定名。整个图形可显示出核心成分与辅助成分之间的线性关系，即有些定义关系中辅助成分位于核心成分之前，另一些定义关系中则反之。一个整体语篇中的各个语篇单元都用数码按序标名。②

二 注释、参考文献与学术语篇互文的修辞结构功能

修辞结构理论认为，功能关系可以用不同的表达效果来描写，具体包括作者的目的、理想读者、效果等。RST 提出的核心—辅助关系是一种最为频繁出现的结构模式，它表明语篇的两个"跨度"或单元（通常是邻接的）是相关的，即其中的一个相对于另一个都具有某些具体的作用。跨度能够与别的单位或跨度相连接，这样语篇就连接为一个等级结构，最大的跨度可包括整个语篇。③ 也就是说，语篇单元可以是小句、句组或语篇。因此，修辞结构关系分析能揭示文本中丰富的关于作者意图、语义、连贯和语篇结构方面的综合信息，即功能关系可以用不同的表达效果来描写，具体包括作者的目的、作者对读者的假设和达到的交际效果等。

我们把作者表示为 W（Writer），读者表示为 R（Reader），正文本表

---

① 转引自陈忠华、邱国旺《修辞结构理论与修辞结构分析评介》，《外语研究》1997 年第 3 期。

② 徐赳赳、Jonathan J. Webster：《复句研究与修辞结构理论》，《外语教学与研究》1999 年第 4 期。

③ 戴炜华、薛雁：《修辞体裁分析和修辞结构论》，《外语教学》2004 年第 3 期。

示为 N（Nucleus），互文本表示为 S（Satellite）。关联是指 N 和 S 的关联，即对 N 和 S 组合的限制；效果是 W 意图要达到的效果。

（一）并列关系①

文本与互文本的修辞结构关系是并列关系。见图 9—1。如：

（390）城市形象建构的过程就是一个对外传播与扩散的过程，"城市形象传播的总体范式是在城市定位与形象元素的二元张力中充分利用自塑和他塑的传播和建构合力，形成优选策略。"城市的形象元素则是决定此城非彼城的关键，"城市形象元素是城市的历史文化积淀、遗存和集体文化记忆，以及城市物质文明与精神文明的发展水平和追求等汇聚而成的纵横贯通的识别性符号与共识性话语，它们是构成城市形象传播的叙述个性、叙事素材和叙事策略的资源库。"（何国平：《城市形象传播：框架与策略》，《现代传播》2010 年第 8 期）城市就是在城市定位和城市形象元素二者的共振中实现其形象塑造和传播的。（周萍：《西部地区城市形象的塑造与传播——以贵州省贵阳市为例》，《当代传播》2013 年第 2 期）

互文本：城市形象建构的过程和城市形象元素。

文本：城市就是在城市定位和城市形象元素二者的共振中实现其形象塑造和传播的。

修辞结构关系：互文本+正文本（并列关系）或 S+N（并列关系）。

对 N 的限制：无。

对 S 的限制：无。

关联：N 与 S 是相等的，有一样的语用功能，对 W 表达意图的重要性也同等。

效果：R 意识到在语篇单元中有不同的单元表示同种修辞作用，这些不同的单元重要性相等。

效果位置：N+S。

---

① 以下定义关系参考了乐明《汉语财经评论的修辞结构标注及篇章研究》，博士学位论文，中国传媒大学，2006 年。

```
        1—2
         ∧
        并列
```

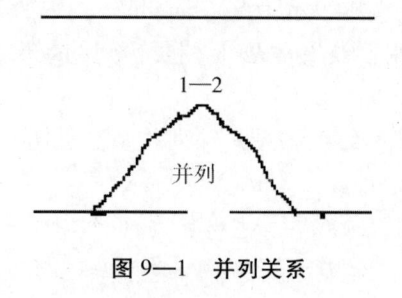

图9—1 并列关系

(二) 对立关系
文本与互文本的修辞结构关系是对立关系。见图9—2。如：

（391）之所以称这种"存在于多方主体互动一致中的新闻真实"为新闻的"符号之真"，是因为最终判定和衡量新闻真实的是不同符号解释主体的解释意义。它并非本体论范畴的"客体世界本身的运动、变化、发展及其规律性"之"真"，也非实践论范畴的"人的思想和行为达到了与规律性的高度一致"之"真"（周文彰（1991：53）《狡黠的心灵——主体认识图式概论》，北京：中国人民大学出版社），而是认识和审美范畴的"对真实的感知、认识和审美"。其中，"认识之真"和"审美之真"构成了新闻"符号之真"的主要内容，它们代表着符号表意的终极价值目标。（蒋晓丽、李玮：《从"客体之真"到"符号之真"：论新闻求真的符号学转向》，《国际新闻界》2013年第6期）

互文本：它并非本体论范畴的"客体世界本身的运动、变化、发展及其规律性"之"真"，也非实践论范畴的"人的思想和行为达到了与规律性的高度一致"之"真"。
文本：而是认识和审美范畴的"对真实的感知、认识和审美"。
修辞结构关系：互文本+正文本（对立关系）或S+N（对立关系）。
对N的限制：多个核心（一般只有两个）。
对S的限制：无。
关联：两个文本（1）在许多方面是相似的，（2）在某些方面是有差异的，(3) 在一个或几个不同方面进行对比。

效果：通过这种比对，R 认识到由此而产生的类似点和差异点。

效果位置：N+S。

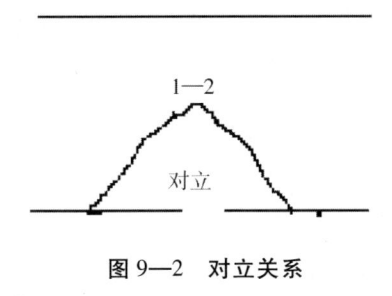

图 9—2 对立关系

对立关系没有辅助文本，因此也没有表示接受效果的语句，或者说每个语句都负载了效果。

（三）对照关系

文本与互文本的修辞结构关系是对照关系。见图 9—3。如：

（392）哈贝马斯将这种公共性的讨论进行理论延伸，强调公共领域应具有三个要素：首先它包含全体公民，其次所讨论的议题关涉所有公民，最后该领域中的协商不受社会阶层的限制，或是其他的外界影响（政治的或私人的力量）。（［德］尤尔根·哈贝马斯著，曹卫东、王晓珏译：《公共领域的结构转型》，学林出版社 1999 年版）

现代社会中，哈贝马斯所谓的公共领域并未达到其理论所建构的理想境界，他意识到，以资产阶级为参与主体的公共领域，不再是理性协商的领域，系统的工具理性已经侵蚀了生活世界的理性。随后，"公共领域"这一概念在民主框架下被学界充分讨论，并形成许多批判的视角。（安珊珊：《乌托邦还是恶托邦：对公共领域及其网络实践的批判》，《当代传播》2013 年第 2 期）

互文本：哈贝马斯将这种公共性的讨论进行理论延伸，强调公共领域应具有三个要素。

文本:"现代社会中……"
修辞结构关系:互文本+正文本(对照关系)或 S+N(对照关系)。
对 N 的限制:W 对 N 持正面态度。
对 S 的限制:无。
关联:S 与 N 是对立的,因为这种不相容的对立性让人们不能同时对这两种对立的情形都持肯定态度,理解 S 以及两种情形的不相容性增加了 R 对 N 的正面态度。
效果:R 加强了对 N 的肯定态度。
效果位置:N。

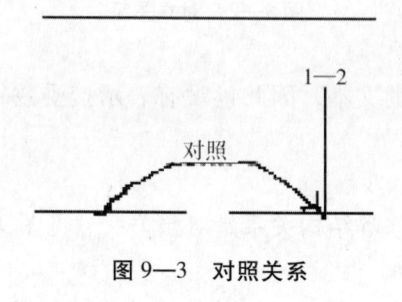

图 9—3 对照关系

(四)详述关系

文本与互文本的修辞结构关系是详述关系。见图 9—4。如:

(393)政治信任最早受到关注是由于一些国家的公众对政府信任程度下降,从而造成了"治理危机"。以美国为例,美国公众对于政府的信任自 1960 至 1990 年间一直呈现下降趋势。在 1964 年的时候,76% 的美国公众认为,华盛顿政府总能够——或大多数的时候能够——按正确的方式来做事;然而,到 20 世纪 90 年代时,还持同样看法的公众比例只有 38%,对总统、议会等政府机构的信任也同样存在下降趋势。(Hibbing, John R., & Elizabeth Theiss-Morse, Congress as Public Enemy: Public Attitudes toward American Political Institutions, Cambridge University Press, 1995)(牛静:《传媒与政治信任之关系的研究现状及展望》,《国际新闻界》2012 年第 1 期)

文本：政治信任最早受到关注是由于一些国家的公众对政府信任程度下降，从而造成了"治理危机"。

互文本：以美国为例……

修辞结构关系：正文本+互文本（详述关系：例证）或 N+S（详述关系：例证）。

对 N 的限制：无。

对 S 的限制：无。

关联：S 以具体的方式补充了 N 中主题的某一元素的附加细节。

效果：R 意识到 S 提供了 N 的附加细节，R 从而确定主题中的那个元素有附加细节。

效果位置：N+S。

详述关系涉及正文本和互文本，根据相对的地位，正文本为核心，互文本为辅助。作者认为互文本的理解有利于对正文本的理解。

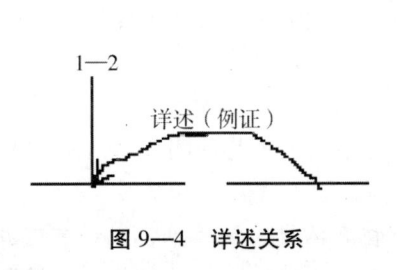

图 9—4　详述关系

（五）证据关系

文本与互文本的修辞结构关系是证据关系。见图 9—5。如：

（394）在互联网诞生之初，学者们大多对于其民主功能的发挥持有积极态度，雷哥德曾断言"如果互联网都不能被认同为一种民主技术，那民主便不会存在于世了"。（Rheingold, H. The Virtual Community: Homesteading on the Electronic Frontier. Addison‐Wesley Publishing Company, 1993, p. 131.）新媒体技术为全方位的公共领域实践提供了理想化空间。（安珊珊：《乌托邦还是恶托邦：对公共领域及其网络实践的批判》，《当代传播》2013 年第 2 期）

互文本：雷哥德曾断言。
文本：新媒体技术为全方位的公共领域实践提供了理想化空间。
修辞结构关系：互文本+正文本（证据关系）或 S+N（证据关系）。
对 N 的限制：R 对 N 的可信度可能还没达到 W 满意度。
对 S 的限制：R 相信 S 或者将会认为它是可信的。
关联：R 对 S 的理解增加了 R 对 N 的信仰。
效果：R 对 N 的信仰增加了。
效果位置：N 和 S。

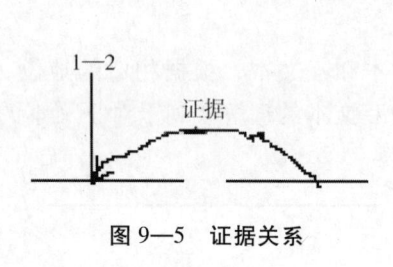

图 9—5　证据关系

（六）证明关系

文本与互文本的修辞结构关系是证明关系。见图 9—6。如：

（395）微博比博客的要求更简单，对语言编排的要求没有博客那么严格。一百四十个字的微博发布限制将"草民"和"莎士比亚"拉到了同一起跑线上，微博即时发布的特点更是推动了大量原创性草根文化内容被批量生产出来。正如嘀咕网董事长李松博士认为，微型博客的出现具有划时代的意义，真正标志着个人互联网时代的到来，它打破了过去只有精英才有发言权的状况。（郭萍：《从"抢盐风波"看微博在舆论监督上的作为》，《新闻传播》2011 年第 5 期）（朱清河、张俊惠：《"草根文化"的媒介依赖及其社会效用》，《现代传播》2013 年第 6 期）

文本：微博……微博即时发布的特点更是推动了大量原创性草根文化内容被批量生产出来。

互文本：正如嘀咕网董事长李松博士认为……

修辞结构关系：正文本+互文本（证明关系）或 N+S（证明关系）。

对 N 的限制：无。

对 S 的限制：无。

关联：R 对 N 的理解提升了 R 接受 W 提出的权利的速度。

效果：R 更加乐意接受 W 提出 S 的权利，或者说 R 理解 S 后能更好地接受 W 对 N 提出的理由。

效果位置：N 和 S。

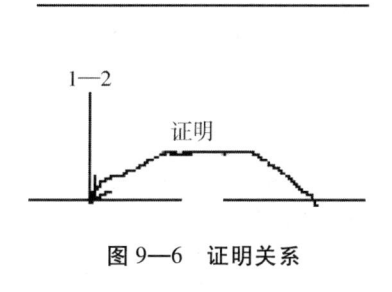

图 9—6　证明关系

（七）背景关系

文本与互文本的修辞结构关系是背景关系。见图 9—7。如：

（396）2009 年 3 月，《纽约时报》研发实验室（Research & Development）的尼克·比尔顿（Nick Bilton）在一场演讲中表达了《纽约时报》对未来形态新闻发布所作的准备。他指出，"报纸只是一个载体"，下一代人将习惯于及时获取信息，届时将出现可折叠显示器、完全定制的视频和图片服务、更多的用户生成内容。《纽约时报》则要探讨如何利用日常生活中无处不在的探测器，向用户设备提供相应的智能内容。（Sensors, Smart Content, and the Future of News http：//www. readwriteweb. com/archives/sensors_ smart_ content_ and_ the_ future_ of_ news. php）回首美国及西方报业自 1990 年代中期到现在的变化，真正令人可怕的不是报业读者如何流失和经营模式的解体，而是新媒体和新媒体技术发展速度惊人！如何站在网络传播的制高点上打造全新的产品，追求具有独特价值产品的生产与聚合，始终是

《纽约时报》不变的追求。这也是付费墙得以成立的支点。(孙志刚、吕尚彬:《〈纽约时报〉付费墙对中国报纸的启示》,《新闻大学》2013年第3期)

互文本:尼克·比尔顿指出……
文本:回首美国及西方报业自1990年代中期到现在的变化……
修辞结构关系:互文本+正文本(背景关系)或S+N(背景关系)。
对N的限制:N的内容在时间上先于S。
对S的限制:R在读到N前不能充分理解S。
关联:N增强了R理解S中某一元素的能力。
效果:R对S提供了N的理解增强了。
效果位置:N+S。

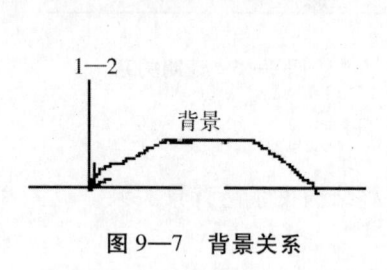

图9—7 背景关系

(八) 重述关系

文本与互文本的修辞结构关系是重述关系。见图9—8。如:

(397) 传播效果是指当传播的信息受到了人们的关注,在其脑海中形成记忆,改变受众的态度,对个人或社会导致某种行为的变化(董露(2008:12).《传播学核心理论与概念》.北京:北京大学出版社),即一个事件的有效传播将对受众产生认知、情感、态度、行为等四个层次的影响。(薛可、邓元兵、余明阳:《"非典"认知对当代大学生健康生活方式的影响研究》,《国际新闻界》2013年第5期)

互文本:传播效果是指当传播的信息受到了人们的关注,在其脑海中形成记忆,改变受众的态度,对个人或社会导致某种行为的变化。

文本:即一个事件的有效传播将对受众产生认知、情感、态度、行为等四个层次的影响。

修辞结构关系:互文本+正文本(重述关系)或 S+N(重述关系)。

对 N 的限制:无。

对 S 的限制:无。

关联:N 重述 S,N 和 S 在主要内容上是相同的,而且 N 和 S 长短相似;对于 W 的目的而言 N 比 S 更重要。

效果:R 承认 N 是 S 的一种重述。

效果位置:N 和 S。

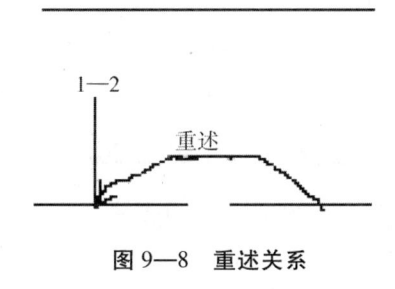

图 9—8 重述关系

(九)环境关系

文本与互文本的修辞结构关系是环境关系。见图 9—9。如:

(398)"成功与失败的经验教训昭示我们:确立一种立足中国国情、汲取中国优秀历史文化传统、解决中国问题、指导中国具体实践的我们自己的'理论'或'主义',是中国特色社会主义建设实践走向成功的首要前提。"(韩庆祥,张健(2012).中国特色社会主义建设实践的内在逻辑与发展趋向.《中国社会科学》,(3),4-26.)其实,对整体的中国现代化建设如此,对任何一个具体的社会领域的建设实践也是如此。确立明确的"新闻主义"是时代的要求。社会发展是自发与自觉的统一。任何一个社会领域的发展,都需要认知基础上的理性设计。(杨保军:《当代中国主导新闻观念的可能选择发展新闻专业主义》,《国际新闻界》2013 年第 3 期)

互文本：成功与失败的经验教训昭示我们。
文本：其实，对整体的中国现代化建设如此，对任何一个具体的社会领域的建设实践也是如此。确立明确的"新闻主义"是时代的要求。……
修辞结构关系：互文本+正文本（环境关系）或 S+N（环境关系）。
对 N 的限制：无。
对 S 的限制：S 呈现了一种已经实现了的情景。
关联：S 提出了主题的框架，R 可以在此框架下解读 N。
效果：R 意识到 S 提供了 N 的一个解释框架。
效果位置：N 和 S。

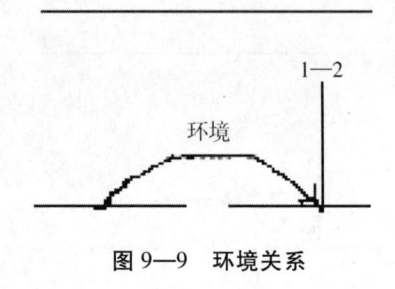

图 9—9　环境关系

（十）连接关系

文本与互文本的修辞结构关系是连接关系。见图 9—10。如：

（399）传媒外交这一学术领域跨越传播学与外交学，具有很强的跨学科性，"外交的主要特征是沟通"，（［美］布鲁斯·拉西特等：《世界政治》，华夏出版社 2001 年版，第 135 页）沟通则需"传播"。（孙璐：《"传媒外交"的传播维度——从拉斯维尔的 5w 模式谈起》，《现代传播》2013 年第 5 期）

互文本：外交的主要特征是沟通。
文本：沟通则需"传播"。
修辞结构关系：互文本+正文本（连接关系）或 S+N（连接关系）。
对 N 的限制：无。
对 S 的限制：无。

关联：N 与 S 的重要性相等，单元之间没有一种已知的修辞关系。
效果：R 意识到 N 与 S 的重要性相等，单元之间没有一种已知的修辞关系。
效果位置：N+S。

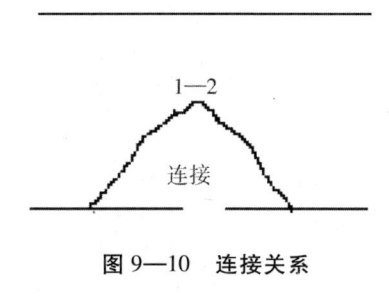

```
         1—2
         连接
```

图 9—10　连接关系

（十一）方式关系

文本与互文本的修辞结构关系是方式关系。见图 9—11。如：

（400）梵·迪克曾指出，增强新闻话语劝服效果的有效策略之一就是建立新闻事实之间的联系。具体包括，在熟知的情境中插入新闻事实，使用该领域广为人知的说法或概念，以及尽量把新闻事实组织到大家熟知的结构中等。（［荷］梵·迪克著：《作为话语的新闻》，曾庆香译，华夏出版社 2003 年版，第 87 页）"官二代"话语的生成，就是媒体对社会已熟知的"富二代"话语进行仿词、类推的结果。（张洁：《"富二代""官二代"媒介话语建构的共振与差异（2004—2012）》，《现代传播》2013 年第 3 期）

互文本：梵·迪克曾指出……
文本："官二代"话语的生成，就是媒体对社会已熟知的"富二代"话语进行仿词、类推的结果。
修辞结构关系：互文本+正文本（方式关系）或 S+N（方式关系）。
对 N 的限制：N 是一项活动。
对 S 的限制：无。
关联：S 给出了一个能使 N 更可能实现的工具或方法。

效果：R 意识到 S 中的这一工具或方法能使 N 更可能被实现。
效果位置：N+S。

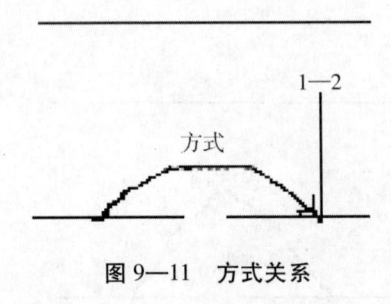

图 9—11　方式关系

(十二) 总结关系

文本与互文本的修辞结构关系是总结关系。见图 9—12。如：

（401）"疗救"（therapy）这个术语由卡瓦加在描述加拿大的民族夫妇参与影像项目时首次提出，罗伯逊随后亦有同样表述："群体成员自己操作设备，获得一种对摄像机、剪辑台这种创造性的权力工具的控制力，对于参与者自尊的形成有正面的疗救效果。"（Jackie Shaw Clive Robertson, Participatory video: a practical approach to using Community video creatively in group development work. London: Rout ledge. 1997. p. 13.）简而言之，社区影像的"疗救"效果主要表现为通过参与影像制作的方式来推动弱势群体内部成员之间或者弱势群体之间的相互沟通、交流，帮助那些经济、技术、教育水平较为落后的地区找到一种主流意识形态外属于自己的"声音"，从而创造性地表达自我，发展批判意识。（罗锋、翟菁：《参与·记忆：关于中国社区影像传播效果的重新检视》，《现代传播》2013 年第 1 期）

互文本：罗伯逊随后亦有同样表述……
文本：简而言之，社区影像的"疗救"效果主要表现为……
修辞结构关系：互文本+正文本（总结关系）或 S+N（总结关系）。
对 N 的限制：无。
对 S 的限制：S 必须有不止一个单元。

关联：N 是对 S 内容的重述，但字数要少。
效果：R 意识到 N 是对 S 的一种较短的重述。
效果位置：N 和 S。

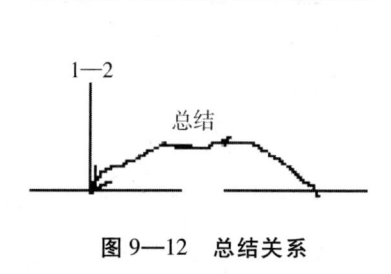

图 9—12　总结关系

（十三）评价关系

文本与互文本的修辞结构关系是评价关系。见图 9—13。如：

（402）但村民却说，如果我们的片子上不了 CCTV，我们干嘛还要拍片？我们村里的问题只有通过 CCTV 播放才能解决啊，否则你那个独立影像跟我们这个现实到底有什么关系呢？（吕新雨：《"底层"的政治、伦理与美学——2011 南京独立纪录片论坛上的发言与补充》，《电影艺术》2012 年第 5 期）值得思考的是，是否真的存在一个真实的、自在的底层表达？底层的复杂性是各种权力关系层层叠叠的后果，认为底层自我拍摄的影像就是底层的自我表达显然是有失偏颇的。（罗锋、翟菁：《参与·记忆：关于中国社区影像传播效果的重新检视》，《现代传播》2013 年第 1 期）

互文本：但村民却说……
文本：值得思考的是，是否真的存在一个真实的、自在的底层表达？底层的复杂性是各种权力关系层层叠叠的后果，认为底层自我拍摄的影像就是底层的自我表达显然是有失偏颇的。
修辞结构关系：互文本+正文本（评价关系）或 S+N（评价关系）。
对 N 的限制：无。
对 S 的限制：无。

关联：S 将 N 与某种主观态度联系起来。
效果：R 意识到 N 对 S 及其所指派的价值进行了评价。
效果位置：N 和 S。

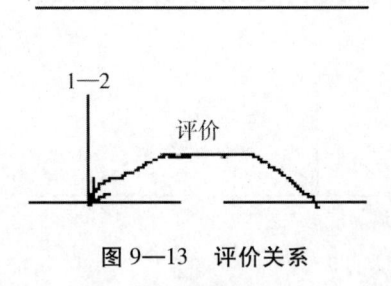

图 9—13　评价关系

（十四）因果关系

文本与互文本的修辞结构关系是因果关系。见图 9—14。如：

（403）大众传播媒介在非物质文化传承中具有积极的作用，"1. 大众传播媒介凭借先进的传媒手段和传播技术，能够跨越时间和空间的限制，对于扩大非物质文化的传承范围、延长非物质文化的传承时间、丰富非物质文化的传承内涵，所起的作用是人际传播所望尘莫及的。2. 一种文化要获得发展，必须是将文化的传承和积累相结合。通过大众传播媒介，非物质文化遗产在内容上得到了传承，在工艺上有创新，在观念上受到了重视，在文化的积累上，也获得了扬弃和吸收。3. 大众传媒通过宣传、报道、评论、舆论监督的方式，引发了社会公众和政府职能部门对非物质文化遗产的关注和重视。"（刘诗迪. 从昆曲的成功传播看中国精神文化遗产的传承——非物质文化遗产传承中的媒介力量 [J]. 消费导刊，2008，（10））我们更应该用好大众传媒的优势，对非物质文化遗产进行再宣传。针对不同的时间节点，相应的人群，不同的地域运用不同的策略进行宣传，让大数据中的非遗相关信息，对非遗活化产生作用。（吴祐昕等：《互联网大数据挖掘与非遗活化研究》，《新闻大学》2013 年第 3 期）

互文本：大众传播媒介在非物质文化传承中具有积极的作用……

文本：我们更应该用好大众传媒的优势，对非物质文化遗产进行再宣传，让大数据中的非遗相关信息，对非遗活化产生作用。

修辞结构关系：互文本+正文本（因果关系）或 S+N（因果关系）。

对 N 的限制：N 是一个意愿性行为，或者是一个可能因某一意愿性行为而产生的情景。

对 S 的限制：无。

关联：S 可以产生 N 中意愿性行为执行者来实施的那个行为，没有 S 的话，R 可能不认为 N 中的行为是有动机的或是有不知道的具体动机，对 W 组合 N 和 S 的目的而言，对 N 的展示比对 S 更重要。

效果：R 意识到 S 是 N 中一个意愿性动作的原因。

效果位置：N 和 S。

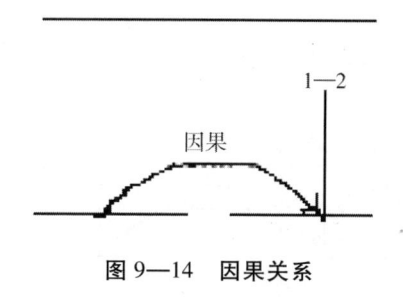

图 9—14 因果关系

（十五）解释关系

文本与互文本的修辞结构关系是解释关系。见图 9—15。如：

（404）美国环境学家杰伊·维斯特维尔德（Jay Westerveld）1986 年最早提出"漂绿"（Green-wash）这一概念，漂绿广告（Greenwash Ads）由此演化而来，是指企业吹嘘和夸大其环保功能以骗取更大市场利润的商业炒作与营销行为[1]。（Greer J., Bruno K., Greenwash: The Reality Behind Corporate Environmentalism [M]. New York, NY: The Apex Press, 1997）漂绿广告本质是虚假类环保广告，它欺骗消费者，挑战商业道德，让环保事业在产业界流于形式。（王积龙、刘传红：《环保类虚假广告的破解与治理研究》，《新闻大学》2013 年第 1 期）

互文本：美国环境学家杰伊·维斯特维尔德1986年最早提出"漂绿"这一概念，漂绿广告……

文本：漂绿广告本质是虚假类环保广告，它欺骗消费者，挑战商业道德，让环保事业在产业界流于形式。

修辞结构关系：互文本+正文本（解释关系）或S+N（解释关系）。

对N的限制：无。

对S的限制：无。

关联：N把S所表达的情景与一个S本身不包括的，且与W主观评价无关的思想框架相联系。

效果：R承认N将S所表达的情景与一个S本身知识中并不包括的思想框架相联系。

效果位置：N和S。

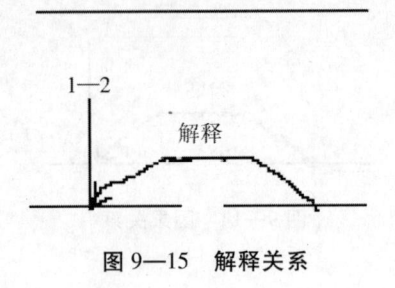

图9—15 解释关系

（十六）让步关系

文本与互文本的修辞结构关系是让步关系。见图9—16。如：

（405）约翰·费斯克从消费社会的角度来定义文本。他认为文本是大众文化经济的产物，是意义和快乐的制造者，一条牛仔裤或一件家具，都可以像流行音乐唱片一样成为文化文本。（［美］约翰·费斯克著，杨全强译：《解读大众文化》，南京大学出版社，2001年版）但一个文本即使具备制造意义和快乐的特点，也不一定能够成为大众文化，因为大众对文化产品具有辨识力。（张潇扬：《"生产者式"的现代性解读——基于约翰·费斯克的媒介文化研究视角》，《当代传播》2014年第4期）

互文本：认为文本是大众文化经济的产物，是意义和快乐的制造者……

文本：但一个文本即使具备制造意义和快乐的特点，也不一定能够成为大众文化，因为大众对文化产品具有辨识力。

修辞结构关系：互文本+正文本（让步关系）或 S+N（让步关系）。

对 N 的限制：W 肯定 N 的内容。

对 S 的限制：W 并不能断定 S 中的内容是站不住脚的。

关联：W 承认在 S 与 N 之间存在潜在或明显的不相容；承认 N 与 S 之间的相容性使 R 对 N 的正面态度增强了。

效果：R 加强了对 N 的正面态度。

效果位置：N+S。

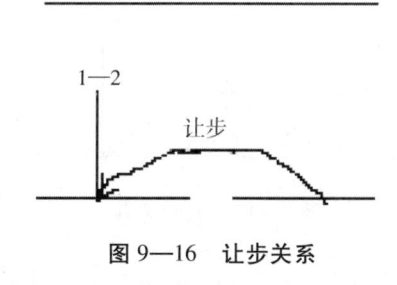

图 9—16 让步关系

（十七）假设关系

文本与互文本的修辞结构关系是假设关系。见图 9—17。如：

（406）最终，"如果我们在未来的知识生产、信息生产当中能够充分利用互联互通所创造的这种对接的价值时，这才是我们传统媒介进入到互联网新的操作系统、新的平台之上应该选择的道路。"（喻国明：《第九届中国传媒年会报告》，2014 年 2 月 21 日）从而实现从服务内容到经营模式的创新。从二次售卖模式，走向能够为用户提供全套解决方案的应用服务商的模式，进而成为嵌套在互联网逻辑之内的新标准和新规则的制定者与执行者。（喻国明、李慧娟：《从"付费门"到"付费墙2.0"：数字报纸盈利模式的景气度研究》，《当代传播》2014 年第 4 期）

互文本:"如果我们在未来的知识生产、信息生产当中能够充分利用互联互通所创造的这种对接的价值时,……"
文本:从而实现从服务内容到经营模式的创新。
修辞结构关系:互文本+正文本(假设关系)或 S+N(假设关系)。
对 N 的限制:无。
对 S 的限制:S 给出了一个假设是未来的,或者是(相对于 S 的语境而言)未实现的情景。
关联:N 的实现依赖于 S 的实现。
效果:R 意识到 N 的实现依赖于 S 的实现。
效果位置:N 和 S。

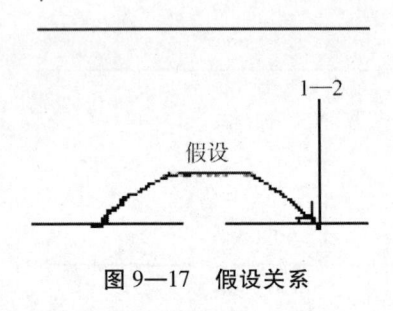

图 9—17　假设关系

　　功能关系由两个方面构成,一是作者意图,一是读者的接受效果,两者合起来就完成了一次交际或信息传递的过程。作者的意图包含在核心文本与辅助文本的安排及关联上,表现为有或无辅助文本、关联点是什么。读者的接受效果说明关联是否成功,是否达到作者希望的效果。
　　根据 RST 理论,结构关系的意图效果表现为主题关系和表述关系。主题关系用于实现语篇的意义功能,属于概念功能的一种,即语篇的主题;表述关系用于实现语篇的交流功能,作者与读者之间的互动,属于人际功能的一种,即言语角色之间的互动关系;主题关系和表述(呈现)关系所没有论及的关系可归为语篇功能关系,用于实现语篇的语言组织功能。①
　　RST 理论旨在描述、阐明语篇组成成分之间的关系,这些关系是指语篇的连贯关系,表明语篇成分之间连接的类型,语篇的每个成分都具有某

---

①　董敏:《一篇中国民事一审判决书的修辞结构分析》,《外语与外语教学》2007 年第 9 期。

种功能，读者从中能够清楚地理解该成分为什么存在。作者把篇章的两个成分放在一起的理由称为效果，效果呈现作者的意图。因此，修辞结构理论是一种包括作者和读者的语篇形成过程的分析和描写的理论。修辞结构分析能够展现语篇的修辞功能，预测交际的效果。RST 理论从功能的角度出发，将不同主体（作者、读者、分析者和学术群体）融为一体，阐释语言形式如何表达意义，从而更好地实现交际目的。

注释、参考文献与正文本形成无限的张力[①]，这些张力使文本的意义得到彰显，读者得到理解和吸引，并诱发对文本的继续创造。

第二节　注释、参考文献与学术语篇互文的修辞功能

互文关系是文本之间的一种常规关系，或构式，它通过显性和隐性表述体现出来。显性表述是通过文本形式（如概念功能）来表现，隐性表述是通过依附文本的其他功能（如人际功能等）来表现，两者共同组成整体的话语表达。也就是说，语言中的词语同它所表述的对象事物的常规关系相互作用，形成语言表达的两种基本形态：显性形态和隐性形态。这两种形态分别起着对语篇的线性结构进行建构和对这个结构进行必要的织补的作用，结成一定的组织体；这个组织体就是一个似断实连的构块式（如互文结构体或互文关系）。[②] 如图 9—18 所示。

从图 9—18 中也可以这样说，语篇中的文本构成了语篇的显性表述，显性表述承担部分表达的任务，如互文关系的显性表达是文本踪迹，即在文本形式上的互文关系；同时显性表述承担互文关系的任务，从互文关系中可推导出隐性表述，隐性表述是对显性表述的补充或阐述，共同达到对相对完整的话语的表达。隐性表达是指隐藏于语言的深层功能，如人际功能、修辞结构和修辞功能。显性表述和隐性表述是互通的、共构的，相互融合、相互维系。

[①] 张力是指文本的完整意义，由外缘意（外张力）与内涵意（内张力）构成。前者即文本的指涉意；后者即感知意或解释意。这两层意义本不协调；但在诗中矛盾统一，成为张力。（张汉良、萧萧编著：《现代诗导读》，故乡出版社 1979 年版，第 215 页）

[②] 徐盛桓：《常规关系与句式结构研究——以汉语不及物动词带宾语句式为例》，《外国语》2003 年第 2 期。

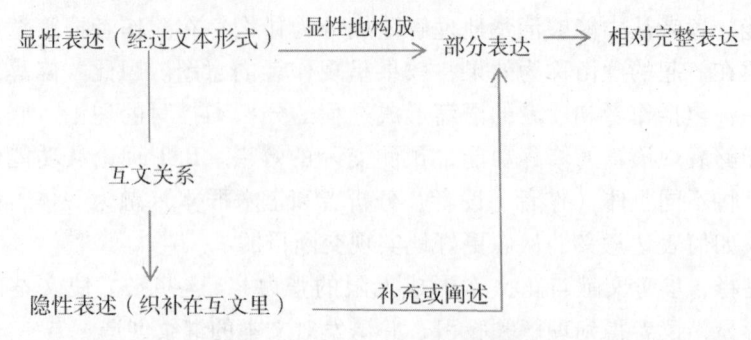

```
显性表述（经过文本形式）──显性地构成──→ 部分表达 ──→ 相对完整表达
      │                                    ↑
   互文关系                                  │
      │                                    │
      ↓                                    │
隐性表述（织补在互文里）──补充或阐述──────────┘
```

图9—18 互文关系表现途径

互文关系中的显性表述和隐性表述，使文本结构的线性序列"立体化"，编织成一个显性与隐性共融的语义网络。隐性表述将文本结构中语义内容的各种成分合规律、合意图地连贯起来，阐释不透明、补足缺省，从而使精简的显性文本结构表达丰富的语义。

一 完篇功能

完篇功能是指作者运用互文建构、生产、组织、补充语篇的功能。互文作为建构成分在前面的章节已经说过。这里，主要是作者在学术论文建构中如何对已有研究的梳理，建立自己的研究空间（网络）并组织语篇结构的功能。

（一）建构研究空间

作者通过对已有研究的梳理，建立自己的研究空间（网络），也就是说，作者通过各种互文行为及互文内容之间的关系，逐步梳理和呈现前人的研究脉络，定位自己的研究空间。如：

（407）20世纪90年代以来，似乎所有的民间戏曲、仪式和庆典等都走向衰落。有人归结为大众媒介的兴起，"皮影受到电影、电视、录像等的普遍冲击……截至2004年华县正式演职人员仅20人，且绝大多数年事已高（平均年龄60岁以上）"（《华县皮影概述》，华县文体局2005年印发；转引自杨军燕，《对皮影戏衰落的思考》，《艺术教育》，2006年5期），电影电视意味着文明，意味着现代化，所以受到农民的欢迎，而且还是当地村庄经济实力的体现，演皮影固然便宜，但是作为"落后"和"贫穷"的象征，受到人们的嘲笑和鄙视，在这种情况下，人们自然会放弃皮影，选择电影。（彭恒礼，《皮影VS电影》，《南阳师范学院学报》2009年07期）基本上，上述观点是如今解释传统戏曲衰落的主流声音。但他们只是用线性逻辑和机械进化的思维方式描述了一个事实：现代化的大众媒介兴起，皮影戏式微。电视、电影为什么会冲击乡村影戏？又是怎样冲击的？上述观点在社会结构和文化的层面并没有很强的解释力。（沙垚：《从影戏到电视：乡村共同体想象的解构》，《新闻大学》2012年第1期）

互文本：有人归结为大众媒介的兴起……和电影电视意味着文明，意味着现代化……

互文本梳理和呈现前人的研究脉络，从而文本提出了"上述观点在社会结构和文化的层面并没有很强的解释力"，建立了自己的研究空间。

（二）建构语篇结构

互文是语篇的结构单位，对语篇单位起组织作用。互文把正文、副文本组织起来，形成语篇。正文与副文本相辅相成，互为表里，共同建构语篇意义。互文把标题、摘要、关键词、注释、参考文献与正文联结起来形成语篇整体。

1. 组织语篇整体结构

语篇整体结构由主题形成与各成分的互涉关系。如：

> 标题—摘要—关键词—正文（前言—主体—结论）—注释—参考文献。

其中"标题—摘要—关键词—注释—参考文献"是副文本，这种副文本设计建构出明晰的层次和结构。副文本是从不同方面、不同层次、不同角度等对正文意义的补充、丰富、延伸、发展。

"功能性是副文本最基本的特征，副文本是结构符码，可以建构框架来控制文本，打通故事，连接故事之外文本，标示阐释路径。"[①] 也就是说，显性表述与隐性表述相互补充，共同叙述作者的意图。简言之，作者

---

① 朱桃香：《叙事理论视野中的迷宫文本研究》，博士学位论文，暨南大学，2009年。

通过副文本表达一定的意图，是为了使读者对文本的接受能最大程度地接近作者的本意。

2. 组织正文结构

互文是结构单位，对语言单位起组织作用。如：

（408）随着媒介技术的发展，电视、电影、互联网中的图像已经铺天盖地包围着我们，我们已经进入到图像时代，这样的语境"不但标志着一种文化形态的转变和形成，而且意味着人类思维范式的转换"。（周宪：《读图、身体、意识形态》，见《文化研究》第3辑，天津社会科学院出版社2002年版，第72页）因此，视觉文化素养成为我们媒介素养教育的重要内容。而且，媒介融合不仅加速了视觉文化转向，也对媒介文化素养教育提出了新的挑战。（秦红雨、董小玉：《挑战与应对：论媒介融合时代的视觉文化素养教育》，《现代传播》2014年第3期）

互文本："不但标志着一种文化形态的转变和形成，而且意味着人类思维范式的转换。"互文在正文中既承接前面的语言单位，又联系着后面的语言单位。又如：

（409）正文：有鉴如此，本文拟采用对外依存度的相关测度方法分析我国电视产业[1]经济的对外交流情况，以便为我国电视经济的外向度把脉。（陶喜红、胡正荣：《中国电视产业对外依存度的测度与分析》，《新闻大学》2013年第1期）

注释[1]：本文所讨论的电视产业是传媒产业群的一个重要产业部门，它是以生产、传输、销售信息为主要活动内容的信息产业群的子产业。在计算电视产业对外依存度的时候，考虑到电视媒介技术与设备之间联系非常紧密，因此在文章中涉及到了属于工业领域的电视设备这一指标。

互文本：注释[1]，是对正文"电视产业"的具体内容的解释，对后面出现的正文起构架作用。

互文是建构语篇的单位，既建构语篇的概念功能、人际功能，又建构语篇的组织功能。互文与正文相辅相成，互文或是基础，正文是延伸、发展；互文或是正文的补充、证据、方法等；互文或是框架，对正文起构架作用；等等。

二 评价功能

评价功能是指作者对对象的评判，体现了作者的立场。评价是指说话者或作者对所谈论事件或命题的态度、立场、观点和感情。① "评价具备三大功能：表达说话人或作者的意见，这反映了个人和社会的价值系统；建立和维护说话人与听话人、作者与读者的关系；组织话语。评价最明显的功能就是作者告诉读者对某事的看法和感受。确定作者的看法显示了语篇生成的社会思想意识。"② 作者利用互文表达评价。

语篇中实施评价的手段多种多样，涉及各个层面。③ 其中互文可以表达作者的评价。如：

（410）丹·吉尔默（Dan Gillmor）对媒体进行了分类：媒体 1.0 是指传统媒体或说旧媒体（old media），媒体 2.0 是人们通常所说的新媒体（new media）或者叫跨媒体，而 3.0 就是以博客为趋势的自媒体（we media）。（Dan Gillmor：We the Media：Grassroots Journalism by the people，for the people [M]，O'Reilly Media，2006）（相德宝：《国际自媒体涉华舆情现状、传播特征及引导策略》，《新闻与传播研究》2012 年第 1 期）

互文本：丹·吉尔默（Dan Gillmor）对媒体进行了分类……此例是隐性主观情态，作者借用他者的研究结果来表达自己的肯定态度。作者运用互文不仅建构正文，而且表达肯定的态度，运用互文支持自己的观点。

评价有不同的主观程度，不同的主观取向反映出会话双方的情感卷入程度或角色关系，包括亲疏程度、社会角色、权利关系、说话者的程度或思想状态。情态意义具有不同的情态量值，可以实现不同程度的评价

---

① 转引自张跃伟《从评价理论的介入观点看学术语篇中的互动特征》，《辽宁工程技术大学学报》（社会科学版）2005 年第 5 期。
② 李发根：《评价的识别、功能和参数》，《外语教学与研究》2006 年第 1 期。
③ 杨信彰：《语篇中的评价手段》，《外语与外语教学》2003 年第 1 期。

功能。

评价关注语篇中可以协商的各种态度、所涉及的情感的强度以及表明价值和联盟读者的各种方式。①② 语篇中的评价主要针对事物的价值、人的性格和行为以及情感，但是，在学术语篇中，评价的对象主要是第一类，作者对包含研究问题、假设、论点、结论及结果等命题内容进行评价。③

评价是"作者/说话者在语篇中对所呈现的材料和交际的对象所持有的立场的主体存在，即如何表达赞成/反对、热情/憎恨、表扬/批评，及如何影响读者/听众的感受"④。

三 支持功能

作者运用互文的主要功能是支持功能，表现为支持作者的观点，支持研究课题，证明研究发现，证明研究步骤和材料。也就是说，互文作为正文的基础起支持、佐证的作用，表现为对正文的观点、理论、方法、论据、论证等的支持、佐证。

（一）支持研究课题

支持研究课题是指已有的研究成果作为研究课题的背景材料，即互文作为研究课题的背景材料。如：

> （411）近年来，随着拆迁日益成为一个突出的社会问题，学术界对于媒体在拆迁事件中所起的作用的研究和讨论，也逐渐展开并深化。
>
> 有学者认为媒体在拆迁事件中起到正确的舆论监督功能，最终政府、媒体和公众三方达成了良好的沟通与理解，促成了拆迁事件的圆满解决[3]。
>
> 媒介在拆迁事件中的社会动员功能也不容忽视。孙玮依据"社会运动"理论，以重庆"钉子户"的媒介报道为例，阐释了大众媒介在

---

① 李战子：《学术话语中认知型情态的多重人际意义》，《外语教学与研究》2001 年第 5 期。
② 王振华：《"硬新闻"的态度研究——"评价系统"应用研究之二》，《外语教学》2004 年第 5 期。
③ 转引自黑玉琴、黑玉芬《抽象名词在英语学术语篇中的评价功能》，《外语教学》2011 年第 2 期。
④ 刘世涛：《评价理论在中国的发展》，《外语与外语教学》2010 年第 5 期。

中国"新民权运动"中的社会动员作用[4]。吕德文提出宜黄事件原本是一个普通的钉子户抗争事件,由于媒介动员将政策的内在张力呈现于公众视野,最终使事件发展成为一场要求保护弱势群体利益,发动制度变革的专业化社会运动的一部分[5]。

近年来,新兴媒体也在拆迁事件中发挥着重要作用:在2007年"重庆最牛钉子户"事件中,网络媒体已成为推进我国信息公开与舆论开放的重要力量[6],网民首次参与新闻事件现场报道的传播路径,凸现了媒介从传统媒体致力于想象共同体的建构到新媒介时代网民的个体化修辞[7];在"宜黄拆迁"事件中,以互联网为中介的立体传播网络,建构了双方身份和事件的解释框架,并引发了进一步的公民行动[8];新浪微博、南都、宜黄地方政府三方站在各自立场,分别建构了民间话语、新闻专业话语和地方政府话语三个话语群[9],三者合力形成了强大的舆论压力。

但是拆迁报道也会存在问题:陈柏峰发现在宜黄事件中,相关传媒在舆论监督过程中未能坚持中立的立场,报道中未能做到尽可能的客观公正,未能兼顾冲突双方的话语权。因此,该案传媒监督权的行使出现了法治偏差[10]。李春雷、刘又嘉通过宜黄拆迁自焚事件发生地的实地调查,发现媒体借激化社会最凸显的矛盾来引爆舆论,并以单个冲突事件的暂时性解决来消减舆论,继而导致社会负面情绪更为根深蒂固的非理性行为[11]。

关于拆迁报道的整体研究则较少。最早的研究为赵洪浪以《南方周末》为研究对象,运用媒介框架理论考察其拆迁报道的得失。但是该论文只选取了一家媒体,而且由于写作时间早,未能全面地反映近年来拆迁报道特征[12]。之后,于小雪和袁光峰的研究则聚焦于党报和非党报在拆迁问题上的不同报道框架:于小雪通过对《人民日报》、《南方都市报》、《南方周末》三份报纸2008—2010年拆迁报道的内容分析,发现党报为政治意识形态主导下的成就建设框架;大众化报纸为媒体独立意识引导下的冲突框架;精英报纸为精英意识引导下的法制框架[13]。袁光峰则运用批判性话语分析的方法,指出党报的报道框架倾向于以自上而下的视角呈现社会冲突,建构国家权威;非党报则形成一种"合法化框架内的多元主义"框架[14]。

综上,……(何志武、朱秀凌:《"恶政府"?"弱拆迁户"?——

拆迁冲突议题的媒介建构》,《新闻大学》2014年第1期)

互文本:[3]—[14](参考文献),互文本是作为基础的文献,作者在此基础上,指出了这些文献的缺点,提出了自己的研究空间。互文是作为课题的研究背景材料。

(二) 支持作者的观点

支持作者的观点是指互文作为正文的观点、理论、方法等。如:

(412) 在信息严重超载的今天,注意力资源弥足珍贵,诺贝尔奖获得者西蒙曾说,"随着信息的发展,有价值的不是信息,而是你的注意力。在信息社会里,硬通货不再是美元,专注就是硬通货。"(王德禄《注意力是一种稀缺资源》,http://lei-wangdelu.blob.sobu.com/40490831。)随着城市化、现代化进程的加速,生活节奏越紧张,注意力资源也就越发显得珍贵。(姚争:《"后广播时代"的简媒体艺术——新兴媒介竞合下的广播》,《现代传播》2014年第1期)

互文本:诺贝尔奖获得者西蒙曾说……互文本是其他作者的观点,作者肯定它并作为自己的观点来进一步发展。

互文支持作者的观点,主要是支持作者建立观点、理论、方法,树立自己的立场、态度,从而建立自己的研究空间。

(三) 证明研究发现、研究步骤和材料

证明研究发现、研究步骤和材料是指互文作为论据来证明研究发现、研究步骤和材料。如:

(413) 大数据近乎实时的全样本数据,为广告传播过程的优化提供了极大的便利。第一,在效果评估环节,大数据改变了传统媒体时代只能以电视收视率抽样调查、报刊发行量为评估指标的单一方式,实现广告数据全流量采集,而且可以直接评估广告,使广告主全面、真实地了解受众对广告的理解和喜爱程度。联合利华为"多芬"品牌防衰老产品所做的大数据广告调查清晰地显示,大部分消费者喜欢老年裸体模特所表现出的真实性,但是有超过50个妇女不喜欢美女图片中所体现的"完美"概念,每10个妇女中就有2个表达了对广告者所刻画的妇女形象的真实愤怒。(席莹:《深度语义文本分析挖掘释放社交网络价值》,艾瑞网,http://web2.iresearch.cn/sns/20080304/77200.shtml)如此精确、精细地达成对某一个广告的评估在大数据时代之前是难以想象的。(李亦宁、杨琳:《大数据背景下广告产业生态的嬗变与重构》,《当代传播》2014年第2期)

互文本:联合利华为"多芬"品牌防衰老产品所做的大数据广告调查。互文本证明了研究的发现。

四 协商功能

协商功能是指在学术论文中作者运用互文与读者协商,从而使读者接受,同时完成学术交际的功能。

在学术语篇的语境中,不同作者的专业背景、研究目的和方法等存在着差异,不同的学术群体还可能存在着冲突的观点,因此在学术语篇交际中,作者要权衡论述,与不同的对象互动协商,使其适应和满足不同读者的期待,引导读者参与语篇的对话,承认不同观点存在的可能,打开对话的空间,减少或避免冲突。如:

(414)广告"让一个符号参照另一个符号,一件物品参照另一件物品,一个消费者参照另一个消费者"。(让·鲍德里亚.《消费社会》,刘成富等译,南京大学出版社2008年版,P116、P98),在近年来的中国房地产广告中,原创性和个性化的因素退化了,更多是竞相模仿和随波逐流的设计和文案,从《温州都市报》一连几年的房地产广告看,连广告词、图案和设计都似曾相识。(张信国:《房地产广告中的大众文化倾向——以〈温州都市报〉实证研究为例》,《新闻大学》2012年第3期)

互文本:广告"让一个符号参照另一个符号,一件物品参照另一件物品,一个消费者参照另一个消费者"。例中作者引入互文本,由抽象的概念说话,化主观为客观,使其观点更容易被读者接受。通过互文本,作者没有把自己的观点强加到读者身上,表示出愿意和读者进行协商的姿态,读者的立场得到了尊重,达到了联盟读者的可能。

协商功能反映命题意义的可协商性,即承认某个命题的争论性,表明作者愿意与持不同观点的读者进行互动、协商。表面上,协商似乎表明说话人对命题的不确定性,实际上,协商是强调作者对该命题的创新性,目的是使读者对其观点的接受与认可。①

学术论文的主要目的就是呈现和传播科学知识,为了达到此目的,作者必须邀请读者参与其讨论,激发读者兴趣,与读者进行互动。任何语篇都是对话性的,语篇总是回应、确认某种事情,语篇总是预期某种回应、应答、支持和反对,总是寻求支持、佐证。

总之,当下文本与其他可替换的,甚至矛盾的文本之间建立了一种张力②,此张力的程度并非是说话人决定的而是由社会来决定,这种互动协商性构成了学术语篇的重要人际特征之一。

五 说服功能

说服功能是学术论文中作者运用互文对读者施加影响,以达到一定交际目的的功能,也称意动功能、呼吁功能。

互文是实现学术语篇劝说功能的重要手段之一。互文是一种言语行为,不仅提供信息,而且还劝说读者信服或支持自己的观点或判断。如:

(415) 关于"媒介文化"的性质问题,道格拉斯·凯尔纳指出了两点:(1) 媒介文化是一种图像文化、工业文化、商业文化和高科技文化;(2) 媒体文化是"文化层面上重演社会根本冲突的那种你争我夺的领域,而并非统治的一种工具"。(道格拉斯·凯尔纳:《媒体文化——介于现代与后现代之间的文化研究、认同性与政治》,北京,商务印书馆,2004 年,第 7—8 页、第 173 页) 这实际上提供了关于"媒介文化"性质讨论的两种思路。(齐爱军:《"媒介文化"的理论使命论析》,《国际新闻界》2012 年第 5 期)

互文本:关于"媒介文化"的性质问题,道格拉斯·凯尔纳指出了两

---

① 王振华、路洋:《"介入系统"嬗变》,《外语学刊》2010 年第 3 期。
② 张力是指文本的完整意义,由外缘意(外张力)与内涵意(内张力)构成。前者即文本的指涉意;后者即感知意或解释意。这两层意义本不协调;但在诗中矛盾统一,成为张力。(参见张汉良、萧萧编著《现代诗导读》,故乡出版社 1979 年版,第 215 页)

点……例中作者通过引入互文本作为自己研究基础,从而为说服读者认可自己的研究埋下伏笔。也就是说,该语篇通过引述专家的观点、理论作为自己研究的基础,化主观为客观,显示了语篇的科学性,最终达到使读者认同其研究的目的。

互文有效地体现了语篇的劝说功能,是语篇生产者与接受者交流互动的手段和媒介之一。

六 掩蔽功能

掩蔽功能是指学术论文中作者运用互文隐藏主观性,凸显客观性,从而实现学术语篇交际的功能。如:

(416) 相对传统媒体,新媒体是"一个宽泛的概念,是利用数字技术、网络技术,通过互联网、宽带局域网、无线通讯网、卫星等渠道,以及电脑、手机、数字电视等终端,向用户提供信息和娱乐服务的传播形态"。(孙延俊:《浅谈广告媒介在新媒体下的发展》,《新闻界》2008年第2期)(张红梅:《传统媒体的品牌延伸路径、特征及风险规避》,《当代传播》2011年第5期)

互文本:新媒体是……此例是情态命题句,直接运用概念表述观点,隐藏了互文本作者,同时又以隐蔽的方式表达作者的赞同。也就是说,客观显性意义通过情态命题句的形式表现出来,情态命题句隐藏了发话者的情态责任,使表达客观化。

学术论文语篇是科研工作者追求学术真理的产物,具有研究者的主观色彩。为了有效地表达主观推断,给读者留下科学性、客观性的印象,作者运用客观显性情态来掩饰作者基于实证研究做出的主观判断和评价或对科学事实的主观想法,以突出内容的真实性、科学性和客观性。

七 同一功能

同一功能是指学术论文中作者运用互文来取得读者的认同,从而实现学术语篇交际的功能。

"同一"("认同")是美国肯尼斯·伯克新修辞学的核心概念,是"劝说"的继承和发展。"同一"指言说者和接受者双方在交际中取得的一致性。"同一"是内容和形式的互动。在内容上，同一是指言说者和接受者在作品内容上取得一致；内容同一有"同情同一"、"对立同一"和"误同"。① 在形式上，通过作者在作品中创设一定的解决问题的方法，读者把作品中的解决方法当作自己的，与作者取得同一；形式同一有规约形式、重复形式、前进形式和修辞格形式。②

在学术论文中作者利用互文来实现同一功能。

（一）内容同一

内容的同一是指言说者与接受者在作品内容上的一致性，分为"同情认同"、"对立认同"和"误同"。

（1）同情同一强调人与人之间的共同情感，当交际双方有相同的情感时，容易达成一致，也就是说，交际双方有相同或相似的思想、态度、价值观等。如：

> （417）党的十八届三中全会通过的《中共中央关于全面深化改革若干重大问题的决定》中，围绕文化体制机制创新和社会治理体制创新，对舆论引导新格局的构建提出了高屋建瓴的宏伟构想。《决定》明确指出，要"健全坚持正确舆论导向的体制机制……形成正面引导和依法管理相结合的网络舆论工作格局。整合新闻媒体资源，推动传统媒体和新兴媒体融合发展。推动新闻发布制度化。""建立畅通有序的诉求表达、心理干预、矛盾调处、权益保障机制，使群众问题能反映、矛盾能化解、权益有保障。"（陈力月：《舆论学——舆论导向研究》，中国广播电视出版社1999年版，第22—23页）这是党中央对网上舆论工作的新部署新要求，充分体现了中国共产党人与时俱进的精神和对互联网发展趋势的准确把握。（夏德元：《新媒体时代舆论引导与舆论表达的良性互动》，《当代传播》2014年第1期）

互文本：《决定》明确指出……互文本运用了表达肯定态度的词语：明确，容易与读者取得情感的一致性。

---

① 鞠玉梅：《肯尼斯·伯克新修辞学理论述评：关于修辞的定义》，《四川外语学院学报》2005年第1期。

② 同上。

（2）对立同一是指"一种通过分裂而达成凝聚的最迫切的形式"①。"分裂"是指对立面，由于大家具有某一对立面而形成的联合，也就是说，交际双方能够同一是因为他们有一个共同的敌人。这个共同敌人可能是人、物或生存环境。② 如：

（418）有研究专门批评了新闻传播研究中"伦理"与"道德"的混用，区分出两种大致的情况：一是用理论与现象、社会与个人、整体与部分的关系来区分二者，二是将两者不做区分时偏向其一使用或者概念模糊地混搭。但该研究最后还是选择了以理论和现象来区分二者，认为"新闻伦理是较侧重于对新闻实践中各种现象的理论构建，新闻道德则是对新闻实践的研究，是对现象的直接认知和归纳。应当以研究内容来确定立足点，如果该项研究侧重对事情原因、结果、意义的分析，就应该用'伦理'；如果侧重对某一具体现象、实务的回放、解释、分析，那么用'道德'比较合适。同时，不管作者的选择如何，在研究中点明理由是很必要的。"（李闻莺．试析新闻传播研究中"伦理"和"道德"的混淆［J］,《新闻世界》，2009年第3期，第62页）这样的划分，概念边界还是不清，缺乏共识，只是一种使用策略。（王贺新：《新闻伦理、职业道德与规范研究的知识地图——对1979年到2011年新闻传播类四大期刊相关文献的计量分析》，《新闻大学》2013年第1期）

互文本：该研究最后还是选择了以理论和现象来区分二者，认为……作者把互文本以对立面的出现，从而树立自己的立场，同时建立读者同盟。

（3）误同是潜意识或无意识的同一，是最不被人意识到的部分，是最深层次的同一。如：

（419）特别是近年来，热点事件的现场报道或者知情者"爆料"使微博经常在突发事件中充当第一信源。因而在新闻制作流程上，越

---

① ［美］肯尼斯·伯克等：《当代西方修辞学：演讲与话语批评》，常昌富、顾宝桐译，中国社会科学出版社1998年版，第161页。

② 鞠玉梅：《肯尼斯·伯克新修辞学理论述评：关于修辞的定义》，《四川外语学院学报》2005年第1期。

来越多的传统媒体通过微博搜寻新闻线索,将其作为热点新闻事件的消息源之一。2010年美通社发布的《首个中国记者社交媒体工作使用习惯调查报告》显示,超过90%的记者认为来自社交媒体的新闻线索有一定价值;曾经通过社交媒体获取新闻线索并完成报道的记者比例超过六成。(搜狐网:《美通社发布首个中国记者社交媒体工作使用习惯调查报告》,2012年11月5日,http://roll.sohu.com/20121105/n356696152.shtml)(宁继鸣、矫雅楠:《新兴的"他者"抑或理论"试验场"——论微博对新闻传播学科的冲击》,《当代传播》2014年第2期)

互文本:2010年美通社发布的《首个中国记者社交媒体工作使用习惯调查报告》显示……互文本是调查结果数据,它隐藏了主观性,以客观性的显性出现,读者容易产生误同而认可。

(二) 形式同一

修辞形式是"对欲望的激起与满足"或者为"在听众心中创造欲望,以及对欲望的适当满足"①。通过形式,一部作品导引悬念与期望,交际双方取得同一。形式同一有:规约形式、重复形式、前进形式和修辞格形式。前三种形式是主要的,修辞格形式是次要且偶发性的。②

(1) 规约形式是指在遇到一部作品前对某种形式的期待。③ 如:

(420) 情感学家诺尔曼·丹森认为:"情感互动是一个互相作用的过程,它把两个或两个以上的人结合在一个共同和共享的情感体验领域之中。"([美]诺尔曼·丹森著《情感论》,辽宁人民出版社1989年版,第212页)新媒体使情感互动得以实现,尤其是社交网站、网络论坛、微博、QQ群、微信等新媒体形式,双向及多边互动正是其不同于传统媒体的显著特征,即使是网页等相对传统的形式,也可以通过添加评论实现互动。(李凌燕:《从话语的双重功能看新媒体的文化角色含义》,《现代传播》2014年第1期)

---

① 转引自鞠玉梅《肯尼斯·伯克新修辞学理论述评:关于修辞的定义》,《四川外语学院学报》2005年第1期。
② 同上。
③ 同上。

互文本：情感学家诺尔曼·丹森认为……

互文形式：互文标记+互文本，互文标记：互文小句、参考文献标记、引号。

此例互文是一种规约形式，即直接引语，当读者看到"情感学家诺尔曼·丹森认为……"和引号就知道：这是直接引述其他人的话语形式。

（2）重复形式指在新的外观下对某一原则的持续保留，即用不同方式重述同一件事情。① 如：

（421）有学者研究发现，新媒体及网民在中国大陆、香港、台湾三地的新媒体事件中所发挥的作用及扮演的角色并不相同。其中，新媒体事件在中国大陆发生的概率更高，普通网民在事件发展过程中的参与程度更深入。正如他们所总结的，"权力分布越是集中的地方，新媒体作为民间社会扩声器的作用就越大"（邱林川，陈韬文（2009）. 迈向新媒体事件研究.《传播与社会学刊》（香港），（9），24-28）。（周勇、黄雅兰：《从"受众"到"使用者"：网络环境下视听信息接收者的变迁》，《国际新闻界》2013 年第 2 期）

互文本：正如他们所总结的……

互文形式：互文标记+互文本，互文标记：互文小句、参考文献标记、引号。

此例互文小句"正如他们所总结的"，读者就知道：这是对前面意义的重复。

（3）前进形式指对情景的运用导致受众预期或希望某种发展。② 前进形式分为：三段论式前进和特质的前进。三段论式前进是一种一步步地向前发展的论辩形式，即像三段论一样，给一定的起始点，必须产生某种结论。特质前进是某一种性质的出场引入另外一种性质，即场景或事件的特性产生这种形式，而不是场景本身的行动产生的，因此某种心理状态的产

---

① 转引自鞠玉梅《肯尼斯·伯克新修辞学理论述评：关于修辞的定义》，《四川外语学院学报》2005 年第 1 期。

② 鞠玉梅：《肯尼斯·伯克新修辞学理论述评：关于修辞的定义》，《四川外语学院学报》2005 年第 1 期。

生，就会引发另外一种心理状态。① 如：

（422）当学生获得了一定的英语技能之后，培养学生的创新思维能力便显得尤为重要。然而，不容忽视的是"在认识过程中，批判意识是创新思维的前提和准备，而创新思维又是批判意识的内在要求，是批判意识的目的和结果"。（董炎：《大学生创新思维培养》，西北农林科技大学出版社 2010 年版，第 11 页）因此，培养学生的创新思维能力，首先必须培养学生的批判意识，培养学生的批判性思维能力。（康志青：《论高校校园文化建设中大学生文化自觉的培养与提升》，《现代传播》2014 年第 1 期）

互文本：然而，不容忽视的是……互文本是支持前面的观点，又是承接结论"因此……"，这就充分说明了互文本的主要功能是支持、佐证作用。即支持、佐证作者的立场。这是一种前进形式。又如：

（423）对话也具有深刻的后现代哲学意蕴，马丁·布伯和巴赫金具有深刻的对话思想，人我关系在哲学上经历了主体到主体间性的转变，并走入哈贝马斯所说的在协商中寻求共识的时代。不过，网络中的对话与现实中的对话存在差异，网络的虚拟特质一方面能冲破现实的种种障碍进行自由言说，另一方面对话变成符号对符号的操纵，主体缺场也就无法形成共识。（李智：《论网络传播中的对话精神》，《北京行政学院学报》2007 年第 1 期）（李红、董天策：《符号学分析：网络公共事件研究的新路径》，《新闻大学》2012 年第 1 期）

互文本：不过，网络中的对话与现实中的对话存在差异，网络的虚拟特质一方面能冲破现实的种种障碍进行自由言说，另一方面对话变成符号对符号的操纵，主体缺场也就无法形成共识。
互文本使用了一个对比的词语"不过"，这就说明前后的观点发生变化，也就产生了一种新的心理变化。这是特质前进形式。

---

① 鞠玉梅：《肯尼斯·伯克新修辞学理论述评：关于修辞的定义》，《四川外语学院学报》2005 年第 1 期。

（4）修辞格形式是指作者运用修辞格，如排比、暗喻、悖论、扩展等来使交际双方达到同一。如：

（424）全媒体时代是信息爆炸的时代，众多信息、数据的诞生在对传统媒体提出挑战的同时，也可以成为创意开发的宝贵资源，甚至其宝贵程度"会像土地、石油和资本一样"（2013年10月26日《光明日报》一篇题为《新媒体人数据能给中国带来什么》的文章中援引《哈佛商业评论》对于"新媒体数据"的价值评价："在未来，数据会像土地、石油和资本一样，成为经济运行中的根本性资源"），可以说，谁抢占了资源利用的先机，谁就有可能站在媒介引领的制高点。（于隽：《全媒体语境中电视媒体优势的再思考》，《现代传播》2014年第4期）

互文本：……"会像土地、石油和资本一样"。互文本是一种比喻。比喻易于读者理解和认同。

同一源自于修辞行为的形式，来自于命题的展开形式。同一的目标是诱使接受者先参与形式，然后接受其命题内容。接受者首先可能受整齐匀称的形式感染，然后与这种形式所传递的命题内容达成同一。[①] 同一是实现交际目的的重要修辞功能之一。

修辞是对人类交际行为的阐释，是人类的生存状态，是一种把目的和阐释作为意义的决定性因素，把符号作为社会行为的理论。互文的修辞功能使互文本从源文本中解构，同时又重新在当下文本中建构，实现变异、增殖，使互文本获得了新语境下的意义增殖，从而实现交际意图。

第三节　注释与参考文献的比较

注释分类中的标题注释、作者注释和释义性注释的功能主要是解释说明，引文出处注释属于参考文献，注释的交际效果是方便读者对语篇的

---

① 鞠玉梅：《肯尼斯·伯克新修辞学理论述评：关于修辞的定义》，《四川外语学院学报》2005年第1期。

理解。参考文献是在论著中借鉴、参考、引用他人成果的标记，其主要功能是支持或佐证作用，表明作者的研究与他人成果的关系。参考文献的交际效果是方便读者对语篇的理解，并进一步扩大阅读的范围、深度和广度。

我们的比较主要是从副文本性、语言形式、内容、主体、语境、语义关系、修辞结构关系上来进行。

一　特征层面

副文本的特征：位置、语境作用、功能。

（一）相同点

注释、参考文献都是辅助文本、副文本；都是语篇的重要组成成分，都是在正文之外，即正文后；都是为了读者更好地理解语篇。注释、参考文献是作者从交际的对象——读者角度的考虑，是一种实施交际效果的方法。

（二）不同点

注释：位置紧邻正文。语境作用：提供正文外围信息，包括基金项目、作者简介、作者感谢等，从外围了解作者、合作团队的研究水平、能力、论题的创新性等信息。功能：利于读者了解次主题相关的内容。

参考文献：在注释之后。语境作用：正文具体内容的展开。功能：利于读者了解主题相关的内容与范围。提供最新的学术动态、前瞻性理论、观点、方法等。

注释互文本在文本外，参考文献互文本在文本内。

二　文本层面

在文本上，主要表现为语言形式和内容方面。

（一）形式

文本形式上的单位是词语、短语、小句、句组、语篇、模式。注释的文本形式是小句、句组、语篇、模式。参考文献的文本形式是词语、小句、句组、语篇、模式。

1. 相同点

在语言形式上，注释、参考文献都有小句、句组、语篇、模式。

2. 不同点

在语言形式上，参考文献有词语，而注释没有。

（二）内容

1. 相同点

注释、参考文献都是构成语篇内容，即构成论文的概念、观点、理论、方法、论据等。

2. 不同点

注释比参考文献范围广，包括论文的外围环境（如作者简介、标题注释等）、词语解释、特别的说明、来源、讨论、反对等。

注释构成文本的次要内容或次要主题，参考文献构成文本的基础内容或主题。注释构成正文外的环境，参考文献构成正文的语境。

三　主体层面

1. 相同点

注释、参考文献都有主体的一致关系和不一致关系。

2. 不同点

注释的不一致关系并不构成正文的主要内容，参考文献的不一致关系构成正文的主要内容，是极性互补的，参考文献的主体互文关系还有交叉关系。

四　语境层面

1. 相同点

注释、参考文献都有一致关系、不一致关系和反一致关系。

2. 不同点

注释的不一致关系并不构成正文的主要内容，参考文献的不一致关系构成正文的主要内容，是极性互补的。

五　语篇建构层面

1. 相同点

注释、参考文献都能建构语篇的概念功能、人际功能和语篇功能。注释、参考文献的逻辑意义关系有并列关系、连贯关系、解证关系。

2. 不同点

注释建构正文外的概念功能、人际功能和语篇功能，而参考文献建构正文的概念功能、人际功能和语篇功能。参考文献的逻辑意义关系还有递进关系、总分关系、因果关系、转折关系、假设关系、让步关系。

六 修辞结构层面

1. 相同点

注释、参考文献的修辞结构关系都有并列关系、对立关系、对照关系、详述关系、证据关系、证明关系、背景关系、环境关系、连接关系、方式关系、评价关系、因果关系、解释关系。两者的修辞功能都有完篇功能、评价功能、支持功能、协商功能、说服功能、掩蔽功能、同一功能。

2. 不同点

参考文献的修辞结构关系还有重述关系、总结关系、让步关系、假设关系。

第四节 学术论文规范

学术语篇是作者运用特定学术规约性的表达方式，就某一学术领域中公认的知识进行讨论、磋商、延伸、发展并说服读者接受的一种互动模式。

学术规范是人们在长期的学术实践活动中所逐步形成的被学术界公认的一些行为规则，包括学术道德规范、学术法律规范、学术写作技术规范、学术评价规范。[1][2]

这里，我们主要讨论写作技术规范。写作技术规范是指在以学术论

---

[1] 学术道德规范是对学术工作者从思想修养和职业道德方面提出的应该达到的要求，它是学术规范的核心部分。参照科学技术部《关于科技工作者行为准则的若干意见》（1999）的规定。学术法律规范是指学术活动中必须遵循的国家法律法规的要求。根据我国宪法、著作权法及保密法等有关法律法规的条款，在学术活动中应严格遵守的法律规范的主要内容包括《中华人民共和国宪法》、《中华人民共和国著作权法》、《中华人民共和国保守国家秘密法》、《中华人民共和国民法通则》、《中华人民共和国统计法》等。学术评价涉及课题项目的立项、学术成果的鉴定或评价、各级各类优秀成果的评奖、职称评定中对科研成果的考核认定以及教学、科研人员工作考核考评等诸多方面，是一项复杂而细致的学术工作。（参见张积玉《学术规范体系论略》，《文史哲》2001年第1期）

[2] 张积玉：《学术规范体系论略》，《文史哲》2001年第1期。

文、著作为主要形式的学术写作中必须遵守的有关形式规格的要求。根据国家和国际有关文献编写与出版的标准、法规文件的规定,借鉴近年学术研究与学术写作研究的成果。① 主要包括《科学技术报告、学位论文和学术论文的编排格式》、《中国高等学校社会科学学报编排规范》、《中国高等学校自然科学学报编排规范》、《中国学术期刊(光盘版)检索与评价数据规范》、《高等学校哲学社会科学研究学术规范(试行)》等。②

一 学术语篇形式规范

学术论文形式包括:题名(中、英)、作者署名及工作单位(中、英)、作者简介、摘要(中、英)、关键词(中、英)、中图分类号、正文、注释、参考文献。

(一)引文注释规范③

1. 连续出版物

[序号] 主要责任者. 文献题名 [J]. 刊名,出版年份,卷号(期号):起止页码.

2. 专著

[序号] 主要责任者. 文献题名 [M]. 出版地:出版者,出版年:页码.

3. 会议论文集

[序号] 析出责任者. 析出题名 [A]. 见(英文用 In):主编. 论文集名 [C]. (供选择项:会议名,会址,开会年)出版地:出版者,出版年:起止页码.

4. 专著中析出的文献

[序号] 析出责任者. 析出题名 [A]. 见(英文用 In):专著责任者. 书名 [M]. 出版地:出版者,出版年:起止页码.

5. 学位论文

[序号] 主要责任者. 文献题名 [D]. 保存地:保存单位,年份:

---

① 张积玉:《学术规范体系论略》,《文史哲》2001 年第 1 期。
② 同上。
③ 《文后参考文献著录规则》(GB/T7714—2005),中国标准出版社 2005 年版。

6. 报告

［序号］主要责任者. 文献题名［R］. 报告地：报告会主办单位，年份：

7. 专利文献

［序号］专利所有者. 专利题名［P］. 专利国别：专利号，发布日期：

8. 国际、国家标准

［序号］标准代号. 标准名称［S］. 出版地：出版者，出版年：

9. 报纸文章

［序号］主要责任者. 文献题名［N］. 报纸名，出版年，月（日）：版次.

10. 电子文献

［序号］主要责任者. 电子文献题名［文献类型/载体类型］. 电子文献的出版或可获得地址（电子文献地址用文字表述），发表或更新日期/引用日期（任选）.

（二）参考文献规范①

参考文献规范与引文注释相同，只是没有页码。

1. 连续出版物

［序号］主要责任者. 文献题名［J］. 刊名，出版年份，卷号（期号）.

2. 专著

［序号］主要责任者. 文献题名［M］. 出版地：出版者，出版年.

3. 会议论文集

［序号］析出责任者. 析出题名［A］. 见（英文用 In）：主编. 论文集名［C］.（供选择项：会议名，会址，开会年）出版地：出版者，出版年.

4. 专著中析出的文献

［序号］析出责任者. 析出题名［A］. 见（英文用 In）：专著责任者. 书名［M］. 出版地：出版者，出版年.

5. 学位论文

［序号］主要责任者. 文献题名［D］. 保存地：保存单位，年份：

6. 报告

［序号］主要责任者. 文献题名［R］. 报告地：报告会主办单位，

---

① 《文后参考文献著录规则》（GB/T7714—2005），中国标准出版社 2005 年版。

年份：

7. 专利文献

[序号] 专利所有者. 专利题名 [P]. 专利国别：专利号，发布日期：

8. 国际、国家标准

[序号] 标准代号. 标准名称 [S]. 出版地：出版者，出版年：

9. 报纸文章

[序号] 主要责任者. 文献题名 [N]. 报纸名，出版年，月（日）：版次.

10. 电子文献

[序号] 主要责任者. 电子文献题名 [文献类型/载体类型]. 电子文献的出版或可获得地址（电子文献地址用文字表述），发表或更新日期/引用日期（任选）：

二 学术语篇成分之间的关系

学术论文是一个系统，由标题、摘要、关键词、正文、注释、参考文献组成。

（一）关注度

读者对论文系统成分的关注度：（由强到弱）

标题>摘要>关键词>注释>参考文献>正文

读者对阅读论文的关注度的规律：首先从标题到摘要，其次关键词、注释、参考文献的顺序进行浏览筛选，最后确定是否阅读论文的其余部分及全文。

标题是论文的信息焦点，最能吸引读者，给读者主题提示。读者首先阅读标题来决定一篇论文是否要读。

关键词、摘要是论文的精华所在，是标题的具体展开，读者通过浏览关键词、摘要便了解文章主要内容。关键词、摘要可解决读者精力有限与信息的海量之间的矛盾，即读者可以通过阅读摘要、关键词去把握自己需要的信息，从而节省时间和精力。摘要、关键词为读者提供了最新的、前沿的信息的检索标识。

注释、参考文献是论文内容的重要组成部分，为读者提供最新的研究成果、扩大读者的阅读深度、广度。

（二）可信度

学术语篇的各个部分具有极强的关联性、逻辑性，通过它们可判断创新的可信度，也就是说，学术语篇的创新通过分析标题、关键词、摘要、正文（包括前言、主体、结论）、注释、参考文献的逻辑性来把握创新的可信度。

标题揭示论文的研究内容、研究方法、研究范围、研究对象、取得的创新成果，将论文主题告诉读者，启迪阅读兴趣，具有画龙点睛的作用。

摘要是以概括的方式揭示正文的主要信息：研究的目的、方法、主要发现和重要结论。

关键词是以主题词的形式概括论文的主要内容，运用的方法、理论等。

前言概述已有研究的现状，介绍论文的研究目的、对象、范围和理论；介绍技术线路的选取、运用，分析的依据和成果预测。

正文主体揭示论证的具体过程，包括运用前沿的理论、方法，论据充分、合理、科学，论证具有严密的逻辑性。

结论是在正文的理论分析、推理和验证基础上，合乎逻辑、富有创造性的结果描述，以科学性、客观性反映学术论文和研究成果的理论和实践价值。

参考文献包含的已有成果与论文的新成果、新结论进行的区分、辨别与鉴审，可以揭示论文的创新性。

论文引用参考文献（引用注释）范围广，表明作者掌握了前沿的学术动态，具有较强的科学研究能力，体现出论文起点高、基础扎实、视野开阔、研究内容新颖、研究方法前沿、研究理论新颖。论文提出了新观点、理论，得出了新的结论，论据充分，论证严密，就体现出论文具有较强的创新性。

标题、关键词、摘要、引言、结论、注释、参考文献的要求和作用与学术语篇具有极强的逻辑性，这些从不同的层面、不同的角度对学术语篇的创新性进行论述，共同建构学术语篇的有机整体。这种逻辑关联性越强、创新的论述越严谨，创新的可信度就越高。反之，创新的可信度就越弱。

此外，基金项目是创新性的标志，基金项目的任务是获取创新性知识、理论，为国家建设储备科学资源。

三　论文创新与抄袭

创新是在注释、参考文献基础上的补充、修正、改进、延伸、提高、发展。

《现代汉语词典》把抄袭定义为"把别人的作品或语句抄来当作自己的"①。世界知识产权组织的《版权和邻接权法律术语词汇》的定义是"抄袭,一般理解为将他人作品的全部或部分,以或多或少改变形式或内容的方式,当作自己的作品发表"②。美国现代语言协会的《MLA 论文写作手册》将抄袭定义为"plagiarism(抄袭)来自拉丁文 plagiarius(绑架者),指一种欺骗方式,它被定义为'虚假地篡夺作者权,将他人成果据为己有的错误行为'"③。

抄袭是指运用复制、粘贴、改变等手段、方法,将他人作品的全部或部分有意或无意地归为己有的错误行为。

我们认为抄袭是一种没有互文标记的互文。由于没有互文标记,所以抄袭是没有说写者的语境、没有说写者的立场、没有说写者的观点、理论的言语行为。也就是说,抄袭是一种没有自我语境、立场、观点和理论的互文。

语篇形式:文本+互文本,文本是作者的自我文本,即作者的创新。

抄袭形式:互文本+互文本,没有自我文本存在,即没有创新。

语篇形式:文本+互文本,文本与互文本形成一定的语义形式,如逻辑语义和修辞结构形式。这是自我与他者的关系。

抄袭形式也能形成一定的语义联系,但是没有自我文本的存在。这是他者与他者的关系或互文本与互文本的关系。如图9—19:

图9—19 文本创新与文本抄袭

---

① 中国社会科学院语言研究所词典编辑室:《现代汉语词典》,商务印书馆2005年版,第158页。

② 刘可静:《当前我国文献信息交流中的知识产权保护问题》,《华中师范大学学报》(人文社会科学版)1999年第4期。

③ 转引自凌锋等《学术抄袭行为的防治研究探讨》,《情报杂志》2011年第S1期。

四 传统与发展

传统在学术论文中表现为参考文献。参考文献在学术语篇中的主要作用有：（1）作为选题背景的参考文献；（2）作为论题的参考文献；（3）作为反论题的参考文献；（4）作为论据（论证）的参考文献。[①] 学术论文是在参考文献基础上的补充、修正、延伸、提高、发展。

创新是在传统基础上的创新，或者说，创新是传统在当前或未来的延伸、发展。也就是说，传统是历史的，又是发展的，传统的本质是创新。没有创新，就没有发展，也就没有传统。创新是传统的生命力，发展是传统的发展。

传统的继承和发扬是中国国家文化安全、国家语言战略的重要内容。创新就是对传统的继承和发扬，传统是创新的基础和源泉。不同民族的观点、理论、方法的延伸、发展，是国家语言战略的重要体现。

"创造性的理解不排斥自身，不排斥自己在时间中占的位置，不摒弃自己的文化，也不忘记任何东西。理解者针对他想创造性地加以理解的东西而保持外位性，时间上、空间上、文化上的外位性，对理解来说是件了不起的事。"[②] 创新是在传统基础上进行的，是在吸收、借鉴他者的异质性上使传统发生的新的质变。

本章小结

在学术语篇中，互文性的主要功能是语义增殖、生成附加语义，建立作者的立场，隐含作者的主观性，凸显客观性，同时增强情感表现力，使读者产生共鸣。修辞结构理论是一种包括作者和读者的语篇形成过程的分析和描写的理论。修辞结构分析能够展现语篇的修辞功能，预测交际的效果。RST 理论从功能的角度出发，将不同主体（作者、读者、分析者和学术群体）融为一体，阐释语言形式如何表达意义，如何达到交际效果。注释、参考文献与学术论文语篇互文的修辞结构有并列、对立、对照、详

[①] 朱大明：《参考文献的主要作用与学术论文的创新性评审》，《编辑学报》2004 年第 2 期。
[②] 钱中文主编：《巴赫金全集》第 4 卷，白春仁译，河北教育出版社 1998 年版，第370 页。

述、证据、证明、背景、重述、环境、连接、方式、总结、评价、因果、解释、让步和假设关系。注释、参考文献与学术论文语篇互文的修辞功能有完篇功能、评价功能、支持功能、协商功能、说服功能、掩蔽功能、同一功能。注释与参考文献在副文本性、形式、内容、主体、语境、语义关系、修辞结构关系上存在异同。本章还论述了论文创新与抄袭、传统与发展。

第十章

结　语

　　本书运用互文语篇理论、系统功能语言学理论、言语行为理论、叙事学理论对注释、参考文献与学术语篇的互文性进行了研究，以系统、层级、关系展开论述。学术语篇是个整体，这个整体以正文为中心，以副文本为成分，形成互文层级体系、互文关系网络；又以互文为结构单位构建当前语篇，互文结构体具有概念功能、人际功能、语篇功能、修辞结构关系和修辞功能，即注释、参考文献互文本充当文本结构成分，同时说明文本、解释文本、评价文本和跨文本。互文是文本构建的基础和有机成分，互文的修辞结构和功能表明互文是作者、读者、学术群体互动的结果。从注释、参考文献副文本角度切入的互文性研究解析了语篇结构系统的生成与理解、深化了语篇理论的研究、丰富了人们的社会文化认知。本书在以下方面有新的进展：

一　学术语篇方面

　　通过副文本的互文关系的层级体系、互文关系网络和语篇建构功能的研究，我们发现了副文本在学术语篇中的一些新的特点：

　　1. 互文形式：互文标记+互文本。互文标记是作者或说话人组织和生成语篇、建构语篇结构体互动模式所采用的表达手段和语言策略，是指引和提示读者或听话人理解语篇、了解语篇结构模式的形式手段和策略，即互文标记是文本与互文本联系的文本踪迹。互文标记为：A. 语言类：词语、短语、小句、语篇；B. 非语言类：模式、引号等，分别称之为互文词语、互文短语、互文小句、互文篇章、互文模式、互文符号。互文本的形式为：A. 语言形式：词语、短语、小句、句组、语篇；B. 非语言形式：模式。互文形式类型有自互文和他互文，直接互文和间接互文，融入式互文和非融入式互文,同质互文和异质互文。

2. 文本生成模式:文本+互文本。文本和互文本共同出现。文本是在互文本基础上生成、发展的。互文本包括进入文本的注释和参考文献。参考文献互文本构成文本的基础,是必备成分;注释互文本构成文本的外围内容,即文化语境。文本与互文本形成一定的逻辑语义关系和修辞结构关系。文本与互文本在形式、意义、主体、语境上形成互文关系。互文本在概念意义、人际意义和语篇意义上形成文本意义的基础。互文本构成文本不同层面的有机成分。

3. 文本生成函数公式:$y=f(x)$,其中 f 代表作者的认知意向,x 为互文本,是被 f 决定的进入文本的集合,是自变量,x 的变化表现为一个取值的过程,取值过程表征了作者对互文本的自主选择。y 是当下文本,是因变量,是随作者认知变化而变化的文本集合。文本产生过程就是 x 进入 f 的认知域形成一个认知网络,即 x 在 f 的作用下的取值,再根据意向和语境完成对该互文本的认知并进行评价。这一完整认知过程的结果便形成了对互文本的认识成果——作为对互文本的认知体系,即因变量 y。y 随 x 和 f 的变化取值,y 意味着所有认知过程及其成果的总和。

4. 文本创新与抄袭的模式。文本创新模式:文本+互文本,文本与互文本形成一定的逻辑语义关系和修辞结构关系,文本是作者的自我文本;文本抄袭模式:互文本+互文本,互文本与互文本形成一定的逻辑语义关系和修辞结构关系,但没有作者的自我文本。

5. 学术语篇声音:学术语篇声音是指语篇中不同主体的声音。学术语篇的声音以作者的声音为中心,作者根据意图的需要在语篇中分配不同的声音,这些不同的声音形成对话,说服读者,从而实现交际的目的。学术语篇的声音有:作者类声音和非作者类声音。作者类有本作者与他作者声音、我们/你们—他们的声音(包括隐含作者声音、学术群体声音、语篇声音)、显性和隐性读者声音,非作者类声音有机构与媒介声音。

二 互文语篇理论方面

副文本在文本层面、主体层面、语境层面与学术语篇正文、语篇的其他成分形成互文关系,形成了互文层级体系和互文关系网络,这些文本踪迹的考查,使我们总结了互文语篇理论的一些特征:

1. 学术语篇是一个整体,标题、摘要、关键词、注释、参考文献与正文形成复杂的联系，它们分别从不同的层级、不同角度对论文的建构和创新进行阐述，共同构成论文的有机整体。这种逻辑性、关联性越强，创新的可信度就越高。

2. 注释、参考文献与正文有自我—他者关系、主—副文本关系和导出—导入关系。

3. 注释、参考文献与正文形成纵横交错的网络，在纵向上，正文与不同的历时文本（参考文献）构成互文链；在横向上，与不同的共时文本（注释或参考文献）构成互文网。链与网构成正文的互文空间网络。注释、参考文献营造一种学术历史和当前现场；注释、参考文献与正文组成了当前学术文本生产、传播的场域。注释、参考文献与正文形成了复杂的关系，它们相互参照、相互补充、相互依赖、相互影响。

4. 注释、参考文献扩展了或延展了正文的疆域，实现了正文意义的增殖，从而让读者"未见其人，先闻其声"，预先获得对学术文本的心理认同、学术期待和阅读兴趣，促进了学术知识的传播和推广。在注释、参考文献的引导下，正文本的"当下"意义得到显现和打开。注释、参考文献是进入正文的重要"门槛"。

5. 注释与正文的互文关系：（1）文本层面：共存关系。在文本形式上，互文表现为小句、句组、语篇、模式；在内容上，互文表现为指涉正文外，如标题、基金项目、作者简介、致谢等，指向正文内容，如词语、概念、术语、事件、理论、观点、方法、数据、案例、辩证（批评、商榷、考证、修正、评价）、举例、来源、背景、符码、介绍、说明等等。（2）主体层面：作者与互文本作者、作者与学术群体、作者与读者形成一致关系和不一致关系。（3）语境层面：文本语境与互文本语境形成一致关系、不一致关系和反一致关系。文本层面的互文是本体层面的互文关系，是内层互文关系；语境层面的互文是文化层面的互文关系，是外层互文关系；主体层面的互文是交际效果层面的互文关系，与读者相联系。

6. 参考文献与正文的互文关系：（1）文本层面：共存关系和派生关系。在文本形式上，互文表现为词语、小句、句组、语篇、模式；在内容上，互文表现为概念（或名称、或定义）、理论（或模型）、观点（或解释）、研究课题（或研究内容）、研究结果（或研究结论）、事实（或案例、或数据、或图表）、方法（或思路）。（2）主体层面：作者与互文本作者、作者与学术群体、作者与读者形成一致关系、交叉关系和极性互补关系。(3) 语境层面：文本语境与互文本语境形成一致关系、极性互补关系和反一致关系。

7. 注释、参考文献之间的互文关系：共存关系。(1) 注释与注释的互文：在文本形式上，互文表现为小句和句组；在内容上，观点、理论、方法的相同和相反；主体和语境上，互文表现为一致关系和不一致关系。(2) 参考文献与参考文献之间的互文：在文本形式上，互文表现为词语、小句、句组、语篇、模式；在内容上，互文表现为观点、理论、方法的相同和相反；主体和语境上，互文表现为一致关系和不一致关系。(3) 注释与参考文献之间的互文：在文本形式上，互文表现为小句和句组；在内容上，互文表现为观点、理论、方法的相同和相反；主体和语境上，互文表现为一致关系和不一致关系。

8. 注释、参考文献与语篇其他成分的互文关系：共存关系。(1) 注释与语篇其他成分的互文：A. 注释与标题的互文：文本形式上，表现为词语；内容上，表现为主题互文。B. 注释与摘要的互文：文本形式上，表现为词语、小句、句组；内容上，表现为观点、理论、方法。C. 注释与关键词的互文：文本形式上，表现为词语；内容上，表现为主题互文。(2) 参考文献与语篇其他成分的互文：A. 参考文献与标题的互文：文本形式上，表现为词语；内容上，表现为主题互文。B. 参考文献与摘要的互文：文本形式上，表现为词语、小句、句组；内容上，表现为观点、理论、方法。C. 参考文献与关键词的互文：文本形式上，表现为词语；内容上，表现为主题互文。

9. 语篇系统下副文本的互文关系层级：第一层：注释≒正文，包括注释≒注释；第二层：参考文献≒正文，包括注释≒参考文献、参考文献≒参考文献；第三层：注释≒摘要、参考文献≒摘要、正文≒摘要、中文摘要≒英文摘要（后两种不在本书讨论范围）；第四层：注释≒关键词、参考文献≒关键词、正文≒关键词、摘要≒关键词、关键词≒关键词、中文关键词≒英文关键词（后四种不在本书讨论范围）；第五层：注释≒标题、参考文献≒标题、正文≒标题、摘要≒标题、关键词≒标题、中文标题≒英文标题（后四种不在本书讨论范围）。从第一层到第五层抽象度逐渐递增。（符号"≒"表示"互文关系"）

10. 互文本（进入语篇的注释、参考文献）的语篇建构功能：概念功能、人际功能和语篇功能。(1) 概念功能：A. 正文内：参考文献的逻辑意义关系有并列、连贯、解证、递进、总分、因果、转折、假设和让步关系；参考文献的逻辑—语义关系有并列、主从和扩展关系。B. 正文外，注释的逻辑意义关系有并列、连贯和解证关系。（2）人际功能：互文来源、互文动词、互文小句、互文形式的人际功能。（3）语篇功能：A. 互文本概念意义的连贯：同指关系、同类关系、同延关系；B. 互文本人际意义的连贯：语气、情态和态度词衔接。

11. 互文语篇理论是以关系、层级、互动、系统理论为支柱的宏观、动态的、多元的科学理论。互文具有多元性特征，"多元"的"元"是"因素"、"层次"、"系统"和"维度"之意思。"多元"是指"多因素"、"多层次"、"多系统"和"多维度"，或"跨因素"、"跨层次"、"跨系统"、"跨维度"，是指"多角度"、"多视界"、"多方法"。"多元性"一是指事物整体系统与事物构成的因素之间的多元，即多因素、多层次；二是指事物与诸因素，或诸因素之间的多元互动，互相作用、相互关联；三是事物与事物、世界之间的多元互动，互相作用、相互关联。多因素、多角度、多视野、多出发点之间的互动、互涉是整体、系统的互动、互涉，即整体指导下的多因素、多角度、多视野、多出发点的互动、互涉。整体性是多维互动、多维关联、多维互涉、层层包摄、环环相交的"交互循环"中的具体的整体的形式和意义共生共成。

12. 互文是语篇构成成分或模式。互文的实质是在当前语篇发生变异，即意义增殖，或创新，即对语篇的延伸和发展。

13. 互文是语篇写作与解读的一种范式。

三　学术语篇交际效果方面

语篇是作者、读者互动的结果，学术的传承与发展也是作者与读者互动的结晶。通过副文本的语篇建构功能、修辞结构和修辞功能的研究，我们在学术语篇交际效果方面有些新的探索：

1. 学术圆环：学术圆环是指作者、读者在学术群体建立的规范的作用下生成和理解学术语篇的，作者、读者、学术群体相互归属、相互转化；圆环中他、我相互映照、相互传承、相互发展，学术发展循环往复，生生不息、没有止境。环是我与他互化、互融的说话主体；偶是我与他的对立；在"环"的轴心"学术群体"这个位置便能最透彻地看视这个学术世界。圆中心：学术群体，圆周边：作者、读者、作者自我，互文作者（他者），有两对关系：作者与读者的关系、作者自我与互文本作者的关系。学术圆环的精髓在于"作者"（我）中引入"互文本作者"（他者）的涵容精神。"作者"与"他者"相互争执、互相信赖、互相归属。作者与他者的本质是共属"学术群体"，即作者与他者的呈现必须由学术群体接受而呈现。读者对作者的认同也必须通过由学术群体接受而实现。

2. 注释、参考文献与学术语篇互文的修辞结构有并列、对立、对照、详述、证据、证明、背景、环境、连接、方式、评价、因果、解释、重述、总结、让步和假设关系。结构关系同时也是功能，它由两个方面构成，一是作者意图，一是读者的接受效果，两者合起来就完成了一次交际或信息传递的过程。作者的意图包含在核心文本与辅助文本的安排及关联上，表现为有或无辅助文本、关联点是什么。读者的接受效果说明关联是否成功，是否达到作者希望的效果。

3. 注释、参考文献与学术语篇互文的修辞功能有完篇功能、评价功能、支持功能、协商功能、说服功能、掩蔽功能、同一功能。

4. 副文本性可以清楚呈现复杂文本总体结构；增强文本结构和内容的丰富性和复杂性；拓展文本阐述的视域；形成跨文本关系，引入或制造多声音性，增加阐释难度；开拓从边缘到中心的阐述路线。

5. 注释、参考文献作为副文本，既有附属性，又有独立性；既在文本中，又在文本外。副文本是进入文本的一个个"门槛"。副文本对文本有整合和建构的功效，又有解构乃至颠覆的作用。它为开放的文本系统提供了新的路径，也使文本的解读有了从细节和非中心（边缘）进行的可能，在一定程度上丰富了文本的研究和解读方法。副文本是对文本不同角度的阐释，是对文本内容的丰富和深化，也是阐释学的"阐释之循环"的一个环节。副文本是对阐释学的丰富和发展。

6. 注释、参考文献是作者从读者的角度的设计，是一种实施交际效果的方法。注释、参考文献是正文的一个参照系统，凸显正文的创新、价值取向和意识形态性。注释、参考文献与正文形成无限的张力，这些张力使文本的意义得到彰显，读者得到理解和吸引，并诱发对文本的继续创造。

7. 创新是在注释、参考文献基础上的补充、修正、改进、延伸、提高、发展。传统是历史的，又是发展的，传统的本质是创新。创新是传统的生命力，发展是传统的发展。

8. 互文性使注释、参考文献与正文呈现无限的张力。这种张力为学术论文的研究带来了新的契机，也为注释、参考文献的研究提供诸多可能和广阔的言说空间。注释、参考文献与正文本构成一种文本的场域，可以深化对正文本的研究。注释、参考文献为读者的接受提供了一种"前理解"，可从读者反应的角度揭示读者与文本之间的复杂关系。

9. 互文关系是语篇理论的一个核心概念，从本体上，互文关系是文本与文本之间的关系，形成相互依存、彼此对释、意义共生的条件或环境；从话语理解上，互文关系是主体的对话关系，是交际双方的协商、讨论，从而达到交际的理解、接受；从认识论上，互文关系是人们以关系的方式把握知识、经验的认知方式的存在形式和传播媒介；从方法论上，互文关系作为人们认知经验世界的一种方式方法，是对知识、经验的认识和传播的具体反思后形成的一种思维方法，是一种视角、一种图式、一种模式、一种框架。

10. 副文本提供文本解读的文化背景，副文本是文本与文化的联系方式之集合。注释、参考文献是连接文化的纽带，是使文本成为整体的重要因素之一，它为读者解读文本提供了广阔的文化背景。

11. 注释、参考文献使语篇获取了知识方面的权威性，建构了一种合法性地位，同时也加强了它们自己的合法地位。

12. 互文是对注释、参考文献的解构，这种解构是建构新的观点、理论的基础。互文是借异质来增加、改善和提高自身的活力，通过"熟中求生"、"传统中求发展"来创出新意。互文借异质来突出互文本作者，同时也是突出作者。

传统的继承和发扬是国家文化安全、国家语言战略的重要内容。创新就是对传统的继承和发展，传统是创新的基础和源泉。不同民族的观点、理论、方法的融会、延伸、创新、发展，是国家语言战略的重要体现。

在全球化语境下，互文又是一种西方文化霸权常用的方法和策略，我们必须传承和发展中华文化，从而有效地抵制、防御、化解西方文化霸权，并创造性地融合西方文化。

本书对副文本的消极作用的研究不够，在理论的深度方面还有加强的空间，在论证的全面性上有欠缺，这些是今后研究的方向和目标。

参考文献

中文著作

[1] 钱中文主编：《巴赫金全集》第1—6卷，白春仁译，河北教育出版社1998年版。

[2] 边春光：《编辑实用百科全书》，中国书籍出版社1994年版。

[3] ［比］布洛克曼：《结构主义》，李幼蒸译，商务印书馆1987年版。

[4] ［美］肯尼斯·伯克等：《当代西方修辞学：演讲与话语批评》，常昌富、顾宝桐译，中国社会科学出版社1998年版。

[5] 陈勇：《篇章语言学：理论和方法》，黑龙江大学出版社2010年版。

[6] 陈海庆：《理解与互动：语篇语用意义阐微》，世界图书出版公司2012年版。

[7] 陈浩元：《科技书刊标准化18讲》，北京师范大学出版社1998年版。

[8] 陈嘉映：《语言哲学》，北京大学出版社2003年版。

[9] 辞海编辑委员会编纂、夏征农主编：《辞海》，上海辞书出版社1999年版。

[10] ［英］戴维·克里斯特尔：《现代语言学词典》，沈家煊译，商务印书馆2000年版。

[11] ［法］蒂费纳·萨莫瓦约：《互文性研究》，邵炜译，天津人民出版社2003年版。

[12] ［法］福柯：《知识考古学》，谢强、马月译，生活·读书·新知三联书店2003年版。

[13] 《中华人民共和国国家标准 科学技术报告、学位论文和学术论

文编写格式》(GB7713—87),中国标准出版社 1987 年版。

[14]《文后参考文献著录规则》(GB7714—87),中国标准出版社 1987 年版。

[15]《文后参考文献著录规则》(GB/T7714—2005),中国标准出版社 2005 年版。

[16] 何兆熊、俞东明、洪岗、王建华:《新编语用学概要》,上海外语教育出版社 2000 年版。

[17] 何自然、冉永平:《语用学概论》,湖南教育出版社 2011 年版。

[18] [德] H. F. 坎贝尔、C. 布里费特、W. E. 拉西:《科学写作的艺术》,应幼梅、丁辽生译,科学出版社 1991 年版。

[19] 胡曙中:《语篇语言学导论》,上海教育出版社 2012 年版。

[20] 胡亚敏:《叙事学》,华中师范大学出版社 2008 年版。

[21] 胡壮麟:《语篇的衔接与连贯》,上海外语教育出版社 1994 年版。

[22] 胡壮麟、朱永生、张德禄:《系统功能语法概论》,湖南教育出版社 1989 年版。

[23] 胡壮麟、朱永生、张德禄、李战子:《系统功能语言学概论》,北京大学出版社 2009 年版。

[24] [美] 怀特:《政治理论与后现代主义》,孙曙光译,辽宁教育出版社 2004 年版。

[25] 黄国文:《语篇分析概要》,湖南教育出版社 1988 年版。

[26] 黄国文:《语篇分析的理论与实践——广告语篇研究》,上海外语教育出版社 2008 年版。

[27] 季进:《钱锺书与现代西学》,生活·读书·新知三联书店 2002 年版。

[28] 吕叔湘:《语文常谈》,生活·读书·新知三联书店 1998 年版。

[29] [德] 马丁·布伯:《我与你》,陈维纲译,生活·读书·新知三联书店 1986 年版。

[30] [德] 马丁·布伯:《我与你》,陈维纲译,生活·读书·新知三联书店 2002 年版。

[31] 马国庆:《农业文献检索与利用》,武汉大学出版社 1991 年版。

[32] 苗兴伟、秦洪武:《英汉语篇语用学研究》,上海外语教育出版

社 2010 年版。

［33］裴文：《现代英语语境学》，安徽大学出版社 2000 年版。

［34］［法］热拉尔·热奈特：《热奈特论文集》，史忠义译，百花文艺出版社 2001 年版。

［35］申丹：《英美小说叙事理论研究》，北京大学出版社 2005 年版。

［36］申农：《通信的数学理论》，见庞元正、李建华《系统控制信息经典文献选编》，求实出版社 1989 年版。

［37］束定芳：《中国语用学研究论文精选》，上海外语教育出版社 2001 年版。

［38］［英］斯图尔特·霍尔：《表征——文化表象与意指实践》，徐亮、陆光华译，商务印书馆 2003 年版。

［39］涂纪亮：《英美语言哲学概论》，人民出版社 1988 年版。

［40］［美］W. C. 布斯：《小说修辞学》，周宪等译，北京大学出版社 1987 年版。

［41］王建刚：《狂欢诗学——巴赫金文学思想研究》，学林出版社 2001 年版。

［42］王健平：《语言哲学》，中共中央党校出版社 2003 年版。

［43］王一川：《语言乌托邦——20 世纪西方语言论美学探究》，云南人民出版社 1994 年版。

［44］吴为章、田小琳：《汉语句群》，商务印书馆 2000 年版。

［45］辛斌：《批评语言学：理论与应用》，上海外语教育出版社 2005 年版。

［46］熊学亮：《语言使用中的推理》，上海教育出版社 2007 年版。

［47］袁晖、李熙宗主编：《汉语语体概论》，商务印书馆 2005 年版。

［48］［美］詹姆斯·费伦：《作为修辞的叙事：技巧、读者、伦理、意识形态》，陈永国译，北京大学出版社 2002 年版。

［49］张斌：《汉语语法学》，上海教育出版社 1998 年版。

［50］张斌：《现代汉语语法十讲》，复旦大学出版社 2005 年版。

［51］张桂权：《玻姆自然哲学导论》，洪叶文化有限公司 2002 年版。

［52］张汉良、萧萧：《现代诗导读》，故乡出版社 1979 年版。

［53］张琪玉：《情报语言基础》，武汉大学出版社 1987 年版。

［54］《中国高等学校社会科学学报编排规范》1999（修订版：全国高

等学校文科学报研究会 1999 年印发），中华人民共和国教育部办公厅。

［55］《中国高等学校自然科学学报编排规范》（修订版）1998，国家教育委员会办公厅。

［56］《中国学术期刊（光盘版）检索与评价数据规范》1999，中国学术期刊（光盘版）编辑委员会。

［57］中国社会科学院语言研究所词典编辑室：《现代汉语词典》，商务印书馆 2005 年版。

［58］朱永生：《语境的动态研究》，北京大学出版社 2005 年版。

［59］祝克懿：《新闻语体探索——兼论语言结构问题》，海风出版社 2007 年版。

［60］祝克懿：《超文本的语篇功能与发展空间构想》，载中国修辞学会《修辞学论文集》（第 12 集），黑龙江人民出版社 2009 年版。

［61］祝克懿：《动态·多元：论官场生态话语》，载袁晖等主编《语体风格研究和语言运用》，安徽大学出版社 2013 年版。

［62］祝克懿、刘斐：《中西之"文"探析》，载黄翊主编《繁简并用相映成辉——两岸汉字使用情况学术论文集萃》，中华书局 2014 年版。

中文论文

［63］蔡熙：《关于文化间性的理论思考》，《大连大学学报》2009 年第 1 期。

［64］曹大刚：《学术期刊中的参考文献与注释辨析》，《西北大学学报》（哲学社会科学版）1999 年第 3 期。

［65］陈红娟：《学术论文参考文献与注释异同之探究》，《西安石油大学学报》（社会科学版）2011 年第 2 期。

［66］陈红梅：《话语引述现象研究综述》，《南京理工大学学报》（社会科学版）2010 年第 6 期。

［67］陈明芳、王谋清：《过程的功能语言学分析》，《西北民族大学学报》（哲学社会科学版）2006 年第 4 期。

［68］陈晓丽：《"参考文献"与"注释"异同》，《大学图书情报学刊》2000 年第 2 期。

［69］陈治安、文旭：《试论语境的特征和功能》，《外国语》1997 年第 4 期。

［70］陈忠华、邱国旺：《修辞结构理论与修辞结构分析评介》，《外语研究》1997年第3期。

［71］程锡麟：《互文性理论概述》，《外国文学》1996年第1期。

［72］程晓堂：《基于语篇的语言教学途径》，《国外外语教学》2005年第1期。

［73］储丹丹：《文史类学术论文摘要语篇的互文分析》，硕士学位论文，复旦大学，2010年。

［74］戴秋菊、郭婷：《学术论文中模糊限制语的人际功能初探》，《南华大学学报》（社会科学版）2004年第1期。

［75］戴炜华、薛雁：《修辞体裁分析和修辞结构论》，《外语教学》2004年第3期。

［76］邓军：《热奈特互文性理论研究》，硕士学位论文，厦门大学，2007年。

［77］邓隽：《解读性新闻中的互文关系——兼论互文概念的语言学化》，《当代修辞学》2011年第5期。

［78］丁展平：《英语学术论文中的遁言研究》，《浙江大学学报》（人文社会科学版）2002年第6期。

［79］董敏：《一篇中国民事一审判决书的修辞结构分析》，《外语与外语教学》2007年第9期。

［80］冯春明：《参考文献的功能分析》，《编辑之友》2003年第6期。

［81］冯春明：《注释与参考文献的异同辨析》，《中国编辑》2005年第1期。

［82］葛冬梅、杨瑞英：《学术论文摘要的体裁分析》，《现代外语》2005年第2期。

［83］韩素梅：《国家话语、国家认同及媒介空间——以〈人民日报〉玉树地震报道为例》，《国际新闻界》2011年第1期。

［84］何光顺：《环视中的他者与文学权力的让渡》，《文艺理论研究》2011年第3期。

［85］何建敏、范海遐：《论英语学术论文中引文的人际功能——评价系统的介入视角》，《惠州学院学报》（社会科学版）2008年第4期。

［86］黑玉琴、黑玉芬：《抽象名词在英语学术语篇中的评价功能》，《外语教学》2011年第2期。

［87］胡范铸：《从"修辞技巧"到"言语行为"——试论中国修辞学研究的语用学转向》，《修辞学习》2003年第1期。

［88］胡范铸、薛笙：《作为修辞问题的国家形象传播》，《华东师范大学学报》（哲学社会科学版）2010年第6期。

［89］胡文启：《谈谈注释的定义、分类及编排》，《编辑之友》1998年第4期。

［90］黄友：《转述话语研究》，博士学位论文，复旦大学，2009年。

［91］黄国文：《功能语篇分析面面观》，《国外外语教学》2002年第4期。

［92］黄国文：《中国的语篇分析研究——写在中国英汉语篇分析研究会成立之际》，《外语教学》2007年第5期。

［93］黄小苹：《学术论文中模糊限制语的语篇语用分析》，《四川外语学院学报》2002年第4期。

［94］贾书利：《参考文献在学术论文中的应用与规范》，《黑龙江社会科学》2009年第2期。

［95］姜飞月、王艳萍：《从实体自我到关系自我——后现代心理学视野下的自我观》，《南京师大学报》（社会科学版）2004年第5期。

［96］姜朋：《注释体例大一统、学术规范及学术水准的提高》，《社会科学论坛》2002年第9期。

［97］姜亚军、赵刚：《学术语篇的语言学研究：流派分野和方法整合》，《外语研究》2006年第6期。

［98］金吾伦、蔡仑：《对整体论的新认识》，《中国人民大学学报》2007年第3期。

［99］鞠玉梅：《体裁分析与英汉学术论文摘要语篇》，《外语教学》2004年第2期。

［100］鞠玉梅：《肯尼斯·伯克新修辞学理论述评：关于修辞的定义》，《四川外语学院学报》2005年第1期。

［101］康澄：《文本——洛特曼文化符号学的核心概念》，《当代外国文学》2005年第4期。

［102］康兰媛：《注释与参考文献辨析及其规范化著录探讨——以社科类学报为鉴》，《编辑之友》2014年第1期。

［103］蓝岚：《国外语言学界语境研究概述》，《安徽农业大学学报》

(社会科学版）2004 年第 5 期。

［104］乐明：《汉语财经评论的修辞结构标注及篇章研究》，博士学位论文，中国传媒大学，2006 年。

［105］李克、李淑康：《修辞权威视域下的社会指示语研究》，《外国语》2010 年第 5 期。

［106］李萍：《人称代词"we"在科技论文中的语用功能》，《四川外语学院学报》2002 年第 4 期。

［107］李汴红：《学术期刊中的注释与参考文献》，《开封教育学院学报》2000 年第 4 期。

［108］李发根：《评价的识别、功能和参数》，《外语教学与研究》2006 年第 1 期。

［109］李曙华：《当代科学的规范转换——从还原论到生成整体论》，《哲学研究》2006 年第 11 期。

［110］李小坤：《学术语篇中的转述：不同声音的对话》，《华南师范大学学报》（社会科学版）2011 年第 6 期。

［111］李秀明：《汉语元话语标记研究》，博士学位论文，复旦大学，2006 年。

［112］李玉平：《互文性新论》，《南开学报》（哲学社会科学版）2006 年第 3 期。

［113］李玉平：《互文性定义探析》，《文学与文化》2012 年第 4 期。

［114］李战子：《功能语法中的人际意义框架的扩展》，《外语研究》2001 年第 1 期。

［115］李长忠：《中英学术论文语篇互文性特征对比研究》，《江苏师范大学学报》（哲学社会科学版）2014 年第 1 期。

［116］李佐文：《元话语：元认知的言语体现》，《外语研究》2003 年第 1 期。

［117］梁堂华：《科研论文中"参考文献"与"注释"之辨证》，《湖南人文科技学院学报》2006 年第 5 期。

［118］林晓军、王昕：《"参考文献"与"引文"的差异》，《情报科学》2000 年第 2 期。

［119］蔺亚琼：《学术规范的互文性研究——以"引文与注释规范"为分析对象》，《高校教育管理》2010 年第 5 期。

［120］刘纯、彭金定：《英语学术论文摘要的文体特征》，《中南工业大学学报》（社会科学版）2002 年第 4 期。

［121］刘丹：《英汉论辩体裁介入系统跨文化对比研究》，《外语学刊》2013 年第 3 期。

［122］刘斐：《三十年来互文性理论在中国的传播与发展》，《当代修辞学》2013 年第 5 期。

［123］刘敏：《生成的超越——系统整体论形态嬗变研究》，《自然辩证法研究》2012 年第 8 期。

［124］刘辰诞：《生成整体论视角下"动宾动词+名宾"构式的生成——构式创新的一个动因》，《外语学刊》2008 年第 3 期。

［125］刘大为：《从语法构式到修辞构式（上）》，《当代修辞学》2010 年第 3 期。

［126］刘大为：《从语法构式到修辞构式（下）》，《当代修辞学》2010 年第 4 期。

［127］刘可静：《当前我国文献信息交流中的知识产权保护问题》，《华中师范大学学报》（人文社会科学版）1999 年第 4 期。

［128］刘世涛：《评价理论在中国的发展》，《外语与外语教学》2010 年第 5 期。

［129］刘雪立：《参考文献的继承性引用、指示性引用和批判性引用与影响因子的标准化》，《中国科技期刊研究》2004 年第 3 期。

［130］刘遗伦：《从"参考文献"到"参引文献"：学术论文中的引文归属问题再探》，《中共贵州省委党校学报》2011 年第 5 期。

［131］刘玉梅：《学术论文英文摘要的文体特征研究》，《四川外语学院学报》2005 年第 4 期。

［132］娄宝翠：《学习者英语硕士论文中的转述动词》，《解放军外国语学院学报》2011 年第 5 期。

［133］陆丙甫：《直系成分分析法——论结构分析中确保成分完整性的问题》，《中国语文》2008 年第 2 期。

［134］吕长竑、周军：《近十五年来国内学术语篇研究综述》，《西南交通大学学报》（社会科学版）2011 年第 3 期。

［135］马博森、管玮：《汉语会话中的零转述现象》，《外国语》2012 年第 2 期。

[136] 马国彦:《元话语标记与文本自互文——互文视角中的篇章结构》,《当代修辞学》2010年第5期。

[137] 马智峰:《参考文献的引用及影响引用的因素分析》,《编辑学报》2009年第1期。

[138] 毛友超:《浅说参考文献与注释》,《上海大学学报》(社会科学版)2001年第5期。

[139] 苗兴伟:《人际意义与语篇的建构》,《山东外语教学》2004年第1期。

[140] 聂仁发:《现代汉语语篇研究》,博士学位论文,湖南师范大学,2002年。

[141] 牛桂玲:《学术期刊论文摘要研究的新视角》,《河南大学学报》(社会科学版)2013年第5期。

[142] 秦枫、陈坚林:《人际意义的创建与维系——研究生英语科技论文的互动问题研究》,《外语教学》2013年第4期。

[143] 秦枫、郎曼:《人称代词we在英语科技论文中的人际意义研究》,《西安电子科技大学学报》(社会科学版)2013年第5期。

[144] 秦海鹰:《互文性理论的缘起和流变》,《外国文学评论》2004年第3期。

[145] 邱如春:《实义切分理论中主位述位理论及主位纯理功能》,《江苏大学学报》(社会科学版)2008年第3期。

[146] 任蕊:《论意向性及言语行为理论发展的"瓶颈"》,《辽宁大学学报》(哲学社会科学版)2006年第6期。

[147] 宋姝锦:《文本关键词的语篇功能研究》,博士学位论文,复旦大学,2013年。

[148] 孙汉军:《报纸语言的对话性》,《解放军外国语学院学报》2004年第6期。

[149] 孙迎晖:《中国学生英语硕士论文引言部分转述语使用情况的语类分析》,《外语教学》2009年第1期。

[150] 汤建民、徐炎章:《学术论文的互文性及思考》,《自然辩证法研究》2006年第9期。

[151] 唐丽萍:《学术书评语类结构的评价分析》,《外国语》2004年第3期。

[152] 唐青叶：《学术语篇中的转述现象》，《外语与外语教学》2004年第2期。

[153] 陶范：《参考文献具有的十项功能》，《中国科技期刊研究》2007年第2期。

[154] 涂志凤、秦晓晴：《英语学术写作中作者显现度研究综述》，《外语教育》2011年第00期。

[155] 王铭玉：《符号的互文性与解析符号学——克里斯蒂娃符号学研究》，《求是学刊》2011年第3期。

[156] 王树槐、王群：《哈提姆的互文性翻译理论：贡献与缺陷》，《解放军外国语学院学报》2006年第1期。

[157] 王永祥、潘新宁：《对话性：巴赫金超语言学的理论核心》，《当代修辞学》2012年第3期。

[158] 王云桥：《关于语篇研究的几个问题》，《山东外语教学》1998年第1期。

[159] 王振华：《"硬新闻"的态度研究——"评价系统"应用研究之二》，《外语教学》2004年第5期。

[160] 王振华：《作为系统的语篇》，《外语学刊》2008年第3期。

[161] 王振华、路洋：《"介入系统"嬗变》，《外语学刊》2010年第3期。

[162] 王振华、马玉蕾：《评价理论：魅力与困惑》，《外语教学》2007年第6期。

[163] 文榕生：《先生商榷学术规范需要辩证地对待参考文献：兼与蒋鸿标先生商榷》，《图书与情报》2005年第2期。

[164] 吴格奇：《英汉研究论文结论部分作者立场标记语对比研究》，《西安外国语大学学报》2010年第4期。

[165] 吴格奇：《学术论文作者自称与身份构建——一项基于语料库的英汉对比研究》，《解放军外国语学院学报》2013年第3期。

[166] 吴格奇、潘春雷：《英汉学术论文中指令行为的"推销"功能对比研究》，《外国语文》（双月刊）2013年第6期。

[167] 辛斌：《引语研究：理论与问题》，《外语与外语教学》2009年第1期。

[168] 辛斌：《引语研究的语用修辞视角》，《外语学刊》2010年第

4 期。

[169] 辛斌:《间接引语指示中心的统一和分离:认知符号学的视角》,《外语研究》2011 年第 3 期。

[170] 辛斌、陈腾澜:《语篇的对话性分析初探》,《外国语》1999 年第 5 期。

[171] 辛志英:《构建主体间性的投射小句系统——一项基于语料库和语篇类型的研究》,《中国外语》2011 年第 1 期。

[172] 徐昉:《实证类英语学术研究话语中的文献引用特征》,《外国语》2012 年第 6 期。

[173] 徐昉:《二语学术写作介入标记语的使用与发展特征:语料库视角》,《外语与外语教学》2013 年第 2 期。

[174] 徐宏亮:《中国高级英语学习者学术语篇中的作者立场标记语的使用特点——一项基于语料库的对比研究》,《外语教学》2011 年第 6 期。

[175] 徐赳赳、Jonathan J. Webster:《复句研究与修辞结构理论》,《外语教学与研究》1999 年第 4 期。

[176] 徐盛桓:《再论主位和述位》,《外语教学与研究》1985 年第 4 期。

[177] 徐盛桓:《篇章:情景的组合》,《外国语》1990 年第 6 期。

[178] 徐盛桓:《常规关系与句式结构研究——以汉语不及物动词带宾语句式为例》,《外国语》2003 年第 2 期。

[179] 徐盛桓:《常规推理与"格赖斯循环"的消解》,《外语教学与研究》2006 年第 3 期。

[180] 徐盛桓:《话语理解的意向性解释》,《中国外语》2006 年第 4 期。

[181] 徐盛桓:《相邻关系视角下的双及物句再研究》,《外语教学与研究》(外国语文双月刊)2007 年第 4 期。

[182] 徐盛桓:《语篇建构中的事件和语境》,《宁波大学学报》(人文科学版)2009 年第 6 期。

[183] 徐盛桓:《心智如何形成句子表达式?》,《天津外国语大学学报》2012 年第 2 期。

[184] 徐盛桓:《从"事件"到"用例事件"——从意识的涌现看句

子表达式雏形的形成》,《河南大学学报》(社会科学版) 2012 年第 4 期。

[185] 徐盛桓:《意向性的认识论意义——从语言运用的视角看》,《外语教学与研究》2013 年第 2 期。

[186] 徐玉臣:《科技语篇中的态度系统研究》,《外语教学》2009 年第 4 期。

[187] 杨才英:《论语篇人际意义的连贯》,《中国海洋大学学报》(社会科学版) 2005 年第 2 期。

[188] 杨才英:《论英语语篇中的人际意义衔接》,《西安外国语学院学报》2006 年第 3 期。

[189] 杨昌勇:《学术论著注释和索引的规范与功能》,《中国社会科学》2002 年第 2 期。

[190] 杨信彰:《语篇中的评价手段》,《外语与外语教学》2003 年第 1 期。

[191] 杨信彰:《英语学术语篇中的评论附加语》,《外语与外语教学》2006 年第 10 期。

[192] 杨玉晨:《英汉学术论文开头段语篇模式和思维方式对比分析》,《外语教学》2003 年第 4 期。

[193] 尹丽春:《科学学引文网络的结构研究》,博士学位论文,大连理工大学,2006 年。

[194] 余渭深:《汉英学术语类的标记性主位分析》,《外语与外语教学》2002 年第 1 期。

[195] 袁邦株、徐润英:《社会科学论文中人际意义分析模式探索》,《外语教学》2010 年第 6 期。

[196] 曾蕾:《学术语篇体裁网络的构建与学术英语教学》,《外语与外语教学》2005 年第 5 期。

[197] 曾蕾:《从语法隐喻视角看学术语篇中的"投射"》,《外语学刊》2007 年第 3 期。

[198] 曾蕾、胡瑾:《学术话语中的多模式"投射"》,《湖南人文科技学院学报》2007 年第 5 期。

[199] 曾蕾、于晖:《"投射符号"的人际意义及其等级模式之构建》,《外语教学》2005 年第 6 期。

[200] 詹全旺:《新闻言语行为分析》,《安徽大学学报》(哲学社会

科学版）2009 年第 1 期。

[201] 张振、谢韶亮：《语言学类论文英语标题信息结构的对比研究》，《济宁学院学报》2011 年第 3 期。

[202] 张军民：《基于语料库的英语学术语篇转述动词研究》，《河南师范大学学报》（哲学社会科学版）2012 年第 3 期。

[203] 张俊、苗兴伟：《述位与语篇建构》，《解放军外国语学院学报》2005 年第 4 期。

[204] 张其学：《对话本身就是意义》，《广州大学学报》（社会科学版）2009 年第 12 期。

[205] 张伟坚：《英语学科学术论文的体裁特征》，《广州大学学报》（综合版）2001 年第 6 期。

[206] 张跃伟：《从评价理论的介入观点看学术语篇中的互动特征》，《辽宁工程技术大学学报》（社会科学版）2005 年第 5 期。

[207] 张玉宏：《巴赫金语言哲学视角下的元话语标记研究》，《兰州学刊》2009 年第 4 期。

[208] 张积玉：《学术规范体系论略》，《文史哲》2001 年第 1 期。

[209] 赵春利、杨才英：《关于言语行为的现象学思考》，《外语学刊》2011 年第 6 期。

[210] 赵璐：《英语学术论文中投射的人际意义的功能探析》，《唐山师范学院学报》2010 年第 3 期。

[211] 赵清丽：《学术论文标题语类的修辞结构特征——对英语准教师反思能力培养的启示》，《现代交际》2013 年第 4 期。

[212] 赵歆颖：《谈语境对语篇的影响》，《武警学院学报》2010 年第 7 期。

[213] 郑小枚：《"参考文献"之辨》，《安徽大学学报》（哲学社会科学版）2003 年第 2 期。

[214] 朱大明：《参考文献的主要作用与学术论文的创新性评审》，《编辑学报》2004 年第 2 期。

[215] 朱大明：《参考文献引用的学术评价作用》，《编辑学报》2005 年第 5 期。

[216] 朱大明：《参考文献引证在研究型论文中的分布特征》，《编辑学报》2008 年第 6 期。

［217］朱大明：《应注重参考文献引用的学术论证功能》，《科技与出版》2008 年第 12 期。

［218］朱大明：《"参考文献"与"引文"概念辨析》，《编辑之友》2013 年第 1 期。

［219］朱大明：《学术论文的"学术性"辨析与鉴审》，《科技导报》2013 年第 Z1 期。

［220］褚可邑：《因果关系与函数关系的联系和区别》，《现代哲学》1986 年第 4 期。

［221］［法］朱莉娅·克里斯蒂娃：《词语、对话与小说》，祝克懿、宋姝锦译，黄蓓校，《当代修辞学》2012 年第 4 期。

［222］［法］朱莉娅·克里斯蒂娃：《互文性理论对结构主义的继承与突破》，《当代修辞学》2013 年第 5 期。

［223］［法］朱莉娅·克里斯蒂娃：《互文性理论与文本运用》，《当代修辞学》2014 年第 5 期。

［224］朱桃香：《副文本对阐释复杂文本的叙事诗学价值》，《江西社会科学》2009 年第 4 期。

［225］朱桃香：《叙事理论视野中的迷宫文本研究》，博士学位论文，暨南大学，2009 年。

［226］祝克懿：《"叙事"概念的现代意义》，《复旦大学学报》2007 年第 4 期。

［227］祝克懿：《1949 年以来海峡两岸新闻叙事范式比较研究》，《信阳师范学院学报》2009 年第 5 期。

［228］祝克懿、蒋勇：《20 世纪社会政治关键词"革命"的互文语义考论》，《福建师范大学学报》（哲学社会科学版）2010 年第 2 期。

［229］祝克懿：《互文：语篇研究的新论域》，《当代修辞学》2010 年第 5 期。

［230］祝克懿：《元语篇与文学评论语篇的互动关系研究》，《当代修辞学》2011 年第 3 期。

［231］祝克懿：《互文性理论的多声构成：〈武士〉、张东荪、巴赫金与本维尼斯特、弗洛伊德》，《当代修辞学》2013 年第 5 期。

［232］祝克懿：《文本解读范式探析》，《当代修辞学》2014 年第 5 期。

外文著作

［233］Austin J. L., *How to Do Things with Words*, Oxford: The Clarendon Press, 1962.

［234］Austin J. L., *Sense and Sensibilia*, Oxford: Oxford University Press, 1962.

［235］Bakhtin, M. M., Voloshinov, V. N., *Marxism and the Philosophy of Language*, Matejka, Ladislav & I. R. Titunik (trans.) Cambridge: Harvard University Press, 1986.

［236］Basi L. Hatim, Mason Ian, *Discourse and the Translator*, 上海: 上海外语教育出版社, 2001.

［237］Biber, D., *Variation Across Speech and Writing*, Cambridge: CUP, 1988.

［238］Biber, D., Johansson, S., Leech, G., Conrad, S., & Finegan, E., *The Longman Grammar of Spoken and Written English*, London: Longman, 1999.

［239］Burk, K., *Counter Statement*, (3rd ed.), Berkeley and Los Angeles, CA: University of California Press, 1968.

［240］Burk, K., *A Rhetoric of Motives*, Berkeley and Los Angeles University of California Press, 1969.

［241］Chatman Seymour, *Story and Discourse Narrative Structure in Fiction and Film*, Cornell University Press, 1978.

［242］Davies, and Louise Ravelli, eds., *Advances in Systemic Linguistic*, London & New York: Pinter, 1992.

［243］De Beaugrande, R., *Text, Discourse, and Process: Toward a Multidisciplinary Science of Texts*, Norwood, New Jersey: ABLEX Publishing Corporation, 1980.

［244］Dik, Simon, *The Theory of Functional Grammar*, Berlin & New York: Mouton de Gruyter Dunn, 1997.

［245］Fairclough, N., *Critical Language Awareness*, London: Longman, 1992.

［246］Fairclough, N., *Discourse and Social Change*, Cambridge: Cambridge University Press, 1992.

［247］Fairclough, N., *Critical Discourse Analysis: The Critical Study of Lan-*

guage, London/New York: Longman, 1995.

[248] Fillmore, C. J., "Linguistics as a Tool for Discourse Analysis", In Teun van Dijk (ed.), *Handbook of Discourse Analysis*, Vol. 1, New York: Academic Press, Inc., 1985.

[249] Gerald Prince, *Narratology: The Form and Functioning of Narrative*, Berlin: Mouton, 1982.

[250] Gerard Genette, *Paratexts: Thresholds of Interpretation*, Trans. Jane E. Lewin. New York: Cambridge University Press, 1997.

[251] Gibaldi J., *MLA Handbook for Writers of Research Papers, Sixth Edition*, New York: Modern Language Association of America, 2003.

[252] Givon, T., *Functionalism and Grammar*, Amsterdam/Philadelphia: John Benjamins, 1995.

[253] Halliday, M. A. K., *Intonation and Grammar in British English*, The Hague: Mouton, 1967.

[254] Halliday, M. A. K., *Language as Social Semiotic: The Social Interpretation of Language and Meaning*, London: Arnold, 1978.

[255] Halliday, M. A. K. & Hasan, R., *Cohesion in English*, London: Longman, 1976.

[256] Halliday, M. A. K. & Hasan, R., *Language, Context and Text*, Victoria: Deakin University Press, 1985.

[257] Halliday, M. A. K., *An Introduction to Functional Grammar*, London: Edward Arnold, 1994.

[258] Hatim B., *Communication Across Cultures: Translation Theory and Contrastive Text Linguistics*, Shanghai: Shanghai Foreign Language Education Press, 2001.

[259] Heinrich F. Plett, *Intertextuality*, Berlin and New York: Walter de Gmyter, 1991.

[260] Ho, V., *Non-native Argumentative Writing By Vietnamese Learners of English: A Contrastive Study*, Georgetown University, 2011.

[261] Hoey, M. P., *Textual Interaction*, London: Routledge, 2001.

[262] Hoey, M. P., *On the Surface of Discourse*, London: George Allen and Unwin, 1983.

［263］ Hunston, S. & Thompson, G., *Evaluation in Text: Authorial Stance and the Construction of Discourse*, Oxford: Oxford University Press, 2000.

［264］ Hyland, K., *Disciplinary Discourse: Social Interactions in Academic Writing*, London: Longman, 2000.

［265］ Hyland, K., "Activity and Evaluation: Reporting Practices in Academic Writing", In J. Flowerdew (ed.), *Academic Discourse*, Harlow: Pearson Education Limited, 2002.

［266］ Hyland, K., *Teaching and Researching Writing*, London: Pearson Education, 2002.

［267］ Ivani R., *Writing and Identity: The Discoursal Construction of Identity in Academic Writing*, Amsterdam & Philadelphia: John Benjamins Publishing Company, 1997.

［268］ Jaworsk, I. A. and Nikolas Coupland, "Perspectives on Discourse Analysis", In Jaworski A & Coupland, N (eds.), *The Discourse Reader*, London and NewYork: Routledge, 1999.

［269］ Jenny Laurent, "The Strategy of Forms", *French Literary Theory Today: A Reader*, Cambridge: Cambridge University Press, 1982.

［270］ Langacker, R., *Foundations of Cognitive Grammar*, Volume, I, Theoretical Prere-quisites, Stanford University Press, 1987.

［271］ Leech, G., *Principles of Pragmatics*, London: Longman, 1983.

［272］ Leech, G. N. & Short, M. H., *Style in Fiction*, London: Longman, 1981.

［273］ Malinowski, B., "The Problems of Meaning in Primitive Languages", in Ogden & Richards (eds.), *The Meaning of Meaning*, Routledge & Kegan Paul, 1993.

［274］ Mann, W. & S. Thompson (eds.), *Discourse Description: Diverse Linguistic Analysis of a Fund-raising Text*, Amsterdam/ Philadelphia: John Benjamins Publishing Company, 1992.

［275］ Mann, W. C. and S. A. Thompson, "Rhetorical Structure Theory: Toward a Functional Theory of Text Organization", Text 8/3, 1988.

［276］ Martin, J. R. & P. R. R. White, *The Language of Evaluation: Appraisal in English*, London: Palgrave, 2005.

[277] Martin, J. R., "Beyond Exchange: Appraisal System in English", In S. Hunston and G. Thompson (eds.), *Evaluation in Text: Authorial Stance and the Construction of Discourse*, Oxford: OUP, 2000.

[278] Martin, J. R. & D. Rose, *Working with Discourse: Meaning Beyond the Clause*, London: Continuum, 2003.

[279] Mieke Bal, *Narratology: Introduction to the Theory of Narrative*, University of Toronto Press, 1985.

[280] N. Fairclough, *Discourse and Social Change*, London: Longman, 1992.

[281] Stubbs, M., *Discourse Analysis*, Oxford: Oxford Press, 1983.

[282] Swales, J. M., *Genre Analysis: English in Academic and Research Settings*, Cambridge: Cambridge University Press, 1990.

[283] Thompson, G., *Reporting: Collins Cobuild English Guides* 5, London: Harper Collins Publishers, 1994.

[284] Van Dijk, T. A., *Text and Context*, London and New York: Longman, 1997.

外文论文

[285] Hunston, S., "Professional Conflict: Disagreement in Academic Discourse", In G. F. M. Baker & E. Tognini-Bognelli (Ed.), *Text and Technology: In Honor of John Sinclair*, Amsterdam: Ben-jamins, 1993.

[286] Hyland, K., "Directives: Argument and Engagement in Academic; Writing", *Applied Linguistics*, No. 2, 2002.

[287] Hyland, K., "Stance and Engagement: A Model of Interaction in Academic Discourse", *Discourse Studies*, No. 2, 2005.

[288] Hyland, K., "Hooking the Reader: A Corpus Study of Evaluative That in Abstracts", *English for Specific Purposes*, No. 24, 2005.

[289] Hyland, K., "Metadiscourse in Academic Writing", *Applied Linguistics*, Vol. 25, No. 2, 2004.

[290] Myers G., "The Pragmatics of Politeness in Scientific Articles", *Applied Linguistics*, Vol. 10, No. 1, 1989.

[291] Recanati, F., "Open Quotation", *Mind*, No. 110, 2001.

[292] Stephens, M., "To Think Own Selves be True a New Breed of Psy-

chologists Says There is no One Answer to the Question", *Los Angeles Time Magazine*, No. 8, 1992.

[293] Tang R., John S., "The 'I' in Identity: Exploring Writer Identity in Student Academic Writing Through the First Person Pronoun", *English for Specific Purposes*, Vol. 18, 1999.

[294] Thompson, G. and Ye, Y., "Evaluation of the Reporting Verbs Used in Academic Papers", *Applied Linguistics*, Vol. 12, 1991.

[295] Thompson, G. and Thetela, P., "The Sound of One Hand Clapping: The Management of Interaction in Written Discourse", *Text*, Vol. 15, No. 1, 1995.

[296] Thompson, G., "Voices in the Text: Discourse Perspectives on Language Reports", *Applied Linguistics*, Vol. 17, No. 4, 1996.

[297] White, P. R. R., "Appraisal: An Overview", *Peter White's Appraisal Homepage*, 2002.

[298] White, P. R. R., "An Introductory Tour Through Appraisal Theory", *Peter White's Appraisal Homepage*, 2001.

[299] White, P. R. R., "Beyond Modality and Hedging: A Dialogic View of the Language of Intersubjective Stance", In Text, *Special Edition on Appraisal*, Vol. 23, No. 2, 2003.

网址

[300] 百度百科: http://baike.baidu.com。
[301] 维基百科: http://baike.Wikipedia.com。
[302] 中国知网: www.ckki.net。
[303] 万方数据库: www.wanfangdata.com.cn。

后　记

　　2011年8月29日是复旦大学开学报到的日子，此日始预示着将在复旦度过四年的学习生活，这是新的学习生涯。开学之初接受的全新的理念似乎预示着这四年将是人生的一个重要的转折点，又是一个新的起步。

　　恩师祝克懿先生的教诲"复旦是一个理想的学术交流平台，老师只是引领入门的人。能否有所得，完全在于你自己！"面对几乎都是全新的陌生领域，内心总感到一种无形的压力，总在不断地考问自己：能应付吗？有潜力去克服吗？

　　课堂上，老师们的前沿性见解，对所学领域有了一个全新的认知；课余时，同学之间的心得交流，不同学科的交叉，促进了所学；良好的学风，每每在偷闲时，似乎又是一种督励；学术报告中，老师们的智慧，化解了一个个心中之结；独立的思考、作文，带来了一次次小小的收获；前沿性的学术讲座中，启发了一个个新的思索；不知不觉中，聚集成一篇篇小论文；自由的空气，可以吸收不同观点、理念焕发的营养。

　　"苦才是人生，做才是得到"，做学问意味着吃苦、意味着寂寞，更意味着行动。

　　互文空间不仅发生在文本中，而且正发生在我们的现实生活中。我们已经有意识或无意识地在复旦的日常生活中与复旦传统形成了互文，并在此基础上不断地发展和创新。"博学而笃志，切问而近思"的思想，深深地影响我们的学习、生活和工作。"世界视野、中国现实、应用实践"的理念将影响我们对当下和未来的设计。"自由而无用的灵魂"的塑造，为我们今后的人生打开了新的景观。

　　人生之大，在于做人；大学之大，在于学问。做人与学问是大学的基石，是人生的基石。老师们就是一个个做人和做学问的榜样，从中受益匪浅。

论文吸收了老师们的教导，戴耀晶先生的整体视野下的语篇形式与意义的关联性，刘大为先生的修辞构式，殷寄明先生的注释的辅助性与独立性等。

恩师祝克懿先生的互文性的再认识与互文语篇理论的中国化，提出了互文语篇结构的三个认知维度（宏观认知维度、动态认知维度与多元认知维度）以及三大理论支柱（系统功能理论、函数关系理论与空间层级理论），给论题的确立和论证分析以启迪。

感谢复旦大学老师们的无私奉献，感谢霍四通老师、蒋勇老师、赵国军老师的指点。

感谢硕士导师云南师范大学王兴中先生的关怀。

感谢师兄刘斐的帮助和鼓励。感谢师姐宋姝锦、储丹丹的帮助。感谢同学陈昕炜同窗四年，相互学习、相互激励。她常常以敏锐的思维启发自己对所学进行新的探索。感谢师弟王志军的帮助，感谢师妹殷祯岑、姚远、郭梦音、郭塞、李喆的激励。

感谢同学兼室友王庆卫、林皓、李创四年相聚，相互切磋，共同进步。

论文的写作参阅了大量前人和时贤的观点、理论、方法，谨表诚挚的谢意。

感谢云南红河学院为我提供经济保障。

感谢老家的父老乡亲，是他们的关爱使我不断地奋进、追求。

感谢家人，是他们无私的奉献和爱护使我能全心全意地追求学问。

感谢中国社会科学出版社重大项目出版中心责任编辑王琪老师，为本书的出版付出了辛勤的劳动，令人敬佩。

最后感谢妻子曾瑞芳做出的无私奉献，感谢她一直以来的支持和鼓励；能与她相爱、相知、相守是自己人生最得意的选择。执子之手，与子偕老，共同谱写生命的乐章。

黄小平

2016 年 6 月